COMMISSAIRE NEYRET

Du même auteur

L'Histoire vraie du gang des Lyonnais, La Manufacture de livres, 2011.

Izieu. L'innocence assassinée, Comp'Act, 1994.

RICHARD SCHITTLY

COMMISSAIRE NEYRET

Chute d'une star de l'antigang

TALLANDIER

2 rue Rotrou – 75006 Paris
www.tallandier.com

À Ismaël, mon fils éternel.

Avant-propos

> Le journaliste qui n'est ni trop bête ni trop imbu de lui-même pour regarder les choses en face le sait bien : ce qu'il fait est moralement indéfendable. Il est tel l'escroc qui se nourrit de la vanité des autres, de leur ignorance ou de leur solitude ; il gagne leur confiance et les trahit sans remord*.

Chroniqueur judiciaire et spécialiste des faits divers, j'ai rencontré pour la première fois le commissaire Michel Neyret en 1995, à l'occasion d'un procès d'assises. Durant quinze ans, nous avons entretenu une relation professionnelle, basée sur la confiance réciproque. Chacun y a trouvé son intérêt : le journaliste, des informations de première main, claires et fiables ; le policier, la promotion de son activité, dans des limites admises.

J'ai cherché à maintenir une distance respectable avec Michel Neyret. Je le contactais plusieurs fois par mois

* Janet Malcom, *Le Journaliste et l'Assassin*, trad. de l'anglais (États-Unis) Lazare Bitoun, J'ai lu, 2015.

et nous nous retrouvions dans ces zones, en marge des circuits officiels, où nous échangions réflexions professionnelles et partages plus personnels. Nous avons vécu des moments de convivialité typiquement lyonnais, au seuil de l'amitié.

Avec le temps, les relations entre journaliste et policier, comme entre journaliste et voyou, peuvent prendre un tour amical – ce qui ne simplifie pas les choses : le journaliste peut s'interdire de traiter des informations, ou simplement ne plus les rechercher, sous prétexte de ne pas déplaire à un ami. Quand l'amitié compromet le métier, le journaliste doit choisir.

Après son arrestation, Michel Neyret est devenu un sujet d'information. Étrange sensation de voir un interlocuteur privilégié passer de l'autre côté d'une frontière invisible. Les hasards de mon parcours m'avaient conduit à rencontrer les principaux protagonistes de l'affaire Neyret, qu'ils soient flics ou voyous. Je connaissais aussi les grands épisodes de la carrière du commissaire, et pouvais raconter de multiples anecdotes. Si toutes ces circonstances m'ont naturellement placé en position d'observateur averti, c'est mû par une autre raison que j'ai décidé d'écrire ce livre : je voulais comprendre les ressorts de cette affaire, qui a sidéré tous ceux qui ont longuement côtoyé le commissaire.

J'ai donc choisi de continuer à exercer mon métier, quitte à rompre le cercle discret et confidentiel qui fondait notre relation, dans des échanges qui n'avaient pas vocation à être divulgués. C'est le journaliste et non l'ami qui a écrit cette enquête, où se mêlent les heures de gloire et la chronique d'une chute[1].

En reconstituant les étapes de cette chronique, avec le parti pris d'alterner la reconstitution chronologique de sa carrière et la progression de l'affaire, je me suis rendu compte que la carrière de Michel Neyret racontait aussi un pan d'histoire de la police française. Surtout, que cette histoire éclairait l'affaire. Et que l'affaire éclairait notre époque. La naissance de l'antigang, ses pratiques secrètes, très longtemps tolérées voire encouragées par les autorités policières et judiciaires, ses relations nébuleuses avec les informateurs, expliquent en effet bien des volets du dossier judiciaire qui a visé le numéro 2 de la PJ de Lyon. La question est de savoir si l'affaire Neyret se limite à la condamnation générale d'une époque policière révolue, ou si elle concerne aussi la dérive particulière d'un homme. Au lecteur de juger.

Prologue

29 septembre 2011,
département de l'Isère, à l'aube.

Un convoi de véhicules sombres quitte Vienne par l'est. Dans le brouillard du petit matin, la route de campagne se déroule en virages. Les voitures progressent lentement, entre champs de maïs et zones industrielles. Kilomètres monotones. Bientôt, les habitations se font plus rares, la route se rétrécit. Longée par de profonds fossés, on la dirait tracée sur un monticule, en équilibre instable.

En bordure de champs, des panneaux publicitaires vantent les mérites des établissements de la région. Malgré la brume et l'heure précoce, les lettres gothiques blanches annonçant *La Gabetière*, hôtel trois étoiles, se détachent sur le fond sombre de l'enseigne perchée sur un piquet.

Avant le village d'Estrablin, entre deux courbes de la route, la propriété apparaît, rectangle de verdure déposé à l'écart de la chaussée. Des sapins, des platanes et des cèdres surplombent le mur de pierre qui longe la départementale. Le convoi ralentit, coupe à gauche, passe un petit portail coulissant et entre dans le parc. La bâtisse de trois étages se distingue sur la droite, au fond du terrain ombragé. Dans la cour, la petite tour de style médiéval et l'ancien pigeonnier en pierres confèrent à l'ensemble les allures d'un manoir qu'on dirait maquillé de crépi rosâtre.

Tout dort encore. Les volets blancs sont fermés. Seul le crissement des graviers sous les roues trouble la tranquillité des lieux. Doucement, les voitures se déploient en éventail, le cortège encercle la grande résidence. Les portières s'ouvrent sans se refermer. Une dizaine d'hommes et de femmes, silencieux, concentrés, descendent des véhicules et s'approchent du bâtiment endormi. Certains sont armés, d'autres portent un brassard de police.

Au premier coup de sonnette, la porte s'ouvre. Sur le seuil, un homme apparaît, comme sorti des limbes, cheveux bruns en bataille, visage marqué par une nuit trop courte. Bien loin de l'image que les médias renvoient de lui, mèche souple, barbe de trois jours, sourire en coin et regard brillant. Avec ses chemises blanches, cols ouverts, ses costumes de bonne coupe, il a une élégance décontractée, soignée sans être guindée. Jouant de ses airs faussement canailles, il n'a pas besoin de pousser beaucoup son charisme naturel pour gagner auprès du grand public l'image d'un justicier à gueule de cinéma.

Dans la froideur matinale, l'homme est debout, impassible. Un masque semble avoir figé ses traits fatigués. Celui qui dirige les opérations décline son nom et sa fonction : Daniel Jacqueme, commissaire de police à l'Inspection générale des services. Il annonce sa mission, détachant bien les mots, comme s'il tentait de se convaincre qu'il vient bien, lui, ici et maintenant, déboulonner une icône. Cet homme en face de lui, le commissaire est venu l'interpeller et le placer en garde à vue, en vertu d'une commission rogatoire d'un juge d'instruction de Paris. Cet homme connaît l'Inspection des services et sait qu'elle ne vient pas chez lui sans avoir ses raisons. Mais l'enquête qui le vise, il n'en imagine pas encore l'ampleur.

Cet homme, c'est le commissaire Michel Neyret, directeur adjoint de la Direction interrégionale de police judiciaire de Lyon. Toute sa carrière, il a arrêté des malfaiteurs. Aujourd'hui, les rôles sont inversés. Le commissaire, ex-cador de l'antigang, tombe entre les mains de la police des polices. Le monde se retourne comme un gant.

1

Jours de gloire

Antigang, 8 mai 2003.

Les portes claquent dans la cour de l'hôtel de police central. Pistolet dans le holster, glissé à la ceinture ou sous l'aisselle, gilet pare-balles enfilé en courant dans l'escalier, gyrophares plaqués sur les toits, barrière levée : la brigade antigang de Lyon surgit tel un essaim de guêpes. Le convoi file par la rue Marius-Berliet, pneus crissant, moteurs vrombissant, à travers l'agglomération. Direction plein sud, destination la Drôme.

Il ne s'agit ni d'un braquage, ni d'un convoi de drogue. La brigade de recherche et d'intervention (BRI*), dirigée par le commissaire Neyret, se lance aux trousses de fugitifs recherchés par toutes les polices de France. Elle ne sait pas encore que les longues heures de traque qui commencent vont entrer dans les annales policières.

Trois semaines auparavant, un pilote d'hélicoptère a été pris en otage alors qu'il s'apprêtait à décoller d'un terrain situé à La Fare-les-Oliviers[1]. Quelques minutes plus tard, l'engin survolait le paysage provençal, au sud-

---

* On trouvera une liste des sigles p. 325.

est d'Aix-en-Provence, où les contreforts de la montagne Sainte-Victoire alternent avec des nappes suburbaines, zones industrielles et commerciales. L'appareil a stationné au-dessus de la prison de Luynes, située dans le sillage de l'autoroute A51. Un homme s'est laissé glisser le long d'un filin, *deus ex machina* en cagoule découpant à la disqueuse le filet métallique de la cour du quartier d'isolement. En quelques secondes, trois détenus étaient hissés à l'intérieur de l'hélico, qui disparaissait à l'horizon. En réalité, l'appareil ne s'était éloigné que de quelques kilomètres pour se poser en douceur sur le stade de Jas-de-Bouffan, un village tout proche. La bande avait aussitôt pris la fuite à bord d'une Golf GTI grise, envolée. Un scénario précis, gonflé, plein de sang-froid. Un défi à l'autorité de l'État.

Ce 8 mai, la police suisse signale la présence sur son territoire d'une équipe suspectée de préparer un braquage. Le groupe pourrait correspondre au signalement des trois évadés de Luynes. Les suspects ont pris la route à bord d'une Volkswagen Passat break gris clair, en direction de la « France voisine », comme on dit à Genève. La BRI de Lyon est chargée de prendre le relais à partir de la Haute-Savoie. Le schéma est assez classique dans cette région frontalière. Les Suisses ont l'habitude des incursions de la délinquance lyonnaise : braquages, vols de voitures, les voyous lyonnais remontent très loin en territoire helvète. En réplique, les autorités des deux pays ont créé un centre de coopération policière et douanière pour faciliter les procédures et échanger les renseignements.

L'affaire tombe mal pour un gouvernement qui fait de la sécurité son cheval de bataille. Très mal même. L'échappée de Luynes est la troisième évasion en moins de six semaines dans les prisons françaises. Il y a eu Borgo en Corse*. Puis Fresnes, d'où s'est extirpé le fameux Antonio Ferrara, à coups d'explosifs**. À présent, Luynes. Et les malfrats en cavale ne sont pas des demi-sel : Franck Perletto, 41 ans, truand notoire du Var, devait comparaître avec son frère et dix autres accusés devant une cour d'assises spéciale pour trafic de stupéfiants. Éric Alboreo, 39 ans, et Michel Valero, 46 ans, sont tous les deux impliqués dans une attaque de fourgon blindé à Salon-de-Provence, soldée par la mort d'un convoyeur. Le trio de choc est dans la nature. Il n'en faut pas plus au ministre de l'Intérieur pour enfourcher ses thèmes de prédilection. Nicolas Sarkozy déclare : « *Les équipes sont mobilisées pour les retrouver et les remettre là où ils doivent être, c'est-à-dire en prison*[2]. »

18 heures. La Passat file à vive allure en direction de Valence, sur l'autoroute A7. Les groupes de la brigade antigang se rassemblent. Bipés chez eux, des policiers rejoignent directement le dispositif. La filature s'enclenche, selon une mécanique bien huilée.

---

* Placé en détention préventive, Joseph Menconi s'est évadé de la maison d'arrêt de Borgo en Haute-Corse le 7 mars 2003. Il a menacé des surveillants avec une arme factice avant d'être récupéré par des complices armés d'un faux lance-roquettes. Il a été repris.

** Le 12 mars 2003, Antonio Ferrara a été libéré de la prison de Fresnes (Val-de-Marne) par un commando équipé d'armes de guerre et d'explosifs. Il sera repris en juillet et condamné en 2010 pour évasion à douze ans de prison.

19 h 30. La voiture grise, avec deux hommes à bord, fait une pause à la station Shell, sur l'aire de Portes-lès-Valence, dans la vallée du Rhône. L'antigang arrive dans la station en catimini, avec vue sur ses objectifs. La tension monte d'un cran. Les pontes de la PJ suivent en direct le déroulement des événements. Ils suggèrent avec insistance le renfort du Groupe intervention de la police nationale (GIPN), pour passer à l'action le plus rapidement possible. Selon eux, les évadés sont à portée de main, il faut en profiter. C'est la politique du résultat immédiat, l'irrésistible envie d'en découdre, pour annoncer une bonne nouvelle à la hiérarchie.

Les coups de téléphone de la direction centrale, les impatiences des cabinets ministériels, Neyret connaît. Il a une autre idée en tête. Les suspects ne sont que deux dans la voiture. Il existe donc une probabilité pour qu'ils rejoignent des comparses quelque part. La filature pourrait mener au troisième évadé, voire aux complices qui ont fomenté l'évasion. C'est une pure intuition policière. En attendant, les deux suspects sont entrés dans la cafétéria de l'aire d'autoroute. L'ordre devient pressant : interpeller, en finir enfin. Pas impressionné, Neyret maintient son option. À ses chefs de groupe, par la radio cryptée réservée à l'antigang, il ordonne : « *On attend, on reste comme ça*[3]. »

La BRI suit, confiante dans les choix d'un patron qui ne s'est jamais fourvoyé. Les fugitifs repartent. Une heure après, ils quittent l'A7, plus au sud.

À Bollène, entre Montélimar et Orange, la voiture stoppe près d'un snack. Puis, quittant la ville, elle s'enfonce dans la campagne. Cette fois, la brigade est lancée dans une opération à quitte ou double : l'exercice se complique sur les petites routes de la Drôme, avec de longs passages à découvert. La nuit approche. Il faut avancer feux éteints. Le commissaire Neyret déploie la brigade selon la technique du jalonnement : les policiers se placent à tous les carrefours du secteur, ils contrôlent le passage de la voiture pour suivre discrètement son itinéraire, sans être derrière elle en permanence.

La traque dure des heures, épuisante. Les yeux rougissent, les mains se crispent sur les volants. En début de soirée, la Passat disparaît, fondue dans la Drôme. Elle est forcément dans un périmètre restreint. Mais où ? La région regorge de petites routes, de propriétés invisibles au bout d'improbables chemins. La nuit, la végétation prend des airs hostiles, les collines des dimensions démesurées. Les champs de lavande s'étirent en griffures mauves de chaque côté de l'étroite chaussée. Les voitures de police s'immobilisent au sud de Grignan, capots brûlants. Ne pas s'énerver, ne pas perdre le contrôle, précisément à cet instant critique. Chercher calmement, méthodiquement. Neyret revoit ses batteries. Le dispositif s'éclate dans toutes les voies de circulation du secteur pour une battue à grande échelle.

21 h 15. Un bref message crépite sur les ondes radio : un chef de groupe a aperçu le capot d'une Subaru Impreza dépassant d'un petit parking, entre deux chalets d'un gîte rural. Le détail jure imperceptiblement dans le paysage. L'information fait l'effet d'une petite lueur d'espoir dans la nuit provençale. La présence de cette puissante voiture s'accorde mal avec cette pai-

sible maison d'hôtes, constituée de mazets aux noms bucoliques – estragon, marjolaine, origan, serpolet. Le commissaire demande au chef de groupe de relever l'immatriculation du bolide japonais. L'enquêteur rampe dans la garrigue et revient avec le renseignement.

Passé au fichier des immatriculations, le numéro de plaque de la Subaru correspond à celle d'une Renault 5. Le commissaire demande une seconde vérification. Confirmé. Les occupants n'ont pas pris la peine de faire une doublette avec un numéro qui correspond à une voiture de même modèle. Fatale erreur : sans ce détail, la BRI aurait passé son chemin. Coup de chance ? À condition de savoir la saisir.

Renseignements pris, quatre hommes ont réservé depuis le 21 avril les chalets de cette maison d'hôtes, située sur la commune de Richerenches, juste après la Drôme, tout au nord du Vaucluse. Ils se sont présentés comme des sportifs en préparation. La piscine a été découverte spécialement pour eux, avant la saison estivale. Selon le propriétaire, ils ont pour habitude de partir au petit matin en VTT. La BRI décide de resserrer son filet autour de ces prétendus athlètes à l'entraînement. Le site est progressivement cerné, sans un bruit. Sollicitées en renfort, les BRI de Nice et Marseille arrivent, gyrophares en action, à deux doigts de compromettre le dispositif. Du matériel lourd est acheminé dans la nuit : casques, boucliers, béliers, armes longues.

6 heures. Neyret donne le « top interpellation ». Les brigades antigang investissent simultanément les quatre chalets. L'effet de surprise est total. Un suspect, qui cherche à s'enfuir par la fenêtre arrière d'un mazet,

se retrouve avec un canon braqué sous le nez. Quatre hommes sont arrêtés, sans accroc. Parmi eux, Perletto, Alboreo, Valero, le groupe de fugitifs de Luynes au complet, avec sa panoplie de pistolets automatiques et de mitrailleurs. Un quatrième complice tombe avec eux, et non des moindres : Pascal Payet, 40 ans, roi de la cavale. L'homme est considéré comme le cerveau de l'évasion. Et pour cause : il s'était déjà évadé de Luynes en octobre 2001, selon un scénario en tous points similaire*.

L'arrestation est un franc succès. La bonne nouvelle remonte dans les hautes sphères policières. Dès 9 heures, le ministère de l'Intérieur appelle le secrétariat de la PJ : Nicolas Sarkozy tient à féliciter personnellement l'artisan de cette réussite. Neyret croit à une blague de collègue : « *Dites-lui d'arrêter ses conneries.* » La gaffe passée, le commissaire a droit à un chaleureux remerciement. Dès le lendemain, une lettre signée de la main du ministre de l'Intérieur, transmise par la voie hiérarchique, salue « *une rapide et brillante enquête* ». Superficiel ? Dans le monde policier, la lettre de félicitations n'est pas complètement anodine, même pour ceux qui accordent peu d'importance aux convenances officielles. Elle marque un fait important, et est versée dans le dossier administratif du fonctionnaire.

Celui du commissaire Neyret compte trente-quatre lettres de félicitations en vingt-sept ans de carrière.

* Évadé de Luynes en 2001, Pascal Payet, né en 1963, multirécidiviste du braquage, s'évadera à nouveau le 14 juillet 2007 de la prison de Grasse. Il sera retrouvé un mois plus tard près de Barcelone.

Des missives de ministres, de directeurs, de préfets, de magistrats, de députés, pour lui et pour son groupe.

Après la lettre, le ministre Sarkozy propose la Légion d'honneur. Michel Gaudin émet un avis très favorable. Dans sa note, le directeur général de la police nationale évoque le rôle du commissaire dans plusieurs enquêtes importantes : attentats de 1995, activistes basques, saisies de drogue. La résolution de l'évasion de Luynes constitue un sommet dans la carrière du commissaire Michel Neyret, un aboutissement.

La cérémonie de remise de la Légion d'honneur a lieu le 14 octobre 2004, en cercle fermé. Une soixantaine de personnes sont rassemblées dans la cantine de la Rotonde, bâtiment circulaire situé dans la cour de l'hôtel de police central de Lyon. Pour l'occasion, le commissaire arbore un costume noir assorti d'une cravate bleue. La BRI est au complet, toutes les huiles de la PJ sont là. Les successifs patrons du Service régional de la police judiciaire (SRPJ) de Lyon sont venus : Michel Richardot, Bernard Trenque, Christian Lothion. Ce dernier, qui vient d'être nommé à Marseille, parle d'une « *référence en France* ». La directrice centrale adjointe Martine Monteil ne tarit pas d'éloges à propos du « *meilleur chef de BRI de l'histoire de la DCPJ* ». Le directeur central Gérard Girel épingle la rosette au revers de la veste du commissaire lyonnais, tandis que des magistrats applaudissent, dont le procureur général de Lyon, Jean-Olivier Viout, venu saluer « *un grand serviteur de la République* ».

Le commissaire prend la parole à son tour. Il remercie ses anciens patrons par cette formule : « *La confiance a été le moteur de ma réussite*[4]. » Cette consécration professionnelle a une saveur toute particulière pour l'ancien fils de mineur, qui tient à rendre hommage à ses proches. Il poursuit : « *J'ai une pensée pour mes parents, mon frère, qui ne sont pas là...* »

Sa voix se brise à cette évocation. Le sanglot est vite réprimé. Caractère de Lorrain plutôt fermé, Neyret n'est pas du genre à étaler ses états d'âme. Dans son entourage professionnel, personne ne l'a jamais vu craquer, encore moins afficher une faiblesse. Ce flottement dévoile furtivement une faille personnelle, cachée sous sa cuirasse de policier émérite. Ces dernières années, il a perdu ses deux parents, successivement décédés de maladie, ainsi que son frère aîné, victime d'un accident de voiture. Parmi les policiers, personne n'en a vraiment entendu parler. Un fidèle collaborateur confie : « *On a su que son frère médecin était mort dans un accident, mais il n'a jamais rien montré de ses sentiments personnels*[5]. »

Le commissaire n'a plus de famille originelle autour de lui pour partager cette émotion. Dans la salle de réception, son épouse et sa fille unique constituent toute sa proche famille. Des amis ? Un vieux compagnon de route de la PJ témoigne : « *Il a beaucoup de copains, des relations, mais des vrais amis à qui confier ses sentiments, pas sûr. C'est un solitaire, un taiseux, difficile à percer. J'ai voulu lui parler de sa famille, il a toujours évité le sujet.* » Des relations dans le travail, des copains dans des soirées, mais combien d'amis véritables, sur qui on peut compter ? Un ancien pilier de la BRI relate : « *Michel a toujours été seul. À ses débuts, il ne sortait pas du tout, plus tard il a eu une vie sociale plus développée mais je ne suis pas sûr qu'il avait de vrais amis. Son caractère est pudique, assez fermé.* »

En ce jour de gloire dans la Rotonde, l'heure est aux louanges unanimes. On consacre une réussite professionnelle exemplaire. Michel Neyret, décrit en meneur d'hommes autant qu'en procédurier avisé, incarne la quintessence d'une maison centenaire. Tout semble devoir sourire au digne descendant des brigades du Tigre, les brigades mobiles créées par Clemenceau*.

* Les brigades du Tigre, surnom de Clemenceau, inspirent le logo actuel de la police judiciaire.

2

Cousins toxiques

Paris, 16 février 2011.

L'affaire Neyret s'allume comme une mèche lente. Dans le cadre d'une enquête ouverte sur une importante saisie de cocaïne dans l'appartement d'une princesse saoudienne à Neuilly-sur-Seine, une conversation est enregistrée par la brigade des stupéfiants de Paris (BSP). Le suspect en fuite placé sur écoutes se nomme Yannick Dacheville. Les policiers le soupçonnent d'avoir financé le réseau de trafic de drogue démantelé à Neuilly et cherchent à savoir où il se cache – sans doute quelque part à l'étranger. Au téléphone, le fuyard joue la prudence, ne fournissant pas le moindre indice qui pourrait permettre de le localiser. En revanche, son interlocuteur se montre beaucoup plus volubile. Ce personnage, encore inconnu des enquêteurs, cherche à convaincre Dacheville qu'il est capable de l'aider. Il parle de policiers, de juges, d'avocats, d'affaires en cours. Il évoque également à plusieurs reprises un ami qui paraît important, et surtout bien renseigné.

L'interlocuteur anonyme donne l'impression d'être un mythomane intarissable et la conversation, en apparence insignifiante, aurait pu être archivée dans les fichiers numériques, parmi des dizaines d'autres. Pourtant, ce personnage intrigue les enquêteurs par l'énergie qu'il déploie pour jouer sa comédie, simulant par exemple plusieurs conversations téléphoniques simultanées. Et puis il y a cette phrase, lâchée comme une énigme, et qui attise leur curiosité : « *Moi, me refuser, c'est impossible, je ne te dirai jamais pourquoi, mais moi il ne peut rien me refuser, c'est mon secret, j'ai un joker.* »

***

Un joker ? À 17 h 48, ce 16 février, à la BSP, cette formule sibylline fait l'effet d'un petit voyant rouge qui clignote sur un tableau de bord.

Emporté par son désir de se faire valoir, l'homme ne respecte pas les précautions les plus élémentaires. Son joker ? « *Michel* », ou « *Nerus* ». Selon ses dires, il s'agit d'un policier, ancien de l'antigang, qui serait passé à Paris et à Nice, avant de devenir « *directeur de Rhône-Alpes* ». À l'entendre, ce policier aurait dû devenir un grand ponte de la PJ, directeur central même, à la place de Martine Monteil. Rien que ça. Auprès de Dacheville, l'homme se vante : « *T'as compris que j'aurais habité l'Élysée en permanence, quelle blague, j'aurais été place Beauvau, je me serais fait un fauteuil…* »

Il abreuve le fuyard de confidences et explique d'où lui vient son infatigable logorrhée :

– *La base de la communication, c'est ça, Dieu a créé le monde en parlant, il a pas tapé des mains, donc j'ai compris très vite qu'il fallait apprendre à parler.*

– *Savoir parler*, soupire Dacheville.

– *Et connaître le droit*, reprend le hâbleur. *Alors dans ma vie j'ai appris deux choses : à parler et le droit. Voilà, j'ai appris le droit jusqu'au bout des ongles, le droit français, le droit international, je l'ai appris parce que d'abord ça me passionne et puis après, une fois que j'ai appris le droit, j'ai appris à le détourner par la gauche*[1].

« Détourner le droit par la gauche »... S'il est encore impossible de mesurer toute la portée de paroles jetées en l'air, dès la première écoute, l'enjeu est donné : démêler le vrai du faux pour trier entre les apparences compromettantes et les véritables compromissions.

La description du *joker* est si détaillée que les enquêteurs de la brigade des stupéfiants de Paris n'ont aucun mal à se faire une idée : les policiers parisiens connaissent le parcours de Michel Neyret, icône de la PJ. Ils savent qu'il a mené durant vingt ans la brigade antigang de Lyon, qu'il est revenu dans sa région de prédilection depuis quatre ans, après un bref passage à Nice. Ils n'ignorent pas non plus que le commissaire a la réputation d'un professionnel, sûr et compétent, qu'il est décoré de la Légion d'honneur et très apprécié des milieux judiciaires.

Lorsque Neyret entre sur les écrans radar de la BSP de Paris, les policiers sont crispés. Certes, ils ont réussi une prise de 111 kilos de cocaïne. Ils ont aussi arrêté le livreur présumé, un Sud-Américain arrivé le jour même à l'hôtel *Marriott* de Neuilly-sur-Seine.

Mais la découverte de 105 000 euros en espèces dans un autre appartement ne suffit pas à compenser leur sentiment d'avoir été roulés : ils ont raté il y a peu deux gros trafiquants présumés dans l'équipe qu'ils visaient. La fuite des deux hommes leur laisse un goût amer. Dans le monde des stupéfiants, la paranoïa n'est jamais loin et une écoute téléphonique peut vite prendre du relief.

***

Yannick Dacheville, 31 ans, est insaisissable. La brigade des stups lui prête un rôle d'investisseur dans ce trafic de cocaïne. Il faut dire que l'homme est affublé d'une forte réputation à dimension internationale. Originaire de Saint-Avold en Moselle, il est âgé d'à peine 20 ans quand il apparaît pour la première fois dans une enquête pour blanchiment d'argent. Il a d'abord œuvré dans le « commerce » de voitures de luxe. Les policiers le suspectent d'avoir fourni de puissants véhicules utilisés dans des go-fasts[2]. Ce trafic lui a valu une peine de trois ans avec sursis, prononcée en 2008 à Lille, dans le Nord[3]. Alors, le garagiste s'est reconverti dans la finance. La police est persuadée que Dacheville figure en bonne place parmi les équipes d'escrocs de haut vol à l'origine de la fraude à la taxe carbone* – qui consistait à acquérir, dans un pays de l'Union européenne, des quotas de CO_2 hors taxe, puis à les revendre en France à un prix incluant la TVA, sans

* Voir explication p. 127.

jamais reverser celle-ci à l'État. Dacheville est ainsi accusé d'avoir créé une société fictive à Hambourg, en Allemagne, sous le pseudonyme de Marco, avec un retraité comme gérant de paille. Cette société est à l'origine d'un détournement de plus de 10 millions d'euros en huit mois[4].

Dacheville parcourt le monde : Monaco, Miami, Panama, Israël, Émirats… Sous l'éclairage tamisé des salons d'hôtels internationaux, on l'aperçoit dans les cocktails du club fermé des fraudeurs présumés au CO_2, en chemise blanche ouverte sur un large cou raide. Sourire un peu crispé, paupières légèrement tombantes, le visage d'adolescent a gagné en épaisseur. Une coupe rasée a remplacé la chevelure brune, peignée en arrière, de sa première jeunesse. Ses complices l'appellent un peu exagérément « le Gros » pour les quelques kilos qui enrobent sa silhouette – à moins que l'allusion ne fasse référence à sa richesse, à ses biens immobiliers, dont un restaurant aux États-Unis. Certains pensent qu'il s'est fait beaucoup d'ennemis. D'où une existence vagabonde destinée à prendre ses distances avec la justice autant qu'avec son entourage professionnel.

Quand Dacheville apparaît dans l'enquête sur la cocaïne de Neuilly, la brigade des stupéfiants pense l'avoir localisé à Dubaï, sous le nom d'emprunt de Guillaume Pernin, ou Pernot. Aussitôt, Yannick Dacheville devient un objectif majeur, et pas seulement pour son rôle de financier présumé dans l'affaire de stupéfiants : ses multiples activités, sa dimension supposée, renforcent la détermination des policiers. Ses téléphones sont branchés.

Dacheville est inquiet. Le magot de 105 000 euros a été trouvé chez un de ses amis. Pas sûr que les flics se contentent de sa version – un commerce de voiture. Mais il ignore l'avancée exacte des investigations. Et il a besoin de savoir s'il peut se déplacer d'un pays à l'autre, histoire d'entretenir son business. D'où son intérêt quand l'individu qui prétend connaître le commissaire Neyret lui communique par mail, dès le lendemain de la fameuse conversation du 16 février 2011, sa fiche de recherche diffusée dans l'espace européen Schengen.

Transmettre un document réservé aux services de police à un individu en cavale : voilà de quoi exciter la curiosité de la brigade des stups. Planqué à l'autre bout du monde, Dacheville ne manque pas de remercier son bon Samaritain :

– *Merci pour mon papier.*

– *Non me dis pas ça, j'aime pas.*

– *Je te dois un euro.*

– *Oui, tu me dois un euro.*

L'interlocuteur cherche à pousser l'avantage. Il propose de renseigner Dacheville, cette fois sur les recherches d'Interpol. En une journée, il parvient à lui donner une réponse. Pas peu fier de son effet, il fanfaronne au téléphone :

– *Bon allez, dépêche-toi de me faire gagner de l'argent parce que tu n'as rien chez Interpol, d'accord ? Voilà, c'est tout ce que j'ai à te dire.*

– *Je crois que tu vas gagner de l'argent*, consent Dacheville.

Grisé, l'informateur se lâche de plus en plus. Cette fois, il cite nommément Neyret.

Au 36, quai des Orfèvres, la machine est enclenchée.

Première étape : identifier cet informateur providentiel avec qui Dacheville est en conversation quotidienne à partir de février 2011. Les policiers des Stups y parviennent sans trop d'encombre car l'individu utilise la ligne de son bureau et son propre téléphone portable. Gilles Bénichou, 46 ans, est démasqué. Ce natif de Villeurbanne, où il réside toujours, est à son tour placé sur écoutes.

***

C'est un drôle de personnage, expansif à souhait, que les policiers des Stups découvrent. Par les conseils qu'il prodigue au téléphone, il donne l'impression d'être un grand spécialiste de la procédure pénale. Ce qui n'est pas totalement faux, au moins parce qu'il a pu en faire l'expérience personnellement : Gilles Bénichou collectionne en effet les mentions sur son casier judiciaire.

Entre 1996 et 2000, il est condamné à deux reprises pour fraude fiscale ainsi qu'à des peines de prison avec sursis, puis à huit mois, dont deux fermes, pour transport de monnaie contrefaite. En 2002, il est impliqué dans une affaire d'escroquerie et de corruption à la petite semaine, intervenant auprès d'un mandataire des magasins Lidl pour l'achat d'un fonds de commerce à Caluire, ville résidentielle aux portes de Lyon. La combine : créer une société pour faire artificiellement monter le prix de la transaction. La société rachetait le fonds de commerce et le revendait l'année suivante au prix fort, avec la complicité active du mandataire. Gilles Bénichou écope de deux ans de prison ferme.

À cette même époque, on signale Gilles Bénichou aux États-Unis, puis en Israël où, selon Interpol, il porte alors le patronyme hébreu de Yitzchak Ben-Ishay. En 2004, il est condamné à dix mois ferme pour une sombre histoire d'extorsion ; même chose en 2006.

Cette dernière affaire révèle une facette plus sombre de la personnalité de Gilles Bénichou : ici, il s'improvise homme de main auprès de trois gaillards lyonnais qui ont perdu toutes leurs économies dans un placement hasardeux. Selon les victimes, leurs pertes vont de 100 000 à 500 000 dollars. Les trois hommes, qui ont eu l'audacieuse idée de récupérer leur créance par la manière forte, engagent donc Gilles Bénichou pour monter un traquenard. Sous le prétexte d'un rendez-vous à l'amiable, un représentant de la First Atlantic Consultants, compagnie anglaise responsable des mauvais placements, est invité à Lyon. Dès son arrivée à l'aéroport Saint-Exupéry, il est pris en charge par l'équipe de Bénichou et se retrouve séquestré par deux hommes armés et cagoulés, accompagnés d'un traducteur. Gilles Bénichou se fait passer pour un agent du Mossad – un des trois larrons avouera lors du procès avoir regardé dans le *Quid* ce qu'était le Mossad[5]. Il réclame un transfert de fonds immédiat pour récupérer l'argent qui appartenait prétendument au service secret israélien. La mise en scène échoue péniblement et tout le monde est rapidement arrêté. Résultat de ce fiasco : une condamnation avec sursis pour les trois acolytes qui voulaient se faire justice. Gilles Bénichou, désormais abonné aux tribunaux lyonnais, écope d'une peine de deux ans de prison ferme, assortie d'un mandat d'arrêt.

Le teint hâlé, jean tombant, baskets délacées, Bénichou joue le quadragénaire dans le vent. Quand il ne porte pas une casquette siglée, le crâne rasé accentue l'allongement d'un visage aux joues creuses, aux yeux souvent masqués par des Ray Ban larges comme des miroirs. L'homme déclare différentes activités. Il se dit gérant de sociétés, marchand de biens. Il commercialise tour à tour des produits téléphoniques ou des panneaux photovoltaïques depuis ses bureaux du 6e arrondissement de Lyon, situés près de la rue Molière. La rue a des airs de Sentier, avec sa succession de boutiques de vêtements et d'accessoires en gros, et Gilles Bénichou est bien connu des commerçants du quartier. D'ailleurs, il joue volontiers les juges de paix au sein de la communauté juive. À Villeurbanne, il fréquente régulièrement la synagogue, cultivant son image pieuse. Ses discours auprès de Dacheville égrènent les références religieuses, il jure sur la Torah et en appelle fréquemment au bon Dieu. Avec son inépuisable répertoire, le beau parleur a une façon tout à lui de reconstituer les conversations, arrangeant les dialogues et modifiant les versions selon son public.

Malgré tout, Gilles Bénichou conduit les policiers parisiens qui l'ont placé sous surveillance téléphonique à s'interroger sérieusement sur la nature de ses relations avec le directeur adjoint de la PJ lyonnaise : il ne passe pas une journée sans faire une allusion à ce dernier auprès de ses multiples interlocuteurs. Bien plus, la manière dont il se fait l'écho au téléphone des moindres faits et gestes du commissaire laisse entendre qu'il sait tout de lui.

Or, quinze jours après la première conversation qui évoquait un mystérieux «*joker*», la situation de Yannick Dacheville a changé. Bénichou se vante d'ailleurs ouvertement d'avoir obtenu auprès du commissaire la fiche Interpol qui lui est consacrée. L'extrait est particulièrement éloquent : « *La fiche Interpol, il me l'a lue Neyret, demande d'extradition*[6]. »

Dacheville fait désormais l'objet d'un signalement international. Dès lors, Bénichou élabore un scénario pour lui proposer son aide, prétendant pouvoir faire retirer sa fiche Interpol du circuit. Mieux, il se dit capable d'obtenir son impunité totale dans le dossier de stupéfiants instruit à Paris. L'idée : faire passer Dacheville pour un informateur à l'origine de l'élucidation d'une affaire de meurtre, liée au monde de la fraude à la taxe carbone. Dans ce schéma, il présente Neyret comme un intermédiaire qui favoriserait la manœuvre. Bénichou utilise des éléments qu'il connaît de l'affaire des stupéfiants, cite des noms d'enquêteurs. Il sait aussi que des témoins sont prêts à être entendus dans l'enquête sur le meurtre de Samy Souied, abattu porte

Maillot en 2010, dans le contexte agité de l'affaire de la fraude au CO_2.

Or, Gilles Bénichou a remarqué que c'est le même juge – Patrick Gachon, de la juridiction interrégionale spécialisée (JIRS) de Paris – qui instruit les deux dossiers, celui de Neuilly et celui du meurtre. Une aubaine inespérée. Tout euphorique, Bénichou expose sa théorie à Dacheville : voilà un magistrat qui pourra volontiers accorder une faveur dans l'affaire de stupéfiants si cela peut faire avancer un autre de ses dossiers importants.

Bénichou raconte ainsi à l'homme en cavale que le commissaire Neyret a pris contact avec son homologue qui dirige l'Office central de lutte contre la criminalité organisée (OCLCO)*. En effet, le directeur adjoint de Lyon a signalé à son collègue de l'Office qu'un témoin souhaitait se rapprocher des enquêteurs chargés de l'affaire du meurtre de Samy Souied. Cependant, il n'a jamais été question d'intervenir pour Dacheville. Ce qui n'empêche pas Gilles Bénichou de soutenir que le patron de l'Office central a donné son accord pour une négociation judiciaire. Il prétend même qu'une entrevue est prévue avec le juge. Toujours mieux, Gilles Bénichou assure qu'il a personnellement plaidé la cause de Dacheville auprès du chef de l'Office à Paris ! Il répète que le commissaire lyonnais suit de près le dossier[7].

Dacheville n'est pas complètement dupe. Il note, au détour d'une conversation : « *Mais Michel Neyret, c'est pas madame Soleil.* »

* L'OCLCO est la nouvelle appellation de l'Office central de répression du banditisme (OCRB).

Mais Bénichou, qui sait beaucoup de choses, ignore que le juge Patrick Gachon, par les écoutes téléphoniques mises en place dans l'affaire de Neuilly, suit tout de ce qui se dit dans son dos. Or, un juge n'apprécie pas d'être cité dans une grossière manipulation, même hypothétique.

***

« *Je te vends la vérité* », glisse subrepticement Bénichou à Dacheville. Ou encore : « *Je te lâche pas, tu peux me dépanner.* » L'idée semble alors germer de lui réclamer de fortes sommes.

En relation avec un cousin, qu'on devine en Israël, Gilles Bénichou réfléchit à la manière de se faire rétribuer ses services. Aider un truand, c'est favoriser son business, alors autant prendre un petit pourcentage sur les bénéfices. Les cousins font passer leurs fiches de recherches à plusieurs individus en cavale, dont celles de deux frères réfugiés en Israël. Au téléphone, ils s'extasient sur les avantages qu'ils tirent de cette affaire, et spéculent sur d'autres clients potentiels. Appliqué au cas de Dacheville, qu'ils supposent millionnaire, il y a matière à faire monter les enchères, et les cousins s'imaginent déjà obtenir entre 30 000 et 100 000 euros – et pourquoi pas jusqu'à 400 000 euros ? – contre la fourniture de ses fiches de police. Gilles Bénichou s'attache donc désormais à faire comprendre à Dacheville que toutes ses interventions ont un coût. Les écoutes montrent que le commissaire ignore tout de l'utilisation que font les deux hommes des fiches qu'il fournit.

Histoire d'entretenir une relation utile pour tous, Bénichou organise un voyage au Maroc au début du mois d'avril 2011. Il compte inviter le commissaire et son épouse « aux frais de la princesse » – qui, en l'occurrence, se nomme Dacheville. Dans le calcul de l'aigrefin lyonnais, le budget du voyage se monte à 50 000 euros. À cette occasion, les enquêteurs apprennent que cinq couples seront présents au Maroc du 1er au 8 avril, et qu'ils descendront aux *Jardins de la Koutoubia*, un hôtel de luxe de Marrakech.

Dacheville mord à l'hameçon et débloque des fonds. La brigade des stupéfiants de Paris suit l'avancée de la transaction. Un premier rendez-vous est fixé avec le frère de Yannick Dacheville à Paris, avenue du Maine, dans le 15e arrondissement. Les policiers sont en planque. Ils voient arriver Gilles le Lyonnais, blouson de cuir noir, bonnet sombre et tee-shirt blanc. L'homme prend un café, fume une cigarette, attend une heure et repart. La rencontre n'a pas lieu. Mais un autre contact est prévu.

C'est Yannick qui envoie depuis son BlackBerry un message à son frère Mathieu, pour lui donner la marche à suivre. Et, le 30 mars 2011, à 7 heures du matin, Mathieu se rend en train à Saint-Avold, dans la Moselle d'origine de la famille. Il retire 25 000 euros dans un coffre de banque ouvert au nom de leur grand-mère. Puis il reprend le train en direction de Paris, où il a rendez-vous ce même jour avec une émissaire envoyée par Gilles Bénichou, A. La jeune fille de 19 ans travaille officiellement dans la distribution de prospectus, après avoir été vendeuse dans une boutique de vêtements d'enfants. Entre différents boulots, elle rend « des petits services » dans la société de Bénichou. Elle s'occupe de fournitures, poste du courrier[8]... Ce jour-là, elle a pour mission de récupérer une enveloppe à Paris, sans poser de question.

Grâce aux écoutes mises en place, les enquêteurs savent tout des horaires et du lieu de rendez-vous. Ils disposent même du signalement d'A., que Gilles Bénichou a fourni lui-même au téléphone. Ce 30 mars, la petite blonde aux yeux bleus, vêtue d'une veste kaki, est donc prise en filature par les policiers parisiens dès sa descente du TGV en provenance de Lyon. Elle se rend en métro jusqu'à la gare de l'Est, s'attable en face, à la brasserie *La Strasbourgeoise*, et commande un soda. Les policiers savent aussi que Mathieu Dacheville, décrit comme mal rasé et maigrichon, doit arriver par le train de 17 h 20 en provenance de Metz. À l'heure dite, le frère de Yannick apparaît effectivement sur le quai numéro 6, un sac noir aux coutures blanches à la main. Les deux voyageurs se rapprochent, guidés à distance par leurs mandataires respectifs, et se croisent sous les yeux des policiers. La rencontre, devant les boutiques de la gare, ne dure que quelques secondes. Les policiers voient Mathieu remettre à A. une enveloppe de format A4, sans inscription. La jeune fille est ensuite suivie jusqu'à la gare de Lyon, où elle prend le TGV de 18 h 24 à destination de Lyon, sa mission accomplie. Le tout est consigné sur un procès-verbal.

Cette enveloppe est cruciale pour les enquêteurs. Elle prouverait le financement du voyage au Maroc et peut s'interpréter comme une rétribution des renseignements transmis par Gilles Bénichou, de la part d'un Yannick Dacheville reconnaissant. Des tuyaux puisés dans des fichiers, transmis à un voyou en cavale : à ce stade, le commissaire est atteint indirectement, les enquêteurs ne relâchent plus leur attention*.

La réalité est en fait beaucoup plus complexe, dans un billard à multiples bandes. Bénichou n'a pas le désir d'aider véritablement Dacheville, qui a de sérieux litiges avec un autre de ses cousins. Parfois, on pourrait même croire qu'il cherche à le localiser pour régler des comptes entre protagonistes de la fraude carbone, riche en tensions. Et puis, Bénichou ne dit pas tout au commissaire. On apprendra par exemple qu'une bonne part de cette enveloppe a été partagée en douce entre les cousins, qui y auraient également puisé pour fournir une commission de 5 000 euros en espèces à un avocat[9]. D'ailleurs, plusieurs participants au voyage au Maroc ont pris en charge leurs frais d'hôtel et leurs billets d'avion.

Même si l'enveloppe n'a pas exclusivement payé le voyage du Maroc, loin de là, le mal est fait : la machinerie judiciaire se met en branle autour du commissaire.

Début avril 2011, les hautes sphères de la police doivent prendre une décision. Les éléments se sont accumulés dans l'enquête sur les stupéfiants de Neuilly : des propos ambigus ont été entendus au téléphone, des fiches de recherche sont passées entre des mains

* Michel Neyret dira ignorer l'existence de cette enveloppe. Il dira avoir été invité par Gilles Bénichou : « C'était un cadeau d'anniversaire, un voyage d'agrément. » Interrogatoire de Michel Neyret, 17 janvier 2012.

douteuses, un voyage au Maroc est financé dans des conditions troublantes. Surtout, la probité d'un haut fonctionnaire est mise en doute. Faut-il pour autant viser le commissaire divisionnaire Michel Neyret, numéro 2 de la police judiciaire de Lyon, avec une enquête dont les conséquences seront irréversibles ? La question remonte toute la chaîne hiérarchique, jusqu'à la direction de la préfecture de police de Paris (PP), dont dépend la brigade des stupéfiants. Bien entendu, le cabinet du ministre de l'Intérieur, qu'on n'imagine pas tenu à l'écart d'une telle décision, est consulté.

Les avis sont partagés entre les groupes d'enquêtes de la brigade des stupéfiants. Au plus haut dans la hiérarchie, on a moins d'état d'âme à l'égard d'un pur produit de la police judiciaire (PJ). PP et PJ sont de vieilles concurrentes, qui se détestent cordialement, depuis toujours. C'est un peu l'histoire des jacobins et des girondins à l'échelle policière. La PJ, c'est la province, avec ses services répartis sur tout le territoire, jusqu'à Versailles, aux portes de Paris. Elle se moque souvent des cadors parisiens quand ils débarquent sur ses terres, sans forcément prévenir. À l'inverse, la PP, campée dans la capitale, n'a pas pour habitude de rendre des comptes à sa cousine de province.

La dernière attribution du poste de directeur central de la police judiciaire (DCPJ) a bien illustré cette défiance réciproque. En 2008, Christian Flaesch, un poulain de la PP, que tous les observateurs croyaient bien placé, s'est vu coiffé au poteau par son concurrent, le contrôleur général Christian Lothion. Le provincial de l'étape a grillé la politesse au candidat parisien. Or Lothion est passé par plusieurs directions régionales avant de décrocher ce poste ultrasensible, dont Marseille et Lyon, justement, où il a passé quatre ans. Quatre années au cours desquelles il n'eut d'ailleurs qu'à se féliciter des résultats de Neyret. Une fois DCPJ, Christian Lothion n'a pas hésité à confier des missions de confiance au réputé Lyonnais, notamment l'audit des brigades antigang à Nice ou en Corse.

Après l'accession de Lothion au poste de DCPJ, Christian Flaesch est resté directeur de la police judiciaire parisienne. Trois ans après cette passe d'armes en haut lieu, c'est donc lui qui a entre les mains le sort du commissaire Neyret. Au sein de la PP, la perspective de mettre en difficulté le DCPJ en visant une pièce maîtresse de ses troupes n'est pas un souci. Et puis Neyret, avec ses affaires médiatisées, a pu agacer. En tout cas, il est certain que ce contexte ne favorise pas le sort du sous-directeur lyonnais.

Dans l'histoire de la police française, l'affaire Neyret se joue dans un curieux effet de miroir. Quinze ans plus tôt, c'était un commissaire de la préfecture de police de Paris qui tombait avec fracas, Philippe Féval, dont la carrière s'apparente beaucoup à celle du fringant Neyret. Parisien pur sucre, Féval avait débuté à la 4e brigade territoriale de la capitale avant d'enchaîner les postes importants, notamment celui d'adjoint au chef de la brigade de répression du banditisme, quai des Orfèvres. Atypique, flamboyant, indiscipliné, l'arrière-petit-neveu de l'écrivain Paul Féval a énervé sa hiérarchie autant qu'il a obtenu de bons résultats, étant en contact étroit avec le milieu. Son parcours s'est grippé à partir de 1992, lorsqu'une enquête sur un trafic de cocaïne conduit l'Office central pour la répression du trafic illicite des stupéfiants (OCRTIS) aux portes des *Muses*, un restaurant de la rue Saint-Honoré tenu par un ancien perceur de coffres, où le commissaire a ses habitudes. Philippe Féval est suspecté de prévenir des trafiquants présumés. L'affaire ne manque pas de zones d'ombre, avec son cortège de balances à la fiabilité aléatoire. Le commissaire a eu beau expliquer, justifier, dénoncer un coup d'achat* douteux, rien n'y a fait. Et c'est la chute, spectaculaire : garde à vue, procès, quatre ans de prison ferme en correctionnelle, trois ans et demi en appel, révocation entérinée par le ministre Jean-Pierre Chevènement en novembre 1997. Féval a fêté ses 50 ans en prison, à la Santé. Beaucoup ont vu dans le sort du commissaire Féval le fruit d'un règlement de compte entre services, à savoir l'Office central dépendant de la DCPJ, l'ennemie jurée de la PP.

Alors « l'affaire » Neyret, match retour ? Vingt ans après, la PP pourrait bien tenir sa revanche avec ce commissaire de la PJ atypique lui aussi, flamboyant, indiscipliné, et suspecté de liens douteux avec le milieu.

À deux ans de la retraite du commissaire, une solution en douceur était possible. On aurait pu le remercier pour ses bons et loyaux services et classer l'affaire, sans tambour ni trompette, discrètement. *« Ça s'est déjà vu »*, assure un ancien ponte de la PJ, furieux qu'on envisage

* Technique policière ou douanière qui consiste à se faire passer pour un acheteur pour piéger des trafiquants.

de sacrifier Neyret de la sorte. Mais quels qu'en soient les méandres, la décision est prise : pas question de régler le problème à l'amiable ni d'exfiltrer le commissaire. On appuie sur le bouton. Une fois la procédure judiciaire lancée, impossible de revenir en arrière. Selon des sources concordantes, l'ancien candidat malheureux au poste de DCPJ aurait directement prévenu les magistrats de l'apparition du commissaire lyonnais dans les écoutes téléphoniques.

Lorsque des enquêteurs découvrent des faits nouveaux sans rapport avec leur saisine initiale, ils doivent automatiquement le signaler en vue d'une enquête distincte, sur des bases juridiques adaptées. La brigade des stupéfiants travaillait sur commission rogatoire du juge d'instruction depuis le 30 novembre 2010. Juridiquement, il s'agissait de trafic de drogue, d'association de malfaiteurs et de blanchiment d'argent, en lien avec les suspects de Neuilly. Mais dans les conversations enregistrées de Gilles Bénichou, il est aussi question des interventions supposées du commissaire de Lyon, de renseignements tirés de fichiers policiers, du financement d'un voyage – autant d'éléments qui peuvent relever des incriminations de corruption et de trafic d'influence. Il faut donc envisager une autre procédure, bien séparée.

Les dés sont jetés, précisément le 22 avril 2011, dans un rapport rédigé par le commissaire divisionnaire Thierry Huguet. Le chef de la brigade des stupéfiants de Paris adresse au juge d'instruction un procès-verbal de quatre pages, qui résume le déroulement de l'affaire de Neuilly et explique comment Gilles Bénichou a fait son apparition auprès de Yannick Dacheville, à partir de février 2011. Le chef de la brigade des stups insiste sur le voyage au Maroc, son financement, le rendez-vous constaté à la gare de l'Est. Selon le policier parisien, sept consultations de fichiers ont été effectuées durant cette période, dans des conditions anormales. Ces faits méritent « *des investigations complémentaires* », estime le patron de la BSP, qui « *pourront utilement être confiées à un ou plusieurs services d'Inspection compétents pour les administrations concernées* »[10]. En clair, le rapport suggère au juge de saisir l'Inspection générale des services (IGS) pour étudier le cas du commissaire Neyret, qu'il cite nommément. Chaque terme est pesé, non sans effet considérable sur la suite du dossier. Le procès-verbal mentionne que les cousins lyonnais ont « *fait part de leurs relations avec plusieurs magistrats, dont un procureur de Lyon* ». Lorsque le rapport propose la saisine des services « *pour les administrations concernées* », le pluriel ouvre le champ des investigations à la justice. D'entrée de jeu, le commissaire n'est pas seul dans le collimateur. Des magistrats sont aussi visés.

Comme le veut la formule, le rapport du directeur d'enquête est laissé à « l'appréciation » du juge. À ce stade embryonnaire de l'affaire, il faut déterminer le lieu de compétence d'une nouvelle instruction judiciaire. Si le trafic de drogue de Neuilly relevait sans discussion de la JIRS de Paris, avec compétence régionale pour les dossiers de grande criminalité, le cas de Michel Neyret est beaucoup moins évident : Gilles Bénichou et le commissaire sont en effet basés à Lyon. Les consultations de fichiers et les interventions présumées, ainsi que l'organisation du voyage au Maroc – tous les faits se sont produits à Lyon. La zone de compétence semble donc tout indiquée, quitte à délocaliser ensuite, pour éviter une délicate proximité. Or, l'affaire Neyret reste immédiatement dans le giron du tribunal de Paris. La logique tient à un fil. Ou plutôt, à une pièce de procédure : la surveillance physique exercée à l'occasion de la remise de l'enveloppe pour le financement du voyage au Maroc, gare de l'Est, à Paris. Autant dire que cette option sera vivement critiquée*.

Le 29 avril 2011, le juge d'instruction remet le rapport de la brigade des stupéfiants au procureur, pour l'informer de faits nouveaux**. La réponse formelle vient le 12 mai 2011, par un réquisitoire introductif. Une seule page, signée d'un substitut : le parquet demande l'ouverture d'une instruction judiciaire contre X pour « corruption, trafic d'influence, association de malfaiteurs, violation du secret professionnel ». Cinq jours après, le juge Patrick Gachon est officiellement désigné, avec Hervé Robert pour le seconder. Sept jours plus tard, l'IGS est saisie par le juge. En un mois, le virage est donc pris : un autre dossier est ouvert, distinct de celui de Neuilly. Dès le 26 mai 2011, le téléphone portable du directeur adjoint de la PJ de Lyon est placé sur écoutes.

* Dans un mémoire demandant l'annulation de la procédure, les avocats Thomas Bidnic et Pierre Degoul contestent cette localisation et dénoncent la retranscription d'écoutes téléphoniques avant l'ouverture de l'instruction judiciaire, ce qui revient selon eux à utiliser des mesures de coercition en dehors du cadre légal. La Cour de cassation a validé la procédure.

** Le juge rédige un « soit-transmis », acte de procédure qui consiste à transmettre des éléments nouveaux au parquet.

Dès lors, les enquêteurs de l'IGS surveillent à distance tous les faits et gestes du commissaire. Ils vont découvrir ses relations, ses interlocuteurs, sa sphère professionnelle et sa vie privée. Force est de constater que Gilles Bénichou et Michel Neyret s'appellent tous les jours ou presque, et se parlent en termes amicaux[11]. Ils prennent souvent un café ou un verre en terrasse, déjeunent près de la place Quinet, dans le 6e arrondissement, non loin du Sentier lyonnais. Bénichou devient de plus en plus gourmand en renseignements. Quand des proches ou des membres de la communauté juive sont inquiétés dans une affaire en cours, il cherche immédiatement des informations auprès du commissaire.

Quand il en obtient, ce dernier semble répercuter l'information auprès de la famille concernée, en jouant à la perfection les faux modestes. C'est le cas à propos d'une arrestation menée dans la région lyonnaise par la PJ de Versailles : un habitant de Villeurbanne est suspecté d'avoir participé à des escroqueries aux préjudices de grandes entreprises, sous forme de faux virements. Même topo à propos d'un jeune, inquiété par la police aux frontières, dans une affaire de travail clandestin. Les réponses de Michel Neyret sont courtes, allusives. Les informations qu'il donne n'ont aucune conséquence directe sur les affaires en cours. Pourtant, l'IGS se demande à quoi joue exactement le commissaire lyonnais, à quoi correspond cette relation aussi proche avec un personnage aussi peu recommandable.

L'explication est enfouie dans le passé. Vingt-cinq ans en arrière.

3

Les origines

Antigang, 1981.

Au plus fort de ses ennuis, à la porte du conseil de discipline qui décidera de sa révocation de la police, un des anciens patrons de Neyret aura cette formule : « *Michel vous n'êtes le fils de personne*[1]. » Une façon de faire comprendre à ce fils de mineur, entré dans la police un peu par effraction, qu'il n'a pas de haut soutien, pas de réseau d'influence dans la grande maison. Un électron libre. Avec l'avantage de ne devoir rien à personne – et l'inconvénient de se retrouver seul en cas de pépin. Cette formule résume bien la façon toute personnelle qu'a Michel Neyret d'exercer son métier, sans trop se soucier de faire carrière.

Michel Neyret est né le 12 avril 1956 à Landres, en Meurthe-et-Moselle. Il est le second enfant d'un père mineur et d'une mère sans emploi. La famille déménage au rythme des emplois successifs du père dans les bassins d'extraction du minerai de fer, à Audun, Trieux, puis dans la cité Sidelor à Mainville. Ce mouvement au sein d'un périmètre restreint n'entraîne avec lui qu'une sensation d'immobilité dans les cités minières faites de petits immeubles gris, cubiques, avec portail devant et jardinets à l'arrière. Des lotissements monotones, aux rues rectilignes, sans le charme des briques du Nord, sans l'âme des corons. Les petits pavillons abritent deux ou trois logements. Le ciel est souvent maussade.

Et pourtant, les rues sont animées. Les enfants jouent dehors. Et puis, tout le monde se connaît. À quelques encablures s'étendent de vastes jardins que les Houillères du Bassin de Lorraine mettent à disposition de leurs ouvriers pour leur permettre de goûter en famille aux joies du jardinage. La sociabilité est encouragée : les familles de mineurs peuvent s'investir dans de nombreuses associations sportives et culturelles subventionnées.

Mais très vite, le jeune Michel se tourne vers d'autres horizons. À part ouvrier dans la sidérurgie ou mineur de fond, a prévenu le père, les choix professionnels restent limités dans cette région où pointe le déclin économique. Pour mieux faire comprendre à ses deux adolescents la dureté de son existence souterraine, il emmène Christian et Michel voir la mine de fer. Les bruits, les couleurs, les regards, les douches et les paniers de vêtements pendus au plafond, les garçons respirent l'atmosphère du carreau, partagent l'ambiance effervescente dans la grande salle de vie, avant la descente du puits dans un silence grave. Les deux garçons s'enfoncent avec leur père dans les profondes galeries, pleines de poussière, de sueur et de danger, ville trépidante tapie dans les entrailles de la terre.

Chez les Neyret, on ne part pas en vacances à la mer ou à la montagne. La rue du quartier sert aux loisirs : vélo ou foot avec les copains. Les parents font de lourds sacrifices pour offrir des études aux deux enfants. Christian, l'aîné, réussit à la faculté de médecine. Après son bac au lycée Louis-Bertrand à Briey, Michel entreprend des études de droit à Nancy. Puis il s'oriente vers la police, sans trop savoir pourquoi. Des souvenirs de romans policiers, l'idée d'un emploi assuré ? Sa vocation répond plutôt à un mouvement familial et personnel qui consiste à quitter une région sans grand avenir professionnel. Une chose est sûre : Michel est dur à la tâche et a le souci du travail bien fait.

En 1979, Michel Neyret passe le concours de l'École nationale supérieure de la police (ENSP), unique école des commissaires de police en France. Dans sa copie de culture générale, il donne cette définition de la morale : « *Le reflet d'une société donnée à un moment donné*[2]. » Rangée dans son dossier administratif, cette petite formule à l'écriture régulière et appliquée, un peu serrée, fait l'effet d'un signe diablement annonciateur…

Il est à l'armée, au régiment de parachutistes de Nancy, lorsqu'il apprend son admission. Ses parents n'ont pas le téléphone, c'est la voisine qui leur apprend la bonne nouvelle. Après l'armée, Michel Neyret rejoint donc la 31e promotion des commissaires de police à Saint-Cyr-au-Mont-d'Or, dans la campagne verdoyante, tout près de Lyon. L'école est située dans un ancien couvent, en amont d'un village tout en pierres dorées. L'ENSP se fait en deux ans. Une année d'étude sur place, suivie d'une année de stages, dans des services actifs, avec le statut de commissaire stagiaire.

***

En mars 1981, Michel Neyret est affecté à la police judiciaire, le temps d'un stage. C'est son tout premier passage professionnel à Lyon. Il intègre le groupe de Marcel Aillot, légendaire enquêteur de la PJ – Aillot est l'homme qui a identifié au téléphone la voix du ravisseur du petit Christophe Mérieux*. Lorsque le jeune Neyret débarque, la brigade antigang traque le « gang des motards », réputé pour circuler en grosses cylindrées. Les surveillances aboutissent à un « flag** » particulièrement agité. Deux motards, casques sur la tête, filent sur une Suzuki après le braquage d'une Caisse d'épargne. Une voiture de la brigade de recherche et d'intervention barre leur trajectoire. Collision, coups de feu : la place Rouget-de-Lisle est transformée en décor de western urbain. Le passager s'enfuit, calibre à la main. Trois tirs : le braqueur a été blessé au ventre, un policier au pied. Dans le sac des voyous : le butin, un pistolet Webley calibre 38 et une grenade quadrillée. Le pilote est arrêté : il s'agit de Mohamed Mezouar, 28 ans, *alias* Mammouth, qui n'hésitera pas l'année

* Fils de l'industriel lyonnais, Christophe Mérieux est enlevé à l'âge de 9 ans, le 9 décembre 1975, et libéré après le paiement d'une rançon. Il s'agit de l'une des plus sensationnelles affaires de la chronique lyonnaise.

** « Flag » : flagrant délit en argot.

suivante à tenter une évasion de la prison Saint-Paul en confectionnant une passerelle avec des lits sciés !

Ce baptême du feu est mémorable. Le commissaire stagiaire venu des cités minières est subjugué par cette brigade antigang, alors dirigée par le commissaire André Minana : « *Du banditisme de haut niveau, de l'action, j'ai tout de suite été attiré par Lyon* », se souvient Michel Neyret, « *lors de mon premier passage à Lyon comme stagiaire, je vis ce flag avec un bon travail de surveillance et des moyens automobiles au-delà du service commun, des moyens supérieurs à la moyenne, ça m'a donné envie* »[3].

Il faut dire que l'armement dont disposent les policiers de la BRI est impressionnant : revolver Smith et Wesson magnum 357, pistolet Beretta 14 coups, calibre 9 mm Parabellum, fusil à pompe calibre 12 et, pour certaines gâchettes bien entraînées, fusil d'assaut calibre 7,62, efficace à sept cents mètres. L'entraînement est intensif, avec maniement de grenades pour les cas extrêmes. Et puis, la brigade dispose d'un parc de voitures rapides. Pour les marques étrangères : Opel Kadett 1400, puis BMW 325 et Volkswagen Jetta ou Golf. Des marques françaises aussi : Peugeot 504 et 505 à injection, suivies de toute la gamme des Renault 20 et 30 TS et TX. La brigade est même dotée d'une Alpine Renault GT turbo, maquillée en GTL pour plus de discrétion. En revanche, une Matra Murena gris acier, 180 chevaux de puissance, est peu utilisée, à cause de son aileron arrière trop voyant. Il existe un pool national de voitures rapides à Paris, avec stage de conduite spéciale pour y accéder.

Tous ces moyens ne sont pas pour déplaire au jeune Neyret, amateur de belles voitures. « *Quand je vois cette affaire du gang des motards, je me rends compte qu'on a des bagnoles étrangères, ce qui n'était pas du tout couru dans la police, ce qui n'était pas du tout connu des voyous, on a des voitures puissantes, de la grosse voiture. On a des moyens en dehors de la norme*[4] », raconte Michel Neyret. Ce goût prononcé contribue à façonner son image de commissaire hors du commun : « *Quand on faisait des tournois de foot entre services de police, il se faisait prêter une berline par un concessionnaire et il arrivait en Porsche au stade*[5] », se souvient un ancien commissaire.

Action, armes, belles voitures… Une autre chose encore attire le commissaire : le statut à part de la brigade antigang. Spécialement créée pour lutter contre le banditisme le plus virulent, la BRI est intimement liée à l'histoire lyonnaise. Dans les années 1970, le gang des Lyonnais vient en effet de s'illustrer dans des braquages aux méthodes novatrices. À l'origine du casse de la poste de Strasbourg, au butin record de 11 millions de francs jamais retrouvé, le gang a eu la particularité de frapper très loin de ses bases, en étudiant minutieusement ses itinéraires de repli. La police judiciaire a traqué l'équipe durant plus de quatre ans, en lançant une opération inégalée dans son ampleur. Après la BRI de Paris, incarnée par le célèbre commissaire Robert Broussard, la BRI de Lyon est la toute première brigade antigang créée en province, en 1976, l'année du procès du fameux gang des Lyonnais.

Michel Neyret intègre donc l'école des commissaires trois ans à peine après la création de l'antigang, trois ans après ce procès, et certainement largement influencé par ces événements. D'ailleurs, en faisant allusion à l'ancien chef du gang, il ironise : « *Je ne remercierai jamais assez Edmond Vidal. Cette équipe a dépassé le cadre régional, voire national, ça a donné à l'administration l'idée de créer une riposte policière efficace. La riposte, c'était la BRI*[6]. »

Signe particulier de la BRI : surveiller directement des individus ou des équipes susceptibles de préparer de mauvais coups. Une logique d'enquête révolutionnaire pour l'époque. Il ne s'agit plus de rechercher des malfaiteurs à partir d'un fait donné ou d'une scène de crime. En rupture avec les schémas ancestraux de la police d'investigation, la brigade antigang mène des enquêtes en partant d'auteurs potentiels, en guettant le flagrant délit, pour tomber sur les malfaiteurs au moment propice, choisi dans la mesure du possible par les policiers.

Dans cette approche judiciaire inédite, la brigade antigang s'embarrasse peu de procédure. Aux débuts, de simples « rapports de surveillance » sont annexés aux dossiers repris et développés par d'autres services de la PJ. L'antigang fonctionne comme « *une sorte d'organe de surveillance* », selon un de ses premiers patrons, qui explique : « *On ne voulait pas trop se montrer, on cherchait surtout à anticiper l'événement*[7]. »

Son statut administratif est tout aussi original. Antenne de l'Office central de répression du banditisme (OCRB), la brigade dispose par définition d'une compétence nationale. En province, comme à Lyon, elle est mise à disposition, « pour emploi » comme on dit dans le jargon, du directeur régional de la police judiciaire. En même temps, cette unité est placée sous la gestion administrative de la sécurité publique, qui fournit hommes et moyens. Une tutelle hybride, unique dans l'histoire policière : gérée par la sécurité publique, cette unité remplit des missions au bénéfice de la police judiciaire, avec attache régionale et compétence nationale. Non seulement la BRI agit avec des méthodes nouvelles, mais elle est placée dans un double cadre administratif, favorisant une autonomie assez rare dans le monde policier. Ce qui n'est pas pour déplaire au commissaire stagiaire Neyret, qui n'a plus qu'un objectif : rejoindre dès que possible cette bulle unique en son genre.

Ironie de l'histoire, c'est Robert Broussard, un des fondateurs de la BRI originelle de Paris, qui met bon ordre à l'anomalie administrative. Devenu directeur central des polices urbaines, il propose en 1986 d'affecter à la PJ les deux commissaires de la BRI de Lyon, afin de mettre fin à « cette situation ambiguë », selon les termes de son télex. Parmi les deux commissaires concernés : Michel Neyret. La BRI est donc rentrée entièrement dans le giron de la PJ. Mais le pli a été pris : la brigade antigang reste un monde à part au sein de la PJ, un petit cercle préservé, avec sa logique propre, une autonomie inscrite dans son code génétique.

Après son premier passage à Lyon, où il aurait bien aimé rester, l'élève Neyret est affecté à Grenoble pour son année de stage. Et c'est ainsi qu'en mission à Vienne, dans le département de l'Isère, il rencontre Nicole, une femme au caractère énergique, née un 12 avril comme lui, de sept ans son aînée.

Nicole est issue d'un tout autre univers : sa mère tient une discothèque dans la région, à Pont-Évêque ; son père, Guy Marcellin, est musicien. Il est de ceux qui donnent un premier concert dans le théâtre antique de Vienne, dix ans avant que le festival ne devienne mondialement célèbre. Les parents se séparent mais restent en bons termes. Nicole vit chez sa grand-mère qui a racheté et rénové un manoir du XVIe siècle, *La Gabetière*, à quelques kilomètres de l'ancienne cité romaine.

Des artistes fréquentent le lieu. Parmi eux, Charlotte Rampling, qui conseille l'adresse à Simone Signoret, en tournage dans la région, en 1975. Cette dernière insuffle l'idée de transformer l'auberge espagnole en véritable hôtel. Les artistes de jazz sont fréquemment hébergés à *La Gabetière*. La chanteuse américaine Dee Dee Bridgewater y gardera ses habitudes. Art, déco, musique : Nicole baigne dans un environnement éclectique. La jeune femme est entière, expressive, avec une façon bien à elle de dire tout haut ce qu'elle pense, à l'opposé du timide Neyret, concentré sur ses débuts professionnels. Le couple s'est fondé sur cette différence d'âge et de tempérament. Nicole ne cache d'ailleurs pas avoir fréquenté auparavant un voyou renommé de la région, d'origine italienne. Sa voix de fumeuse prévient qu'il ne faut pas se fier à son apparence apprêtée. Après des études écourtées, elle a tenu quelque temps la caisse de la discothèque de sa mère, avant de suivre des cours d'esthétique et de maquillage artistique. Elle s'essaie aussi à la décoration intérieure.

Michel et Nicole s'installeront quelques années plus tard dans l'auberge familiale. Leur fille Charlotte, née en 1988, sera leur trait d'union. Le couple se mariera en 1991.

Après son année de stage à Grenoble et son bref passage à la brigade antigang de Lyon, Michel Neyret sort 34e sur 94 de l'école des commissaires de police. Il est nommé au SRPJ de Versailles où il prend la tête du Groupe de répression des vols d'œuvres d'art. À Versailles, Michel Neyret succède à un commissaire plus âgé que lui, dont la carrière vient d'exploser en vol : le commissaire Jean-Marc P. a été suspendu, accusé d'avoir subtilisé des objets de valeur dans l'exercice de ses fonctions. Il est notamment question de deux livres du XVIe siècle. Ces exemplaires très rares du récit de l'expédition de Magellan ont été sortis de la bibliothèque Mazarine, puis vendus à New York pour plus de 100 000 dollars. L'affaire a été instruite avec une qualification criminelle, en raison des faux en écriture publique commis par un officier de police judiciaire, un crime pour le code pénal. Le commissaire P. a été condamné par la cour d'assises à cinq ans de prison. Remplacer un commissaire déchu : drôle de manière de débuter dans la carrière.

Mais Michel Neyret ne reste que six mois au sein du Groupe de répression des vols d'œuvres d'art de Versailles. Un matin, le directeur lui annonce subitement qu'il doit prendre l'antenne de la PJ de Meaux. Là encore, les circonstances sont peu banales : le chef de l'antenne, quadragénaire, vient de décéder d'une rupture d'anévrisme. Neyret, qui venait d'emménager à Marly-le-Roi pour assurer son premier poste à Versailles, est ainsi envoyé à l'autre bout de la région parisienne. Mais une décision prise en haut lieu n'a pas vocation à se voir contestée : « *Démerdez-vous, on paiera l'essence*[8]. »

À Meaux, tout en percevant très vite les dangers du métier, Neyret se montre plutôt actif. Il contribue à faire tomber des équipes de braqueurs et obtient les remerciements du sous-préfet, sa toute première reconnaissance officielle. De cette époque, une scène reste dans sa mémoire. Au cours d'une interpellation, un inspecteur tente de maîtriser un individu à grands coups de crosse de revolver sur la tête. Un coup de feu part inopinément. Neyret sent la balle siffler à ses oreilles. À l'aube de sa carrière, il tire de cette expérience une première leçon : ne jamais laisser un homme, arme au poing, en première ligne d'une interpellation, pour éviter la bavure.

Au SRPJ de Versailles, le patron se nomme alors Pierre Richard. Breton d'origine, fils de notaire aux idées bien arrêtées, le préfet Richard a débuté sa carrière dans un commissariat d'Alger, d'où il est revenu avec des méthodes militaires affirmées. Admiré ou contesté pour ses façons martiales, il ne laisse personne indifférent. Après Alger et un poste à Rennes, où il a ferraillé contre les autonomistes bretons, le commissaire Richard a été nommé directeur adjoint de la PJ de Lyon. Là, il s'est illustré en dirigeant d'une poigne de fer l'enquête qui a abouti au démantèlement du réputé gang des Lyonnais. Pour Neyret, le fait de côtoyer ce personnage mythique des annales policières lyonnaises entretient son désir de retourner dans la capitale de la région Rhône-Alpes.

Voilà qu'après son année de stage à Grenoble et ses deux ans passés à Versailles et à Meaux, une opportunité s'offre en raison d'un caprice ministériel : dans un contexte de vives tensions entre la police et le nouveau pouvoir socialiste en place, le directeur adjoint de Versailles, Michel Richardot, était promis à la brigade criminelle de Paris – la prestigieuse Crim' du 36 quai des Orfèvres. Or, par une malencontreuse indiscrétion, la presse évoque sa possible nomination. Furieux, Gaston Defferre, alors ministre de l'Intérieur, annule la nomination. Exit le 36 : Richardot est envoyé à Lyon, au poste de directeur du SRPJ.

Le commissaire Neyret privilégie les personnalités plus que les étiquettes politiques. S'il a pu incliner pour une droite classique, adepte de l'autorité de l'État, il n'évoque jamais ouvertement ses convictions. Et puis, un bon ministre de l'Intérieur de gauche est toujours préférable à un mauvais de droite… Il se tient à l'écart des cercles de la franc-maçonnerie, pourtant répandus dans le corps des commissaires et, de manière générale, ne porte pas une grande admiration au personnel politique, trop prompt à son goût à instrumentaliser les questions de sécurité, faisant passer l'intérêt général derrière les logiques électoralistes ou personnelles[9].

Neyret est plus attiré par l'action policière pure que par les ficelles d'un carriérisme à tous crins. Son univers, il le construit dans la pratique professionnelle. C'est pourquoi, au moment du départ de Richardot, le jeune commissaire lui glisse à l'oreille que la brigade antigang de Lyon l'intéresse. Le patron en partance apprécie son dynamisme et ses compétences prometteuses. Il ne l'oublie pas. Quelques mois après, le poste d'adjoint de la BRI de Lyon se libère. Richardot appelle Neyret : « *Je pense à vous*[10]. » Puis il passe un coup de fil au chef de la brigade antigang pour lui annoncer l'arrivée à ses côtés d'un jeune commissaire, en provenance de la région parisienne. Il prévient : « *Celui-là, c'est un bon*[11]. »

Voilà comment, en deux ans à peine, le commissaire Michel Neyret, matricule 656 128, passe de Versailles à Meaux et de Meaux à Lyon. Il est très vite adoubé par ses supérieurs. Dans son dossier, le directeur général de la police nationale, Pierre Verbrugghe, mentionne « *un excellent commissaire de police judiciaire, très intéressé par son travail et qui s'est acquitté avec brio des tâches qui lui ont été dévolues*[12] ». Brio ? Le terme n'est pas courant. Un autre de ses patrons écrira dans sa notation annuelle : « *Il mérite d'accéder à un poste de haute responsabilité*[13]. » Pourtant, Neyret refusera des promotions à plusieurs reprises.

***

Le 15 septembre 1983, à 28 ans, il est nommé officiellement adjoint au chef de la BRI de Lyon. À sa création, la BRI était installée au deuxième étage de l'hôtel de police Vauban, dans le quartier de la préfecture. Sans parking intérieur, le site était ouvert aux regards indiscrets. Il arrivait que les voyous soient en planque pour identifier les enquêteurs et noter les plaques des voitures de la brigade. « *On garait nos voitures sur les quais du Rhône, ça manquait un peu de confidentialité*[14] », rapporte un des fondateurs de la brigade. Quand Michel Neyret arrive, la BRI vient tout juste de quitter le quartier de la préfecture, ses façades napoléoniennes et ses avenues ombragées de platanes, pour investir un immeuble en béton dans un secteur urbanisé, rue Marius-Berliet, dans le 8e arrondissement de Lyon, avec cour intérieure et garages souterrains. Placé entre une voie ferrée et un quartier d'immeubles sans âme, le bâtiment, décoré de plaques de marbre bicolores, abrite les différentes directions de la police lyonnaise. À l'intérieur, les bureaux succèdent aux bureaux, à l'identique, le long de couloirs étroits au plafond bas. Quelques affiches ou drapeaux accrochés aux murs témoignent de la seule fantaisie tolérée par l'administration, dans un univers parfaitement fonctionnel.

Au deuxième étage, derrière une porte sécurisée, la BRI compte alors vingt-cinq inspecteurs. Leur recrutement se fait plutôt par cooptation. Certes, il faut une habilitation, garante d'une bonne forme physique et de compétences procédurales, mais il n'y a pas de concours d'entrée à proprement parler. La discrétion, la confiance, la cohésion du groupe, sont des critères primordiaux, non écrits.

La toute première affaire suivie de bout en bout par Michel Neyret à Lyon est une affaire de fugitifs. En 1983, Pierre Balestriero, 25 ans, truand chevronné, s'est évadé de la prison Saint-Paul de Lyon grâce à une corde tendue entre une cheminée de l'établissement et un platane de la rue. L'année précédente, il avait été interpellé par la BRI à un feu rouge à Pierre-Bénite, au sud de l'agglomération. Un revolver était posé sur le tableau de bord de sa R20 TS, un fusil sur le siège arrière. Mettre la main sur le fugitif est un objectif majeur pour la PJ lyonnaise, et une opération d'envergure est mise en place pour le retrouver. Les enquêteurs supposent qu'il dispose d'un box de parking, avenue Roger-Salengro, à Villeurbanne. Une surveillance est organisée autour du box. Elle dure cinquante-trois jours, sans interruption. Un record. Trois équipes se relaient en permanence, jour et nuit. Un quartier général est installé dans la salle de classe d'une école située à proximité. Les planques, longues, harassantes, se déroulent dans les voitures sans climatisation. « *Je me rends compte de ce que va être mon quotidien, je me dis qu'il va falloir de la motivation*[15] », se souvient Michel Neyret.

À cette époque, les voyous avaient la fâcheuse habitude d'écouter toutes les conversations de la police, avec des scanners qui balayaient les fréquences radio. La BRI est alors le premier service de police en France à expérimenter un système de communication crypté sur un canal réservé. Les débuts sont un peu laborieux : il faut appuyer plusieurs secondes sur de gros combinés installés dans les voitures pour synchroniser le réseau. Et puis, les malfrats peuvent encore se douter que le danger se rapproche quand le trafic radio s'anime. La brigade antigang trouve la réplique. Elle invente des conversations ! Pour faire croire qu'ils s'intéressent à d'autres cibles, les policiers continuent de parler même quand ceux qu'ils surveillent restent inactifs. Cette ruse de guerre est doublée d'une méthode d'orientation digne d'un jeu de bataille navale : le commissaire Daniel Guichot, patron de l'antigang à l'arrivée de Neyret, fournit des cartes de la région lyonnaise, quadrillées d'une vingtaine de secteurs. Pour se repérer, les policiers s'échangent les coordonnées en chiffres et en lettres. Les principaux lieux de la ville sont dotés de noms de code : la basilique de Fourvière devient ainsi « la grande bougie », le parc des expositions « la grande vitrine », « baccara » pour un casino, etc. Bien entendu, les noms changent à intervalles réguliers.

Au début des années 1980, les voitures ne disposent pas de terminaux pour vérifier directement les fichiers de suspects ou des plaques d'immatriculation. Tout passe par un opérateur, installé à la brigade. Point névralgique des dispositifs, l'homme est rigoureux, attentif. Celui qu'on surnomme « Riton » instaure un système d'amendes pour tous ceux qui commettent des erreurs à la radio : cinq francs pour un nom mal orthographié, dix francs pour un message trop long.

Pierre Balestriero est enfin aperçu près du box de Villeurbanne, barbe et cheveux fournis. « *Au bout de cinq minutes, on a failli le perdre. S'il n'y a pas un mec qui le récupère sur le périphérique, à un poil près, on le perd. Deux mois de travail incessant remis en cause par une surveillance mal faite. C'est là que je me suis rendu compte de la difficulté du travail de terrain*[16] », raconte Michel Neyret. Balestriero passe par l'île Barbe, sur la Saône, fait un détour dans l'Ain, chez un garagiste, revient à Lyon, semant les policiers qui, malheureusement pour lui, connaissent ses possibles points de chute. Des voitures de la BRI font des pointes à 170 pour recouper son itinéraire. Le fugitif est retrouvé au volant de sa Peugeot 204 à proximité du parc de la Tête d'Or. Intercepté, *in extremis*. Un policier saute sur le capot de la voiture, fusil à pompe en évidence. L'évadé de Saint-Paul est arrêté, une quinzaine d'interpellations suivent. Après deux mois d'enquête non-stop, le succès est total.

Pour le jeune commissaire, cette première expérience est fondatrice. Ne rien laisser au hasard, vérifier chaque détail, chaque point de surveillance, étudier les dispositifs, anticiper toutes les voies de circulation… Neyret a compris qu'une interpellation est un ballet dont la mise en scène demande une longue préparation en amont. Il appliquera les leçons tirées de cette affaire toute sa carrière.

Un enquêteur de la BRI témoigne : « *Un matin à 5 heures, je devais m'installer sur une planque, Neyret était déjà là ! Il s'était levé à 4 heures pour vérifier tous nos points de surveillance avant une opération. Il vérifiait systématiquement tous les détails. Un jour, on était une dizaine en surveillance dans un quartier durant plusieurs heures, j'avais pris l'initiative de me déplacer d'une vingtaine de mètres, en haut d'une rue, à la recherche d'un meilleur point de vue. Au retour au bureau, j'ai eu droit à une chasse**. *Le patron avait vu que j'avais bougé. Il avait une vision d'ensemble des dispositifs*[17]. » Ce que confirme un chef de groupe : « *Il passait régulièrement sur les dispositifs, il était souvent présent avant nous sur un lieu d'interpellation, à 4 heures le matin, pour tout vérifier. On disait : "Tiens, Neyret tourne." On sentait qu'il avait l'étoffe d'un patron*[18]. »

---

* Une sévère engueulade, selon l'expression lyonnaise.

Le commissaire Daniel Guichot remarque très vite les facilités de son jeune adjoint, qui ajoute à son art de l'anticipation une qualité rare : la faculté à s'adapter rapidement aux situations. « *Neyret me donne une grosse impression de maîtrise. En quelques semaines, il intègre les méthodes de la BRI. Il sait adapter les dispositifs aux situations. Il sait lâcher quand il faut. Le travail de la BRI, c'est surveiller quand il le faut, savoir aussi se retirer. Il décide très vite. Il a d'entrée de jeu le sens de l'opportunité et de la présence policière derrière les voyous*[19]. »

Mais un bon commissaire n'est rien sans son équipe. Michel Neyret le sait et se révèle tout de suite meneur d'hommes. Daniel Guichot note encore : « *Il sait remettre en place les gens facilement, habilement, parfois en pleine opération à la radio, parfois après coup. Sur le terrain, Michel Neyret est très cool, très à l'aise, jamais paniqué. Au bout de quinze jours, il commence à diriger des groupes de la BRI comme s'il avait toujours fait ça. Il passe bien vis-à-vis des mecs. Il a une autorité naturelle. Moqueur, gentiment, juste ce qu'il faut pour remettre les gens en place. Un petit mot avec le regard en coin, le regard qui brille*[20]. »

Au terme de sa première année à Grenoble, son responsable de stage avait détecté l'aisance du jeune commissaire Neyret pour recruter des informateurs et traiter avec eux. Il lui avait même conseillé d'intégrer les Renseignements généraux[21]. Cette dernière capacité n'est pas inutile au sein de la brigade antigang, bien au contraire, et Neyret parvient très vite à nouer des contacts avec des personnages susceptibles de l'éclairer sur le banditisme.

***

En 1984, un an après son arrivée à Lyon, l'adjoint est nommé chef de la brigade antigang chargée de la lutte contre le banditisme. Selon une vieille tradition, l'arrivée d'un nouveau patron se fête à coups de calibres dans le plafond d'une auberge, au cours d'un bon repas. Ce qui ne manque jamais d'inquiéter la maréchaussée locale. L'adoption du commissaire Neyret ne déroge pas à la règle. La scène se déroule dans une auberge du Pilat, dans la Loire. Après la cérémonie, « Alpha deux » devient officiellement « Alpha unité », code du patron sur les ondes radio. Une mission de confiance qu'il va honorer durant vingt ans.

Dès la première année d'exercice de Michel Neyret à la tête de la brigade antigang, survient une affaire peu banale.

La maison Rey-Coquais, bijouterie installée quai du Rhône, juste en face de la colline de Fourvière, est connue de la bonne société lyonnaise pour s'être spécialisée dans les médailles religieuses. Conformément à une tradition lyonnaise remontant à la Renaissance, son atelier est situé à l'étage d'un immeuble : par discrétion, les artisans lyonnais façonnent les métaux précieux dans des appartements.

Dans la nuit du 7 octobre 1984, un commando fait irruption dans la villa de la famille Rey-Coquais, à Charbonnières-les-Bains, banlieue résidentielle à l'ouest de Lyon. Une partie de la famille est retenue en otage pendant que des complices, prévenus par talkie-walkie, se rendent à l'atelier, où ils obligent le gérant à ouvrir portes et coffres. Butin : soixante-dix-huit kilos d'or pur. L'entreprise de quarante employés est au bord de la faillite. La prise d'otages n'était pas couverte par le contrat d'assurance !

Or, les jours suivants, un homme cherche à effectuer une transaction de quinze kilos d'or en Suisse. Cet or porte les étiquettes de l'atelier lyonnais. Les enquêteurs sont ainsi mis sur la piste d'un restaurateur et d'un gérant de bar, qui tombent pour recel.

Pour autant, la PJ est incapable de remonter la piste des voleurs. Mais voilà que le hasard s'en mêle. Quelques mois plus tard, un certain David Lévy, 27 ans, est placé sous surveillance. La PJ tient la famille Lévy dans son collimateur depuis toujours. Elle la soupçonne de jouer un rôle important dans le banditisme lyonnais, sans pour autant connaître ses réelles activités. La filature a simplement pour but d'en savoir plus. Au volant de sa Mercedes 190, David est aperçu à la gare de Lyon-Part-Dieu. Il est venu chercher son frère Jacques, 48 ans, à la descente du train. Jacques porte un gros carton. À bord d'une Renault 5 conduite par un troisième compère, ils suivent les bords de la Saône jusqu'à Trévoux, dans l'Ain, à une vingtaine de kilomètres au nord de Lyon. Là, le trio fait escale à l'hôtel *Belles-Rives*. Mais quelque chose cloche : l'établissement est fermé. Les policiers se mettent en planque. Ils suivent les allées et venues d'un complice, sorti de l'hôtel, qui s'est rendu jusqu'à une station-service pour acheter des bouteilles de gaz. Le manège est décidément très louche. À quoi peut bien servir le gaz, dans un hôtel désert dont les seuls clients sont des voyous référencés ?

La prise d'otages de Charbonnières-les-Bains et le casse de l'atelier Rey-Coquais sont encore dans toutes les têtes. Le commissaire Claude Catto, patron de la brigade de répression du banditisme, y pense lui aussi. Une fonderie artisanale ? Il appelle alors un des membres de la famille de bijoutiers pour se renseigner sur les procédés de la fonte d'or. Selon les explications fournies au policier, l'hypothèse est plausible. Le dispositif se renforce autour de l'hôtel claquemuré.

En fin de journée, la brigade antigang reçoit l'ordre de donner l'assaut. En gravissant les escaliers de l'hôtel désert, les policiers perçoivent un curieux ronflement, qui s'amplifie à mesure qu'ils approchent d'une salle de bains, sous les toits. La porte est enfoncée. Derrière, les policiers tombent sur les suspects, tétanisés. La scène est d'anthologie : au rythme d'un creuset tournant à plein régime, de l'or crépite dans une coupe posée sur un réchaud à gaz. De l'or en ébullition ! Et, de part et d'autre du réchaud, des tas d'or, en lingots et filaments. Le Graal.

« *Tout était en train de fonctionner sous nos yeux, on ne pouvait pas tomber mieux*[22] », se souvient le commissaire Neyret. Sur les soixante-dix-huit kilos d'or dérobés, vingt-trois étaient déjà fondus. Deux ou trois heures de plus et les lingots se métamorphosaient en plaques anonymes, sans qu'il ne soit plus possible de prouver l'origine du stock.

Les quatre alchimistes sont interpellés. Inculpés de recel, ils sont placés en détention. Mais Jacques, le frère aîné, ne supporte pas de retourner en prison. Il met fin à ses jours.

L'affaire, exceptionnelle, assombrie d'un drame, est profondément gravée dans la mémoire de Michel Neyret. Si David s'est expatrié, le commissaire, persuadé qu'il joue un rôle important dans le milieu lyonnais, même à distance, continuera sans relâche de le pister. Et puis, avec l'arrestation des frères Lévy, le commissaire croise pour la première fois le chemin de voyous membres de la communauté juive. Même si Lyon reste bien loin du Paris des frères Zemour – « *À Lyon le milieu juif n'existe pas en tant que tel, des fortes personnalités ont émergé mais ce n'est pas la mafia, loin de là*[23] », analyse un ancien pénaliste, bon connaisseur de la voyoucratie lyonnaise –, cette rencontre avec les frères Lévy fait date pour le jeune commissaire qui gardera un vif intérêt pour les voyous juifs.

***

Quelques années plus tard, on présente au chef de l'antigang un interlocuteur capable de le renseigner utilement : un certain Albert Bénichou, né à Oran en 1961. Entre 1982 et 1996, il collectionne une dizaine de condamnations. Les délits les plus variés apparaissent à son palmarès : évasion, vols, escroqueries. Les peines vont d'une simple amende à deux ans d'emprisonnement. Sans être un bandit de grand chemin, le personnage s'est fait une solide réputation d'arnaqueur.

La rencontre de Michel Neyret avec Albert Bénichou est motivée par la curiosité professionnelle : le commissaire ne dédaigne pas le contact avec ce poisson pilote potentiel qui navigue en eaux troubles. Et puis, chaque confidence peut s'avérer utile. Une anecdote, un nom cité au hasard des conversations, un petit détail lâché sans y prendre garde qui permettra d'identifier une relation, de retrouver une adresse, par recoupements, par déduction. La connaissance du milieu ne s'apprend pas dans le code pénal et le commissaire sait reconnaître en Albert Bénichou un de ces passeurs entre deux mondes opposés, entre voyous et flics.

Au fil du temps, la relation entre les deux hommes s'approfondit. Peut-on parler d'amitié ? Bénichou exerce en tout cas une certaine fascination sur Neyret. De celles qui attirent les contraires. Avec sa verve exubérante, Bénichou est à l'opposé du solitaire commissaire. Neyret est-il séduit par ces familles juives séfarades, traversées de passions méditerranéennes, contrastant singulièrement avec son univers nordiste tout en retenue ? En tout cas, Bénichou l'intrigue, l'amuse, lui fait découvrir un monde étranger, nouveau. Le commissaire explore la frontière entre le renseignement policier et la connaissance des hommes.

Ses entourloupes ont fait gagner à Albert Bénichou de nombreux ennemis. Et peut-être ses contacts avec le commissaire Neyret ont-ils fait jaser ? Toujours est-il que le volubile personnage s'est senti soudain suffisamment menacé pour disparaître complètement de la circulation. Aurait-il pu être victime d'un règlement de comptes ? En fait, Albert, en froid avec le climat lyonnais, s'est enfui au milieu des années 2000 au Maroc. Là, il s'est marié. Il a ouvert un restaurant au bord d'une plage. Il s'est refait une virginité. Et une nouvelle identité, en empruntant le nom porté par une branche de la famille : Avi Alzraa.

La relation va se renouer avec le commissaire. Et ressurgir des années plus tard, au cœur de l'affaire Neyret.

4

Du cinéma

Lyon, avril 2011.

Dès le début de son enquête, l'IGS capte plusieurs conversations au sujet d'Albert Bénichou, sans connaître l'historique de cette relation entre le commissaire de la PJ et l'escroc réfugié au Maroc. Et sans savoir que le fameux Gilles Bénichou, qui vient d'être identifié, est le frère cadet d'Albert.

Quand Albert a disparu de la circulation, le commissaire a contacté Gilles pour prendre des nouvelles. «*Je savais plus ou moins que mon frère avait des contacts avec un commissaire, je n'avais plus de nouvelles de lui depuis un an, quand le commissaire m'a appelé j'ai cru à un canular*[1] », raconte Gilles Bénichou. La première rencontre a eu lieu en 2009, dans un bar de la place des Terreaux. Les deux hommes boivent discrètement un verre sur la place aménagée par Daniel Buren, en plein centre de Lyon, derrière l'hôtel de ville. Le bruit de la fontaine de Bartoldi couvre leur conversation. «*J'ai vu un gars à l'allure très sympa, il n'a jamais changé*», se souvient Gilles Bénichou.

Les deux hommes prennent l'habitude de se voir une fois par semaine en moyenne. Gilles est entré à son tour dans le giron du commissaire, empruntant les pas du grand frère, avec la probable impression d'un lien familial déjà installé. Lien familial : le terme n'est pas trop fort. Gilles Bénichou invite le commissaire chez lui, les jours de shabbat. Vingt personnes à table, la tradition, la nourriture, l'ambiance, Michel Neyret est profondément impressionné. « *Quand il est venu la première fois il en avait les larmes aux yeux, je pense qu'avec moi il a retrouvé une famille*[2] », confie ouvertement Gilles Bénichou.

D'Albert à Gilles, la relation se tisse, mélangeant fibres professionnelles et affectives. Un jour de 2010, assis à son bureau, le commissaire reçoit un SMS : « ça va amigo ? » Albert Bénichou redonne de ses nouvelles. Il fait de furtives visites. Michel Neyret profite de voyages touristiques pour le retrouver, deux fois au Maroc, une fois au Sénégal. Un peu plus qu'un simple informateur, Albert reprend progressivement sa place dans le cercle rapproché du commissaire. Il fait la connaissance de Nicole. Le commissaire sollicite pour lui un agent de liaison en poste au Maroc pour résoudre un problème de passeport invalidé[3]. Albert témoigne de son amitié à sa façon, par exemple en offrant une belle montre de marque Chopard pour l'anniversaire de Michel. Cette montre provoque une brouille au sein du couple Neyret. Par Gilles, Nicole a en effet appris qu'Albert a subtilisé l'objet dans un coffre familial. Pour elle, pas question d'accepter ce cadeau à l'origine douteuse. Mais Michel Neyret garde la montre, qu'il range sans trop lui attacher d'importance. La Chopard, d'une valeur de 5 000 à 6 000 euros, restera dans son armoire. Jusqu'au jour où l'IGS la trouvera lors d'une perquisition… Neyret reconnaîtra plus tard avoir été imprudent d'accepter ce cadeau[4].

Dans l'enquête ouverte à Paris, les écoutes téléphoniques s'accumulent, dévoilant la proximité des relations du commissaire avec les deux frères Bénichou. Les échanges se multiplient, cette fois sous la surveillance des enquêteurs de l'IGS. Le 11 avril 2011, veille de l'anniversaire du commissaire, Gilles et Albert parlent de lui offrir un cadeau. Ils évoquent une chemise. Ou une remise d'espèces. Gilles prétend qu'il lui reste de l'argent sur le budget du voyage au Maroc qu'il a organisé avec l'enveloppe de Dacheville. Albert se moque du commissaire. Son frère acquiesce : « *Oui, j'ai compris la leçon, il n'y a pas de problème.* » Albert poursuit, cinglant : « *Ah oui, il lui faut mille balles par semaine, c'est l'homme le plus heureux du monde, il est au garde à vous après*[5]. » Dans le dos du commissaire, les deux frères jouent sur un registre pour le moins cynique.

Insidieusement, Gilles, qui donne de lui l'image rassurante d'un mari fidèle, d'un père attentionné, pétri de valeurs religieuses, se montre de plus en plus indispensable auprès de Nicole. Il s'improvise conseiller conjugal et, lorsque Nicole l'appelle en pleurs parce que son mari a trop tendance à sortir, il la console, promettant de le raisonner. Pour le remercier de ses services, elle lui offre un tableau, peint de sa main, qu'il accroche dans sa chambre. Puis elle propose d'aller rendre visite au grand frère Albert, à Casablanca, pour l'aider gracieusement à refaire la décoration de son restaurant de plage. Elle prévoyait un séjour du 28 avril au 3 mai, mais l'attentat sur la place Jemaâ El-Fna, à Marrakech, bloque toutes les liaisons[6].

Gilles est généreux. Il veut le bien du couple, en ami, en mécène. À travers les écoutes téléphoniques, les enquêteurs comprennent que Gilles propose de régler pour eux un séjour à Annonay, en Ardèche, et des massages aux thermes d'Aix-les-Bains. Il laisse des chèques cadeaux, invite au restaurant. En juillet 2011, Michel appelle Nicole pour lui dire que Gilles lui a laissé de quoi « *payer son séjour*[7] ». Elle désapprouve. Il ne répond rien[8].

Gilles cultive son influence. En septembre, il emmène Michel Neyret à Essaouira au Maroc, à l'occasion d'un grand pèlerinage juif. La présence d'un goy dans la délégation indispose un rabbin de Villeurbanne. Mais Gilles s'est arrangé, le commissaire est hébergé dans l'hôtel *Sofitel* du bord de mer. Il baigne dans une ambiance de ferveur religieuse, à mille lieues de ses racines personnelles.

Nicole a aussi droit à une montre, de la part de Gilles cette fois. Une montre Cartier, type Pacha, en or, d'une valeur de 30 000 euros environ. L'origine de cette montre est aussi nébuleuse que celle de la Chopard d'Albert : Gilles avait prévu de s'en servir dans une transaction occulte, en rétribution d'une voiture, avant de se raviser et d'offrir la montre au commissaire pour Nicole*. Il justifie ce cher cadeau, expliquant que c'était une manière

* Nicole Neyret, lors de son interrogatoire, reconnaîtra avoir reçu cette montre donnée à son mari par Gilles Bénichou. Elle dit avoir

de remercier Michel Neyret de l'avoir présenté à Olivier Marchal, le réalisateur du film *Les Lyonnais*[9].

Il faut dire que pour Gilles, qui vient de se découvrir une nouvelle vocation – acteur –, le tournage à Lyon, en 2010, du film d'Olivier Marchal représente une véritable opportunité. Alors il passe souvent sur les lieux du tournage, pas mécontent de nouer des contacts avec les gens de cinéma. Il se dote d'un site Internet sur lequel il raconte avoir participé à deux ou trois séries, vante la qualité des cours de comédie qu'il a prétendument suivis en Israël et aux États-Unis, s'affiche en photo dans des poses variées. Il va jusqu'à affirmer être un ancien élève du célèbre Actors Studio à New York. Pourtant, dans *Les Lyonnais*, sa présence artistique se limite à une prestation « d'acteur de complément » – autrement dit, un rôle de figurant, contre un cachet de 574,12 euros, selon la comptabilité du producteur LGM.

Ironie de l'histoire, Bénichou incarne dans le film, avec beaucoup de sérieux, un policier qui escorte des détenus, plein cadre, une poignée de secondes. Un jour, sur le plateau, entre deux prises, Gilles Bénichou, en uniforme de policier, s'amuse à passer les menottes au commissaire Neyret. Sur la photo, on le voit en uniforme, rangers aux pieds et béret sur la tête, afficher un

---

pensé à un remerciement d'acteur dans le film mais pas à une éventuelle contrepartie liée à de la corruption. Sur la générosité de Gilles Bénichou, elle dira au juge d'instruction : « Je pense qu'il me voyait malheureuse, au début je pense qu'il m'aimait bien. J'avais confiance en lui. » Elle dit lui avoir offert un tableau, puis précise : « Mais on ne se fréquentait pas beaucoup. Je l'appelais souvent le soir pour savoir où était mon mari. » Confrontation, 10 décembre 2013, DI.

sourire un peu crispé. Les yeux sont plissés, ironiques. À ses côtés, poignets tendus, Neyret est menotté, une ombre semble passer sur son visage. Symbole d'un monde à l'envers, l'image figée est sans humour. Bénichou a même proposé de l'envoyer à Dacheville, l'homme en cavale, pour lui prouver à quel point il tient le commissaire[10].

Guidé par son scénariste Edgar Marie, Olivier Marchal rencontre Neyret pour la première fois dans le restaurant du *Sofitel* à Lyon. Le réalisateur cherche un interlocuteur capable de lui expliquer l'histoire du banditisme lyonnais. Neyret est tout indiqué. Olivier Marchal, qui a été flic à la PJ de Versailles avant sa reconversion dans le cinéma, tombe sous le charme du commissaire. Pour Marchal, Neyret semble représenter le flic qu'il serait devenu s'il était resté dans la grande maison. En tout cas, la rencontre est fructueuse. Neyret en modèle de cinéma ? Marchal décide de modifier le personnage du commissaire principal incarné par Patrick Catalifo, directement inspiré du look de Neyret, bien différent des flics rongés et torturés des précédents films du réalisateur.

Le directeur adjoint de la PJ se plaît à passer sur le plateau de tournage. Il ne rate aucune des soirées de l'équipe du film – qui ne sont pas si fréquentes, contrairement à ce que disent les rumeurs. Marchal est plutôt concentré, levé tôt, soucieux de mener à bien un projet à gros budget, avec la pression des producteurs sur les épaules. Mais il profite des relâches, les fins de semaines, sans se priver de quelques bons repas suivis de virées nocturnes.

La fréquente présence du policier dans les coulisses du film a le don d'agacer les anciens truands du gang des Lyonnais, adeptes d'une grande discrétion. Pour eux, le mélange des genres, c'est une source d'ennuis assurée. Un jour, sur le plateau de tournage du film, Edmond Vidal, le charismatique chef du gang des Lyonnais qui a inspiré son scénario à Olivier Marchal, glisse : « *Un flic, c'est toujours un flic. Si on commence à devenir amis, c'est que quelque chose ne va pas, dans un sens ou dans l'autre*[11]. » Le Gitan au regard bleu perçant, qui a survécu aux périodes les plus agitées du banditisme lyonnais, n'a rien perdu de sa lucidité.

Entre aussi en scène un autre personnage haut en couleur, qu'on ne tardera pas à retrouver : Michel Zaragoza. À 48 ans, l'homme est gérant d'une société de location et de revente de véhicules. Il a derrière lui un passé judiciaire marqué par diverses escroqueries et quelques passages en prison. Athlétique, les yeux bleus enfoncés dans un visage aux traits anguleux, il parle l'argot fleuri d'un garçon qui n'a rien perdu de ses réflexes d'ancien voyou. Il en joue. Sur le tournage du film, il s'affiche aux côtés des anciens gangsters, en se donnant le rôle d'un fidèle lieutenant. Cette position flatteuse lui confère automatiquement une certaine forme de respectabilité et lui permet, au passage, de fournir des voitures à l'organisation du film. Il fait aussi office de figurant, visage cagoulé, dans une scène de fusillade.

Les trois derniers jours du tournage se déroulent en Espagne. Lorsqu'il voit Neyret suivre l'équipe du film, Vidal tique. Il ne supporte plus la présence de ce policier, « *qui sort des gros billets de sa poche comme un voyou*[12] ». Il s'éloigne de cette atmosphère euphorique et remonte à Lyon.

Le commissaire, quant à lui, navigue dans ce monde de paillettes où les amitiés s'allument dans un faisceau de projecteur. Et s'oublient aussi vite qu'un fondu enchaîné. En quelques mois, Michel Neyret cède à cette notoriété. Il n'est pas officiellement le conseiller technique d'Olivier Marchal, mais il le laisse dire. C'est en lisant le journal, confortablement installé à l'arrière de sa voiture de fonction avec chauffeur, que le directeur central de la PJ apprend la participation du commissaire au film. Christian Lothion s'étrangle de colère : contrairement à tous les usages de la PJ, Neyret a oublié de prévenir ses supérieurs.

En 2010, le tournage du film d'Olivier Marchal agit comme un catalyseur dans l'affaire Neyret. Plusieurs protagonistes de l'affaire se connaissent déjà, mais leurs liens vont s'intensifier sur les plateaux ou dans les soirées festives. Flics et voyous se côtoient, comme si le thème du film imprégnait la réalité. Un an après leur première rencontre, Gilles Bénichou et Michel Neyret se rapprochent un peu plus.

Quand les investigations de l'IGS démarrent, le film est déjà terminé. Sans tout savoir des coulisses du tournage, les enquêteurs découvrent les liens que continuent d'entretenir les uns et les autres. Les policiers de l'IGS prennent ainsi connaissance de deux interventions du commissaire Neyret à la demande de Michel Zaragoza, en faveur de ses fils. Le premier s'est fait épingler par un contrôle de police, au guidon d'un quad non homologué. Le second a été pincé à la sortie d'une boîte de nuit, avec quelques grammes de cocaïne. Dans les deux cas, Neyret appelle les commissariats concernés[13]. Vu l'aura qui est la sienne dans la police lyonnaise, il n'a pas de mal à obtenir un classement rapide des procédures. « *Pour moi Neyret représentait un patron d'exception* », se justifiera un major, entendu par l'IGS à propos d'une conversation téléphonique, dans laquelle il promet au commissaire de la PJ que la procédure va partir « *à la poubelle* »[14].

Zaragoza entretient aussi d'étroites relations avec Gilles Bénichou. Les deux beaux parleurs envisagent de monter ensemble une société d'installation d'éclairages publics, en partenariat avec EDF. Le projet capote rapidement. Une histoire de voiture fait définitivement voler leur entente en éclats. Ils veulent faire parvenir au Maroc une Audi A5 pour Albert Bénichou. La voiture, volée, immatriculée en Allemagne, a été fournie par un Italien peu scrupuleux. L'histoire sème la zizanie dans le petit groupe d'amis, chacun se renvoyant la responsabilité de cette voiture « sale », qui risque de causer au frère de Gilles de sérieux ennuis. Réfugié à Casablanca, ce dernier reste sous le coup du mandat d'arrêt de sa dernière condamnation par défaut à Lyon*. À l'occasion d'un changement de clé, le vol de l'Audi est détecté par le système de répertoire des véhicules de la marque, centralisé en Allemagne. Ce qui déclenche une enquête internationale. Et le dossier revient logiquement à la

* Albert Bénichou a été condamné le 12 juin 2006 par le tribunal correctionnel de Lyon à deux ans de prison ferme.

PJ de Lyon, secteur où a été localisée la voiture. Aussitôt, le commissaire Neyret donne des consignes au téléphone pour étouffer cette affaire d'Audi. Contre toute prudence, il recommande à Zaragoza de placer la voiture dans la rue, pour faire croire à un véhicule abandonné. Il lui indique la marche à suivre, lui dicte les propos qu'il doit tenir en cas d'audition. Il assure qu'il va s'arranger pour éviter que l'affaire ne fasse trop de vagues. Sur les écoutes téléphoniques, l'IGS ne perd pas une miette de ces arrangements entre amis du plus mauvais effet : un directeur adjoint cherche à éviter les contrecoups d'une enquête venant de ses propres services*.

Après l'affaire de l'Audi, l'entente du trio Neyret-Bénichou-Zaragoza vole définitivement en éclats. Cette fois, à cause d'un autre motif de discorde, moins connu des enquêteurs. Alors que tous les trois se rendent à Gerland pour assister à un match de foot, Zaragoza prend le volant de la voiture du commissaire pour la garer devant un garage qui lui appartient, situé tout près du stade. Bénichou est persuadé que Zaragoza en a profité pour copier un dossier qui était posé dans la voiture du policier[15]. Zaragoza quant à lui sent que Bénichou utilise cet incident pour l'éloigner de Neyret. La brouille est consommée. Lors de la soirée d'avant-première du film d'Olivier Marchal, qui se déroule en grande pompe dans la salle de spec-

* Michel Neyret a consenti en garde à vue avoir été maladroit dans ses conseils, il a ensuite justifié ses démarches devant le juge en expliquant qu'il voulait arranger ses informateurs.

tacle de la Cité internationale de Lyon, chacun s'évite soigneusement.

Un an après le tournage, le cinéma cède la place à une réalité plus brutale.

Le dossier de l'IGS a grossi au fil des semaines. Depuis l'affaire de cocaïne de Neuilly, le cercle s'est élargi, comme l'onde d'un pavé qu'on jette dans la mare. Une douzaine de personnes sont désormais sous surveillances téléphoniques. Les enquêteurs de l'IGS ont pris connaissance des interventions douteuses en faveur des deux cousins lyonnais. Ils ont découvert des demandes étonnantes de consultations de fichiers. Ils ont appris le voyage au Maroc du commissaire et de son épouse en compagnie de Gilles Bénichou, de Michel Zaragoza, d'un douanier et d'un cadre d'une grande entreprise locale, tous accompagnés de leurs épouses. Rien de répréhensible en soi, à condition de savoir qui a réglé la note[16].

Après Albert et Gilles, un troisième membre de la famille séfarade fait son apparition dans la sphère du commissaire : Gilles Bénichou tient à présenter à Michel Neyret son cousin, Stéphane Alzraa. La rencontre intervient précisément le soir du 22 février 2011, dans un salon de l'hôtel *Sofitel* de Lyon, à l'occasion de l'anniversaire de la maman de Gilles. Les trois hommes sont à la même table. Encore une fois, comme si le commissaire faisait partie de la famille. Le policier devrait logiquement connaître le nom de Stéphane Alzraa qui a été entendu par ses propres services moins d'un mois auparavant.

Trentenaire aux yeux clairs, les cheveux coupés très courts, petit et musclé, Stéphane Alzraa, né en 1980 à Lyon, mène grand train sur la Côte d'Azur. Il porte des vêtements de marque, roule en motos et berlines de luxe et affiche toutes les apparences d'un *golden boy*. La rumeur lui prête une fortune considérable, planquée sur des comptes exotiques, obtenue dans la fraude à la taxe carbone. Les initiés se doutent qu'il a fait partie des équipes réduites qui ont mené cette escroquerie internationale de haute volée consistant à monter des sociétés fictives pour détourner la TVA.

Nerveux, sportif, Stéphane Alzraa est amateur d'art martial, avec un côté bagarreur, jaloux avec les filles, « *très possessif* » selon un proche. « *Ce gars-là ne tenait jamais en place, une vraie pile, drôle, adorable, en même temps il pouvait piquer des colères, on sentait qu'il était blessé par son histoire personnelle*[17] », confie l'un de ses anciens complices lyonnais. Alors qu'il est âgé de 8 ans, sa mère s'enfuit du domicile familial. Le garçon, qui sera élevé par sa grand-mère et son père, homme bourru, généreux et colérique à la fois, garde la blessure de cet abandon. Son instabilité affective semble prolonger celle de ses lointaines origines, inscrite dans son nom même. Son arrière-grand-père a immigré d'Algérie vers l'Espagne, avant que le grand-père ne vienne en France. Le nom Ben Alezra est devenu Alzraa en passant les continents.

Son casier judiciaire, en plus de deux mentions pour conduite sans permis de conduire, garde la trace d'une affaire de détention de faux documents qui lui a valu cent cinquante jours d'amende en octobre 2006. Grâce à une combine achetée 20 dollars sur Internet, le jeune homme avait transformé son permis de conduire israélien en permis international[18].

Officiellement, Stéphane Alzraa, surfant sur les tendances, est gérant de sociétés. En 2003, il crée MS Alarme, entreprise déclarée dans la vente et la pose d'alarmes à domicile. Il a recours à une plateforme téléphonique basée à l'étranger, censée prospecter et prendre des rendez-vous. L'activité ne prospère pas vraiment. Les services de la consommation, de la concurrence et de la répression des fraudes enregistrent de multiples plaintes de clients mécontents. La société affiche un déficit de 768 000 euros. Elle est liquidée, avec à la clé une interdiction de gérer de quinze ans prononcée en mai 2008[19].

Exit les alarmes, Stéphane Alzraa embraye dans un autre secteur prometteur : la téléphonie. Il fonde First Telecom, société chargée de commercialiser des abonnements téléphoniques, tout en investissant dans une plateforme téléphonique installée en Tunisie, First Call. En quelques années, Stéphane Alzraa prend de l'ampleur. Il ouvre des bureaux au rez-de-chaussée d'un angle d'immeuble, rue Massena dans le 6e arrondissement de Lyon, à mi-chemin entre Villeurbanne et le quartier du Sentier lyonnais. L'endroit, nommé « Groupe SA », à ses initiales, abrite bureaux et ordinateurs avec des secrétaires chargées de suivre ses consignes, selon un rythme de plus en plus soutenu. Les sociétés se multiplient : alarmes, abonnements téléphoniques, centres d'appels, publicité, trading. Il se vante aussi d'avoir inventé la « première poupée arabe » en dupliquant une célèbre marque, en version brune, montant un juteux commerce de poupées voilées à destination du Moyen-Orient. Mais dans son entourage lyonnais, personne n'en a vraiment vu la couleur. « *On ne sait pas si ça a vraiment existé* [20] », doute un ancien associé.

En délicatesse avec le tribunal de commerce, Alzraa se dissimule derrière des gérants de paille. Comme Rémy V., 22 ans, ébloui par ce jeune entrepreneur roulant en Porsche. « *Il représentait quelqu'un d'important, il a su mettre des mots, me rassurer, me laisser voir une embauche dans les mois à venir* [21]. » Le jeune homme précise : « *Stéphane est quelqu'un de sportif, il représente quelqu'un de physique qui peut s'énerver contre certaines personnes.* » Nathan B., 25 ans, ami d'enfance propulsé à la tête d'une autre société d'Alzraa, confirme ce portrait d'un personnage « scorsésien », à l'humeur versatile. « *Il a un côté flambeur mais il est sérieux dans ses activités, il est rapide, persévérant, c'est quelqu'un de très curieux, alerte, impatient comme un gamin avec un sens inné du commerce* [22] », confie un conseiller financier.

Dans le montage complexe des sociétés, les transactions financières se croisent selon une logique que seul Alzraa semble maîtriser. Les gérants fictifs voient passer des chèques sans bien comprendre la finalité des opérations. De l'argent file au Luxembourg et finance un train de vie tapageur. Deux avocats fiscalistes pas trop regardants et une comptable carrément complaisante participent à l'habillage juridique et comptable. Mais les six sociétés de téléphonie et leurs satellites finissent par attirer l'attention de Tracfin, l'organisme du ministère des Finances chargé du contrôle des transactions financières.

Dès 2008, une double procédure s'enclenche : une plainte pour fraude fiscale, d'abord, et une instruction judiciaire contre X pour « abus de biens sociaux ». Les dossiers traînent. Un juge finit par lancer un mandat d'arrêt, si bien que Stéphane Alzraa décide de se rendre spontanément à la brigade financière de Lyon. Entendu le 28 janvier 2011, il conteste toute malversation, parle de mauvaise gestion administrative, d'erreur de jeunesse. Il se dit employé dans une société chargée de vente de biens immobiliers aux nouveaux arrivants, à Efrat, en Israël. Son titre : « commercial chargé de la recherche et du développement de clientèle sur le secteur international », pour un salaire mensuel de 7 000 euros. Il donne une adresse à Tel Aviv. Mais le juge n'est pas convaincu. Mis en examen sous contrôle judiciaire, avec interdiction de quitter le territoire national, Stéphane Alzraa doit verser une caution de 50 000 euros. Il doit pointer une fois par semaine à la gendarmerie. Son passeport lui est retiré.

Et pourtant, moins d'un mois après son passage dans les locaux de la police judiciaire, Alzraa est attablé avec le commissaire. Dans l'affaire Neyret, l'enjeu de cette soirée au *Sofitel* est redoutable : juridiquement, pour établir les faits de corruption, il est à l'époque indispensable de démontrer l'existence d'un pacte préalable. Or, la soirée avec les deux cousins, en prélude à toutes sortes d'interventions, peut être analysée par les juges comme un « pacte de corruption ». Le hasard veut que la rencontre avec Stéphane Alzraa se produise au moment même où Gilles Bénichou est placé sur écoutes téléphoniques dans l'affaire des stupéfiants de Neuilly. À partir de février 2011, les policiers parisiens ne perdront donc rien des troublantes relations entre les cousins et le commissaire.

Ce fameux soir du Sofitel, le commissaire joue sa partie dans un jeu dangereux, incertain, dont il est difficile de discerner les vraies motivations. L'attrait professionnel, l'ambiance familiale, l'amitié : tout semble se combiner dans un écheveau indéchiffrable. À la dimension affective s'ajoute un autre facteur, qui entre en résonance avec le passé du policier : Stéphane fréquente une jeune femme prénommée Hélène. Hélène Lévy, fille d'un des frères de la vieille affaire d'or de Trévoux. La rencontre avec le cousin Alzraa présente donc un double relief pour le commissaire Neyret : elle accentue un peu plus son adoption dans la grande famille séfarade. Elle est aussi une occasion d'aller plus loin dans son exploration de la *jewish connexion. Via* Stéphane et Hélène, Neyret reprend l'incessante traque des frères Lévy, les vieux clients de la PJ.

Durant ses mois de surveillance, l'IGS constate que Gilles est aux petits soins avec Stéphane. Il joue le grand cousin protecteur. Il le conseille, le canalise. Quand Stéphane a des ennuis, il utilise à plusieurs reprises le commissaire pour le sortir d'un mauvais pas.

C'est le cas en mai 2011. Gilles appelle le policier au téléphone. Il lui signale que Stéphane est en garde à vue, pour violences depuis la veille. Une bagarre a eu lieu dans un parking souterrain de la Cité internationale à Lyon, dans le quartier du siège d'Interpol.

Stéphane a cogné un homme qui aurait eu des vues sur sa fiancée. Après avoir tenté de se cacher dans un escalier à l'arrivée de la police, il a été appréhendé. Neyret appelle le commissariat. Son intervention est efficace : affaire classée, au grand soulagement des cousins[23]. Dans sa voiture, Stéphane Alzraa trimbalait des cartes bancaires et des papiers de sociétés liées à la fraude à la taxe carbone, alors que la justicc ignorait encore son implication dans cette affaire. Gilles sermonne son cousin. Il lui reproche d'avoir transporté des papiers compromettants. Au téléphone, il intègre malicieusement le commissaire dans son discours pour lui faire la leçon : « *Il a dit si tu pouvais faire attention à ce que tu transportes dans tes poches, ça l'aiderait beaucoup, voilà* [*24]. »

La formule, qui vise à calmer le cousin, laisse penser que le commissaire est au courant des manigances sur la taxe carbone. Mais ce dernier a complètement ignoré la teneur des propos échangés entre les deux cousins. « *Je voulais le conserver en activité pour le but que je m'étais fixé, à savoir infiltrer les réseaux de la délinquance financière. Je ne connaissais pas la dimension que je connais*

* Interrogé sur ce point en 2011 Michel Neyret affirme avoir tout ignoré du contenu des conversations entre Gilles Bénichou et Stéphane Alzraa. Sur les propos tenus au téléphone entre les deux cousins, Michel Neyret répète à plusieurs reprises au juge : « Ce sont des élucubrations de Gilles Bénichou. » Sur des interventions qui auraient influencé le cours des dossiers de Stéphane Alzraa, il affirme : « Je vous mets au défi de trouver un magistrat à Lyon qui a reçu un coup de téléphone de la part de Michel Neyret sur une procédure financière. Je n'ai jamais influencé le déroulement d'une procédure de cette nature. » Interrogatoire, 28 juin, 2012, DI.

aujourd'hui [25] », soutiendra le commissaire à propos de cet épisode.

Autre incident, cette fois à Cannes. Stéphane, décidément agité, est intercepté par deux motards de la police au volant d'une Ferrari aux plaques douteuses. Il circule au nom d'Alezra, avec une voiture qui appartient à une société en dépôt de bilan. Embarqué au commissariat, il appelle à nouveau à la rescousse son cousin Gilles, qui prévient le commissaire lyonnais. Lequel prend contact avec son collègue de Cannes et l'informe qu'Alzraa est un indicateur très utile dans des affaires en cours. L'intervention produit son effet : Stéphane ressort rapidement du commissariat après avoir payé deux timbres-amendes à 30 euros. Neyret rappelle le policier cannois pour le remercier. Ce dernier ironise à propos de l'amende à payer : « *Vu la montre Hublot qu'il a au poignet, je pense que ça ne lui posera pas de problème*[26]. »

L'instruction judiciaire, menée dans le plus grand secret, franchit une étape importante au cours de l'été 2011. Christian Lothion, directeur central de la police judiciaire, est convoqué au siège de l'IGS. Sur la forme, il s'agit d'une simple audition de témoin, dans le cadre de l'instruction judiciaire ouverte à Paris en mai. Mais la confrontation entre patrons de deux entités de la police nationale est inédite : PJ face à Bœuf-carottes*. Une sorte de conférence au sommet. Il n'est pas vraiment question de prendre le thé entre

* « Bœuf-carottes », surnom donné à la police des polices pour sa façon de faire « mijoter ».

pontes. À cette date, l'affaire Neyret mijote. Le dossier est formellement ouvert contre X. Les écoutes téléphoniques tournent discrètement. L'entretien est assez bref, résumé en deux pages de procès-verbal, daté du 19 juillet 2011. C'est l'inspecteur général Claude Bard en personne, directeur de l'IGS, qui pose les questions, accompagné de son directeur adjoint, le commissaire divisionnaire Daniel Jacqueme.

S'il l'ignorait encore, le DCPJ apprend officiellement que son directeur adjoint lyonnais est dans le collimateur, visé par une information judiciaire pour corruption et violation du secret professionnel. Au siège de l'IGS, les questions sont concises. Christian Lothion encaisse le coup. Le voilà confronté à une vilaine histoire interne. Il est de la même génération que Michel Neyret : tous deux n'ont qu'une promotion d'écart à l'école des commissaires. Et Neyret, il le connaît bien, et pour cause. Lothion a été directeur de la PJ de Lyon entre 2002 et 2004, à une époque où il commandait l'antigang. Il l'a retrouvé comme chef de l'antenne de Nice, alors que lui-même venait de prendre la direction de la PJ de Marseille. Il n'a jamais eu à s'en plaindre, bien au contraire. Devenu directeur central, il lui a même commandé des audits sensibles sur des brigades antigang, notamment en Corse.

Le DCPJ s'avoue « *fort surpris* » par les soupçons qui pèsent sur le commissaire lyonnais. Lothion décrit « *un personnage charismatique* » qui bénéficie auprès des partenaires de la PJ « *d'une véritable aura* ». Face à l'IGS, le directeur central défend Neyret qui est « *une référence dans la lutte contre le grand banditisme* »[27]. L'IGS souhaite que Lothion donne un rapide portrait administratif de l'homme, précise un ou deux points sur la gestion des informateurs et des scellés. Une courte formalité sans grand intérêt factuel pour les investigations. Comme si l'audition avait un autre objectif, beaucoup plus tactique. Voilà le directeur central officiellement au courant. Un geste diplomatique entre gens de bonne compagnie ?

Pas seulement. En consignant l'audition sur procès-verbal, l'IGS provoque une situation schizophrène : le directeur central est bien évidemment tenu au secret, sous peine de ruiner une instruction judiciaire en cours. Et de risquer sa carrière. Résultat : le patron de la PJ, qui sait qu'un des commissaires les plus emblématiques de l'institution court à sa perte, reste muet comme une carpe.

5

Alpha unité

Antigang, 1983.

Dès ses premiers mois à l'antigang, Michel Neyret a été affranchi. Il s'attendait à de l'investigation, il voulait de l'action. Il a été servi. Il expérimente très vite une autre particularité de la BRI : son rayon d'action sans limite. « *On bénéficie d'une autonomie extrême, une liberté d'initiative qu'aucun autre service n'a eue. C'est notre pain quotidien, notre façon de faire*[1] », explique Daniel Guichot, premier patron de Neyret à l'antigang. C'est ainsi qu'une nuit de 1983, la BRI de Lyon descend jusqu'à Brive-la-Gaillarde, aux trousses d'une équipe de malfaiteurs soupçonnée de braquage. C'est une première.

La brigade a obtenu un renseignement sur un voyou surnommé « le Chat », originaire de Saint-Fons, au sud de Lyon. Cet animateur de la Maison des jeunes et de la culture locale fréquente une villa dans la périphérie de Brive. La BRI reste trois jours sur place, dans l'attente d'un flag. Le Chat est repéré avec des complices présumés, roulant à bord d'une Peugeot 304 S, une voiture volée, selon le commissariat local. Le gang rôde autour d'une agence de la BNP. Tout s'apparente aux préparatifs d'un imminent hold-up. Pourtant, plusieurs jours passent, et rien ne bouge. Projet abandonné ? La BRI finit par lever le camp.

Quinze jours plus tard, la police de Brive signale un braquage à l'agence BNP de la ville. Six hommes ont raflé 80 000 francs aux guichets, sans parvenir à pénétrer dans la salle des coffres. Informée, la brigade antigang franchit en trombe les 400 kilomètres qui séparent Lyon de Brive-la-Gaillarde. Grâce à ses surveillances antérieures, elle se rend directement aux endroits fréquentés par l'équipe suspecte. Le Chat est interpellé le lendemain dans la villa du quartier des Rosiers de Brive. Les complices sont appréhendés sur la route nationale 89, à bord d'une Talbot 1307, alors qu'ils tentaient de forcer un barrage à Tulle. « *C'est la première fois qu'on intervenait aussi loin quasiment en direct. L'équipe avait forte réputation dans les banlieues, on les a serrés à cinq cents bornes de chez eux. Ils ne nous ont pas vus venir, ils étaient sur le cul*[2] », relate Michel Neyret.

***

Le jeune commissaire affiche deux qualités complémentaires : il travaille dur et fonctionne à l'instinct. Un soir, un jeune inconnu traverse un dispositif de surveillance de la BRI. La silhouette au comportement étrange attire l'attention de Neyret. Il prend l'initiative de le suivre. Ce qui le conduit jusqu'au village de Craponne. À une demi-heure au sud-ouest de l'agglomération lyonnaise, c'est déjà la campagne, que surplombent les monts du Lyonnais. Visiblement, le suspect est en train de repérer les accès du Crédit agricole.

Cette filoche improvisée sera à l'origine du tout premier flag du jeune patron de la BRI de Lyon.

Sur indications du commissaire, la brigade antigang se met en planque dès le lendemain à 7 heures du matin, devant l'agence bancaire, près de la place du marché de Craponne. À 8 h 30, depuis la fourgonnette de surveillance, un policier aperçoit deux individus enfiler des gants et des cagoules noires, prêts pour un braquage en règle. Les deux hommes raflent un butin de 38 000 francs et repartent à bord d'une Polo. Mais le dispositif de surveillance est trop concentré et les chemins de repli, pas suffisamment étudiés. Très vite, les fugitifs repèrent les policiers dans leurs rétroviseurs. Ils foncent alors sur les petites routes de moyenne montagne, abordant les lacets à 100 à l'heure. Des coups de feu sont échangés. Certaines voitures de la BRI manquent de radios, d'où des arrestations manquées. Froissements de taule, carambolages : six voitures de la BRI se retrouvent dans le décor. Les braqueurs abandonnent leur véhicule, butin et fusil à canon scié à l'intérieur. La région est entièrement bouclée. Peine perdue : les deux hommes se sont volatilisés. L'opération échoue lamentablement. « *Que des mauvais souvenirs*[3] », reconnaît Michel Neyret. Il faudra plusieurs semaines pour retrouver et arrêter les deux braqueurs : Éric F., 19 ans, apprenti coiffeur, et son complice, âgé de 17 ans, surnommé « le petit chef de Ménival ».

Éric nie être responsable du braquage, jusqu'au jour où le juge organise une confrontation avec le commissaire, en présence de Jean-Louis Abad, pénaliste réputé. Face au récit circonstancié du commissaire, le jeune homme craque. « *Il a demandé au juge de me faire sortir, il a tout avoué*[4] », raconte Neyret.

« *L'affaire m'a servi d'expérience, après ça, mon maître mot a été d'anticiper les flags*[5] », analyse le commissaire. C'est ainsi qu'en 1988, une équipe de braqueurs est sous surveillance. Des pros, la quarantaine endurcie, composés d'un Lyonnais et de plusieurs Parisiens. Armés, visages grimés, ils attaquent une agence de la Banque populaire à Caluire. L'antigang évite l'interpellation à chaud, trop risquée dans la rue. Comme leurs points de chute ont été préalablement repérés, les voyous sont rapidement localisés dans une planque à Villeurbanne. Deux hommes sont interceptés, le troisième prend la fuite, arme au poing et se réfugie dans un immeuble voisin. À travers la façade vitrée, les policiers l'observent grimper jusqu'au dernier étage. Le commissaire monte les escaliers jusqu'à l'étage situé en dessous et entame la discussion. La partie est serrée : le braqueur sait qu'il encourt une peine de réclusion à deux chiffres. Neyret garde en mémoire certaines écoutes téléphoniques. Il connaît la vie du fuyard, ses habitudes, ses petits secrets, ce qui oriente l'entretien sur un mode intimiste.

La négociation prend bonne tournure. Michel Neyret propose de monter la dernière volée de marches jusqu'au reclus. Il pose son arme, en gage de bonne volonté, tout en lui parlant : « *Tu vois, je n'ai plus mon arme, tu vas me donner la tienne, ça va se faire comme ça. De toute façon, tu ne peux plus rien y faire. J'arrive...* » À cette seconde décisive, une grêle de métal s'abat sur la façade de l'immeuble. Caché derrière un arbre, un policier de la BRI, ignorant que son chef est en train de négocier à découvert, s'est mis à tirer en direction du suspect, croyant l'impressionner. On lui crie d'arrêter. Le silence revient.

Le commissaire reprend le fil de la discussion. Il bascule le barillet de son Manurhin MR-73. Le pose à nouveau et le fait doucement glisser sur le sol, à côté de sa carte de police. Une façon de signifier qu'il veut parler d'homme à homme, dépouillé de ses insignes. Il peut alors monter pour une interpellation en douceur. Les auditions révéleront un détail cocasse : l'un des voyous s'adonnait à la voyance. Il avait senti les astres défavorables en arrivant à Lyon. Les policiers sourient : « *Il aurait dû écouter son intuition.* »

Au siège de la BRI, le traditionnel *debriefing* est animé. L'incontrôlable tireur en prend pour son grade. En racontant la scène, le commissaire explique aussi sa prise de décision : « *Je me suis dit, ça passe ou ça casse, il a vu que j'avais du cran, il a jeté son arme*[6]. » Mais lorsqu'il apprend comment l'intrépide commissaire a conclu l'arrestation, Michel Richardot, le directeur de la PJ, le rabroue gentiment : « *Monsieur Neyret, vous êtes fou. C'est bien, mais vous êtes fou*[7]. »

***

Dans les années 1980 et 1990, les braquages se multiplient dans la région lyonnaise. Parmi les voyous les plus en vue, un certain Patrick Robert, surnommé « Lame de couteau » à cause de son profil effilé. Originaire du quartier de Ménival, Robert et sa bande roulent en berlines de luxe, sans craindre d'attirer l'attention, par pure provocation. S'il repère un policier en planque, Robert stoppe net, descend de sa voiture, va à la rencontre de l'enquêteur et le nargue ostensiblement : « Alors, en panne ? »

Son équipe est surnommée « le gang des grandes oreilles » pour sa faculté à écouter les conversations de la police sur les fréquences radio balayées par des scanners dernier cri. Au printemps 1984, première année d'exercice du commissaire Neyret, on dénombre un total de vingt-huit hold-up dans l'agglomération de Lyon, soit deux par semaine. La brigade est dépassée par les événements. Les bandes les plus audacieuses n'hésitent pas à rester dans les établissements en prenant employés et clients en otage, attendant patiemment l'ouverture des coffres.

Sous l'impulsion du commissaire Neyret, de son côté, la brigade antigang améliore les résultats. Ses méthodes changent : le temps de la grande cavalerie est révolu. Les cow-boys qui prenaient des risques inconsidérés cèdent le pas à des professionnels de l'anticipation. Les phases de surveillance et de repérage sont plus longues, plus poussées. L'idée étant de limiter les risques en maîtrisant au maximum toutes les possibilités de réactions des malfaiteurs.

Le jeune patron de la brigade antigang rencontre un jour le responsable de la sécurité du Crédit agricole, Christian Rousset. À eux deux, ils vont changer complètement la donne. Michel Neyret se souvient : « *Il avait conçu un système avec temporisation, sous alarme intelligente, avec une télésurveillance qui sonorisait la banque. Lorsque son service de sécurité se rendait compte de la réalité du braquage, il prévenait un service de police*[8]. » Ce nouveau système de télésurveillance des banques est directement relié à la salle de veille de la brigade de recherche et d'intervention. Dès qu'un braquage se produit, la BRI est immédiatement mobilisée. La procédure est soigneusement étudiée avec le directeur de la sécurité. Pas question de débarquer sur les lieux du crime toutes sirènes hurlantes. « *Il ne voulait pas d'un service qui arrive bruyamment avec ses voitures sérigraphiées, il ne voulait ni la prise d'otage, ni la fusillade, il savait qu'avec la BRI il aurait un service qui allait mettre en place un dispositif d'observation, simplement d'observation, parce qu'il était hors de question qu'on intervienne pendant le hold-up*[9] », explique Michel Neyret.

Ainsi, dès qu'une alarme signale un braquage en cours, la BRI se positionne et décide du meilleur moment pour neutraliser les malfaiteurs. À l'intérieur de la banque, personne ne doit chercher à intervenir de manière intempestive. Objectif : limiter les risques de dérapage incontrôlé. « *On a inventé à Lyon un nouveau concept pour lutter contre les braquages, on a fait tomber des tas d'équipes comme ça*[10] », note crânement le commissaire. Le concept sera repris plus tard par la préfecture de police de Paris, ce qui conduira à l'arrestation d'un gang spécialisé dans les attaques de distributeurs sur les Champs-Élysées.

Reliée directement à la BRI, l'alarme Soly-Matic permet à la PJ de reprendre la main. Elle provoque aussi toutes sortes de situations, des plus cocasses aux plus périlleuses. Le 29 octobre 1988 au soir, la sonorisation d'une agence du Crédit agricole permet d'apprendre que trois hommes sont entrés dans les locaux à la nuit tombée et qu'ils séquestrent le directeur de l'agence. La BRI arrive discrètement. Au bout d'une demi-heure, elle les voit ressortir. Le trio change de voiture sur le parking du *Novotel* de Bron, à l'est de la périphérie lyonnaise. À l'arrêt suivant, ils achètent des cigarettes dans une station-service de Saint-Priest. Alors qu'ils s'apprêtent à savourer leur réussite, la BRI sort les pistolets en guise de briquets.

Désormais, les arrestations s'enchaînent, avec leur lot d'anecdotes. Une nuit, des braqueurs dissimulent leur visage derrière des lunettes de soleil. Ils prennent la fuite en voiture, en gardant leurs lunettes noires… ce qui permet aux policiers de la brigade de les repérer immédiatement lorsqu'ils les croisent sur la route. Une autre fois, la BRI arrive si vite dans un établissement où l'alarme a sonné que les braqueurs, inondés de gaz lacrymogène, sont maîtrisés avant même d'avoir pu prendre en otage les employés. Neyret se souvient aussi de ce casse dans une banque, au cours duquel les malfaiteurs ont le temps de se débarrasser de leurs armes. Dès lors, ils ne peuvent être poursuivis que pour une modeste tentative de vol par effraction. Des années plus tard, à l'occasion de la rénovation de l'agence, un lot d'armes sera retrouvé dans les faux plafonds.

***

Ce 18 juin 1992, à 9 heures, l'alarme retentit dans la salle opérationnelle de la brigade pour signaler l'attaque d'une agence du Crédit agricole à Charbonnières-les-Bains, dans l'ouest résidentiel de la région lyonnaise. La BRI est sur place en quelques minutes. La technique est désormais rodée. Le premier enquêteur sur place doit s'annoncer à la radio. Il gare sa voiture et s'avance incognito à pied, au poste d'observateur. Depuis le porche d'un hôtel, il décrit une scène saisissante : deux malfaiteurs ont pénétré dans l'agence, visages grimés, tandis qu'un troisième complice, grimé lui aussi, est assis au volant d'une Mercedes, garée au beau milieu de la rue. Derrière la file des voitures s'allonge. Les automobilistes commencent à s'impatienter, et les coups de klaxon s'intensifient. Qu'importe, le chauffeur reste imperturbable ! « *Je n'avais jamais vu ça, la scène était irréelle, peu de passants se doutaient réellement de ce qui était en train de se passer*[11] », se souvient un policier présent sur les lieux.

Un peu à l'écart du secteur, il a fallu moins d'un quart d'heure à la BRI pour se répartir en étoile. Bientôt, les deux malfaiteurs ressortent de la banque. Un troisième homme les accompagne, blanc comme un linge : le directeur de la banque, pris en otage. Mais ils ne prennent pas encore la fuite : forts de cette première réussite, les braqueurs attaquent dans la foulée une agence de la Caisse d'épargne située dans la même rue, à dix mètres de là ! Leurs forfaits accomplis, ils repartent à bord de la Mercedes. Quelques kilomètres plus loin, ils abandonnent leur otage qui sera retrouvé, complètement groggy, dans un fossé.

La filature s'engage sur les hauteurs de Charbonnières, jusqu'au parc de Lacroix-Laval, où les malfaiteurs changent de voiture. À la tête du dispositif, le commissaire Neyret préfère attendre une situation plus favorable pour intervenir. La discrète poursuite se prolonge jusqu'à Vienne, en Isère, sur près de quarante kilomètres de petites routes. À l'entrée de la ville, l'équipe des braqueurs emprunte un chemin départemental. Deux voitures de la BRI, qui les ont doublés discrètement, ralentissent imperceptiblement la circulation. Juste derrière, le commissaire trouve le moment propice. Il lance : « *Top interpellation !* »

À l'avant, les deux voitures de la brigade pilent, en écart. Simultanément, le commissaire coince la voiture des malfaiteurs contre le talus. L'arrestation des trois braqueurs en flagrant délit est saluée par les hautes autorités. Le préfet, le procureur de la République et le directeur général du Crédit agricole adressent télex et lettres de félicitations au commissaire Neyret.

***

La réussite de cette filature confère au commissaire une solide réputation professionnelle. Jacques Pin, le procureur de Villefranche-sur-Saône, qui a effectué un stage au sein de la brigade, est emballé par cette unité de police à forte réputation. Il convoque Neyret pour lui confier une enquête sur une insaisissable équipe de braqueurs : « *Michel, tu prends ce dossier. Il faut faire un flag.* »

Des écoutes téléphoniques sont mises en place et permettent d'identifier un suspect. La brigade antigang engage des filatures ininterrompues. Elle voit alors se constituer l'équipe, comme les pièces d'un puzzle qui se mettraient en place seules sous leurs yeux. Les surveillances vont de Lyon à Paris, remontent jusqu'au Mans. Au cours de ce trajet de plus de 600 kilomètres, les quatre suspects ont laissé des voitures relais sur leur itinéraire, et c'est à bord d'une Renault 25 qu'ils parviennent à La Flèche, près du Mans. Ils tournent en ville, s'éloignent en direction d'une zone pavillonnaire. Le manège dure des heures. Sur leurs traces, la BRI est à cran : impossible de percer les intentions d'une équipe visiblement sur le sentier de la guerre.

Mais Neyret n'est pas pressé. Il repositionne les policiers près des voitures des gangsters, puis file au commissariat de La Flèche prévenir ses collègues locaux de la présence de l'antigang de Lyon dans leur ville. Il leur demande de ne pas contrôler la Renault 25 qui roule dans le secteur, pour ne pas attirer l'attention, et qu'on le prévienne en cas d'événement grave. Le commissariat local se montre dubitatif : « *On n'a jamais eu de braquage dans le secteur…* »

Pas de téléphones portables à l'époque, bien sûr. Pour communiquer entre elles, les voitures de la BRI utilisent leur propre canal crypté. Mais comment communiquer entre le commissariat et les policiers en planque près des voitures ? Le nouveau patron de la BRI place un enquêteur devant la gare du Mans, près d'une cabine téléphonique. Sa mission : attendre un éventuel appel du commissariat à la cabine, pour donner ensuite l'alerte sur la radio cryptée. Les heures s'écoulent encore.

Vers minuit, la Renault 25 est repérée, de retour dans la zone résidentielle où elle a déjà rôdé. À distance, la brigade voit les quatre complices qui discutent tranquillement, en se passant des gros sacs. Les quatre hommes reprennent la route, répartis à bord de trois véhicules. La BRI est prête à les suivre. Mais pour quelle raison ? Impossible d'intervenir sans motif d'interpellation, sous peine de devoir relâcher des gangsters. Le convoi commence à s'éloigner. Quelques mètres encore et les voitures s'évanouiront avec leur mystère.

Toujours en planque dans la cabine téléphonique de la gare, l'enquêteur s'apprête à repartir. Soudain, la sonnerie le fait sursauter. Il décroche. À l'autre bout de la ligne, le commissariat de La Flèche lui signale que le directeur d'une agence bancaire et sa femme ont été séquestrés par quatre individus armés. La BRI est informée du braquage *in extremis*. Les policiers ne comprendront que plus tard le petit manège de leurs quatre suspects dans la zone résidentielle : ils faisaient un repérage près du domicile du banquier. « *Ils observaient manifestement, je manquais d'expérience, je n'ai pas percuté tout de suite. J'aurais dû*[12] », regrette encore Michel Neyret. Il engrange une nouvelle leçon.

La filature reprend. Cette fois, avec la certitude que les quatre malfaiteurs ont fait main basse sur la caisse et séquestré un banquier. Le convoi des trois voitures repart en direction de Paris, par des petites routes de campagnes. Au bout d'une quinzaine de kilomètres, nouvel imprévu : un barrage de gendarmerie ! Les trois voitures des malfaiteurs stoppent. La BRI continue son chemin, pour ne pas attirer l'attention. Le commissaire Neyret se présente au barrage de gendarmerie. Il s'annonce, sortant sa carte tricolore : « *On poursuit une équipe de malfaiteurs, ils arrivent avec trois voitures, il faudrait lever le barrage…* »

Réponse négative des gendarmes. Pas question d'ouvrir le barrage sur simple demande de ce policier lyonnais mal rasé, aux traits fatigués. Alors, tout s'enchaîne rapidement. Les braqueurs ont repris la route. Un premier suspect arrive sur le point de contrôle, au volant d'une Fiat Punto. Il descend de sa voiture, certain de passer un simple contrôle d'identité. Le commissaire Neyret en profite pour lui mettre le grappin dessus. BRI de Lyon ? Le braqueur se décompose. En état de récidive, il risque une forte peine pour un braquage avec séquestration. En désespoir de cause, à moins qu'il ne s'agisse d'un réflexe pour prévenir ses complices, il se cogne volontairement la tête contre la vitre de la voiture. Le verre éclate, son visage est en sang.

Au même moment, la Renault 25 arrive, avec deux autres individus à bord. Ils comprennent. Ils percutent la barrière. Un gendarme crible le véhicule d'une rafale de mitraillette. Ce qui n'empêche pas la R25 de poursuivre sa route. Juste derrière, une Peugeot 505 de la brigade antigang suit le mouvement. Le gendarme pointe à nouveau son arme, persuadé qu'un autre malfaiteur vient de franchir la ligne interdite. Le commissaire lyonnais baisse le canon de l'arme. « *C'était moins une, sinon il me rafalait la voiture de service*[13] », reste persuadé Neyret.

La brigade fonce par l'autoroute, tandis que l'Office central, sollicité, met en place d'autres policiers devant le domicile parisien repéré au cours de la longue filature de la veille. Bientôt, la voiture des suspects arrive. Les policiers passent à l'action. Trop tôt, trop vite. « *Des peintres* », maugrée le commissaire Neyret. Deux passagers sont arrachés de force de la voiture, aplatis au sol. Mais le chauffeur a le temps de prendre la fuite. Des coups de feu claquent. Un enquêteur de la BRI croit voir le buste du conducteur s'affaisser sous l'impact d'une balle. Ce qui ne l'empêche pas de continuer son chemin. Ce fuyard sera arrêté deux ans plus tard, sur mandat d'arrêt international. Avec une grande cicatrice dans le dos, souvenir indélébile de l'affaire de La Flèche.

***

Pour les membres de la brigade antigang, le commissaire Neyret n'a rien d'un cow-boy écervelé. Au contraire, il passe pour un gros bosseur, un homme dur à la tâche. S'il lui arrive de sortir la nuit, c'est plutôt pour participer aux planques aux côtés de ses hommes, vérifier des dispositifs, mener des opérations au long cours. « *On a été chez lui trois ou quatre fois, sur un trajet ou au lendemain d'une grosse opération. Il était très réservé, on connaissait un peu sa femme, sa fille, il n'a jamais été du genre à se livrer. On ne le voyait pas faire la fête, ce n'était pas son genre*[14] », témoigne un ancien qui a passé quinze ans à la BRI.

Lorsqu'il lui arrive de veiller, c'est au bureau, arrimé à son ordinateur. Il faut dire qu'au fils des ans, il est devenu une véritable mémoire vivante du milieu. À partir d'un seul nom, d'une adresse, il est capable de retracer l'environnement d'un suspect, de comprendre la logique d'une équipe, d'anticiper des coups. Un travail de l'ombre, minutieux, laborieux. Flic à l'ancienne ? Peut-être, dans sa façon d'appréhender les sources humaines, de privilégier les bases de l'enquête policière. Mais Neyret n'est pas Maigret. Au-delà des méthodes classiques d'investigation et de déduction, le commissaire lyonnais prend très vite l'habitude de manier des méthodes novatrices. Il intègre les technologies modernes au fonctionnement de l'antigang, et pas seulement dans le domaine des voitures puissantes.

Une affaire à rebondissements l'illustre parfaitement. En 1994, dix ans après son arrivée aux manettes de la brigade, Neyret pilote la toute première utilisation d'une balise de géolocalisation. Fixée sous un véhicule, elle est capable de tracer ses déplacements en envoyant des signaux par satellite. L'expérimentation est complètement inédite dans l'histoire de la police lyonnaise.

À cette époque, Patrick Robert et son gang « des grandes oreilles » sont toujours dans le collimateur. Arrêté une première fois, lourdement condamné, le caïd semble avoir repris des activités louches. La BRI essaie de le placer sous surveillance, en attendant de voir. Pas simple. « *Il a tiré des enseignements de sa précédente arrestation, il est infilochable, on a beaucoup, beaucoup de difficultés*[15] », se souvient un enquêteur. Deux hommes gravitent autour de Robert : Manser S. et Roland R., tous deux connus de la PJ. Grâce à ses sources de renseignements, la brigade antigang parvient à localiser une planque de ce trio très mobile.

Un fonctionnaire de police vient spécialement de Paris pour fixer l'appareil sous une voiture du gang. À l'époque, la transmission du signal passe par le système Argos, utilisé chez les navigateurs en mer. Il localise un point dans un rayon assez précis mais n'assure pas forcément un suivi permanent. La balise est reliée *via* satellite à plusieurs centres de réception. En France, le centre est situé à Toulouse. Les premières semaines, la balise reste muette. Les policiers lyonnais commencent à douter de son efficacité quand un renseignement leur est transmis depuis les États-Unis : le véhicule surveillé a été pointé dans la région de Saumur, dans le Maine-et-Loire. En fait, la balise active le centre Argos de Washington.

Fort de cette information, Michel Neyret lance immédiatement la brigade aux trousses des suspects. Quatre enquêteurs filent à Saumur. Mission : trouver la trace du gang des Lyonnais. En arrivant dans la soirée, les policiers font une pause dans un restaurant fast-food. Le hasard se met de la partie : leurs trois suspects sont attablés dans la salle du restaurant, à quelques mètres de distance ! « *Sans cet incroyable coup du sort, on ne sait pas combien de temps on aurait mis à les trouver, on est tombé dessus tout de suite*[16]. »

Dès le lendemain, surveillances et filatures sont mises en place. Les suspects utilisent une Range Rover verte, qui tourne entre la place du Théâtre et la gare, non sans quelques détours inexplicables jusqu'au village de Chouzé-sur-Loire, situé à une vingtaine de kilomètres à l'est de Saumur. Le manège dure des heures, des jours. Épuisant. Au septième jour, les policiers lyonnais voient apparaître deux autres véhicules, une Renault 25 V6 et une Renault Express, signalés volés. Ils se garent à différents endroits, repartent, changent de mains. Le 23 février 1994, en fin d'après-midi, les événements se précipitent : le trio transfère des cartons et repart dans trois véhicules différents.

Au même moment, le commissariat local signale un vol à main armée, avec la séquestration du directeur d'une fabrique de bijoux dans la zone industrielle de Saint-Lambert-des-Levées, près de Saumur. Le scénario fait penser à celui de l'affaire de La Flèche. Selon les éléments communiqués à l'antigang, deux braqueurs ont attendu le départ des employés après la fermeture de l'établissement. Gantés, cagoulés, ils sont passés par une fenêtre pour tomber sur le directeur dont ils ont exigé, sous la menace d'une arme, l'ouverture des coffres. Ceux-ci étaient bien remplis, après une livraison en prévision de la fête des mères. Selon les témoins, les deux braqueurs communiquaient par talkie-walkie avec un complice resté à l'extérieur. Ils ont chargé dans une fourgonnette blanche un stock de bijoux d'un poids total d'une centaine de kilos. Valeur marchande estimée : 8 millions de francs.

Pour l'antigang de Lyon, tous ces éléments collent parfaitement avec le profil du trio surveillé depuis des jours à Saumur. La découverte de la R25, abandonnée près de la gare, confirme les soupçons : Robert et sa bande sont bien à l'origine du braquage. La PJ lyonnaise déploie aussitôt un dispositif d'interception.

Le fourgon blanc s'engage sur l'autoroute en direction de Bourges, suivi à courte distance par les policiers. À la hauteur de Vierzon, le véhicule prend l'autoroute du Sud. Peu avant minuit, les fuyards, qui ont déjà parcouru 400 kilomètres, passent le péage de Clermont-Ferrand. Mais la course se poursuit encore pendant une heure et demie, jusqu'à Montbrison, petite commune nichée au pied des monts du Forez, à cent vingt kilomètres au sud-est de la capitale auvergnate. À un feu rouge, dans un secteur désert, la brigade antigang tente l'interpellation. Mais le conducteur du fourgon se dégage de la nasse. Demi-tour, chocs, fuite sous les coups de feu. Un pneu arrière du fourgon éclate et le véhicule se renverse dans un fossé. Des bijoux se répandent des cartons éventrés. Manser S. réussit à s'enfuir à travers champs. Il ne sera pas retrouvé. Certains prétendent qu'il mènerait aujourd'hui une paisible et confortable existence dans le sud de l'Espagne, où il coulerait des jours heureux.

Quant à Patrick Robert, il est retrouvé au volant de sa Range Rover, au péage d'Andrézieux-Bouthéon, à une vingtaine de kilomètres au sud de Montbrison. La BMW 325 de la brigade l'intercepte sans difficulté. Une vingtaine de complices présumés sont interpellés dans la foulée. Le gang des « grandes oreilles » est démantelé.

La première page du dossier d'instruction, sous la cote D1, mentionne la « *réception d'un appel téléphonique anonyme* », selon lequel « *R. Roland se trouve actuelle-*

ment dans la région de Saumur (49) en vue de commettre avec plusieurs complices un gros coup »[17]. On constate donc que la présence de la balise de géolocalisation est soigneusement occultée dans le dossier. Elle n'est évoquée nulle part ailleurs dans la procédure. Pour deux raisons. D'abord, la protection des sources : un informateur avait certainement fourni des indications sur les voitures utilisées par les gangsters pour que les policiers puissent y fixer une balise. Et surtout : garder un coup d'avance. « *Il s'est passé plusieurs années avant que l'utilisation des balises soit connue*[18] », explique un ancien enquêteur. L'antigang préserve ses petits secrets de fabrication, tandis que les autorités se félicitent des résultats, sans se préoccuper outre mesure de la façon dont ils ont été obtenus.

La toute première utilisation hors procédure de cette balise est concluante et son expérimentation inaugure une forme très autonome d'enquête, promise à de nombreuses répliques. Mais ces pratiques, aussi efficaces que cachées, pour tolérées qu'elles soient à l'époque, auront un écho après la chute du commissaire Neyret. Par exemple quand les juges découvriront des documents mentionnant des achats clandestins de balises.

6

Pour le compte

Cannes, 2 août 2011, 10 h 47.

– *Putain, la Ferrari, c'est quel modèle ?*
– *La dernière. La 458 Italia, là.*
– *Oh là là, la rouge bien sûr.*
– *Non, elle est noire. Il a une rouge. J'ai pris la noire.*

Dans cette conversation enregistrée par l'IGS, le commissaire Michel Neyret parle à un policier de son service, tout en accélérant, pour bien faire entendre le moteur du bolide italien[1]. La Ferrari est-elle la revanche du commissaire sur ses modestes origines ? Une revanche à moitié assumée – en noir plutôt qu'en rouge.

Quelques années auparavant, lors d'un voyage en Italie, le commissaire a eu l'opportunité de visiter la fabrique mythique de Ferrari à Maranello, près de Modène. Il en garde un souvenir ému. Et puis, Neyret a le goût des belles et des bonnes choses. Il décrit un Condrieu d'exception ou recommande la meilleure assiette de pâtes aux langoustines de Corse avec la même gourmandise qu'il parle d'atouts féminins. Il savoure donc la Ferrari en authentique connaisseur. Sans doute, les regards admiratifs qu'attire la voiture le flattent.

La police des polices ne se pose pas la question, ce qu'elle retient, c'est sa façon de frimer au téléphone, son goût pour le luxe tapageur, son côté bling-bling. Voilà trois mois maintenant que le directeur adjoint de la PJ de Lyon est sur écoute téléphonique, et les enquêteurs veulent comprendre comment il a pu se retrouver au volant d'une Ferrari sur les routes cannoises. Et ce qu'il fabrique avec ce trentenaire en cavale à la réputation de play-boy fortuné.

Stéphane Alzraa, puisque c'est de lui qu'il s'agit, a été entendu dans l'enquête ouverte pour « abus de biens sociaux* ». Le dossier « Call marketing », du nom d'une société de téléphonie, porte sur un détournement présumé de plus de 2 millions d'euros. Alzraa n'apparaît pas dans la gérance officielle des structures en cause. Un écran de fumée dissimule son rôle réel dans les montages. Mais le danger se rapproche et Gilles Bénichou s'en inquiète. Alors, lorsqu'il apprend qu'une secrétaire de Call marketing doit à son tour être entendue dans le cadre de l'enquête de la PJ, le cousin contacte directement le commissaire pour obtenir des renseignements sur le dossier.

Neyret sollicite un compte rendu de l'affaire au chef de la division économique et financière de la PJ, lequel n'y voit rien d'anormal. Un supérieur hiérarchique est habilité à s'informer auprès des services. Grâce aux

---

* Voir chap. 4.

renseignements obtenus, le commissaire peut rassurer Gilles Bénichou : le dossier ne devrait pas rebondir. L'exercice est risqué pour le policier : soit il maîtrise son sujet, donnant un minimum d'informations pour entretenir sa relation avec un indic potentiel, soit il va trop loin, au risque de perdre tout contrôle. De son côté, Gilles Bénichou n'hésite pas à en rajouter lorsqu'il passe l'information à son cousin, affirmant que le commissaire surveille personnellement l'évolution de la procédure[2].

La veille de son audition par la police judiciaire, l'ancienne secrétaire de la société Call marketing reçoit un étrange appel téléphonique. Daniel, le demi-frère de Stéphane Alzraa, souhaite la rencontrer. Il lui donne rendez-vous près de ses anciens bureaux. Après un café, il la conduit dans les locaux de Gilles Bénichou, situés dans le même quartier. Là, le ton change. Bénichou lui indique qu'il est au courant de son audition du lendemain et lui conseille de limiter ses confidences à la police. Il souligne qu'il connaît personnellement le directeur de la PJ, lequel le tient au courant de tout. Tout ce qu'elle dira, il le saura. Pour bien accréditer sa proximité avec le commissaire, il lui montre la fameuse photo, prise sur le tournage du film d'Olivier Marchal, où le « flic » Bénichou passe les menottes au commissaire. Et pour enfoncer le clou, il appelle son « ami » Neyret au téléphone, devant elle[3].

La jeune femme est impressionnée. Gilles lui demande de ne surtout pas dévoiler pour qui elle travaillait sous la couverture de la société Call marketing – à savoir Stéphane Alzraa. L'enjeu est de taille, car la secrétaire a également travaillé dans la gestion d'autres sociétés d'Alzraa, impliquées elles dans la fraude à la taxe carbone. L'intimidation marche, l'audition sera insignifiante.

Gilles Bénichou avait déjà demandé des interventions pour que soient oubliés les écarts de conduite de son petit cousin. Il avait aussi obtenu des fiches de recherche concernant des personnes de son entourage. On risque maintenant de le suspecter d'avoir fait pression sur un témoin.

De nouveau, comme il l'avait fait pour Dacheville au début de l'année, il se démène pour son cousin Stéphane, ne réclamant rien en retour – du moins pas ouvertement. Décidément, Gilles a le sens de la famille. Un jour, il lâche en passant à son petit cousin : « *Je veux que tu deviennes multimilliardaire et même s'il n'y a rien pour moi, c'est pas grave, je t'aiderai toute ma vie, parce qu'on a le même sang*[4]. » Toutefois auprès d'autres interlocuteurs, il se révèle moins désintéressé. Dans cette conversation avec Michel Zaragoza, par exemple, au cours de laquelle il énonce que la « santé du petit », c'est bon pour les affaires.

Il affirme que Neyret a mis en place un véritable système d'alerte grâce à une consultation fréquente des fichiers[5]. Selon lui, le commissaire est capable de détecter en temps réel les procédures dans lesquelles Alzraa apparaîtrait. Le commissaire serait devenu une vigie placée aux avant-postes, un protecteur dont il faudrait cependant entretenir la fidélité*. Un jour, il affirme à son

* À propos d'un prétendu système d'informations en temps réel qu'évoque Gilles Bénichou au téléphone, Michel Neyret répondra au juge d'instruction : « Ce sont des propos fantasmagoriques qui ne

cousin Stéphane avoir laissé entendre au commissaire que ses bons et loyaux services méritaient récompense. Avec sa manière de reconstituer les dialogues, il raconte : « *Je lui ai dit "Michel, tu veux gagner 5 briques ben moi aussi, pour qu'on gagne 5 briques, minimum à deux, il faut pas qu'il aille en prison, voilà je peux pas dire mieux Michel, je ne peux pas être plus franc et affirmatif avec toi, alors maintenant qu'est-ce qu'on fait, on le laisse aller en prison et on va attendre six mois pour les gagner, ou on s'active*[6] *?"* »

Jusqu'à preuve du contraire, Michel Neyret ignore l'étendue des propos que Gilles Bénichou tient au téléphone dans son dos[7].

Dans l'immédiat, Stéphane Alzraa reste empêtré dans des ennuis judiciaires qui le privent de ses déplacements lointains. Ce qui l'embête beaucoup car il aimerait pouvoir gérer son patrimoine et rendre visite à des associés, notamment en Israël. Alzraa fait donc appel à un avocat pour solliciter la mainlevée de son contrôle judiciaire, afin d'obtenir la restitution de son passeport. Motif invoqué : la possibilité de reprendre son travail à l'étranger. Le travail en question reste bien nébuleux et le juge, qui craint qu'il n'en profite pour prendre la fuite, refuse. La cour d'appel confirme le retrait du passeport, attendu que le prévenu a été « *défaillant tout au long de l'enquête* ».

Le cousin Gilles se propose de venir à la rescousse, sollicitant une fois de plus l'intervention du commissaire Neyret pour arranger le coup. La porosité entre l'univers du policier et celui de ces personnages en déli-

---

reposent sur aucune réalité concrète. Il n'existe aucun système informatique capable de nous alerter quand un nom est passé au fichier. »

catesse avec la justice prend décidément vilaine tournure aux yeux de la PJ : cette fois, Gilles Bénichou semble inciter Michel Neyret à interférer dans le cours de la justice en vue de faire pencher la balance.

Durant toute sa carrière, il est arrivé au commissaire de solliciter les magistrats : pour défendre un dossier, plaider la cause d'un indicateur, décider du déclenchement d'une opération, obtenir des autorisations plus larges. Le parquet a montré un soutien indéfectible et les juges ont bien souvent répondu favorablement à ses demandes, avec une confiance aveugle : si le patron de l'antigang demandait une faveur, c'était dans l'intérêt de son service – et donc, dans l'intérêt de la justice. Les affaires qu'il menait à bien étaient là d'ailleurs pour le prouver.

Aussi, fort de ce passé, en ce printemps 2011, Michel Neyret pousse la porte du juge d'instruction au tribunal de grande instance de Lyon pour suggérer à Marc-Emmanuel Gounot de se montrer bienveillant à l'égard de Stéphane Alzraa, présenté comme « un informateur important ». Pourtant l'intervention ne donne aucun résultat : le juge vient tout juste de clôturer son dossier portant sur les abus de biens sociaux présumés des sociétés de Stéphane Alzraa[8].

Dès lors, le calendrier judiciaire se précipite. Au moment où l'instruction sur ces abus de biens sociaux vient d'être bouclée, le procès attenant pour fraude fiscale a enfin lieu, le 27 mai 2011*. Stéphane Alzraa ne se présente pas à l'audience de la 5e chambre financière

* Le dossier dit « Call marketing » a été scindé en deux. D'un côté, le délit de fraude fiscale, jugé en juin 2011. De l'autre, celui d'abus

du tribunal correctionnel de Lyon. Il prétend que ses avocats sont sûrs d'obtenir un renvoi. Le 10 juin, jour du délibéré, il n'est toujours pas là. La sanction tombe : un an de prison ferme, prononcé par défaut, avec un mandat d'arrêt. Deux avocats sont dans la salle pour noter le jugement[9]. Son cousin Gilles est présent lui aussi, portable vissé sur l'oreille. Cette fois, le *golden boy* est bel et bien coincé. Le voilà recherché, avec l'impossibilité de prendre le large faute de passeport.

Il reste cependant une solution à Alzraa pour échapper à la prison : retarder l'exécution de son mandat d'arrêt. Le jour même du jugement, le commissaire Neyret se renseigne auprès de Francis Montoy, vice-procureur au service de l'exécution des peines du parquet de Lyon. Les deux hommes se connaissent depuis de nombreuses années. Le magistrat lui décrit la situation et le rassure en lui expliquant les lenteurs de la justice. Il l'oriente vers le service des délégations judiciaires, un service de police qui dépend de la sûreté départementale, chargé de la diffusion et de l'activation des mandats de justice. Le commissaire obtient le numéro de portable de l'officier chargé des délégations et lui demande qu'on oublie un peu le dénommé Stéphane Alzraa. Surpris par une demande aussi directe, l'officier, en vacances à son domicile, élude un peu. Il laisse entendre à demi-mot qu'il met le dossier de côté, sans trop s'avancer. Selon lui, les circuits administratifs font que le mandat ne devrait pas s'appliquer trop rapidement[10].

---

de biens sociaux, qui sera jugé en 2014 (voir épilogue). Le procédé n'est pas rare dans les affaires financières.

Comment refuser à l'emblématique Neyret un petit service ? L'officier promet de laisser la consigne à un collègue et en informe le patron de la Sûreté. En réalité, la procédure suit son cours. Le mandat d'arrêt a été décerné à l'issue du procès, le 10 juin. Le 30 juin, Stéphane Alzraa est inscrit au fichier des personnes recherchées. Par une anomalie administrative, sa dernière adresse connue est située en Israël dans les fichiers de la police, alors qu'une adresse en France avait été fournie au juge. Les informations ne passent pas automatiquement entre justice et police, ce qui explique que la police lyonnaise ne se démène pas pour retrouver un fugitif potentiellement parti en Israël. Mais il risque une arrestation au moindre contrôle routier, au premier passage de frontière.

De son côté, le commissaire demande à ses services de suspendre cette inscription au fichier des personnes recherchées (FPR). Persuadé qu'il s'agit d'accorder une petite faveur à un informateur qui souhaite aller voir sa famille pour les vacances, un chef de division de la PJ applique la consigne de son directeur adjoint[11]. Ce type de démarche passe par la cour d'appel. Le policier appelle un magistrat du service de l'exécution des peines du parquet général. Réponse favorable : le magistrat annonce qu'il contacte le fichier pour suspendre momentanément la recherche. Le chef de division colle un Post-it sur son bureau pour bien penser à vérifier à la rentrée que le nom d'Alzraa est bien de nouveau inscrit au FPR, comme convenu.

Le processus s'est effectué tandis que Neyret prenait quelques jours de congé en Corse. Le tour est joué : pendant quelques semaines, Stéphane Alzraa a les mains libres. Il en profite pour partir en Israël. Son passeport lui a été retiré ? Qu'importe, il en utilise un second, avec une identité modifiée.

Néanmoins son répit est de courte durée. À la fin de l'été, le patron de la Sûreté appelle la PJ et demande pourquoi cet Alzraa, qui faisait pourtant l'objet d'un mandat d'arrêt, n'est plus inscrit au FPR. Neyret est prévenu par téléphone par ses services. Depuis la Corse, il temporise. Il contacte le commissaire Jean-Marc Rebouillat, directeur de la Sûreté, pour lui dire qu'Alzraa est un indicateur et qu'il est inutile de le rechercher puisqu'il est en Israël. En confiance, Rebouillat ne cherche pas trop à creuser. Dès son retour, Michel Neyret rappelle le patron de la Sûreté pour enfoncer le clou. La conversation est enregistrée par l'IGS : « *C'est du fiscal et ça va s'arranger à l'appel, ne le mettez pas à exécution votre bordel là !* » Réponse très évasive de son collègue : « *OK, ouais, ouais, ouais*[12]. » En réalité, le mandat d'arrêt court toujours, sans être intensément activé. De leur côté, les avocats d'Alzraa ont fait appel de sa condamnation en correctionnelle. Son sort dépend désormais de la cour d'appel.

Michel Neyret connaît par cœur les arcanes de la justice. Cette fois, il prend rendez-vous au parquet général. Le 11 août 2011 précisément, le commissaire entre dans le bureau de l'avocat général Michel Girard, dans l'ancien palais de justice de Lyon, siège de la cour d'appel. Un magistrat à l'excellente réputation professionnelle. Véritable bras droit du procureur général Jean-Olivier Viout, Michel Girard est un orateur de talent, doté d'une grande agilité juridique. Discret, avenant, il est la fois redouté et respecté des avocats. On le dit promis à une belle carrière.

Le magistrat lyonnais n'est pas étonné par la visite du commissaire. Elle s'inscrit dans le cadre des rapports de confiance qu'entretiennent les hauts fonctionnaires d'État du monde judiciaire. De plus, l'avocat général connaît le glorieux passé du commissaire, il l'a vu déposer à la barre des cours d'assises. Comme tous ses collègues du parquet, il a toujours apprécié ses prestations.

Là encore, le commissaire évoque « un très bon indicateur » pour défendre la cause d'Alzraa, sans pour autant entrer dans les détails. Le magistrat, chargé des affaires financières, lui signale que le procès en appel est fixé au mois de novembre. Il précise que la cour pourra statuer sur le mandat d'arrêt en même temps qu'elle examinera le dossier. Elle pourra logiquement tenir compte des remboursements qu'aura effectués le prévenu pour apurer sa dette fiscale. En somme, Michel Girard ne fait qu'expliquer au commissaire la situation du prévenu, sans s'engager. Dans le bureau de l'antique palais de justice, l'échange se déroule en toute civilité, et l'avocat général n'y voit rien d'inhabituel. La petite phrase que lâche le commissaire en saluant le magistrat est en revanche beaucoup plus surprenante : « *Il va sans dire que nous ne nous sommes ni contactés ni rencontrés*[13]. »

La formule jure. Recommander le silence à un haut magistrat est contraire à tous les codes. Le commissaire a commis une erreur et éveillé la méfiance : cette prudence énigmatique suppose implicitement une face cachée dont il faudrait se prémunir. Et le magistrat, qui se méfie en effet, se garde bien d'intervenir en faveur d'Alzraa[14].

En sortant du bureau de l'avocat général, Michel Neyret appelle Gilles Bénichou pour lui relater son entretien. Plutôt content de lui, il estime que la cour peut se montrer clémente et que le mandat d'arrêt a de bonnes chances de ne pas s'appliquer le jour du procès, dont il est d'ailleurs en mesure d'annoncer la date. Le commissaire promet qu'il repassera voir le magistrat, « *pour lui remettre un peu le couvert* ». Bénichou est euphorique : « *Ah, suis heureux là, suis heureux, tu m'as annoncé la plus belle nouvelle de mes vacances.* »

Le commissaire souligne :

– *Donc là déjà avec lui, on a un allié que je qualifierais de largement objectif, voilà.*

– *Eh bé, super, super, super*[15].

Un directeur adjoint de la PJ qui rend compte de ses démarches à un multirécidiviste de l'escroquerie ; une conversation confidentielle tenue avec un haut magistrat relatée à un repris de justice… Aux oreilles de l'IGS, comme aux yeux du juge d'instruction parisien, le commissaire entre dans une zone rouge*.

Un quart d'heure plus tard, c'est à sa femme Nicole qu'il relate son intervention. Neyret est fier de pouvoir

* Interrogé sur les consultations de fichiers et de renseignements transmis, Michel Neyret explique qu'en agissant de la sorte, il étudiait l'environnement de ses contacts et maintenait ses relations avec ses informateurs, sans livrer d'informations compromettantes. Il concèdera que les interrogations de fichiers pouvaient donner l'impression de dépasser le simple cadre de la relation entre commissaire et informateur.

dire que l'avocat général fait maintenant partie de ses relations.

Nicole lui demande si le petit cousin a été présenté comme un indicateur.

– *Tu dis que c'est un machin à toi ?*

– *Ah oui, une source du milieu juif. Voilà.*

– *On va l'appeler la petite source maintenant*[16].

Toute l'affaire Neyret est résumée dans cette confusion-là : source policière, source de profit ? Que représente exactement Stéphane Alzraa pour le commissaire ? Autant d'efforts pour sortir ce jeune homme qu'il ne connaît que depuis quelques mois du guêpier dans lequel il s'est fourré... Autant de questions que se pose l'inspection des services qui a du mal à suivre ce commissaire.

Quelques jours après sa visite chez le magistrat de la cour d'appel, Neyret part sur la Côte d'Azur, invité par ce play-boy recherché. Cinq mois après l'avoir rencontré pour la première fois par l'entremise de Gilles à l'anniversaire de sa mère, Michel Neyret fait étape dans la luxueuse villa occupée par Alzraa, située dans l'arrière-pays cannois, à La Roquette-sur-Siagne.

La « Villa Geisha » est une maison cubique de 480 mètres carrés, à l'architecture contemporaine. Ses grandes baies vitrées ouvrent sur un jardin de 6 700 mètres carrés et une vaste piscine. Son vrai propriétaire se nomme Ruslam Umshvaif. Âgé de 31 ans, il est originaire du Kazakhstan. L'oligarque dit avoir fait fortune dans l'immobilier à Moscou et à Almaty. Sa société, nommée Trust Real Estate, immatriculée au Luxembourg, a acquis la villa en 2007, pour 3,3 millions d'euros, avec des fonds issus de lointaines opérations immobilières. « *C'est une maison très chère, un très bon investissement* », dira le Kazakh au juge d'instruction. Entendu dans le cabinet du magistrat, l'homme d'affaires expliquera qu'il n'a rien à voir avec l'affaire Neyret : il n'a fait que mettre en location sa villa, par l'intermédiaire d'agences immobilières haut de gamme. Une batterie d'avocats fournira pièces et mémorandum pour prouver sa bonne foi[17].

La villa du Kazakh est louée par Stéphane Alzraa pour un loyer annuel de 190 000 euros, dont 30 000 euros de frais d'agence. Son nom est furtivement inscrit au crayon à papier sur le dossier de location de l'agence immobilière, comme s'il ne devait pas apparaître. Il est présenté comme un « représentant des locataires ». Le locataire officiellement déclaré se nomme Vayan Wardana, ressortissant indonésien, employé d'une société, la Loewe INT Investment Found. L'année précédente, le locataire déclaré se nommait Louis Adavis, au nom de la société Kingdom Treasure, pour un loyer annuel de 170 000 euros. En réalité, c'est bien Stéphane Alzraa, dissimulé derrière ces noms fictifs, qui règle la note du loyer, à travers des sociétés qu'il manipule[18].

Nicole n'est pas franchement emballée. Elle a compris que Stéphane magouillait quelque chose avec les taxes. Elle s'en ouvre ouvertement à sa sœur au téléphone. En même temps, la situation l'arrange. Elle est rassurée de voir son mari s'amuser comme un gamin avec de belles voitures : au moins, il ne va pas boire des coups, ne court pas les filles[19].

Mais elle pressent quelque chose. Lors de coups de colère et de désespoir, elle envoie des messages rageurs à son mari pour l'inciter à se méfier de la famille Bénichou. Un SMS terriblement prémonitoire : « *Prends ta retraite tu verras qui te léchera les bottes. Le fric ne fait pas le bonheur, la preuve notre famille est partie en couille depuis que tu as rencontré ces beni00. Moi je suis fière de pouvoir offrir des cadeaux aux gens que j'aime à la sueur de mon front comme tu l'as remarqué cet après-midi et pas en faisan*[*20]. »

Nicole voit juste : dans l'ombre, les deux cousins ont soigneusement préparé la visite du commissaire sur la Côte. Pour lui en mettre plein la vue, ils le reçoivent au *3.14*, hôtel quatre étoiles à Cannes. Aux petits soins, ils règlent l'addition, les masseuses, la note de restaurant quand la joyeuse petite bande part dîner à Monaco. Entre eux, ils se moquent pourtant sans vergogne du commissaire, qui est descendu sur la Côte avec sa Peugeot 308 : « *Chacun à son niveau*[21]. »

Pendant ce temps, sur les hauteurs de Cannes, en short et tee-shirt rouges, lunettes fumées grand format, Michel Neyret teste les voitures du parc d'Alzraa. Il garde une nette préférence pour les Ferrari, la noire notamment, comme le laisse entendre la conversation du 2 août 2011 : « *C'est une tuerie sa voiture, hein, c'est une tuerie.* »

Malgré le mandat d'arrêt qui le vise, Alzraa parade librement sur la Côte. Sa fortune suscite l'admiration de son entourage. Il dispose d'un parc automobile

* Faisan : escroc dans l'argot.

pour le moins clinquant : Ferrari, Mercedes McLaren, Rolls-Royce, moto Harley Davidson. Officiellement, les véhicules sont la propriété de sociétés basées dans des paradis fiscaux, comme sa Range Rover immatriculée au Luxembourg et louée à une succursale du Grand-Duché, selon un « contrat à long terme » entériné par un dépôt de 72 000 euros. Une société nommée Calico effectue la transaction. Même schéma pour l'achat d'une Lamborghini LP 640 à 223 500 euros, en juillet 2007. Une autre Lamborghini Murcielago est acquise par deux virements pour un total de 179 700 euros, au nom d'une société, ASD Group, basée au Luxembourg. Un garage de luxe de Monaco est aux petits soins avec Alzraa : en décembre 2010, il était invité en tant qu'hôte de marque pour une visite de l'usine de Sant'Agata, près de Bologne en Italie. Stéphane Alzraa a profité pour réserver une troisième Lamborghini, modèle Aventador LP 700. Il a débloqué un avis de crédit de 200 000 euros, en utilisant à nouveau un compte appartenant à la société Calico, basée à Hong Kong. Or, Calico apparaît dans la nébuleuse des sociétés impliquées dans la fraude à la taxe carbone[22].

***

Cette escroquerie s'était déroulée en quelques mois, comme un tour de passe-passe. En 2008, afin de limiter la production de gaz à effet de serre, l'Europe a mis en place le principe des quotas de gaz carbone : désormais, lorsqu'elles dépassent leur plafond d'émissions autorisé, les industries doivent acheter le droit d'émettre davantage de CO_2. À l'inverse, les sociétés plus « propres » sont autorisées à revendre leurs excédents. Un marché a été spécialement créé pour ces transactions. À Paris, où la Bourse Bluenext régule offres et demandes, le CO_2 se négocie alors autour de 28 euros la tonne, TVA comprise.

C'est là que se trouve la faille. Car en profitant des différences de taxes entre pays, des escrocs ont vite l'idée de détourner le marché à l'aide de kyrielles de société fictives. Il suffisait d'une secrétaire pour remplir les dossiers, d'un téléphone pour passer les commandes. Le CO_2 était acheté hors taxe à l'étranger, puis revendu en France avec la TVA – qu'on oubliait de reverser. Le bénéfice de l'opération a été immédiatement réinjecté dans des circuits financiers lointains, à Singapour, à Hong Kong, en Indonésie.

Le temps de stopper l'hémorragie, le mal était fait : en un an, l'État français aurait été dépouillé de 1,6 à 1,8 milliard d'euros[23]. La note atteindrait 5 milliards d'euros à l'échelle européenne. À Lyon, des précurseurs avaient déjà éprouvé cette technique du carrousel à la TVA. Une affaire de détournement de cette taxe, sur des transactions fictives de matériel informatique, avait en effet défrayé la chronique au début des années 2000. Pas étonnant donc de voir un Lyonnais bien placé dans ce *remake* monumental.

Début 2011, le rôle supposé d'Alzraa dans la fraude au CO_2 est peu connu. Il n'est cité que dans une seule procédure en cours, à Paris. Et encore, de manière furtive : à propos d'un luxueux bateau, saisi sur la Côte d'Azur, baptisé *Twenty Six*, propriété d'une société nommée Sea Dream Charters et détenue par Alzraa[24]. À Lyon, les juges ont enquêté sur ses sociétés d'alarme et de téléphonie, sans se douter que l'arbre dissimulait une forêt beaucoup plus vaste. Seuls quelques initiés connaissent l'origine douteuse de son imposante fortune. Son niveau de vie, s'il provoque des convoitises, n'a pas encore vraiment éveillé la curiosité de la justice.

Ce 1er juin 2011, le commissaire Neyret participe à une réunion d'action publique au parquet. Un rendez-vous mensuel, où se retrouvent les principaux services de police et de gendarmerie, autour du procureur et d'un ou deux de ses adjoints. Police judiciaire, Sûreté, groupement de gendarmerie, police aux frontières, douanes, CRS : chacun est censé exposer ses activités en cours. Les magistrats coordonnent, et en profitent pour rappeler les dernières réformes de procédure. Le service des douanes judiciaires (SDJ) fait une brève communication sur une affaire de fraude aux taxes, en précisant que des connexions peuvent exister avec des dossiers consacrés à la fraude au CO_2.

Le thème éveille l'attention du directeur adjoint de la PJ. Une fois n'est pas coutume, Neyret demande à l'inspecteur des douanes s'il peut bénéficier de sa documentation en matière de lutte contre la fraude à la taxe carbone. Après accord de sa hiérarchie, le douanier lui fournit un copieux rapport sur la fraude au CO_2. Une vingtaine de pages, qui résument une affaire démantelée dans la région parisienne, tout en expliquant les mécanismes de cette vaste arnaque. La demande du haut responsable de la PJ n'est pas courante. L'inspecteur la mentionne d'ailleurs dans le compte rendu interne de la réunion.

Pourquoi Neyret souhaite-t-il avoir des informations sur la taxe carbone* ? Neyret peut invoquer l'infiltration d'un réseau d'arnaqueurs, avec l'aide d'un poisson pilote. Il peut aussi prétendre poursuivre l'historique traque de la PJ contre la famille Lévy, en tirant prétexte de la filiation d'Hélène, la fiancée d'Alzraa.

Alzraa utilisé comme informateur ? À ce stade, rien ne l'indique pourtant. Des conversations avec son cousin laissent penser, au contraire, qu'il croit comprendre que Neyret le fait passer pour un indic afin de justifier ses interventions. Il sait aussi que sa belle-famille l'intéresse, mais rien ne montre qu'il entend lui balancer des informations en retour.

Les deux cousins donnent plutôt l'impression d'un duo bien soudé qui cherche à utiliser le commissaire à sa guise. Quand Gilles évoque cette « amitié » avec Neyret, il en fait un motif de fierté, où l'affection n'a guère sa place. Il mentionne auprès de son cousin les quelques informations qu'il fournit au policier, leurres destinés à entretenir l'illusion.

Le commissaire, l'ami, son cousin : un billard à trois bandes à l'épicentre insaisissable, au cœur de l'affaire Neyret.

---

* « Les infractions à la taxe carbone, pour moi, c'était une découverte », dira Michel Neyret au juge d'instruction, précisant qu'à la suite de cette réunion de services, il n'avait transmis aucune information à Gilles Bénichou. Interrogatoire, 28 juin 2012, DI.

***

En confident, Gilles Bénichou console fréquemment Nicole, lassée des sorties nocturnes de son mari, inquiète des tentations de toutes sortes. Nicole, dramatique, extravagante, ne fait pas dans la demi-mesure. Paroles de femme meurtrie, trop exagérées pour être vraies ? Des collègues de Neyret ironisent sur le contraste entre le commissaire régnant en maître à l'hôtel de police et l'homme que son épouse malmène en public. Dans une conversation avec Bénichou, elle dresse un portrait univoque de son mari, tout en accusant de nouveau le prétendu ami de lui tourner la tête : « *C'est pas du tout le mec que j'ai rencontré. Moi j'ai rencontré un mec comme ça, comme ça. Moi j'étais avec un voyou, j'en avais marre des voyous. Je voulais un mec sain et maintenant il est plus voyou que les autres. Mais arrêtez. Mais arrêtez. Il est obnubilé par le fric, y'a que le fric, le fric, le fric. Mais merde à la fin. Quand on avait pas de fric on était heureux. Maintenant qu'il a un peu de fric on est comme des malheureux. Moi j'ai jamais été aussi malheureuse de ma vie*[25]. »

Gilles Bénichou écoute, rassure. Il promet de s'occuper de son mari. Selon lui, il faut le canaliser. Il réfléchit à voix haute : « *Je vais faire autre chose…* » Nicole reproche aux deux frères Bénichou d'être en train de « pourrir » son mari. Elle se souvient avoir trouvé 1 500 euros en espèces dans ses poches, un jour de crise conjugale où elle avait tout balancé par la fenêtre. Selon elle, l'argent provenait d'Albert. Nicole est perdue :

« *J'ai épousé un flic, j'ai pas épousé un voyou… J'aime les vrais voyous et j'aime les vrais flics.* » Gilles semble compréhensif. Il dit, d'une façon énigmatique : « *Alors, je sais ce que je vais faire. Je t'en parlerai de vive voix. Voilà et rassure-toi, tu vas être très contente, très bien et ne te fais pas de soucis*[26]. »

Ce 24 juin 2011, pour la toute première fois, le cousin évoque au téléphone une idée qui va germer en quelques mois : l'ouverture d'un compte en Suisse. Au départ, il explique à Nicole qu'il s'agit de la mettre à l'abri des dépenses inconsidérées de son mari. Pourquoi ne pas lui ouvrir un petit compte d'épargne qui lui permettra d'attendre tranquillement la retraite[27] ? En juillet, le projet se fait plus précis. Gilles demande à Nicole son passeport pour préparer les papiers.

Les cousins se sont concertés. C'est Stéphane qui s'occupe de tout. Il appelle Fabrice F., 37 ans, conseiller financier à Genève. Les deux hommes se connaissent depuis trois ans. Alzraa s'était présenté au banquier comme le gérant d'une société d'installation de systèmes d'alarmes ayant revendu son affaire pour investir dans un *call center* délocalisé en Tunisie. Il dispose de trois comptes gérés par Fabrice F., dont certains transférés à Nassau. Le conseiller se souvient qu'il recevait chaque mois 50 000 euros qui « *ressemblaient à un salaire*[28] », et qu'il disait s'être expatrié en Israël pour des raisons fiscales. Aussi, quand le Lyonnais le rappelle pour faire à nouveau appel à ses services, le banquier est tout ouïe.

L'analyste financier a travaillé pour plusieurs banques suisses avant d'intégrer une société de gestion indépendante. Cette fiduciaire, nommée Investissents46, est basée dans le centre ancien de Genève. Le genre de société qui optimise des patrimoines dans la plus parfaite discrétion. Cette fois, Stéphane Alzraa lui parle d'une nouvelle activité dans le *trading* de charbon. Il souhaite ouvrir de nouveaux comptes pour déposer des commissions « *au bénéfice d'apporteurs d'affaires* ». Mais dès que le Genevois cherche à en savoir plus sur l'origine de ses fonds, son jeune client élude soigneusement. D'où des dialogues surréalistes :

– *Ok, oui, mais l'argent vient d'où ?*

– *Euh d'Indonésie, je t'explique il y a quasiment toute mon équipe.*

– *D'accord, OK.*

– *T'as compris. Ils vont gagner de l'argent sur des entreprises et des machins donc au lieu qu'ils le placent ailleurs, je préfère te faire travailler à toi* [sic].

Le banquier est un peu dubitatif. Alzraa ne se démonte pas : « *L'Indonésie, oui ça vient d'Indonésie, c'est de l'évasion fiscale quoi, elle passe en Indonésie pour être un peu rincée si tu préfères, et après elle repasse dans tes tuyaux à toi pour être épargnée*[29]. »

Évasion fiscale ou pas, le banquier suisse entend que des montants faramineux pourraient arriver sur ces comptes. Il note une estimation dans son dossier : 15 millions. Dans le schéma qui se dessine, les comptes ne doivent pas être domiciliés à Genève mais à Dubaï – par discrétion – et correspondre à des sociétés *offshore*, immatriculées au Panama.

En fait, Alzraa veut ouvrir six comptes pour lui et des proches : son demi-frère Daniel, son cousin Gilles et trois autres personnes de son entourage, dont Nicole

Neyret. Le financier suisse ignore totalement qu'elle est l'épouse d'un commissaire. Sur sa fiche de renseignements, il note que Nicole Neyret est « *héritière d'une belle maison transformée en hôtel* » qui accueille « *une clientèle fortunée et haut de gamme, recherchant l'anonymat et le calme* »[30]. Le dossier du conseiller mentionne encore que cette riche clientèle peut fournir de potentiels investisseurs dans le charbon. Voilà qui permet de justifier aux yeux du banquier les commissions que devrait percevoir Nicole Neyret. Sur la fiche, il est question de simples « *revenus annexes* », d'« *épargne pour sa retraite* ». Des revenus annexes qui pourraient tout de même représenter une manne s'élevant à un million de dollars par an, selon l'estimation d'Alzraa.

Les indications du document interne à la société fiduciaire genevoise sont à prendre avec grande précaution. Sur la fiche de Gilles Bénichou, on peut lire : « *son travail d'acteur lui suffit pour vivre confortablement.* » Au premier rang des références de cet « *acteur de théâtre et de cinéma* », la fiche mentionne sa participation au film d'Olivier Marchal : il a « *notamment joué dans le film* Les Lyonnais ». Quand on sait que sa modeste prestation de figurant lui a rapporté un peu moins de 600 euros, la présentation prête à sourire. Là encore, le banquier parle de « *revenus annexes* » pour un acteur professionnel qui serait en relation avec des personnalités susceptibles d'investir dans le charbon.

Fabrice F. sollicite la société Conseil Legal International INC, spécialisée dans la constitution de sociétés *offshore*. Basée dans les îles Vierges britanniques, avec bureau à Genève, cette fiduciaire envoie au banquier, le 29 août 2011, tous les documents à remplir pour la constitution de six sociétés au Panama.

Grâce aux écoutes téléphoniques, l'IGS suit en temps réel la mise en place de ces montages occultes. Le 12 septembre, Gilles Bénichou passe prendre Nicole chez elle, à Vienne. Ils ont prévu un déplacement à Genève afin de rencontrer le banquier qui a déjà reçu par mail copie des passeports et documents prêts à l'emploi. Il suffit d'aller signer. La formalité s'accomplit dans la journée. Et voilà comment la femme du commissaire se retrouve titulaire d'une société fiduciaire basée au Panama, sans que son nom ni celui de son mari n'apparaisse. Baptisée NMN Investors SA, cette société dispose d'un compte ouvert depuis Genève à la banque Espírito Santo Bankers de Dubaï, pour de prétendues commissions dans le *trading* de charbon[31].

« NMN », les initiales sont transparentes : Nicole et Michel Neyret. À moins qu'il ne s'agisse des initiales de Nicole Marcellin Neyret, avec son nom de jeune fille, selon une hypothèse qui sera avancée par le juge d'instruction. Le magistrat verra dans ces initiales une manière de dissimuler la présence du commissaire dans le montage[*].

Les documents bancaires précisent que les commissions d'apporteurs d'affaires doivent provenir de la banque HSBC de Hong Kong. Elles seront alimentées par la société Egil, basée à Singapour, et la holding Loewe International de Hong Kong. Or Loewe, qui paye déjà le loyer de la « Villa Geisha » et la location des voi-

* Michel Neyret contestera toute corruption. Voir p. 178 à 181.

tures, apparaît au cœur du système de fraude présumée à la taxe carbone. Alzraa utilise donc la même société dans les deux affaires, ce qui relie l'affaire Neyret à celle de la fraude au CO_2. Pour le juge, toute la question sera de savoir si les protagonistes ont eu connaissance de ce montage financier, et si oui, jusqu'à quel point.

Pourquoi aller ouvrir un compte en Suisse sous l'impulsion de Stéphane Alzraa et de plus par l'intermédiaire de son cousin Gilles Bénichou ? Sur le plan pénal, les juges risquent de se demander si ce compte n'était pas le réceptacle ultime de la corruption présumée du policier.

Sept mois après les premières paroles intrigantes recueillies dans le cadre des écoutes de l'affaire de Neuilly, les éléments se sont accumulés : des interventions, des voyages d'agrément, des cadeaux, des informations de police divulguées, des démarches auprès de magistrats… Il ne manquait plus qu'un compte ouvert à Genève pour compléter le tableau. Cette fois, les enquêteurs décident de passer à l'action.

Le 19 septembre 2011, les juges de la JIRS de Paris se rendent très discrètement à Lyon. À 20 heures, ils sont reçus par le procureur de la République, Marc Désert. Ils sont là pour prévenir leur collègue d'un avis de tempête : l'arrestation programmée du commissaire Michel Neyret.

7

Indicateurs fantômes

Antigang, 27 mars 1984.

Ce jour-là, un commando attaque une agence bancaire de la rue Victor-Hugo, une voie piétonne entre la gare Perrache et la place Bellecour. Parmi les clients présents, Guy Delfosse, un général de gendarmerie en uniforme. Alors qu'il tente de s'interposer, le patron de la zone sud-est de la gendarmerie prend une balle dans le genou. Il s'accroche à son agresseur, qui l'achève sans état d'âme. Sur le coup, la PJ met ce meurtre sur le compte de braqueurs fébriles.

Deux ans plus tard, après le démantèlement du groupe Action directe à Paris, une enquête à Lyon aboutit à l'arrestation du dirigeant présumé du groupe, André Olivier. La découverte d'une planque très riche en documents à Saint-Étienne permet aux policiers de couper une à une toutes les ramifications de l'organisation d'extrême gauche, constituée à l'origine d'un groupuscule nommé « Affiche rouge ». Dans les investigations menées par la brigade de répression du banditisme (BRB), plus d'une trentaine d'opérations sont attribuées à cette branche lyonnaise d'Action directe, dont trois attaques mortelles. Parmi elles, l'assassinat du général de gendarmerie Guy Delfosse. Un pan entier de la criminalité lyonnaise sort de l'ombre.

Les arrestations de militants se succèdent durant plus d'un an. Un florilège de personnalités variées, plus ou moins impliquées, est rattrapé par un encombrant passé. Seul Max Frérot reste en cavale. L'antigang se met à ses trousses. La brigade expérimente pour la première fois un nouveau domaine policier : l'antiterrorisme. L'enquête prend des dimensions exceptionnelles. Une centaine de cabines téléphoniques sont placées sur écoutes – ce qui sera fatal à certains truands, qui pensent passer leur message en toute discrétion.

Une amie du fugitif est localisée dans un appartement situé près de la place des Jacobins, en plein centre de Lyon. Très méfiant, Frérot passe ses coups de fil depuis l'appartement d'un voisin. L'antigang et le Raid cherchent à sonoriser le bureau de la jeune femme, infirmière de profession, en passant par les sous-sols d'un hôpital. À force de recoupements, les policiers espèrent surprendre un rendez-vous dans le quartier de La Part-Dieu. Mais posté dans une tour en hauteur, l'insaisissable Frérot les voit arriver. Des semaines après ce loupé, deux gardiens de la paix en patrouille le débusquent par hasard, dans un parking sous-terrain de ce même secteur de La Part-Dieu. Il est arrêté après un échange de coups de feu.

Dans les semaines qui suivent, un braqueur recueille des confidences en prison. Il entend parler d'une cache d'armes de ce fameux groupe. Mieux : il pense savoir où est enterrée l'arme qui a tué le général de gendarmerie Guy Delfosse. Le braqueur souhaite une remise de peine contre ce renseignement hautement sensible. Il écrit au parquet général, pour négocier. Retrouver l'arme d'un des crimes les plus marquants de l'histoire judiciaire lyonnaise : la justice n'est pas du tout indifférente. « *J'ai trouvé sa proposition assez sérieuse, j'ai donné le feu vert, la PJ est allée le voir en prison*[1] », se souvient le magistrat destinataire du courrier.

Claude Catto, chef de la brigade de répression du banditisme, va le premier au contact. Il rencontre un homme « *à l'esprit vif, intéressant*[2] ». Le détenu décrit l'endroit où pourrait être caché le pistolet : dans une cave, boulevard des Brotteaux. Les enquêteurs se replongent dans la volumineuse documentation découverte dans la planque du groupe terroriste à Saint-Étienne. Ils retrouvent un plan de cave, une croix tracée au crayon, à équidistance des murs. Ils recoupent l'information avec une adresse fréquentée par le groupe, parmi les multiples planques utilisées dans ce secteur chic de Lyon. Voilà comment en avril 1988, l'arme du crime est exhumée du sol d'une cave du quartier des Brotteaux : un Smith et Wesson calibre 38 au numéro limé, livré sur un plateau par un détenu en quête d'arrangement.

Il est impossible de promettre au détenu de réduire sa peine avant que le verdict de la cour d'assises ne soit prononcé par le jury, qui est souverain. Le braqueur est condamné, assez lourdement. En revanche, en remerciement de son service, et avec la bénédiction du parquet, il obtient un aménagement de peine : plusieurs années de réclusion lui seront épargnées. Des années plus tard, à sa sortie de prison, la PJ reprend contact. Claude Catto, chef de la BRB, est parti. C'est Michel Neyret, alors patron de l'antigang, qui prend le relais.

Une première rencontre a lieu en ville, dans un cadre assez formel. Pour discuter avec le braqueur, Michel Neyret est accompagné du chef de la division criminelle du SRPJ. Ce dernier a des talents d'administrateur incontestables – il fera d'ailleurs plus tard une très belle carrière à Interpol. Mais il n'est pas très à l'aise avec les mauvais garçons. « *Il était fait pour manipuler les informateurs comme moi pour faire la messe*[3] », résume un de ses anciens subordonnés.

L'entretien avec l'indic de l'affaire Action directe tourne court. D'instinct, Michel Neyret flaire une opportunité. Il sent que ce personnage vif et intelligent est mûr pour avoir une discussion évoquant l'éventualité d'une collaboration. Il veut établir la confiance, dans un contact direct. Après la rencontre officielle en présence du supérieur hiérarchique, il rappelle l'individu : « *Je suis dans le quartier, je veux bien te revoir, seul cette fois.* »

Les deux hommes se retrouvent. Ils discutent. Le commissaire comprend que le détenu est sans le sou :

– *T'es à la rue.*

– *À la rue complet.*

Neyret lui fait une proposition : « *Écoute, je peux te défaucher. Je vais te faire un cadeau, tu verras que tu peux avoir confiance en moi. Après, il faut qu'on travaille ensemble. Tu essayes de voir avec tous tes amis ce qu'on peut faire*[4]. »

Voilà comment le commissaire donne cinq kilos de résine de cannabis à un truand dans le besoin, tout juste sorti de prison. Par ce geste, le commissaire rentre dans le monde du voyou. Il lui signifie qu'il le comprend. Il l'aide. En attendant un retour. Qu'il obtient. Michel Neyret vient de recruter un des meilleurs informateurs de sa carrière, à l'origine des plus belles affaires de la BRI, notamment dans la lutte contre les trafics de stupéfiants. Un peu de hasch contre des réseaux entiers de stups : la formule va durer.

Au fil des années, les deux hommes sympathisent, avec prudence, autour d'un verre, ou d'une bonne table, à l'écart des regards indiscrets. Jusqu'à nouer un lien très fort. Le commissaire connaît sa femme, ses enfants. Subitement, l'ami informateur disparaît. Il ne donne plus aucune nouvelle, contrairement à l'habitude qui s'était instaurée. Sa voiture est retrouvée sur un parking, vide. Jamais l'homme n'aurait abandonné sa famille de la sorte. L'hypothèse d'un règlement de comptes semble la plus probable, dans son environnement à hauts risques. Un différend avec un méchant personnage, ou la découverte de son double jeu, synonyme de condamnation à mort… Personne n'a pu l'expliquer. À la même période, la PJ découvre une gerbe de plombs, au plafond d'une planque fréquentée par des gros voyous lyonnais, dans le Vercors. Trace d'une élimination ? Mystère. Faute d'indications concrètes, l'enquête n'a mené nulle part.

Neyret, qui prenait pourtant toutes les précautions possibles pour protéger son informateur, reste hanté par cette disparition inopinée. Une erreur commise, une erreur fatale. Mais quand ? Où ? Il faut vivre avec ce doute. Avec ce jeu des flics et des voyous, quand il ne fait plus rire du tout. Quand il faut se lever, se regarder dans la glace et se demander si l'on a sur la conscience la mort d'un homme, sans même savoir comment ni pourquoi. Chasser dans le miroir les doutes comme d'autres se passent un after-shave sur une peau bien lisse, et repartir au boulot traquer les méchants. Sans rien dire à personne, parce que de toute façon, cet informateur n'avait aucune existence officielle. Il était déjà une ombre. Le flic repart avec ses fantômes. Les spectres ne sont ni dans le code de procédure pénal, ni à l'école des commissaires.

***

« *Le véritable informateur, c'est un type avec qui on entretient une relation dans la durée, qui ne fournit pas forcément des tuyaux tous les jours, un type qui décrit son environnement, avec qui on échange forcément, pour préserver la relation. L'informateur, c'est beaucoup plus fort que l'indicateur occasionnel* », explique le préfet Pierre Richard, qui fut directeur adjoint de la PJ de Lyon dans les années 1970[5].

À l'image de son lointain prédécesseur, Michel Neyret reconnaît : « *Il faut faire la différence entre un informateur de circonstance, qui va te donner ponctuellement une affaire et que tu ne reverras plus, parce qu'il a besoin de se tirer d'un mauvais pas, et puis l'informateur avec lequel tu vas entretenir pendant des années une relation et qui devient un ami*[6]… » Le flic n'est pas indifférent au sort de son informateur, et pas seulement pour préserver une source utile. Par principe, par respect d'une règle non écrite, par sécurité. Par amitié aussi.

Le policier entretient ces relations avec un mélange de finesse et de fermeté. Il joue de son charme mais sait aussi mettre la pression, pouvant parfois aller jusqu'à l'intimidation. La confiance doit s'établir dans un équilibre fragile, dangereux. Pour tout le monde. Pour le flic, forcément en contact avec ce monde interlope où la règle est simple : pas de règle. Pour les voyous, qui deviennent informateurs au péril de leurs vies. Le commissaire est passionné par ces contacts à hauts risques. L'instinct du chasseur lui commande de suivre au plus près les évolutions mouvantes du banditisme.

La notoriété de l'antigang de Lyon favorise le recrutement des informateurs. Au fil des années, les voyous savent que la BRI est capable de traiter des enquêtes compliquées, sensibles, avec une discrétion qui garantit leur sécurité. Les affaires appellent des indicateurs, qui favorisent la découverte de nouvelles affaires, et ainsi de suite, par effet d'entraînement.

Michel Neyret s'en targuera : « *On a acquis, au fil du temps et des affaires, une réputation. Le voyou, dans sa démarche d'informateur, il a aussi, je pense, inconsciemment, le sentiment d'être traité par un service d'élite. Et comme la BRI a acquis ses lettres de noblesse, je pense que pour des voyous c'était flatteur d'avoir des contacts avec la BRI*[7]. » Le voyou en quête des honneurs de la BRI ? La thèse n'est pas modeste. Pas forcément fausse non plus.

« *Neyret a toujours eu le sens des contacts. Plus il avançait, plus il arrivait à accéder à des confidences de voyous de plus en plus importants, pour arriver au sommet de l'information, au sommet du renseignement*[8] », confie

Daniel Guichot, patron de la BRI dans les années 1980, à l'arrivée de Neyret.

Les policiers recrutés au sein de la BRI ont souvent en main un bon indicateur. C'est d'ailleurs un critère d'incorporation. « *Il savait que je disposais de tontons assez efficaces et d'un goût pour le traitement des informateurs, ça a sûrement joué dans mon intégration*[9] », témoigne un ancien enquêteur de la Sûreté, passé à la BRI avec l'adoubement du patron. Selon Neyret, la BRI bénéficie en moyenne d'une dizaine d'informateurs fiables : « *Un informateur va te donner un tuyau dans l'année, c'est tout. C'est pas un mec qui va en donner cinquante mille. Mais à chaque fois que tu as le tuyau, c'est l'affaire magnifique. Si tu as trop de renseignements, tu ne peux pas les exploiter de manière sereine et cohérente*[10]. » Neyret devient un as du renseignement. Avec, à la base, un contact direct avec des voyous dont il parle la langue. Un de ses anciens adjoints raconte : « *La première fois que je suis allé avec lui à un rendez-vous avec un gros informateur, je n'ai rien compris. Ils parlaient en argot, ils se comprenaient à demi-mot, ils citaient des surnoms, des lieux. Pour moi, c'était du Chinois*[11]. »

***

Charles* a été un informateur du commissaire Neyret durant vingt ans, une paille. Un informateur, un vrai, capable d'apporter la grosse affaire au bon moment. Il a été présenté au chef de la BRI par un ancien agent trai-

* Le prénom a été changé.

tant qui partait à la retraite. Neyret, il connaissait déjà de nom : « *Ses hommes l'aimaient, il avait la cote, pas du genre à les envoyer au casse-pipe, contrairement à d'autres*[12]. » Son activité : le proxénétisme ancienne manière, dans l'industrieux quartier de Gerland. « *J'ai été relativement tranquille* », admet Charles. Sa façon de dire qu'il a bénéficié d'une protection en échange d'informations. Pas un rapport tous les mois, non, mais des discussions informelles, de préférence au cours de repas dans de bons restaurants, à une bonne table étoilée du côté de Saint-Chamond. De temps en temps, il donnait un bon tuyau, par exemple quand il fallait reconnaître un gars sur une photo. Et que ce gars narguait la police depuis des mois, à multiplier des braquages sans se faire prendre, sans aucun indice, sauf une furtive image de vidéosurveillance.

Neyret l'impressionnait pour sa rigueur permanente. Il ne parlait pas de tout à l'ensemble de ses collègues, pour éviter les fuites malencontreuses. « *Il était doué, comme tous les grands poulets il se défonçait pour ses indics* », observe Charles en connaisseur. Une nuit, le policier lui a demandé de sortir pour couper les fils d'une cabine téléphonique à Neuville-sur-Saône, afin d'obliger un suspect à téléphoner de chez lui. Et d'enregistrer la conversation. Charles l'a fait. Il était en confiance.

Le commissaire se bougeait de son côté. Quand une enquête menaçait son petit business de filles, il savait intervenir opportunément. Et quand un proche de Charles s'est fait pincer à la douane avec dix kilos de haschich, l'affaire a glissé en douceur en comparutions immédiates, sans trop de dégâts. Merci Neyret. Alors, quand le commissaire lui a demandé à son tour de l'accompagner en Espagne, du côté de Barcelone, pour repérer l'entrepôt de gros voyous lyonnais, comment refuser ?

Les deux hommes ont sympathisé. Charles appréciait le commissaire, pour sa façon de ne pas forcer le destin, de ne pas mettre en danger les informateurs. Sa devise : « Si on peut pas, on fait pas. » Un gars correct quoi. Charles aimait aussi son côté un peu fou, classe mais pas guindé pour un rond. Il passait le chercher juste après des réunions à la préfecture. Le commissaire se changeait dans la voiture. Il passait un jean, une autre vie commençait. Passer d'un monde à l'autre, avec une agilité déconcertante, c'était tout Neyret. « *Comme tout bon poulet, il avait quelque chose d'un peu voyou. La parole donnée, il savait s'y tenir. Il voulait réussir, faire de belles enquêtes* », se souvient avec nostalgie l'ancien informateur qui précise : « *Je n'ai jamais vu quoi que ce soit de douteux, il n'était pas du genre à croquer. Ces dernières années, je le voyais moins*[13]. »

De son côté, Charles avait fait un drôle de choix, entre deux mondes lui aussi. « *Je voulais me remettre à l'honnêteté pour ainsi dire, ça marchait pas. Je me suis remis à mon destin, sans état d'âme. J'ai été trop balancé. Mais j'ai mis des limites, pas les amis.* » L'informateur avait sa déontologie. Flic-indic ? « *On avait dépassé ce stade* », assure Charles qui se voyait plutôt en « *consultant* » du commissaire. C'est plus flatteur.

Pourtant, quand Neyret est revenu après son passage par Nice, les choses ont changé, imperceptiblement. Les ennuis ont commencé. Charles s'est fait prendre dans une affaire de proxénétisme par un autre service de police. Un institut de beauté, à la petite sonnette rouge à l'interphone, cachait l'activité de filles rétribuées pour leurs prestations sexuelles, facturées au client 200 euros la demi-heure en moyenne. En garde à vue, Charles a demandé qu'on appelle son ami le commissaire Neyret. Pas de réponse. Ses ennuis ont continué. Du jamais vu. « *J'ai compris qu'il n'avait rien fait, je ne sais pas si c'est parce qu'il ne pouvait pas ou qu'il n'a pas voulu* », constate Charles, sans en vouloir complètement au commissaire qui l'avait si longtemps accompagné[14]. Pour l'unique fois de sa carrière, Charles est allé en prison de longs mois.

Quand il s'est retrouvé devant le tribunal correctionnel en 2013, le président s'est étonné de sa belle maison, de son coffre à la banque, avec 89 600 euros dedans, alors qu'il n'avait jamais travaillé officiellement. « *Les économies d'une vie*[15] », a expliqué Charles, qui sentait le vent tourner. Surtout quand le procureur a réclamé quatre ans de prison ferme. Comme s'il devait payer d'un coup pour l'ensemble de son œuvre. À 70 piges, c'était salé. Alors, il a voulu expliquer. Oui, un commissaire l'avait longtemps protégé en échange d'affaires et d'informations. Un commissaire nommé Neyret. Il a poursuivi ses activités sans prendre de précautions. « *On ne faisait pas attention au téléphone, je pensais qu'on avait un passe-droit, on aurait dû s'arrêter, on a continué* », a raconté Charles à la barre, dans une salle d'audience déserte.

Sa femme, poursuivie à ses côtés, a confirmé : « *Les policiers nous avertissaient.* » Pour le président du tribunal, Jean-Hugues Gay, tout s'expliquait : le casier sans aucune mention chez un prévenu à l'activité invariable, c'était donc ça. Dans le jugement, le tribunal a mentionné que Charles avait bel et bien bénéficié « *de la bienveillance, voire de la protection, d'un commissaire de la police judiciaire de Lyon qui, en contrepartie d'informations permettant à son service de résoudre des affaires, le laissait poursuivre son activité sans qu'on l'inquiète*[16] ». Ce même tribunal avait-il jugé des dossiers initiés par les confidences de Charles au commissaire ? L'histoire ne le dit pas.

***

Quand un informateur a des ennuis, le commissaire n'hésite pas à intervenir. Il lui arrive de passer un coup de fil à un chef de service pour atténuer les poursuites ou retarder une arrestation. Peu fréquent, l'exercice doit se jouer en finesse, dans l'intérêt du service. « *On a eu l'impression qu'il allait un peu loin pour certains informateurs. Un gars qui lui donnait des renseignements sur les trafics d'armes a longtemps vécu dans l'impunité*[17] », remarque un enquêteur extérieur à la PJ.

« *Est-ce qu'on voit la ligne jaune arriver ?* » Le commissaire Daniel Guichot décrit cette frontière instable : « *Des gens du banditisme peuvent nous utiliser à un moment. On les protège, ils nous filent des tuyaux en échange, ils peuvent vite en profiter, il y a de la manipulation, de la manipulation réciproque*[18]. » Michel Neyret fréquente cette zone sulfureuse durant de longues années. La règle en la matière veut que le policier soit toujours maître de la relation. Tout en l'entretenant. « *On lui reprochera d'avoir fait un voyage au Maroc... Si c'était un moyen de garder la confiance que les voyous lui accordaient ? Si on coupe les ponts à un moment donné, pour prendre du recul, si on a peur pour sa carrière, les renseignements, c'est fini* », défend le commissaire Guichot.

Un commissaire piégé par ses indicateurs ? Ce scénario s'est déjà produit à Lyon. Avec des similitudes si troublantes qu'on pourrait croire au bégaiement de l'histoire. Au début des années 1970, une nouvelle vague de magistrats était bien décidée à faire le ménage dans les rangs de la police. C'était la grande époque des juges rouges, pas effrayés d'en découdre avec les notables. Quitte à s'égarer dans des rôles de justiciers, comme en témoignait l'affaire de Bruay-en-Artois.

À Lyon, la justice a été agacée par les connexions trop visibles entre des policiers et le milieu local. On a découvert que des fonctionnaires jouaient volontiers les gérants de bordels, dans l'impunité la plus totale. Si l'on ajoute des violences dans les commissariats, en mauvaises réminiscences de la guerre d'Algérie, tout était prêt pour la grande lessive.

Dans ce contexte très mouvant, le commissaire Charles Javilliey a l'imprudence de vouloir étouffer une affaire. Une histoire de coups de feu, dans une boîte de nuit : l'affaire du *Fetich' club*, dans l'Ain. Un établissement qu'il fréquentait, dont il connaissait bien les propriétaires – des informateurs selon lui. D'où la volonté de faire classer l'affaire sans trop de bruit. Un petit arrangement comme il en avait fait des dizaines durant sa carrière. Peu porté sur ces méthodes, un juge d'instruction a voulu pousser les investigations. Il a découvert que les informateurs en question avaient offert un ou deux séjours au commissaire, dans leur villa du Sud.

Au sein de la PJ, Charles Javilliey était le patron du groupe de répression du banditisme, l'équivalent de l'actuelle brigade antigang. Un flic à très forte réputation, connu pour son réseau d'informateurs, qui se targuait de deux cents arrestations par an. Expert en indicateurs, il avait même créé au sein du GRB un groupe appelé « Pénétration du milieu ». Tout un programme. Les affaires criminelles les plus tortueuses ne lui résistaient pas. Sa chute a été tout aussi brutale. Interpellé, placé en garde à vue, incarcéré, il a été condamné en 1973 à un an et demi de prison avec sursis, puis relaxé en appel, sa carrière brisée.

Quand on cite le nom de Javilliey à Neyret, il repousse d'un revers de main : « *Pfff*[19]… » Comme pour renvoyer cette vieille histoire lyonnaise dans un passé définitivement révolu. Javilliey n'a pas vu changer son époque. Sûr de son fait, grisé par les résultats, emporté par son élan, il n'a pas vu arriver le balancier des temps nouveaux, mélange poisseux de rigorisme et d'hypocrisie. Et l'a pris en pleine figure. Javilliey a rédigé ses mémoires dans un livre intitulé : *Piège pour un flic.*

Tous les services d'enquête en relation avec des informateurs sont concernés par ces risques. Les ennuis reviennent d'ailleurs à intervalles réguliers. Vingt ans après Javilliey, c'est au tour de la douane de déraper sur cette frontière glissante. Des agents de l'antenne lyonnaise de la Direction nationale du renseignement et des enquêtes douanières (DNRED) imaginent une opération osée. Pour coincer des trafiquants, il arrive que des douaniers se fassent passer pour des acheteurs. Là, la douane lyonnaise décide de prendre en charge toute la chaîne d'approvisionnement. Un coup de vente, à grande échelle !

Dans cette opération, une tonne de cannabis, partie du Maroc en bateau, atterrit dans un hangar, situé derrière la gare Lyon-Perrache. Deux acheteurs anglais, contactés dans une chambre de l'hôtel *George V* à Paris, viennent réceptionner la marchandise. En faux vendeurs, les agents sont en contact direct avec les trafiquants, à chaque étape. Ils sont présents dans la chambre d'hôtel, présents à la réception dans le hangar. Et c'est même un aviseur* des douanes qui a remonté la drogue en bateau : Marc Fiévet, *alias* NS55. En juin 1990, la douane crie victoire : cinq arrestations, une tonne de cannabis saisie, les gros titres dans les journaux. La PJ est chargée de l'enquête. Cas de figure classique : après une saisie sur la route, dans une gare ou un aéroport, la douane transmet le dossier à la PJ pour les suites judiciaires à donner. Dans ce cas, il y a un hic.

Les policiers découvrent que le hangar de Perrache a été loué au nom du chef de la DNRED, en personne. Grossière erreur : la douane apparaît complètement impliquée dans l'importation du hasch. Ce qui déplaît fortement au juge d'instruction Jacques Dallest. En arroseurs arrosés, les douaniers sont poursuivis pour complicité de trafic de drogue. Des années plus tard, Marc Fiévet sera arrêté dans d'autres circonstances.

* Terme utilisé par la douane pour désigner un informateur.

Depuis, il n'a cessé de dénoncer la façon dont l'administration l'a lâché, après qu'il lui avait permis d'infiltrer de dangereux réseaux. Il raconte cette histoire dans son livre *Gibraltar*, qui a inspiré le film au titre éponyme*.

Sous l'impulsion de Michel Charasse, alors ministre du Budget, dont dépendent les douanes, cette affaire a motivé une nouvelle loi, votée en 1991, qui autorise des opérations d'infiltration sous certaines conditions. Le contrôle et l'infiltration de réseaux de drogue doivent désormais s'effectuer en présence d'agents de l'administration dûment formés. Avec la condition impérative de tenir informé un magistrat du déroulement de l'opération.

***

Quand elles ne tournent pas au scandale, les embrouilles avec les indicateurs sont de préférence réglées dans la discrétion.

Un gendarme de la section des recherches (SR) de Lyon s'est retrouvé en très fâcheuse posture. La brigade des stupéfiants de la Sûreté l'a fortement suspecté d'avoir prévenu un trafiquant avant une vague d'arrestations. Déçue d'avoir fait chou blanc alors qu'elle espérait mettre la main sur des quantités de drogue, la Sûreté a fait part de ses doutes aux magistrats. Le gendarme, spécialiste des stups au sein de la SR, est apparu

---

* *Gibraltar*, Michel Lafon, 2013. *Gibraltar*, film de Julien Leclercq sorti en septembre 2013, avec Gilles Lellouche dans le rôle de Marc Fiévet.

à plusieurs reprises sur des écoutes. Il a même été photographié en compagnie d'un trafiquant présumé.

En réalité le gendarme a eu un rendez-vous avec un de ses informateurs, accompagné d'un collègue. Un déjeuner était prévu à trois, au domicile de l'informateur. La conversation devait porter sur une imminente importation massive de résine de cannabis *via* l'Espagne. En arrivant, les deux enquêteurs ont eu la surprise de voir quatre couverts sur la table. Le frère de l'informateur s'était invité sans prévenir. À table, l'intrus s'est vanté d'indiscrétions venues de la police, l'informant d'une enquête en cours dont il faisait l'objet. En sortant, les deux enquêteurs ont immédiatement prévenu leur hiérarchie et les magistrats.

L'incident a provoqué une « explication de gravure* » dans le huis clos du bureau du procureur de la République, Xavier Richaud. Le gendarme, soutenu par son supérieur, a été mis hors de cause. « *Tout a été éclairci, on a continué à travailler en confiance avec les juges. Heureusement qu'on s'était déplacés à deux et qu'on avait prévenu notre supérieur de la rencontre avec l'informateur, dans les règles de l'art, heureusement qu'on a tout de suite parlé de l'invité de dernière minute, sinon j'étais complètement grillé, toutes les suppositions étaient possibles*[20] », se souvient l'enquêteur. L'affaire a été classée aux rayons des frictions entre services, sans suite, mais pas sans conséquences. Dans les années qui ont suivi, la SR a subi une profonde crise de confiance, les officiers ne voulant plus entendre parler de ces dangereuses liaisons. Résultat :

* Argot signifiant un sérieux remontage de bretelles.

des enquêteurs en mal de motivation, des défections douloureuses, et une longue période de disette.

***

Dans les dossiers, une affaire de la BRI débute systématiquement par : « *Selon un renseignement anonyme parvenu au service...* » Un peu comme « Il était une fois » dans les contes. Peu importe la façon dont le renseignement est arrivé. Un coup de téléphone d'un indicateur, une rencontre avec un informateur, un tonton infiltré dans un réseau, une surveillance hors normes... L'origine de l'enquête est volontairement masquée. Les secrets de fabrication restent bien gardés, Michel Neyret en est le garant. Et les magistrats le savent. Dans le système judiciaire, le commissaire joue entre l'ombre et la lumière, à la perfection.

Parmi ses recettes secrètes, la brigade antigang dispose d'un autre outil, pratique et efficace : les écoutes administratives. La BRI est le seul service de la PJ habilité à traiter ces écoutes téléphoniques au statut bien particulier. À l'échelle nationale, elles sont gérées par le Groupement interministériel de contrôle (GIC), un service qui dépend directement du Premier ministre. La majorité de ces écoutes est réservée aux services de renseignements, sur des critères de sûreté nationale. Une part est accordée à la police. Par définition, il s'agit d'écoutes téléphoniques branchées en dehors du cadre judiciaire. Pas d'enquête officielle, ni de contrôle d'un magistrat : juste une source de renseignements sur autorisation administrative. Atteinte aux libertés ?

« *Malgré les apparences et les principes d'aujourd'hui, ces écoutes sont tout aussi respectueuses des libertés publiques, et même plus respectueuses qu'une écoute judiciaire autorisée par un juge d'instruction avec qui on est copain* », analyse un ancien commissaire de la BRI. « *Combien de fois j'ai facilement obtenu des écoutes d'un juge alors qu'on n'avait relativement rien dans le dossier pour les justifier vraiment...* » Il ajoute : « *C'est vrai, on est en totale autonomie vis-à-vis de l'autorité judiciaire, mais on ne peut pas faire n'importe quoi. Au contraire, les demandes sont encadrées, contraignantes, il faut justifier et faire des comptes rendus* »[21].

À ses débuts, la BRI de Lyon traitait une bonne vingtaine d'écoutes administratives permanentes. Le nombre a augmenté avec les années, pour atteindre une bonne quarantaine dans les années 2000. Les demandes de branchements sont traitées par Matignon, après avoir transité par le ministère de l'Intérieur. Les anciens patrons de la BRI de Lyon se souviennent d'un Pierre Joxe très sourcilleux sur l'utilisation des écoutes administratives. Le ministre renvoyait des formulaires de demandes portant des messages de sa main. Il exigeait des précisions : « Justifiez-vous ! » Et corrigeait même les fautes d'orthographe au feutre rouge.

Basé dans le sous-sol des Invalides à Paris, le GIC dispose de plusieurs antennes en province. À Lyon, le centre d'écoutes administratives est situé dans une enceinte militaire du 7e arrondissement. Certains policiers de la BRI disposent de l'habilitation « confidentiel-défense » pour y accéder. Ce sont eux qui traitent toutes les écoutes administratives attribuées à la PJ. Bien ciblées, appliquées à la grande criminalité, ces écoutes constituent une précieuse source de renseignements. « *Ces écoutes se justifient pour permettre de détecter des équipes dangereuses. Ça nous permet de comprendre l'environnement des gros voyous, de sentir les choses. Quand on s'était fait brûler un sous-marin à Vaulx-en-Velin, on était bien contents d'utiliser cette méthode, il faut savoir ce que l'on veut* [22] », confie un ancien commissaire.

Michel Neyret utilise constamment cet outil, en prenant soin de ne jamais laisser apparaître l'écoute administrative dans la procédure livrée aux juges. « *Selon une source anonyme* » : la formule magique des premiers procès-verbaux occulte aussi fréquemment l'utilisation d'une écoute administrative. Inutile de dévoiler ces secrets de fabrication, explique Neyret à un jeune commissaire : « *Il suffit de dire qu'un renseignement est parvenu au service, le reste nous regarde*[23]. »

Neyret n'entend pas changer ses habitudes. Pourquoi modifier les recettes qui ont taillé son succès ? Son degré de connexion avec le milieu s'illustrera dans une anecdote méconnue. En 2002, le comédien Patrick Sébastien est victime d'un *car jacking* à Bourgoin-Jallieu, dans l'Isère, où il est venu rendre visite au club de rugby. À la sortie d'un restaurant, des malfrats cagoulés le menacent, arme au poing, et lui volent sa Mercedes[24]. Choqué, Patrick Sébastien est très embêté par la disparition de documents et d'un carnet d'adresses qui se trouvaient dans la voiture. On en parle à Michel Neyret. Le commissaire active son réseau d'informateurs. Il réussit à repêcher la mallette volée dans les mains de la voyoucratie, se la fait restituer et la rend au comédien[25].

8

La chute

Vienne, 29 septembre 2011.

Après six mois d'instruction judiciaire, l'affaire Neyret éclate au grand jour. À l'aube, cinq personnes sont interpellées : Michel Neyret et son épouse, Gilles Bénichou et Stéphane Alzraa, enfin, Michel Zaragoza. À 6 h 05 au domicile de Michel Neyret, le commissaire Daniel Jacqueme, numéro 2 de l'IGS, signifie au directeur adjoint de la police judiciaire de Lyon son placement en garde à vue[1]. Le juge d'instruction Patrick Gachon est présent, en retrait. Le commissaire lyonnais a le droit de prévenir un proche, d'être examiné par un médecin, de solliciter un avocat. Tout ça, il le connaît par cœur. Il l'a dit et redit à des dizaines de suspects tout au long de sa carrière. Il sait aussi que des enquêteurs peuvent choisir le jour d'une interpellation par tactique psychologique. Le 29 tombe le jour de la Saint-Michel. Difficile d'y voir un hasard. Cette fois, la petite vexation le concerne.

Les premiers procès-verbaux tombent, sous les coups d'un métronome bien réglé. 6 h 15, notification officielle de la garde à vue. 6 h 30, avis au juge. L'avis à la famille est réduit à sa plus simple expression : Nicole, son épouse, interpellée en même temps, est immédiatement informée, elle aussi, de son placement en garde à vue. Elle fait un malaise dans sa salle de bains. Les sapeurs-pompiers sont appelés. Elle se relève ; la procédure se poursuit.

Étape suivante, appel d'un avocat : Neyret opte pour Maître David Metaxas. David Metaxas a commencé sa carrière d'avocat en 2002, au cabinet d'Alain Jakubowicz comme collaborateur. Le métier, la communication, il a tout appris au contact de l'avocat à l'éclatante réussite, ancien élu auprès du maire Michel Noir, opposant acharné des discriminations, devenu président national de la Ligue internationale contre le racisme et l'antisémitisme (Licra). Durant ces années de collaboration, David Metaxas s'illustre notamment pour sa maîtrise du dossier dans l'affaire de la catastrophe du Mont-Blanc, en soutien des parties civiles.

Bon nombre de ses clients ont été arrêtés par la PJ, voire par les soins du commissaire, et Neyret a sympathisé avec cet avocat en vogue. De tous les pénalistes de la place lyonnaise, c'est le plus médiatisé. Le plus controversé aussi. À 35 ans, David Metaxas carbure à l'adrénaline médiatique. Brun aux yeux bleus, il joue de son physique de jeune premier. Il communique autant qu'il plaide. L'exercice a son revers, dans une ville qui n'aime pas les coups d'éclat. À part quelques anciens pénalistes qui lui gardent une certaine tendresse pour son courage un peu fou, magistrats et avocats le voient plus souvent comme un incorrigible égocentrique, prêt à tout pour se faire remarquer. Son attitude a provoqué de multiples incidents. Ainsi lorsqu'il s'impose dans l'affaire Zahia* en faisant une déclaration tonitruante à l'AFP, menaçant la jeune femme, qu'il accuse ouvertement de mensonge, de l'attaquer pour dénonciation calomnieuse. Doté de solides connaissances de procédure et d'un indéniable talent oratoire, le jeune homme aux origines familiales grecques a aussi le sang chaud. Un soir de tensions, David Metaxas et son confrère Philippe Scrève en viennent aux mains dans un couloir du palais de justice. Ils donnent des versions opposées de la scène : tandis que l'un parle d'« étranglement », l'autre évoque une simple « bousculade ». Longtemps relégué au rang de chuchotis du palais, l'incident alourdit le cas Metaxas face au conseil de l'ordre. Ses rares soutiens ont l'impression d'un gâchis[2].

La veille de l'arrestation, l'avocat, pour fêter son anniversaire, boit une coupe de champagne en terrasse, non loin de son cabinet. Le policier, qui passe dans ce secteur du 6e arrondissement, où se situent aussi les bureaux de Gilles Bénichou, vient trinquer avec lui.

Mais Maître Metaxas n'est pas joignable. L'IGS laisse des messages sur son répondeur. C'est au tour de l'employeur d'être prévenu, comme le veut la procédure. Claude Catto, directeur de la DIPJ de Lyon, est appelé à 6 h 33. Le commissaire Jacqueme lui apprend que son adjoint vient d'être interpellé, sans donner de détail.

* La jeune femme a eu des relations avec plusieurs joueurs de football alors qu'elle était mineure. L'enquête se terminera par des non-lieux pour les sportifs.

Catto est soufflé, incrédule. Il pense spontanément à une bêtise sans gravité. Il imagine une scène où un Neyret provocateur aurait défié un voyou qui aurait mal réagi. À peine le temps de raccrocher, son téléphone portable sonne à nouveau. L'IGS s'est trompée de numéro. Elle demande à parler à Maître Metaxas. Un avocat contacté ? Catto sent l'agitation du côté de Vienne, comme un orage qui se rapproche dangereusement. Il appelle immédiatement son directeur central. D'une voix sèche, Christian Lothion lui apprend qu'il est au courant et se trouve à Lyon depuis la veille. Rendez-vous à 8 heures au siège de la DIPJ, rue Berliet.

Claude Catto devait prendre un TGV pour Paris dans la matinée. Ce jour-là, la direction centrale avait convoqué une réunion importante, avec présence obligatoire de tous les chefs de service. Intrigué, il avait dû annuler une formation à l'école des commissaires. Il comprend : cette réunion sans ordre du jour n'était qu'un prétexte pour s'assurer de sa présence. Il était maintenu dans l'ignorance d'une opération préparée dans le plus grand secret.

Râblé, visage rond, crâne lisse, Claude Catto parle à voix basse, avec un léger accent franc-comtois qui donne l'impression d'un calme permanent. Personne ne l'a jamais vu élever le ton. Quand il s'énerve, il dit : « *Je me connais, je vais me mettre en colère*[3]. » Pas besoin de passer à l'acte. Ce flegme apparent ferait presque oublier le policier madré, regard mobile, qui ne perd rien de ses réflexes d'enquêteur, aux aguets.

Neyret, il le connaît depuis longtemps : dans les années 1980, alors que Catto dirigeait la brigade de répression du banditisme, Neyret était chef de la brigade de recherche et d'intervention. Les deux hommes s'étaient côtoyés, au cours d'une période riche en événements, en affaires d'envergure. Ils avaient participé ensemble à l'interpellation des frères Lévy à Trévoux*. Hasard des trajectoires personnelles, ils ont été réunis à Lyon, au terme de leurs carrières respectives, à quelques bureaux d'écart. Catto directeur de la PJ, où il pensait terminer tranquillement sa carrière ; Neyret son adjoint. La fin ne s'annonce pas comme prévu.

À *La Gabetière*, la procédure suit son cours. Elle commence implacablement par une perquisition en règle. L'IGS fouille la voiture de service du commissaire, une Peugeot 308 grise. Les policiers saisissent son passeport. Sur la banquette arrière, ils trouvent une sacoche noire contenant son arme de service, un SIG Sauer chargé de douze cartouches de 9 mm. Un second chargeur est rangé dans un gant noir. Dans le vide-poches central, la copie d'un autre passeport, au nom d'Avi Alzara, né en 1961 en Algérie. L'IGS sait déjà qu'il s'agit du passeport d'Albert Bénichou, sous un nom d'emprunt. Le commissaire avait consulté des fichiers pour savoir si Albert était recherché sous cette identité modifiée.

Le véhicule de service est ramené à Lyon. Par chance pour le commissaire lyonnais, sa voiture de service habituelle est en révision, dans le garage du service général de la police. L'IGS y aurait trouvé un sachet de drogue compromettant. Certainement pas pour sa consommation : Neyret n'a jamais fumé la moindre cigarette, ni

* Voir ci-dessus, chap. 3.

goûté aux substances vénéneuses. Il s'agissait d'un petit échantillon de poudre pour un informateur. Un peu de drogue mise de côté, dans sa façon à lui d'exercer son métier[4]. C'est précisément ce que s'apprête à lui reprocher l'IGS, entre autres choses. La voiture du couple est saisie également, une Peugeot 308 CC blanche toute neuve, 408 kilomètres au compteur, achetée à crédit.

Les enquêteurs investissent la maison. Ils traversent le hall d'entrée où trônent un piano et une batterie. À gauche, une salle rectangulaire, meublée de quelques fauteuils en cuir, fait office de bar. Cadres et miroirs sont suspendus aux murs. Dans une petite niche, des photos sur lesquelles on reconnaît certains habitués de *La Gabetière*. À l'autre bout de la pièce, une cheminée habillée d'un insert côtoie une télévision.

Les policiers contournent l'accueil de l'hôtel. Dans le couloir, sur la droite, une porte ouvre sur une salle à manger, au milieu de laquelle se dresse une grande table rectangulaire en bois lustré. Une haute cheminée, en pierre grise avec foyer repeint en blanc, occupe tout un pan de mur. Des chandeliers dorés et des plats argentés sont posés sur un large buffet. La pierre, les ferronneries, les chaises aux montants torsadés, les meubles massifs donnent à la pièce un air médiéval. Les policiers empruntent les escaliers, visitent les chambres, décorées à la mode des années 1970. Des rideaux aux couleurs vives, rouges ou bleus, tranchent avec les tons orangés et marron des papiers peints et des couvre-lits. Les styles semblent se mélanger d'un mur à l'autre, hésiter entre les meubles accumulés.

Les policiers disposent d'une équipe cynophile, avec un chien spécialisé dans la recherche des stupéfiants. L'animal traîne sa truffe sur les tomettes, les tapis et les moquettes. Le commissaire a droit à un prélèvement de cheveux. Pour savoir s'il a consommé des produits illicites. Les résultats de l'analyse seront négatifs.

La perquisition continue. Les enquêteurs trouvent la montre Pacha de chez Cartier. Ils récoltent une dizaine d'autres montres, dont une Rolex et la Chopard dont ils ont aussi entendu parler. Dans la poche du costume du commissaire, les enquêteurs trouvent deux documents judiciaires, dont une fiche d'Interpol, ce qui fait aussi écho à leurs investigations.

L'avocat David Metaxas a consulté sa messagerie avec retard. Le temps de trouver le domaine de *La Gabetière*, par les petites routes qui serpentent depuis Vienne, il arrive à bord de son Audi noire aux vitres fumées. Les pneus crissent sur le gravier du parking. Après un entretien d'à peine vingt minutes avec Michel Neyret, dans un véhicule administratif en guise de parloir, le jeune pénaliste repart à 11 h 30. Il s'arrête dans un bar, réfléchit, passe un coup de fil. Il est bien conscient que si l'IGS est venue taper à la porte du commissaire Neyret, c'est qu'elle a des billes. Lesquelles ? Pour le moment, il n'en sait rien.

L'avocat se heurte à un casse-tête. Rentrer dans un dossier au formidable impact médiatique n'est pas pour lui déplaire. Mais défendre un policier lié aux récentes enquêtes de la PJ, dont plusieurs concernent ses propres clients, relève d'une délicate incompatibilité. Que diront ses plus gros clients s'il défend les intérêts de leur ennemi Neyret ? Flic ou voyous ? Il doit choisir.

Après la perquisition à son domicile, le commissaire est emmené en direction de son bureau, au siège de la PJ à Lyon. Depuis Vienne, le convoi descend vers les rives du Rhône, jusqu'au serpentin goudronné de l'autoroute A7, au pied des coteaux de Condrieu. Il emprunte le couloir de la chimie, jalonné de cuves de carburant, d'usines tubulaires, rouillées le jour, parées de néons la nuit. Combien de fois le commissaire a-t-il suivi cet itinéraire, à toute heure du jour ou de la nuit, des années durant ?

Ce matin encore, devant ses yeux fatigués, la capitale des Gaules apparaît au loin, avec, à gauche, la basilique de Fourvière dressée sur sa colline, telle une bonne Mère. À droite, les façades ocre semblent escalader la colline de la Croix-Rousse. Le regard embrasse cette nappe urbaine d'où le Rhône semble ressortir gonflé à bloc, chargé d'énergie citadine.

Le convoi pénètre par l'arrière de l'hôtel de police central. Un lourd silence règne au cinquième étage, dans le couloir de la direction de la PJ. Claude Catto a été prié d'accueillir l'IGS dans son bureau, en présence de son directeur central, Christian Lothion. En tout, six enquêteurs investissent les lieux avec le juge Patrick Gachon, qui sera rejoint en milieu d'après-midi par son collègue Hervé Robert. Le bureau du directeur, murs jaunes et moquette lie-de-vin, est meublé d'une armoire vitrée au ton acajou, dotation administrative réservée aux chefs. En face, une grande table est habituellement utilisée pour les réunions d'état-major du lundi. Abasourdi, le DIPJ Claude Catto a la désagréable impression de devoir remettre les clés de la maison pour un inventaire avant liquidation.

En un geste symbolique, la police des polices remet au directeur lyonnais l'arme de service du commissaire Neyret. Le pistolet concentre l'autorité publique, le pouvoir de coercition. Remiser l'arme, c'est suspendre la fonction, un peu comme on brisait le sabre d'un officier pour signifier son exclusion de l'armée. Face à Catto, Neyret n'a pas un mot, juste un haussement de sourcil dans un soupir un peu forcé, la tête inclinée, le regard fuyant, difficile à décrypter.

En début d'après-midi, l'avocat David Metaxas appelle l'IGS. Réflexion faite, il se désiste. Michel Neyret fait appeler un avocat au style diamétralement opposé, Yves Sauvayre. Plus âgé, le pénaliste lyonnais est tout le contraire du médiatique Metaxas. Ardéchois d'origine, il cultive la discrétion, sans jamais, semble-t-il, perdre le sens de ses intérêts. Cet avocat de la vieille école, abonné aux procès d'assises, bénéficie d'une solide réputation au barreau de Lyon pour ses plaidoiries énergiques, sans être flamboyantes, toujours ancrées dans une connaissance approfondie des dossiers. Face aux enquêteurs ou aux magistrats, Sauvayre, un poil jésuite, hostile aux conflits frontaux, joue toujours une connivence de chat. Il annonce qu'il rejoindra son nouveau client dans la soirée.

Maître Sauvayre a aussi sollicité son confrère Gabriel Versini. Maître Versini connaît l'institution policière par cœur. Il est fréquemment sollicité par les policiers, souvent partie civile dans des affaires courantes d'outrages ou de violences. Il s'est progressivement spécialisé, assurant fréquemment la défense des fonctionnaires mis en cause devant les tribunaux ou les conseils de discipline. Le verbe incisif à la préciosité légèrement surannée, Gabriel Versini se fait aussi volontiers l'avocat de l'autorité publique, en passionné de Napoléon, dans son cabinet décoré d'objets et de tableaux à la gloire de l'empereur d'origine corse.

Pendant ce temps, au dernier étage de l'hôtel de police, les enquêteurs ressortent du bureau du directeur et pénètrent dans celui de Michel Neyret, deux portes plus loin. Le bureau du sous-directeur est moins grand. Deux fenêtres avec vue sur les voies ferrées, à l'arrière du bâtiment. Au centre : une table de travail aux arrondis ergonomiques, noire et acajou. Des dossiers empilés, un ordinateur. Contre le mur, une armoire de chef, avec sa vitrine aux portes coulissantes. À gauche en entrant, un cadre métallique est posé sur une tablette, avec les photos de Nicole, l'épouse du commissaire, et de leur fille âgée de 20 ans.

Ordinateur et téléphones portables sont saisis. L'IGS s'intéresse au caisson roulant, derrière le bureau. Dans le tiroir du bas, les enquêteurs découvrent deux armes : un pistolet, Colt 45 Remington avec chargeur aux cartouches dépareillées ; un pistolet de marque Star, modèle Tzarra calibre 7,65 dont le chargeur aux sept cartouches rouillées révèle l'ancienneté. Michel Neyret indique que ces deux armes ont été léguées par son père.

Curieusement, les enquêteurs passent à côté d'un autre objet de collection : un pistolet-mitrailleur posé sur son trépied, en haut d'une armoire métallique, au fond du bureau à droite. Il s'agit d'une Thompson à camembert, calibre 45 ACP. L'objet fait irrésistiblement penser aux images des légendaires incorruptibles lancés dans la traque d'Al Capone, dans l'Amérique de la prohibition. Véritable icône, telle la pipe de Maigret ou la barbe de Broussard, la sulfateuse a toujours trôné dans le bureau de Neyret, de même que la lampe de Martine Monteil, patronne de la Crim', avec une crosse de Kalachnikov en guise de pied. Neyret gardait donc la mitraillette Thomson, marque d'un Eliot Ness qui aurait troqué un complet à gilet rayé pour un blazer Zilli sur une ceinture Boss.

Dans le deuxième tiroir du caisson roulant, les enquêteurs mettent la main sur un document extrêmement sensible : une pochette estampillée « BCS » – pour « Bureau central des sources ». Il s'agit de la liste complète des informateurs de la PJ de Lyon, du moins de ceux qui sont officiellement immatriculés. Dans le même tiroir, une enveloppe porte l'inscription « DIPJ Lyon 31 000 euros ». Il s'agit du budget réservé à la rémunération en espèces des informateurs. Sur l'enveloppe, un Post-it signale que Michel Neyret a pris une avance de 1 000 euros pour rétribuer un informateur. L'IGS laisse l'argent au directeur mais place sous scellés les quinze feuillets de la liste des informateurs de la PJ de Lyon.

Rue Marius-Berliet, toute la PJ est pétrifiée. On sait que Neyret est dans les locaux, encadré par l'IGS, mais on ignore les motifs exacts de son arrestation. À l'intérieur de l'hôtel de police, on en est réduit à suivre les informations à la radio et à la télé pour chercher à savoir ce qui se passe au dernier étage. Dans l'après-midi, Christian Lothion réunit tous les fonctionnaires de la PJ, dans une atmosphère de plomb. Grave, le directeur central, qui n'avait pourtant eu qu'à se féliciter du rôle de Neyret dans la marche des affaires lorsqu'il était directeur régional, quatre ans auparavant, ici à Lyon, tient des propos sans concession : « *Il était mon ami, il n'est plus mon ami, il était policier, il n'est plus policier*[5]. » La formule est mal prise, interprétée par certains policiers comme un lâchage en règle.

Jetant un regard circulaire à l'assistance, le directeur central prévient : « *Parmi vous, il y en a d'autres qui risquent de se retrouver en garde à vue*[6]. » Les policiers sont choqués, inquiets. KO. À qui le tour ?

La perquisition dure trois heures dans le bureau de Neyret. L'IGS saisit l'unité centrale de l'ordinateur du directeur adjoint, les armes, les munitions, des papiers administratifs, une correspondance avec un ancien procureur adjoint de Lyon à propos d'un arrangement pour un indicateur. En tout, quinze scellés sont constitués. À 16 heures, le commissaire quitte Lyon. Direction Paris, rue Hénard dans le 12e arrondissement, dans les locaux de l'IGS, pour une garde à vue qui va durer quatre jours.

Sur le chemin de la sortie, les vans de la télévision sont postés rue Berliet, antennes déployées. « *En voyant les télés, je réalise vraiment ce qui est en train de se passer* », relate Michel Neyret[7]. La sensation de passer à travers le miroir médiatique cette fois. Europe 1 a révélé l'information en milieu de matinée. L'AFP a publié sa première dépêche à 12 h 18 précisément. L'arrestation fait immédiatement la une des bulletins d'information, en direct, en ligne, en continu.

L'actualité judiciaire en cette année 2011 touchait jusqu'à présent d'autres pontes de la police. Bernard Squarcini, directeur de la Direction centrale du renseignement intérieur, risquait une mise en examen pour des surveillances téléphoniques de journalistes du *Monde*, mis sur écoutes alors qu'ils enquêtaient sur des affaires sensibles. Les ennuis se rapprochaient aussi de Frédéric Péchenard, directeur général de la police, et même du ministre de l'Intérieur Claude Guéant en personne, dans une enquête sur des contrats d'armement en rapport avec du financement électoral. Soudain, à côté de l'arrestation de Neyret, les petits ennuis du DGPN et les soucis du patron de la DCRI apparaissent très fades.

À 13 h 32, une longue dépêche AFP prédit un scandale majeur. Il y est question, en vrac, d'un « *trafic de stupéfiants, vraisemblablement une filière colombienne ou sud-américaine de cocaïne* », ou encore de « *truands français et italiens* ». Il est dit aussi : « *Des comptes bancaires à destination de la Suisse, vraisemblablement alimentés par l'argent de la drogue, ont été découverts, orientant l'enquête vers du possible blanchiment.* » « *Attention de ne pas se précipiter* », conclut le texte dans une formule de prudence convenue, emportée dans le flot médiatique.

***

6 h 08, ce 29 septembre 2011. Gilles Bénichou appelle Michel Neyret, sans se douter que le commissaire est arrêté en même temps que lui. Affolé, il tombe sur le répondeur du commissaire : « *Quelle heure il est ? Michel c'est Gilles, c'est urgent, les flics sont en train de défoncer la porte de chez moi pour rentrer, je ne sais pas ce qui se passe… Entends-les, ils sont en train de tout massacrer. Je sais pas ce qu'ils veulent alors rappelle-moi. Je sais pas qui c'est. Au chalumeau, à la hache, ils sont en train de défoncer la porte de chez moi. Rappelle-moi Michel, c'est urgent, s'il te plaît, appelle chez moi*[8]. »

Réveillé en fanfare dans son appartement de Villeurbanne, Gilles Bénichou laisse son ultime message sur les écoutes téléphoniques encore branchées. À peine le temps de raccrocher, il voit débarquer six policiers de l'IGS, bientôt rejoints par deux gendarmes avec chiens renifleurs. Les enquêteurs commencent par saisir une carte de visite du commissaire Michel Neyret, dans une pochette noire posée sur la table de son salon. Ils placent sous scellés deux ordinateurs, un appareil photo et un stylo noir doté d'une fonction d'enregistreur. Économe, Gilles Bénichou garde sur sa table de chevet 1 547 euros dans une sacoche, dans laquelle est rangée une autre carte de visite de Neyret. Sous son lit, l'IGS trouve 10 000 euros en billets roulés dans une botte, rangée dans une boîte en carton. Enfin, la fameuse photographie de Bénichou en policier en train de menotter Neyret, prise sur le tournage des *Lyonnais* d'Olivier Marchal, est découverte dans une pochette rouge. Les enquêteurs récoltent peu d'indices au domicile privé. Ils passent même à côté d'un tableau accroché dans sa chambre, signé de… Nicole Neyret.

La pêche est meilleure rue Bugeaud, dans le 6e arrondissement de Lyon. Deux pièces au rez-de-chaussée font office de bureaux de la société BECR, gérée par Gilles. Au fond, sur une armoire, l'IGS dégote deux feuillets du fichier des personnes recherchées (FPR) et trois feuillets d'un casier judiciaire. Ces documents concernent une seule et même personne : Yannick Dacheville, l'homme en cavale de l'affaire de Neuilly, avec lequel Gilles Bénichou a multiplié les conversations téléphoniques. Les fiches du FPR ont été extraites par un utilisateur sous la référence 656 128. Le matricule du commissaire Neyret.

Transféré à Paris, Bénichou est interrogé une première fois à 23 heures. Il se dit courtier en assurances, « dans les produits nomades ». Son cousin ? Il le voit depuis un an à peine. Le commissaire ? Il est venu le voir après la disparition de son frère Albert. Lui, il n'a rien demandé, rien offert. Il sait vaguement que son cousin, Stéphane Alzraa, et le commissaire ont quelques petits arrangements entre eux, du genre policier et indicateur, où chacun retrouverait son compte. Il dit avoir joué de temps en temps l'interface, à peine. Sa position minimaliste évolue dans la nuit. Au matin, Gilles Bénichou, cerné de questions, lâche le commissaire : oui, il devait être récompensé pour ses services ; oui, le compte en Suisse était là pour ça. Mais attention, c'est son cousin qui avait tout organisé[9]. La question est de savoir jusqu'où Gilles Bénichou est prêt à aller pour sauver les meubles. L'analyse de son degré de crédibilité constitue une clé de l'avenir judiciaire de Michel Neyret.

Le jeune cousin est interpellé le même jour à la même heure, avec le renfort de la BRI de Nice, dans sa villa de La Roquette-sur-Siagne. Il a cherché à fuir, mais pas longtemps, des chiens à ses trousses. Chez Stéphane Alzraa aussi, l'IGS trouve une carte de visite de Neyret. Il stocke chez lui 4 500 euros en liquide. Un quad, une Harley et une Range Rover sont garés devant la maison. Les enquêteurs continuent l'inventaire dans un parking en sous-sol, situé rue de l'Industrie, au Cannet : Ferrari, Rolls, Mercedes SLR, McLaren. Tout est placé sous scellés.

Ils saisissent ordinateur, clés, argent et des documents bancaires. Le juge Patrick Murciano, à Grasse, lui signifie sa prolongation de garde à vue. Entendu à deux reprises, Stéphane Alzraa se dit agent immobilier et vendeur de matériel électronique. Il affirme qu'un ami, négociateur dans le pétrole à Jakarta, le laisse profiter de la résidence. Ses revenus, de l'ordre de 100 000 euros annuels, proviendraient de ventes de terrains, à Bali ou à Athènes, et seraient placés en Israël. Ses déclarations sont invérifiables. Bénichou ? Un cousin qui prend soin de lui. Neyret ? Il nie avoir demandé le moindre service au commissaire, qu'il connaît depuis six mois à peine. Paradoxalement, il prétend qu'il jouait les indicateurs. « *J'essayais de faire la fouine*[10] », tente le cousin, sans fournir le moindre exemple concret. Dacheville ? Un gars qui l'aurait arnaqué de 200 000 euros. Les séjours et les voitures prêtées ? Il ne s'agissait en aucun cas de contreparties.

***

La journée a été longue, ce jeudi 29 septembre, pour Michel Neyret. Arrivé dans les locaux de l'IGS à 20 heures, une autre partie s'engage. Fouille, examen médical, visite de l'avocat à 21 h 35, premier interrogatoire à 22 h 10. Le commissaire Daniel Jacqueme est à la manœuvre. Le marathon se prolonge quatre jours, durée maximale de garde à vue, réservée aux gros dossiers de stupéfiants, à la criminalité organisée ou au terrorisme.

Le premier interrogatoire ressemble à un round d'observation, avec questions courtes. Le numéro 2 de l'IGS passe en revue les principaux personnages de l'affaire. Sans rentrer dans les détails. Neyret dit connaître Gilles, beaucoup moins son cousin Stéphane. Une première divergence par rapport aux déclarations de Bénichou, qui prétend exactement le contraire. Neyret confirme connaître les personnes citées, notamment les convives du voyage au Maroc. Il s'étonne de sa mise en cause, réfute avoir reçu quelque cadeau que ce soit en échange de renseignements ou d'interventions.

Après une heure de questions générales, le commissaire de l'IGS lui réserve une surprise. Il s'agit plus d'une remarque que d'une véritable question, histoire de voir s'il se laisse déstabiliser. Les enquêteurs ont en effet étudié les comptes bancaires du commissaire lyonnais : depuis le début de l'année 2011, il n'a quasiment plus retiré d'argent. Moins de 500 euros en cinq mois. Alors qu'il retirait plusieurs centaines d'euros par mois en 2010. Et il n'a utilisé sa carte bancaire que neuf fois dans l'année. « *Avez-vous une explication à donner*[11] *?* » pique Jacqueme. Neyret rétorque du tac au tac qu'il a changé des pièces d'or que son épouse a reçues en héritage d'une dame de Vienne.

Interrogée sur ce point le lendemain, Nicole confirme qu'elle a reçu des pièces d'or en héritage. Mais elle indique que ces pièces sont restées dans son coffre. Sans le savoir, elle fragilise la déclaration de son mari à propos de ses liquidités. Face au juge, il fournira d'autres explications, dont celle d'un vieux don d'argent de sa mère à sa femme, que Nicole aurait décidé de reverser récemment, sous le coup d'une colère. Il affirme aussi qu'il a pas mal engrangé au casino, évoque par exemple un gain récent de 1 800 euros au casino d'Aix-les-Bains. Il dit avoir ses habitudes dans les établissements de jeu. À Charbonnières, au *Pharaon* à Lyon, à Ajaccio, à Juan-les-Pins, il joue volontiers, sans flamber, précise-t-il : une mise de 50 euros, sans jamais la dépasser. Ses proches ne seront pas vraiment entendus sur ce point. Un de ses collègues confirme pourtant : « *Il jouait souvent, ça c'est vrai*[12]. »

Au fil des heures d'interrogatoires, le face-à-face se resserre comme un filet soigneusement tissé. Les questions, réglées sur les éléments contenus dans les nombreuses écoutes téléphoniques, se font plus longues, plus précises. On lui parle du voyage au Maroc, des montres offertes, des séjours à Cannes, à Annonay, à Aix, du compte en Suisse. Michel Neyret découvre progressivement l'ampleur du dossier. En professionnel avisé, il prend conscience de la situation dans laquelle il s'est placé. Le commissaire répond brièvement, parle d'amitié, réfute toute forme de compromission. Il encaisse.

Les choses se corsent le deuxième jour.

En même temps que les gardes à vue se déroulent, l'IGS a lancé des réquisitions en urgence auprès du Service central de documentation criminelle pour qu'elle retrace les consultations de fichiers effectuées par le commissaire Neyret. Le statut du commissaire lui confère une habilitation de chef de service, ce qui lui permet d'accéder à tous les fichiers centraux *via* un portail d'accès nommé Cheops. En tapant son matricule dans les bases de données, les techniciens d'Écully peuvent retrouver la trace de huit consultations des fichiers du STIC (système de traitement des infractions constatées) pour le début d'année 2011. Ce qui est relativement peu. L'IGS cherche aussi à savoir si d'autres policiers ont pu se connecter au bénéfice du commissaire, mais il est impossible aux services de la police technique et scientifique (PTS) de retracer des consultations à partir de noms. En revanche, le commissaire a consulté le fichier des personnes recherchées (FPR) à cent trois reprises entre février et septembre 2011. Élément très important, la PTS précise qu'il n'a jamais modifié de fiches.

L'analyse des consultations de la base d'Interpol est plus gênante. La connexion aux fichiers internationaux d'Interpol passe par un accès réservé à chaque DIPJ. Le commissaire a sollicité ses services pour dix consultations durant l'année écoulée. À chaque fois, ses recherches concernaient des personnages qui gravitaient dans l'entourage d'Alzraa. Questionné sur ces consultations, le policier répond qu'il entretenait son réseau. Il se renseignait sur leur environnement, tout en rendant de menus services, sans grande conséquence selon lui[13]. Quant aux arrière-pensées des cousins, il les met sur le compte de leurs élucubrations.

Neyret l'assure, il n'a jamais été question d'un système d'alerte pour protéger Alzraa de poursuites judiciaires. Pas plus qu'il n'a été question de manipuler les magistrats. Selon lui, tout peut s'expliquer par une relation construite avec des indicateurs, avec toute la complexité que cela suppose. C'est le sens de ses interventions. Il reconnaît des imprudences, et même des erreurs lorsqu'il a conseillé de planquer une voiture volée[14]. Corruption ? Michel Neyret s'en défend bec et ongles.

Le ton change lorsque l'enquêteur de l'IGS aborde les renseignements communiqués par Gilles Bénichou à Yannick Dacheville, l'homme échappé de l'affaire de Neuilly. Les questions sont plus incisives : ne se sent-il pas gêné de favoriser la fuite d'un tel voyou ? Neyret cherche à dédramatiser. Pour lui, l'individu n'avait pas besoin de ses fiches pour prendre la tangente. Il reconnaît que la transmission de ces pièces constitue une violation du secret professionnel, tout en assurant n'en avoir tiré aucun profit. L'enquêteur insiste à propos des fiches Interpol. En mentionnant les lieux ou les motifs de la recherche, elles peuvent utilement orienter un individu en cavale.

L'enquêteur enfonce le clou : après autant de renseignements donnés, peut-on penser qu'il s'agit de contreparties, donc de corruption ? À la huitième audition, le commissaire Neyret consent. « *Il est vrai que cette démarche-là peut être qualifiée de cette manière*[15] », lâche-t-il. Compte tenu de ces éléments mis bout à bout, il reconnaît qu'on peut le soupçonner. En professionnel, il conçoit l'accusation, mais il en conteste le fondement. Il n'admet pas être corrompu. L'enquêteur le pousse dans ses retranchements. De commissaire à commissaire, le dialogue se fait plus intime :

– *Vous qui êtes un policier expérimenté, averti et perspicace, comment se fait-il que vous ayez pu vous faire abuser de personnes connues de la justice et de la police sans vous méfier ?*

– *[...] Je n'avais pas l'impression qu'il y avait d'arrière-pensée. C'est une amitié qui s'est consolidée : pour moi, c'était un ami. Je faisais ça pour lui éviter des soucis judiciaires.*

Mais pourquoi n'a-t-il n'a pas hésité à accepter d'Albert Bénichou une montre Chopard, qu'il savait volée à son propre frère Gilles ? « *J'étais gêné pour Gilles. Il me l'a donnée il y a bien longtemps. Gilles m'a bluffé par ses valeurs, c'est un homme qui vit pour sa famille et qui est fortement imprégné de valeurs religieuses et judaïques*[16]. »

Un commissaire aveuglé par une relation qu'il croit sincère ? Moins méfiant, à quelques mois de la retraite ? Et si l'affectif était une clé de l'affaire Neyret ?

Le commissaire de l'IGS lui fait remarquer : « *Après réflexion, ne pensez-vous pas que Gilles Bénichou, pour son profit ou pour le compte de Stéphane Alzraa, vous a "acheté" alors que pour vous cela correspondait à des cadeaux – certes extraordinaires pour certains ?* »

Neyret concède que les renseignements tirés des fichiers dépassaient le simple cadre d'une relation entre policier et indicateur[17]. Au détour de sa réponse, il lâche : « *Il est certain que les interrogations* * *que j'ai données à titre amical me donnent cette impression*[18]. »

Après la parenthèse personnelle, l'interrogatoire du commissaire reprend sur les comptes en Suisse. Les juges d'instruction agissent vite. Dès le jour des interpellations, ils ont activé une commission rogatoire internationale auprès du procureur général de Genève. Le banquier Fabrice F. a été entendu le 29 septembre en fin d'après-midi par la brigade financière de la police judiciaire du canton de Genève. Trois heures et demie d'audition où il détaille l'ouverture des six comptes bancaires à la demande de Stéphane Alzraa. Il fournit tous les documents des comptes et des sociétés *offshore*, qui datent d'à peine dix jours.

Il explique comment Nicole Neyret, dont il ignorait qu'elle était l'épouse d'un commissaire de police, est venue signer les papiers de la société « NMN », avec un compte prévu à Dubaï pour plus de discrétion. Pourquoi un compte *offshore* ? Aux enquêteurs et au juge, Nicole dit qu'elle faisait confiance à Gilles Bénichou, au moins parce qu'il s'occupait de son mari, limitait ses excès. Elle reste floue sur la vocation de ce compte bancaire exotique. Elle dit que son mari l'aurait incitée à vendre son hôtel. Ce compte aurait donc pu servir de placement du fruit de la vente. Mais elle restait dans

* Le terme « interrogations » renvoie probablement au terme policier qui veut dire « consultations » des fichiers.

l'ignorance de ces montages financiers. Elle raconte au juge qu'elle regardait par la fenêtre lorsqu'elle était dans le bureau du banquier à Genève, admirant la statue de Calvin sur la place, sans prêter attention aux papiers qu'elle signait[19].

« *Ils n'ont signé que des projets* », insiste de son côté Stéphane Alzraa dans ses déclarations en garde à vue. Façon de dire que rien n'était fait. Pour lui, il s'agissait d'apporter des clients à son ami banquier, contre une petite commission. Selon Alzraa toujours, le conseiller a extrapolé en évoquant la somme de 15 millions. De corruption, pas question. Alzraa dit avoir partagé « *la passion des voitures* » avec ce commissaire qu'il a invité dans sa villa « *dans un cadre familial* ». Sans plus.

Au deuxième jour de sa garde à vue, Gilles Bénichou livre de son côté une version plus accablante. Neyret ? Une connaissance, sans plus. Un policier aigri. Le 30 septembre 2011 au matin, il affirme qu'en « *remerciement* » de l'intervention du commissaire auprès du parquet général, « *Stéphane Alzraa a ouvert une société au nom de Nicole Neyret. C'est pour cette raison que Stéphane a demandé son passeport à Nicole pour l'ouverture de la société. Je pense que Michel Neyret a des origines très modestes et que lorsqu'il a rencontré Stéphane Alzraa qui a 31 ans et qui roule dans des voitures luxueuses, cela fait rêver quelque part. Michel Neyret a donné toute sa vie à la police et à 55 ans, il n'a peut-être pas le train de vie dont il aurait rêvé* ». Selon lui, « *il n'a jamais été question de remettre des valises de billets à Michel Neyret. En revanche, ce qui était prévu pour janvier 2012, si Stéphane Alzraa était vraiment mis hors de cause en appel et que son passeport lui était restitué par le juge, c'est que la société soit ouverte au nom de Nicole Neyret et que cette société rapporte des fonds à cette dernière* »[20]. Une société uniquement pour percevoir des commissions, « *de 100 à 150 000 euros* », balance Bénichou.

Même discours le 1er octobre 2011, face au juge d'instruction. Gilles Bénichou expose sa version de la rencontre Neyret-Alzraa, les informations qu'ils échangeaient, les interventions pour récupérer le passeport et atténuer la peine de la cour d'appel, et pour finir la société *offshore* pour une rétribution sous forme de commissions. Le montant ? Cette fois, Bénichou parle de 100 000 euros, « *parce que c'est une somme qui me vient à l'esprit, c'est un chiffre rond que Monsieur Alzraa peut payer*[21] ».

En garde à vue, à propos de ce compte ouvert en Suisse, Michel Neyret conteste la version d'un montage préparé. Selon lui, cette société *offshore* en était encore à l'état de projet. Un projet nébuleux, entièrement conçu par Gilles, avec lequel il se sentait en confiance. Il déclare aux enquêteurs : « *Gilles avait l'idée d'ouvrir un compte en Suisse au moment où j'aurais quitté mes fonctions. Ce compte aurait, je pense, fonctionné pour Gilles et moi. Je ne sais pas par quoi il aurait été alimenté. Je ne sais pas pourquoi Gilles voulait ouvrir un compte en Suisse*[22]. »

Le commissaire dit avoir complètement ignoré les modalités de ce compte encombrant. Pour lui, il n'a jamais été question d'une quelconque rémunération. Il ne s'y est pas spécialement intéressé. Au point d'affirmer : « *La création de ce compte en Suisse a été pour moi une surprise au départ*[23]. » Il reconnaît que son épouse a servi de prête-nom car sa fonction de policier l'empêchait d'ouvrir un compte en Suisse.

L'évocation d'une société fiduciaire par Alzraa lui a paru « *surréaliste* ». Il précise avoir découvert le montage de société *a posteriori*, dans les documents saisis par les enquêteurs. Selon Michel Neyret, la création d'une société en Suisse avait été envisagée pour « *des projets futurs* ». « *Un pur projet commercial sans réalité concrète** [...] *jamais je n'aurais engagé ma femme dans un projet illégal*[24] », affirme-t-il au juge d'instruction. Plus tard, il dira que ce compte aurait pu réceptionner la vente des biens de sa femme.

Entre la version accablante de Bénichou et celle, minimaliste, du commissaire, la justice devra placer le curseur. Michel Neyret soutient que les cousins ont élaboré ce montage sans qu'il ait eu connaissance des détails. Il dit qu'il ignorait leurs arrière-pensées. Cette hypothèse, poussée à l'extrême, peut donner de lui l'image d'un homme naïf qui, se berçant d'illusions, croyait qu'un ami sincère lui préparait une retraite dorée. La légèreté n'est pas un délit. Encore faut-il convaincre, et l'expérience professionnelle du commissaire contraste avec une telle crédulité. À moins de penser qu'il n'était plus le même homme. Un policier qui aurait baissé la garde, trop seul. Aux juges d'en décider.

Le 3 octobre, à 8 heures, Michel Neyret est présenté au juge d'instruction. Les magistrats ont retenu douze

* Voir en note, p. 316, la retranscription de ce passage de l'interrogatoire de Michel Neyret par le juge d'instruction le 17 janvier 2012 ainsi que les explications qu'il fournit à ce sujet en décembre 2013.

délits contre le commissaire, qui vont de la « corruption » au « vol » en passant par le « blanchiment ». Avec la notion de « bande organisée » accolée au « trafic de stupéfiants », la procédure relève d'une qualification criminelle, passible de la cour d'assises. L'interrogatoire de première comparution dure à peine une demi-heure, et s'achève par une déclaration spontanée : « *J'espère que ces faits ne viendront pas éclipser mes années de service dont je suis fier*[25]. » Le commissaire divisionnaire Michel Neyret, mis en examen, est retenu derrière les verrous, dans l'attente d'une audience du juge des libertés et de la détention (JLD). Son incarcération est requise par le parquet.

Lundi 3 octobre, 20 h 07, palais de justice de Paris. Les comparutions immédiates s'achèvent dans une petite salle d'audience. Les condamnés repartent en file indienne, direction la prison ou l'air libre selon les cas. Les couloirs se vident. Place à l'audience du JLD. Au deuxième palier de l'escalier F, assis derrière un guichet en forme de lucarne, un gendarme surveille le petit hall d'accès. La porte au verre teinté est fermée, la salle, inaccessible. Huis clos décrété, sans autre forme de débat. Michel Neyret arrive rapidement, accompagné de deux gardes du palais, dans les cliquetis d'entraves. L'audience dure quelques minutes. 21 h 21, il repart, dernier visiteur du soir, suivant l'itinéraire des condamnés. Il est placé sous mandat de dépôt, direction la prison de la Santé. Bras en avant, poignets menottés, il descend l'escalier intérieur. Ses épaules carrées s'effacent dans la pénombre du palais de justice.

9

Sous les postiches

Antigang, 1985-1996.

À la fin des années 1980, les braquages se multiplient dans la région lyonnaise. Les faits se produisent souvent le jeudi, jour du quarté, dans des bars PMU aux caisses pleines.

Les services de police et de gendarmerie ont la conviction qu'une seule et même équipe est à l'œuvre depuis le début. Violents, nerveux, les gangsters distribuent coups de pieds et coups de crosses. Ils n'hésitent pas à tirer. L'un d'eux porte de grosses lunettes, qui rappellent les lunettes de ski, ou celles qu'on trouve dans la panoplie des policiers chargés du maintien de l'ordre.

Entre 1985 et 1987, une bonne dizaine de bars de la périphérie lyonnaise subissent ces intrusions armées. À Bron, petite banlieue tranquille du sud-est de Lyon, située juste de l'autre côté du périphérique, les braqueurs reviennent jusqu'à trois fois de suite dans le même PMU, toujours selon le même scénario : un homme occupe la salle tandis qu'un complice s'introduit à l'étage ou à l'arrière du commerce. À l'extérieur, un troisième compère fait le guet.

Le 31 décembre 1987, ces attaques à répétition tournent au drame sanglant. À la nuit tombée, le gang surgit en Renault 25 devant le PMU *Les Transporteurs* de Genas, à quelques kilomètres à l'est de Bron. La scène est d'une rare violence : les clients sont plaqués au sol et la gérante est traînée dans la cuisine. Les braqueurs ressortent rapidement avec leur butin : 18 000 francs raflés dans le coffre, sans oublier le sac à main de la gérante. En sortant, un malheureux passant est touché par trois tirs, de deux calibres différents, dont un l'atteint mortellement en plein thorax.

Après quelques mois d'interruption, les braquages de PMU reprennent de plus belle entre juin et juillet 1989. Le mode opératoire, caractéristique, signe l'ensemble des forfaits, même si l'équipe évolue désormais dans des compositions variables. Ils ne sont parfois que deux assaillants, qui dissimulent leurs traits sous des masques.

Le gang armé donne l'impression de monter en puissance. En version plus nombreuse, il s'attaque désormais aux supermarchés. Sa violence s'en trouve décuplée dans un rayon d'action de plus en plus large. Avec leurs perruques, leurs fausses barbes, leurs lunettes, leurs masques parfois, les braqueurs dansent un sanglant carnaval. Des dizaines de hold-up sont attribuées à cette équipe composée de deux à cinq individus selon les cas. Un copieux palmarès en quatre ans, assombri par trois morts et des blessés.

Au cours d'une attaque à Oullins, un membre du gang braque son arme sur la tempe d'une fillette de 12 ans. Lors du braquage du magasin Intermarché de Vénissieux, l'employé du rayon boucherie tente de s'interposer en brandissant un hachoir. Il reçoit une balle dans le bras, tirée par un .38 spécial wad-cutter aux ogives à têtes plates particulièrement dévastatrices. Au Géant casino de Firminy, une femme est menacée d'une arme plaquée sur son cou. Un surveillant prend une balle dans la cuisse et un automobiliste essuie des tirs dans les pneus. Le centre E. Leclerc de Grézieu-la-Varenne se voit ciblé à trois reprises. Les enquêteurs attribuent à ce gang des déplacements jusque dans la région de Sochaux, à quelque 300 kilomètres.

Ces raids connaissent un sinistre paroxysme le 28 janvier 1989, à Firminy, dans la Loire. Le gang s'attaque cette fois à un transport de fonds. Dans un mauvais timing, ils ouvrent le feu dès la sortie des convoyeurs de la société Transval, sans aucun état d'âme. Deux convoyeurs seront abattus. Les enquêteurs relèvent sur place une dizaine de douilles de différents calibres, dont une munition de pistolet automatique Walther 7,65 qu'ils rapprochent d'une précédente attaque.

À cause des frontières administratives, il faut du temps aux forces de l'ordre pour prendre la mesure de cette affaire. L'éclatement géographique des faits provoque un éparpillement des enquêtes et on compte jusqu'à neuf juges d'instruction différents dans des procédures croisées. Plusieurs services sont saisis : police urbaine, gendarmerie, police judiciaire.

Fin 1989, une coordination commence à se mettre en place, sous l'égide de Xavier Richaud, premier procureur adjoint, chargé de l'action publique au parquet de Lyon. Des indices sont partagés mais l'information circule à pas comptés : jeu de pouvoir ou guerre des chefs, les différents services de police se font concurrence. Les rivalités sont tenaces. « *Il fallait laver l'honneur de la sécurité publique* », confie le commissaire Jean-Daniel Mercier, patron de la brigade criminelle de la Sûreté, qui rappelle que la sécurité publique a joué « *un rôle déterminant dans les investigations* »[1]. Dans ce contexte, la brigade antigang va tirer son épingle du jeu.

Les différents services rivalisent pour obtenir les saisines de dossiers importants. À ce jeu-là, Neyret, en contact permanent avec les magistrats chargés des dossiers de la BRI, est passé expert. « *Il a un certain prestige, il est indépendant, un peu méfiant, il a l'habitude de travailler avec des magistrats de confiance* », explique un ancien substitut lyonnais qui a directement travaillé avec le commissaire, « *ses procès-verbaux sont extrêmement précis, c'est de l'orfèvrerie, il y a une grande qualité procédurale et en même temps une précision dans les missions opérationnelles. Il a toujours eu l'estime des policiers et des magistrats* »[2].

De plus, le chef de l'antigang tient un autre rôle important au sein de l'appareil judiciaire, celui de témoin à la barre des tribunaux. Dans le cadre des procès de malfaiteurs arrêtés par la brigade, il est régulièrement convoqué par la justice pour exposer les enquêtes de l'antigang. Le rituel est toujours le même. Le procès commence par un rapide exposé de l'affaire, se poursuit par l'étude des personnalités et aborde les faits. C'est là qu'interviennent les enquêteurs, pour planter le décor, avant la discussion. Agile intellectuellement, Neyret a la faculté de résumer clairement une enquête, sans note. Avec l'expérience, Neyret sait parfaitement mettre en exergue les éléments utiles, tout en évitant les pièges : pas question d'avancer une hypothèse sans être sûr d'avoir une solide référence dans le dossier. En même temps, sur questions des magistrats, dans un jeu bien compris, le commissaire n'hésite pas à donner librement son avis sur la dangerosité ou non d'une équipe, comme s'il était consulté en expert reconnu du banditisme. Pour l'accusation, le discours bien huilé du policier, maîtrisant parfaitement son sujet, jamais déstabilisé, est du pain bénit. Un réquisitoire à lui tout seul. « *Il avait une grande capacité de synthèse, une aisance naturelle, une faculté d'exposer les grandes affaires* », confie Yvette Vilvert, longtemps présidente de la cour d'assises du Rhône, qui lui voue une admiration intacte : « *C'était le meilleur* »[3]. Michel Neyret prend goût à l'exercice, sans craindre les passes d'armes avec les avocats de la défense.

En VRP de la PJ, Neyret ne rate aucune audience solennelle des tribunaux, façon d'entretenir son entregent. Le commissaire reste curieux du monde de la justice. Il n'est pas rare de le voir passer dans les prétoires, quand des procès importants se déroulent, sans qu'il soit cité comme témoin. Il s'invite. Il cherche à savoir quelle traduction judiciaire prennent les enquêtes de la brigade. Histoire de peaufiner les procédures pour les rendre plus efficaces au tribunal. Discrètement debout au fond de la salle d'audience, il en profite pour actualiser ses connaissances du milieu, en scrutant le public, en observant les prévenus. Dans ces occasions, le policier ne manque pas d'aller saluer le représentant du parquet. Ce qui rend très nerveux les voyous qui, depuis le box, le voient chuchoter à l'oreille des magistrats de l'accusation. Un gros trafiquant de drogue a même imaginé un jour que le commissaire soufflait le réquisitoire au procureur.

Force est de constater que, dans le domaine spécifique du grand banditisme, Neyret devient incontournable. Et puis, avec l'appui de ses patrons successifs, il défend sa boutique, imposant la PJ de Lyon en interlocuteur privilégié pour les affaires importantes. Elle rafle ainsi de plus en plus d'appels d'offres sur le marché judiciaire.

Signe d'une confiance bien installée, cinq ans après avoir pris la tête de la BRI, Neyret hérite donc de l'affaire du gang des PMU. Même si des éléments importants ont déjà été apportés par d'autres services, le commissaire va, ici encore, jouer un rôle central dans les investigations. Très vite, toute son équipe est mobilisée sur cette affaire. Dans un bureau de la PJ, un enquêteur scotche un poème écrit par le fils d'une victime. Il lui promet d'arrêter l'auteur du crime : « *Quand il sera dans mon bureau, je t'appellerai*[4]. »

La première piste consistante vient d'un infime détail. En étudiant de près des véhicules des malfaiteurs, les enquêteurs remarquent un petit défaut de conception sur les fausses plaques d'immatriculation. Ce qui permet de remonter jusqu'à la société qui détient le brevet de fabrication, située à Mâcon, en Saône-et-

Loire. En rendant une petite visite à l'entreprise, les policiers obtiennent la liste d'une centaine de ses clients dans le département du Rhône. Épluchant les registres, multipliant les vérifications, les enquêteurs privilégient deux garages, l'un à Décines, l'autre à Villeurbanne. Les deux villes, situées à l'est de l'agglomération lyonnaise, sont dans le secteur des premiers coups d'éclat du gang des PMU.

Les investigations se focalisent sur un magasinier du garage de Villeurbanne. Âgé de 55 ans, il présente un profil influençable, en lien avec un environnement instable. L'homme est familier d'un certain Alain Chémédikian, au passé judiciaire chargé, considéré par la police comme un truand à forte carrure. « *Il présentait des caractéristiques morphologiques incroyables, très proches du portrait-robot qui avait été établi après le braquage mortel de Firminy* », se souvient un enquêteur de l'antigang. Les policiers imaginent bien le truand portant les fameuses lunettes plastifiées pour cacher ses gros sourcils broussailleux. Le personnage est à son tour placé sous surveillance. La brigade antigang se met en ordre de bataille, dans une extrême discrétion.

C'est alors que le hasard vient perturber le cours des événements. Le garagiste, qui représente la seule piste dans cette affaire, est surpris par un équipage de police urbaine en train de river des plaques d'immatriculation sur une Renault 21 volée. Il est interpellé et incarcéré. Ce qui n'était pas du tout prévu au programme : une fois le principal suspect mis hors circuit, impossible de le suivre pour remonter aux autres membres de l'équipe. Voilà toute l'enquête compromise. Une réunion d'urgence est convoquée chez le procureur. Quelle tactique adopter face à cet imprévu ? « *Un certain nombre de services étaient partants pour un ratissage général, on allait secouer le tamis et voir ce qui en sortirait, j'étais pratiquement le seul à dire non, à demander du temps* », raconte Michel Neyret. Le chef de la BRI propose une option plus audacieuse : laisser le suspect purger sa petite peine de prison pour ne pas éveiller l'attention des autres membres de l'équipe. Avec pour objectif une enquête plus fouillée, menée jusqu'au bout, jusqu'au flagrant délit. « *Je pensais que les mecs allaient reprendre confiance, l'objectif était de se les faire en flag, les flics on ne pouvait pas se les faire autrement qu'en flag* », rapporte encore Neyret. « *Avec l'appui de mes supérieurs on a enlevé le morceau. On nous a fait confiance parce qu'à l'époque on avait quand même de bonnes réussites* »[5].

Le garagiste est inculpé et écroué. Mais son cas bénéficie d'un traitement à part. Un jeune avocat s'étonne d'entendre un juge lui conseiller de demander rapidement une remise en liberté. Une avocate plus expérimentée sent qu'une manœuvre se trame dans les couloirs du palais et prédit à son confrère : « *C'est un cadeau empoisonné*[6]. »

Après concertation entre policiers et magistrats, le garagiste est donc rapidement remis dehors. Et c'est en suivant le truand que les policiers découvrent avec stupeur ses contacts étroits avec trois ou quatre policiers, basés dans le commissariat des 3e et 6e arrondissements de Lyon. Des policiers en pleine activité font donc partie de ce premier noyau de complices. C'est un choc. Michel Neyret est médusé par cette trahison :

« *On avait l'impression de découvrir la pointe d'un iceberg, ça donnait naissance à un truc incroyable*[7]. »

Enquêter sur des policiers devenus braqueurs tout en restant impassiblement à leurs postes : le cas, unique pour l'équipe de la BRI, constitue une motivation supplémentaire. « *Il fallait absolument qu'on élucide tout ça, on était très remontés, dégoûtés de voir ça, mais bien déterminés à les coincer*[8] », raconte un ancien membre de la brigade.

La BRI doit redoubler de vigilance. Neyret fait poser des plaques d'immatriculation sans aucune référence administrative sur les voitures de la brigade. Rien de plus facile en effet pour un policier de commissariat que de taper le numéro d'un véhicule suspect. Les ripoux pourraient vite comprendre que des voitures aux plaques du ministère de l'Intérieur attribuées à la PJ circulent dans leur environnement ! La BRI surprend des réunions clandestines entre flics et voyous, derrière le commissariat. Elle assiste à des déplacements. De multiples écoutes téléphoniques sont branchées. Une organisation criminelle hors norme se dévoile peu à peu, faite d'un mélange improbable de personnages lancés à corps perdu dans des braquages violents.

L'enquête est périlleuse. Les policiers suspects sont à l'écoute des fréquences. Ils peuvent suivre l'avancée de leurs collègues pendant que leurs complices braquent. La police lyonnaise compte environ quatre mille fonctionnaires, tous services confondus. Un univers où on se connaît, on échange. Il suffirait d'une conversation échappée dans un couloir, d'une allusion à la cafétéria de l'hôtel de police pour que les suspects se doutent qu'une enquête se rapproche d'eux. Les investigations progressent sous une pression inédite. Plus que jamais, la BRI se replie dans le secret pour éviter toute fuite compromettante, tout incident fatal. Les loups sont dans la bergerie.

Parmi les cinq policiers dans le collimateur, la BRI découvre une galerie de personnalités contrastées. Michel Lemercier, simple brigadier, considéré comme le plus actif, a été autrefois le chauffeur du commissaire d'arrondissement. Il est aujourd'hui rédacteur de PV de délits routiers. Au cours des surveillances, un enquêteur est sidéré par sa double vie, par sa façon de passer du bien au mal dans une même journée : « *On a l'impression qu'il commence un PV, qu'il va braquer et qu'il reprend sa machine à écrire là où il l'a laissée, on n'a jamais vu une telle configuration*[9]. » Tandis que Guy Nicolaï cultive des rêves de pilote d'avion sans décoller de son bureau, Richard Durastante égare des dizaines de procédures emportées à son domicile. Don Jean Giovanetti quant à lui donne des consultations de médecine au sein du commissariat. Il a passé quatre ans de médecine en auditeur libre. Mi-Russe mi-Italien, surnommé le « macaroni soviétique », c'est un homme cultivé, à la personnalité complexe. Le dernier membre du groupe, un autre brigadier, cantonné durant plusieurs années entre les murs du commissariat, a eu l'idée de postuler pour… la brigade antigang. Il a heureusement préféré une mutation près de Marseille.

***

Grâce aux conversations captées par les écoutes téléphoniques, la PJ comprend que des dissensions agitent l'équipe des braqueurs. Ils se sont scindés en plusieurs groupes, sans pour autant cesser leurs activités. En novembre 1990, l'affaire s'emballe. Un dialogue codé attire l'attention des enquêteurs. « *N'oubliez pas, lundi on a un match de foot, préparez bien les crampons* », annonce en substance le meneur présumé du groupe de policiers. « *Une conversation très ambiguë, il y a anguille sous roche*[10] », se souvient Michel Neyret.

Le samedi 10 novembre, le garagiste, sous surveillance constante depuis sa sortie de prison, est repéré en compagnie de son beau-frère, Alain Chémédikian, un Arménien bourru connu des services de police. Le duo part de son côté à Saint-Marcellin, comme s'il avait décidé de mener ses propres forfaits, à l'écart des policiers ripoux cette fois. Quelques heures plus tard, un braquage est signalé dans la petite ville de l'Isère. La description des malfaiteurs et de leur voiture ne laisse aucun doute aux enquêteurs de la BRI, qui se positionnent sur leur chemin de retour. Les deux suspects fleurissent* comme prévu.

Alors que tout semble réuni pour solder l'affaire, le commissaire Neyret en décide autrement. Gardant en mémoire la conversation codée captée par les écoutes, il sent que la branche des policiers ripoux est sur le point de tomber et décide de patienter encore un peu, pour réussir un flagrant délit autrement plus éclatant.

* Se dit en argot policier pour signifier que des suspects apparaissent à la vue d'un dispositif de surveillance.

Il réussit à convaincre les autorités judiciaires du bien-fondé de ce choix stratégique. L'option est retenue. L'affaire se décante en trois jours d'une rare intensité.

Après leur retour de leur braquage dans l'Isère, le garagiste et le truand restent sous surveillance permanente. Leur voiture est déplacée d'un parking de Décines à un box du 3e arrondissement de Lyon. Dans la nuit du samedi, une partie du dispositif de la BRI se reporte autour du commissariat. Sur place, le commissaire Neyret dirige l'opération, minute par minute. Le lundi matin, après des heures d'attente, les policiers de la BRI observent depuis leur planque deux fonctionnaires du commissariat en plein conciliabule avec un voyou. Tous les trois repartent dans la même voiture, en direction d'une salle de sport. Le commissaire Neyret les suit. Il est aux premières loges pour les voir récupérer un quatrième complice : un autre policier du commissariat, ancien joueur de foot de troisième division au club de Lyon-Duchère. Un stoppeur qui, à ses heures perdues, joue dans l'équipe de foot de la police lyonnaise, dans laquelle évolue aussi le patron de la BRI. « *Je le vois, je le reconnais, c'est le mec avec qui j'avais joué au foot dans la sélection de la police. Je me suis fait tout petit dans la voiture, s'il m'apercevait, tout était foutu*[11] *!* » retrace Michel Neyret. Laurent Féminier ne s'est rendu compte de rien. La filature peut continuer.

Le gang se dirige ensuite vers le sud de la ville, passant vers midi par l'avenue Berthelot pour acheter un bouquet de fleurs. La BRI sent que le dénouement est proche. Les ripoux retraversent Lyon dans l'autre sens. À destination d'un immeuble cossu du 6e arrondissement. Les fleurs vont servir de couverture pour simuler une livraison, et tromper ainsi leurs victimes. Caché derrière le gros bouquet, le quatuor frappe à une porte. «*Je me suis sentie flattée en voyant le bouquet*[12] », racontera la femme. Les braqueurs font irruption chez elle. Elle est ligotée sur son lit. Les fils du téléphone sont coupés. Dehors, les policiers de l'antigang distinguent trois braqueurs ressortir de l'immeuble, avec un homme visiblement sous la contrainte. Le quatrième complice est resté dans l'appartement pour maintenir l'épouse sous bonne garde.

Le groupe traverse toute la ville du nord au sud, depuis le quartier chic du 6e arrondissement jusqu'au secteur industriel de Gerland, tout près du stade de foot. Les gangsters se dirigent vers une banque de l'avenue Marcel-Mérieux. Cette fois, plus de doute. Le gang des Ripoux est en pleine action : il séquestre la femme d'un banquier pour se faire ouvrir les portes d'une agence de quartier. Deux braqueurs pénètrent dans la banque avec leur otage tandis qu'un troisième reste à l'extérieur, un talkie-walkie de la police à la main afin de suivre en direct si une alerte a été donnée. La BRI reste à l'affût, bien calée sur ses fréquences cryptées. La scène dure une demi-heure. Les trois braqueurs repartent, 400 000 francs dans un sac.

La BRI suit les gangsters. Sur quelques centaines de mètres seulement : les policiers ripoux et leurs complices disposent d'une planque à proximité, place des Pavillons. Ils pénètrent tous ensemble dans le cabinet médical d'une amie. Les principaux ripoux réunis dans un seul lieu, juste après un braquage : cette fois, le patron de l'antigang estime le moment propice pour les prendre en flagrant délit.

Michel Neyret donne d'abord l'ordre d'arrêter les deux truands auteurs du braquage de Saint-Marcellin. Le garagiste est rapidement appréhendé. À Décines, l'interpellation de son beau-frère est beaucoup plus agitée. Bruno Papet, enquêteur à la BRI, parvient à maîtriser Chémédikian, avec l'aide déterminante d'un de ses collègues[13].

Simultanément, la brigade approche du but à Gerland. Une dizaine de policiers encerclent le cabinet médical situé sur la petite place en U, bordée d'arcades et d'immeubles en verre. Ils ont repéré les lieux. Neyret préfère attendre que les ripoux se sentent en pleine confiance et fassent le partage de leur butin. Ne pas se précipiter, laisser descendre la pression. Au bout de deux heures, l'équipe bouge enfin. La porte s'entrouvre. L'antigang s'engouffre. Le brigadier Lemercier est projeté contre une baie vitrée. Le trio est pétrifié.

Quant au policier qui avait gardé l'épouse du banquier, il a rejoint directement le commissariat. Dans la minute suivante, il voit débarquer ses collègues de la PJ. « *Blanc comme un linge, il a compris*[14] », se remémore un enquêteur. Le gang est complètement démantelé : le trio d'origine, les complices occasionnels, et même un employé de banque soupçonné d'avoir fourni des indications, notamment l'adresse de victimes. En tout, dix-sept suspects sont inculpés, dont cinq policiers. Les perquisitions sont fructueuses : vingt-sept armes trouvées, des munitions et même la fameuse paire de lunettes de maintien de l'ordre, utilisée dans le déguisement du braqueur aux gros sourcils.

***

Dans les conférences de presse, on attribue à l'équipe un total de plus de soixante-cinq attaques à main armée. Face à cette extravagante dérive d'un petit noyau de policiers, le préfet vient à la rescousse de l'institution, prenant soin de dénoncer des manquements purement individuels : « *Il est essentiel que le comportement de chaque fonctionnaire ne porte pas atteinte à l'honneur et au crédit de la police lyonnaise et des quatre mille quatre cents policiers de tout grade qui la servent avec une compétence et un dévouement dignes des plus hauts éloges.* » Il annonce une enquête administrative, confiée à l'Inspection générale de la police nationale (IGPN), avec « *toute la rigueur et la fermeté nécessaires* »[15].

Cette histoire, la BRI aurait pourtant pu l'élucider beaucoup plus tôt. En effet, un chef de groupe avait eu de gros soupçons sur un gardien de la paix du 3e arrondissement de Lyon. Selon ses tuyaux, le policier fréquentait un bar louche, au contact de voyous à forte renommée. Le chef de groupe avait insisté : « *Il faut le brancher*[*16]. » Le téléphone du domicile du fonctionnaire avait donc été mis sur écoutes. Hélas, l'individu ne payait pas ses factures ! Sa ligne coupée, le projet avait capoté.

L'honneur est sauf cependant : la police est parvenue à démasquer les imposteurs en son sein. À laver son linge sale. Lors du procès qui s'ouvre en janvier 1996, un homme incarne cette rédemption : Michel Neyret.

* Placer sur écoutes téléphoniques.

Au procès, le chef de la brigade antigang joue de son image de marque, désormais bien installée dans les prétoires. Il décrit les rouages du gang, place son petit couplet moralisateur. Déployant un récit circonstancié de l'enquête, son témoignage produit un fort effet. « *Il a été impérial, c'est lui qui devenait le redresseur de torts*[17] », se souvient l'un des avocats de la défense.

Pour accueillir ce procès spectaculaire, un prétoire est spécialement construit dans la grande salle des pas perdus de l'ancien palais de justice de Lyon. Le premier jour du procès, la cour d'assises détaille la liste interminable des braquages, en répartissant les rôles de chacun. Don Jean Giovannetti raconte la genèse du gang. Dans sa propriété en Ardèche, il a rencontré Alain Chémédikian, venu effectuer des travaux. Son collègue Michel Lemercier était aussi passé. De conversations ambiguës en propositions à peine voilées, un projet criminel a germé au sein de ce trio originel. Jusqu'au jour où un des policiers aurait avoué à l'autre : « *C'est fait, on est montés sur un braquage, les doigts dans le nez*[18]. » Un feu vert pour la transgression.

À travers ces récits d'audiences, où des accusés se renvoient sans pitié les responsabilités à la figure, la cour suit la genèse du gang : ses recrutements successifs, l'enrôlement des autres policiers, les pressions, les tentations, l'engrenage. Les personnalités tranchées des fonctionnaires se sont combinées dans une dynamique vertigineuse. Stupéfaits, les magistrats découvrent l'envers d'un commissariat qui tanguait sérieusement, entre Giovannetti qui donnait des consultations paramédicales et Nicolaï qui brûlait de l'encens au son de la musique sacrée en regrettant sa vocation de moine zen. La criminalité du secteur avait d'ailleurs augmenté de 68 % en cinq ans. Pourtant, leurs notations flatteuses ne laissaient rien entrevoir de leur dévoiement. Le rapport volumineux de l'IGPN est sévère. L'affaire a probablement coûté la vie au chef du service, qui s'est suicidé dix mois après, traumatisé.

À la fin du mois de février, le verdict tombe, comme un couperet. Pour les coupables jugés les plus impliqués : deux peines de réclusion à perpétuité et trois peines de vingt ans, assorties de mesures de sûreté. De huit à dix ans de réclusion pour les complices secondaires. Plusieurs années après, Michel Lemercier a trouvé la mort en prison. Sa famille a dénoncé « la dureté » de ses conditions de détention[19].

Troublante mise en abyme pour un flic déchu : l'affaire des Ripoux de Lyon est probablement la plus extraordinaire des enquêtes menées par le commissaire Neyret et sa brigade antigang. Deux ans d'investigations dans la plus grande discrétion, émaillées d'incroyables rebondissements. « *Je crois que c'est mon plus fort souvenir professionnel*[20] », admet Michel Neyret à propos de l'histoire de ces flics qui ont traversé le miroir.

***

En décembre de cette même année 1996, le commissaire Neyret, en pleine ascension, vient témoigner dans un autre procès, à Bourg-en-Bresse cette fois.

L'affaire porte sur le braquage d'une agence bancaire, à Montluel, vingt-cinq kilomètres à l'est de Lyon. En

1987, un gang a enlevé le responsable d'une agence et son épouse. À l'écart de la ville, dans un champ de maïs, le couple a été tenu en respect toute la nuit par des hommes cagoulés, sous la menace de fusils. Au petit matin, l'équipe a investi la banque, s'emparant des employés à leur arrivée, un à un. Ils ont été enfermés dans un bureau ou plaqués au sol dans la salle des coffres, en attendant l'ouverture temporisée. Butin : 180 000 francs – environ 27 000 euros.

La brigade antigang serrait l'équipe de près. Elle a vu les préparatifs. Sans savoir le lieu exact de séquestration, elle se doutait de l'enlèvement, mais était volontairement restée en retrait le temps du forfait. La BRI a interpellé les malfaiteurs à leur retour, dans des circonstances agitées. Les braqueurs ont tenté de prendre la fuite à bord d'une fourgonnette, sous le feu nourri des policiers. Coincés dans une rue de Villeurbanne, quatre hommes ont été appréhendés, un cinquième a pris la fuite.

En 1992, ces quatre hommes ont été condamnés à douze ans de réclusion. Dans le second procès de 1996, un seul homme se retrouve dans le box : Claude Lucas, repris après une cavale en Espagne. Avant l'ouverture des débats, le commissaire Neyret est assis de l'autre côté du prétoire, face à lui, à côté d'un enquêteur de la brigade de répression du banditisme. Les deux policiers chuchotent en regardant l'accusé : « *Il n'a pas trop changé, comment tu le trouves*[21] *?* » Dans son box vitré, le voyou reste impassible, visage fermé. Son regard noir traduit la désapprobation de servir de bête de zoo aux deux enquêteurs.

Surnommé le bandit philosophe, Lucas a écrit sa biographie en prison. *Suerte. L'exclusion volontaire*, un texte pétri de la philosophie de l'altérité d'Emmanuel Levinas, est publié dans la collection « Terre humaine », aux éditions Plon. Au cours du procès à forte densité, son livre devient un enjeu, presque une pièce à conviction. Des aveux signés, selon la procureure. Une rédemption évidente, pour la défense.

Les complices de Lucas ont déjà purgé leur peine. Certains sont venus dans la salle des assises pour assister à son procès – ce qui n'est pas forcément très adroit quand on sait que l'accusé nie avoir fait partie de l'équipe responsable du braquage avec séquestration. Le banquier, sa famille et les employés supportent mal la présence des malfaiteurs dans la salle. Ils ressentent leur proximité comme une provocation ou une menace. À chaque sortie d'audience, le commissaire Neyret et son collègue de la brigade de répression du banditisme (BRB) jouent spontanément leur escorte. Ils accompagnent le groupe des victimes à l'extérieur du palais de justice. Dans la rue, Jacky E., truand à grande gueule, lève la main, interpellant les policiers sur un ton provocateur : « *Alors les poteaux, on fait son tour ?* »

Les policiers se retournent. Dans la rue, à cent mètres de distance, les deux groupes se font face, ce qui donne l'impression d'un duel imminent. Le commissaire fait le même geste que le voyou, avec un sourire forcé : « *Comment ça va, mais qu'est-ce que tu fais là ?* » L'échange se situe dans une zone de contact à haute tension. Flic et voyous se connaissent, se jaugent, en vue d'une prochaine confrontation[22].

Les truands l'ont mauvaise : Neyret a volontairement laissé se dérouler le braquage et la séquestration pour leur coller un flagrant délit sur le dos. Au procès, même les parties civiles s'en étonnent, choquées que la police ait pu laisser se dérouler un crime à leur détriment. La défense profite de la polémique. Les avocats critiquent cette méthode si particulière à l'antigang, qui consiste à placer des suspects sous surveillance dans le but de les prendre en flagrant délit lorsqu'ils passeront à l'action. Laisser faire en sachant qu'un mauvais coup se prépare : difficile à admettre pour les avocats qui y voient une forme de déloyauté, voire une façon cynique de faire plonger les suspects. Sauf que la méthode est parfaitement assumée par l'antigang, complètement validée par le parquet, soucieux de lutter contre la criminalité la plus active.

Le procès de Bourg-en-Bresse fournit au commissaire Neyret l'occasion d'exposer publiquement sa doctrine. À la barre, il joue sa partition avec aisance, décrivant les surveillances, les éléments constitutifs d'une association de malfaiteurs. Quelques mois après le procès des ripoux de Lyon, le cas Lucas n'est pour lui qu'une formalité. Le commissaire explique ouvertement comment la brigade antigang a attendu la consommation du crime pour faire tomber les malfaiteurs. L'avocat de Claude Lucas se lève.

Regard étonné, Maître Olivier Metzner lui lance : « *Vous n'avez rien fait, vous n'avez pas protégé les victimes.* » Le commissaire répond du tac au tac au célèbre pénaliste parisien : « *Notre but est de protéger la société.* » Metzner ironise : « *Priorité à une longue peine, vous aviez donc confiance en eux pour que l'enlèvement ne tourne pas mal.* » Réponse à double tranchant de Neyret : « *J'avais confiance en leur professionnalisme.* »

Le duel entre le chef de l'antigang et le fameux avocat du barreau parisien reste gravé dans les annales judiciaires, version magistrale d'un débat récurrent.

Le commissaire a souvent justifié les méthodes de la BRI auprès des juges et des jurés, expliquant que la lutte contre le grand banditisme passe par des flagrants délits en bonne et due forme afin d'obtenir des condamnations plus fortes. Au sein de la PJ, Michel Neyret est devenu une référence pour appliquer cette doctrine légitimée par les autorités judiciaires, remportant succès sur succès dans les tribunaux et cours d'assises. Un interlocuteur privilégié pour la justice, apprécié par sa hiérarchie. Parfois au prix d'acrobaties osées. Sans tout connaître des cuisines de la police, les magistrats accordent un classement, allègent un contrôle judiciaire ou aménagent une peine, avec la conviction qu'en passant sur des incidents de parcours, ils facilitent le difficile travail des enquêteurs. À cette époque, une rumeur a par exemple évoqué un manque de vingt kilos dans les scellés d'une grosse affaire de stupéfiants. S'agissait-il de rémunérer des indicateurs ? « *On ne voulait pas savoir, on ne mettait pas notre nez là-dedans, on ne voulait pas d'emmerdes, c'était un peu faux-cul mais ça fonctionnait comme ça*[23] », témoigne un ancien magistrat du parquet. Neyret se souvient : « *Il m'est arrivé de cacher l'existence d'un policier infiltré dans une affaire de stupéfiants importante, à la limite du parjure à la barre, tous les magistrats étaient au courant*[24]. »

10

Missions antiterroristes

Antigang, 1995.

Le commissaire Neyret est à l'apogée de sa carrière. Avec sa technicité reconnue, la BRI se voit confier les enquêtes les plus sensibles de la PJ.

Depuis le mois de juillet, la France est touchée par une série d'attentats attribués au Groupe islamique armé (GIA), une organisation considérée par l'Onu comme proche d'Al-Qaïda. Le 25 juillet, une bouteille de gaz bourrée d'écrous a explosé à la gare RER Saint-Michel-Notre-Dame à Paris, faisant 8 morts et 117 blessés. Un mois plus tard, une bombe est découverte sur la ligne TGV sud-est, près de Lyon. L'engin artisanal est placé contre la voie ferrée, au niveau de Cailloux-sur-Fontaine. Il n'a pas fonctionné en raison d'un infime défaut de conception. Les cheminots ont repéré sa présence. L'Identité judiciaire réussit à relever deux traces de pouce sur l'envers du ruban adhésif qui reliait le détonateur à la bouteille de gaz. Envoyée à Écully, l'empreinte papillaire est identifiée par le fichier national automatisé : Khaled Kelkal, 26 ans, connu pour des affaires de vol. Le jeune islamiste devient l'homme le plus recherché de France. Début septembre, les recherches n'ont toujours rien donné et, le 7, une voiture piégée explose devant une école juive de Villeurbanne. On compte 14 blessés.

À Lyon, l'enquête est confiée au Service régional de police judiciaire qui exige « *un silence absolu* » sur les investigations. Neyret a la confiance totale du directeur du SRPJ. Bernard Trenque l'a vu débuter à l'antenne de Grenoble dans les années 1980, il sait que le commissaire, qui vient de réussir l'affaire des Ripoux de Lyon*, a beaucoup progressé en dix ans d'antigang. Le patron n'a pas besoin de grand discours. Une seule consigne : « *On doit le retrouver.* »

La BRI étudie minutieusement le profil de ce jeune de Vaulx-en-Velin, en rupture brutale avec son environnement. Kelkal, 24 ans, vif et intelligent, avait réussi à intégrer le lycée professionnel de La Martinière, dans le 1er arrondissement de Lyon. Rattrapé par ses relations de la cité, il tombe pour des affaires de vols. Le juge des enfants se désole de voir l'adolescent céder aux sirènes de la délinquance des quartiers. « *Je le convoquais tôt le matin pour qu'il se lève, son père arrivait tout seul au tribunal*[1] », se souvient le magistrat. Après une implication dans des casses bélier, une technique de braquage qui consiste à projeter des voitures dans des vitrines de commerces, il est lourdement condamné en appel. L'ex-élève de La Martinière décroche irrémédiablement. Durant cette période, il part dans la région

* Voir chap. 9.

d'origine de ses parents en Algérie. Selon des témoignages de proches, il en revient transformé, endoctriné. Le 15 juillet 1995, il est impliqué dans une fusillade entre Bron et Ternay, au sud de Lyon. Plusieurs individus en voiture ont pris la fuite en tirant des coups de feu. Sur le coup, les policiers ne comprennent pas la virulence de ce groupe qui a voulu échapper à un simple contrôle. Une fausse attestation d'assurance est retrouvée dans leur voiture abandonnée, au nom de Kelkal. Quand ils font le rapprochement entre ces coups de feu et la bombe du TGV, au mois d'août, les enquêteurs réalisent que le petit délinquant des cités a versé dans l'islamisme radical. Il devient ennemi public numéro 1 dans une enquête antiterroriste majeure[2].

La brigade se met au travail. Elle passe toutes les adresses en revue, celles des parents, des proches, des amis. Les enquêteurs trouvent l'adresse d'une de ses copines, à Bron, dans la banlieue est de Lyon. Les surveillances sont permanentes, de jour comme de nuit. Un policier enfile une djellaba pour se fondre dans le quartier. Il grimpe dans les étages, colle son oreille contre la porte de l'appartement, pour détecter une présence. Personne. Aux méthodes traditionnelles, l'enquête joint des techniques modernes : des téléphones sont branchés, un domicile est entièrement sonorisé. Une piste sérieuse mène en haut de l'avenue Lacassagne, dans le 3e arrondissement de Lyon, chez un certain Mourad, suspecté de rester en contact avec Kelkal.

L'homme sort beaucoup. La BRI remonte progressivement ses itinéraires, pas à pas car le suspect est d'une extrême méfiance. Il faut le suivre quelques mètres, s'arrêter par prudence, reprendre la filature le lendemain, avancer encore, quelques mètres supplémentaires par rapport au dernier point connu. Mourad roule à bord d'une Renault 9 rouge volée. Un jour, il s'équipe en matériel dans un surplus militaire, comme s'il préparait le ravitaillement de quelqu'un. Il n'hésite pas à faire demi-tour sur une bretelle d'autoroute pour déjouer les surveillances. Malgré tout, les policiers parviennent à rester à son contact. Ils le voient changer de secteur : le suspect circule sur des petites routes du département de l'Ain, du côté de la commune de Bressoles, au nord de l'agglomération lyonnaise. Il ne manque que quelques mètres, quelques heures, un jour peut-être, avant que la BRI ne parvienne à trouver le point de contact entre Mourad et Khaled Kelkal.

Les circonstances en décident autrement. Des randonneurs débusquent par hasard un campement de fortune en pleine forêt, dans les monts du Lyonnais. La gendarmerie tente d'intervenir. Une fusillade éclate. Kelkal réussit à prendre la fuite. Son complice Karim Koussa est sérieusement blessé après avoir résisté fusil en main. Sur place, les enquêteurs trouvent un fusil à pompe Winchester dans un sac à dos. L'expertise balistique révèle que l'arme a servi à l'assassinat de l'imam Sharaoui, à Paris, le 11 juillet. Elle a aussi été utilisée dans la fuite de Ternay. Tous ces événements sont reliés entre eux. Durant plusieurs jours, les monts du Lyonnais prennent des allures de camp retranché. Au terme d'une chasse à l'homme dantesque, Kelkal est abattu au lieu-dit Maison-Blanche par des parachutistes de la gendarmerie, le 30 septembre. Il a été repéré près d'un arrêt de bus. Les militaires tirent alors qu'il brandit un pistolet automatique 7,65. Filmée par une caméra de M6, la scène donne lieu à une polémique. « *Finis-le* » : le cri d'un gendarme en pleine action a été coupé au montage[3]. Plutôt qu'un prudent choix journalistique, l'entourage du jeune homme y voit une façon de masquer une volonté de le prendre mort plutôt que vif.

« *Nous étions en train de remonter sa trace, nous étions arrivés jusqu'à l'orée du bois. Chez nous, certains se sont demandé si des informations ne filtraient pas à cause des guerres entre services. On a été surpris et très déçus de l'issue de cette enquête*[4] », rapporte un participant aux investigations. Kelkal est discrètement inhumé, sous une pierre tombale anonyme, dans un carré musulman situé à Rillieux-la-Pape, à l'opposé de Vaulx-en-Velin. Le maire se souvient : « *J'ai reçu un coup de téléphone du préfet en me faisant comprendre qu'il fallait rapidement trouver une solution : il n'était pas question de l'enterrer dans la banlieue où il avait vécu. Le préfet voulait éviter des troubles, l'affaire était extrêmement sensible*[5]. » Après son décès, l'enquête se poursuit. Les réseaux islamistes affiliés au GIA ont prévu un autre attentat sur le marché de Wazemmes à Lille. Le crime est déjoué de justesse. La brigade antigang de Lyon est à nouveau sollicitée pour interpeller un complice présumé à Vaulx-en-Velin, ce qui met un terme à une vague de terreur de plusieurs mois.

***

Les techniques de filature et de surveillance, longtemps réservées au banditisme, sont appliquées de la même façon au terrorisme. Mais si la nature du travail reste la même, le contexte change : plus politisé, plus délicat, avec des suspects aux comportements plus dangereux, dès lors qu'une cause supérieure dicte leur conduite. Le savoir-faire des policiers de l'ombre est le bienvenu dans de telles circonstances.

En 2001, une nouvelle enquête antiterroriste est confiée à la brigade antigang. Il s'agit cette fois de s'attaquer à l'organisation séparatiste basque. Traquée en Espagne autant que dans le Sud-Ouest de la France, l'ETA* a tendance à s'enfoncer dans le territoire français, à la recherche de planques discrètes. La présence de deux suspects importants est signalée en Savoie. Parmi eux, un homme soupçonné d'un vol d'explosifs à Veurey, dans l'Isère. Un commando de six à huit hommes a séquestré des employés et emporté des milliers de détonateurs et de cordeaux d'explosifs. On suspecte les deux hommes de repérages en vue d'un nouveau vol d'explosifs, dans une région riche en chantiers montagneux.

Plusieurs services sont mobilisés. Dans la région Rhône-Alpes, la BRI de Lyon est chargée des surveillances dans la vallée de la Maurienne. Les membres de l'ETA sont localisés, installés dans un chalet loué à La Toussuire. L'antigang met en place un poste d'observation permanent, à partir d'un chalet situé à distance, avec vue imprenable sur la vallée. En faux touristes, les

* *Euskadi ta askatasuna* – « Pays basque et liberté ».

équipes se relaient, avec jumelles et appareils photo. Les militants font preuve d'une prudence extrême, doublée d'une rigueur toute militaire. Chaque matin, ils font le tour de leur chalet, prennent des photos, pour comparer le paysage avec le jour précédent, afin de détecter un détail qui pourrait révéler une présence hostile. Ils trient et nettoient leurs déchets pour ne laisser aucune trace compromettante, pas même une trace ADN ou une empreinte digitale. La PJ a rarement vu un tel niveau de précaution.

La surveillance dure une dizaine de jours. Le 23 septembre, les deux hommes quittent le chalet. Une opération de police est programmée. Deux séries d'arrestations sont prévues à quelques minutes d'intervalle. D'abord les deux hommes de Savoie. Ensuite, d'autres membres de l'organisation dans un appartement à Dax, dans les Landes. On attend l'arrestation de la région Rhône-Alpes pour passer à l'action. Objectif : faire tomber l'appareil logistique d'ETA. La tension monte dans les rangs de la PJ.

Michel Neyret prend en main la filature de la BRI de Lyon : suivi à distance, voitures relais, jalonnement. Le ballet traverse la Savoie, enjambe la vallée du Rhône. Les Basques empruntent volontairement des voies détournées, par les petites routes départementales. Paris s'impatiente. Tout est prêt à Dax pour déclencher la seconde opération. Le commissaire préfère attendre le moment propice, sans se laisser impressionner par la pression des consignes.

Le convoi passe de l'Ardèche à la Loire, en franchissant le col de la République. La route sinueuse traverse des plateaux sauvages et herbeux, avant de redescendre en direction de Saint-Étienne. Le commissaire Neyret change de véhicule. Il monte à bord de la voiture d'un enquêteur aguerri, adepte du sport de combat. Après cinq heures de filature, le dénouement approche. Sur l'autoroute A47, les deux terroristes présumés s'arrêtent dans une station-service. Un suspect se rend aux toilettes. L'autre fait le plein d'essence.

Le commissaire Neyret décide de passer à l'action : la voiture de la BRI est stoppée contre celle des Basques. Le policier sportif fonce vers la pompe. Il décroche un direct au menton au Basque, à la seconde où celui-ci porte la main sous son blouson. Un pistolet approvisionné était dissimulé dans la poche intérieure. Il est menotté, face contre bitume. Son complice est arrêté à l'intérieur de la station. Ils détiennent trois armes : deux pistolets de calibres 11,43 et 9 mm, un pistolet-mitrailleur. La double interpellation est réussie, l'opération de Dax peut commencer. La police arrête le chef présumé du groupe. Elle trouve dans l'appartement surveillé armes, munitions et un million de francs (150 000 euros) en espèces.

***

Quelques années plus tard, la haute direction de la police française charge la BRI de Lyon d'une autre mission délicate et confidentielle. Cet épisode n'a jamais été révélé. À la demande de la police italienne, les hommes de Neyret suivent le déplacement de très hauts responsables de la Camorra, la mafia napolitaine. Selon les Italiens, l'état-major complet de la mafia tient un sommet clandestin dans un hôtel de Lyon, situé tout près du palais de justice. La BRI met en place un comité d'accueil invisible : suivant les arrivées, les rencontres, elle constitue un album photo complet. La police italienne n'en revient pas.

Une autre surveillance secrète de la BRI a concerné une éminente famille originaire de Calabre, supposée jouer un rôle névralgique au sein de la 'Ndrangheta, classée parmi les organisations criminelles les plus redoutables d'Europe. Une femme âgée de la famille était hospitalisée à Lyon. Il était possible que le clan vienne défiler à son chevet, ce qui fournissait une chance unique d'arrêter un membre central et activement recherché de la famille. La brigade, discrètement postée autour d'un grand centre hospitalier de Lyon, a vu passer des frères, des sœurs, des oncles et des tantes, mais pas le fils espéré. L'opération a cependant permis d'aider la police italienne à mettre à jour son fichier sur les relations qui gravitent autour de ce puissant clan mafieux.

11

Danger de mort

Lyon, 30 juin 2011, 20 h 33.

Neyret reçoit sur son portable l'appel d'un homme très embêté. Il est convoqué au commissariat pour un refus d'obtempérer : à la vue d'un contrôle de police, il a pris la fuite au guidon de son scooter. Les flics risquent de savoir qu'il n'a même pas le permis. Cette conversation enregistrée permet aux enquêteurs de l'IGS de découvrir certaines méthodes que le commissaire emploie avec ses informateurs. Neyret suggère une solution simple. Personne ne l'a reconnu sous son casque. Il suffit d'envoyer quelqu'un d'autre au commissariat pour endosser sa contravention. Le pilote fictif n'a qu'à dire qu'il a eu peur, qu'il a pris bêtement la fuite, et le tour sera joué. Venant d'un commissaire de police, le conseil est osé. Neyret rassure son interlocuteur. Il note le nom du fonctionnaire qui s'occupe du dossier. Il ajoute : « *Un refus d'obtempérer, c'est pas grave. Et moi au niveau du parquet après j'interviens, c'est pas un problème*[1]. »

Pourquoi utiliser ses pouvoirs pour venir en aide à un petit délinquant ? Parce qu'il a arrangé le coup pour un indic. Il a arrondi les angles, composé, rendu un service en attendant un bon retour, au risque d'écorner le code de déontologie. La mouche n'aime pas le vinaigre, c'est bien connu. Elle préfère le sucre.

Durant cette même année 2011, un autre informateur se plaint auprès du commissaire d'avoir accumulé les amendes. 12 000 euros au total. Il fait part de ses difficultés. Le commissaire lui explique que les temps ont changé. Il ne peut plus trop intercéder. Autrefois, il se rapprochait de l'officier du ministère public et pouvait arranger des situations. En clair : faire sauter des PV. On pouvait discuter autour d'une bonne table, le mercredi aux Halles, le temple de la gastronomie lyonnaise, à deux pas du palais de justice[2]. Fini les « indulgences », comme on disait dans un doux euphémisme. Le temps est à la rigueur, à la transparence. Les PV ne sautent plus. D'ailleurs ils sont automatisés. Ce qui limite le champ de la discussion.

Pour continuer à entretenir les bonnes relations, il faut innover. Naviguer en eaux troubles, parfois prendre des risques. Au téléphone, l'interlocuteur du commissaire plaide sa cause. Comme indicateur, il pourrait encore être utile : « *Ouais mais pour un tonton aussi gentil on peut… on peut…* »

À mots couverts, Neyret suggère une autre solution : « *Oui, ah ben non, dans ce cas-là on te fait passer des trucs pour que tu puisses payer ça, parce que c'est comme ça qu'on pourra faire*[3]. »

Ainsi va la vie du flic et des indics. « *Passer des trucs* » : ce n'est pas du vinaigre, ni du sucre d'ailleurs. C'est du hasch. Comme il l'avait fait, dès les origines, avec l'informateur qui permit de déterrer l'arme d'Action directe. Dans le langage et les manières, le commissaire s'adapte à ses interlocuteurs. Il ne traite pas une petite frappe de Vaulx-en-Velin comme il cause avec un haut magistrat de la cour d'appel. Question de crédibilité. S'il faut un peu de shit pour payer les amendes de l'informateur, le jeu en vaut peut-être la chandelle, dans l'intérêt du service. À condition de maîtriser les règles, de tenir le manche.

Début juillet 2011, l'IGS enregistre une autre conversation avec un informateur. Cette fois, l'indic demande à Neyret d'intervenir pour suspendre sa fiche de recherche. Le commissaire Neyret lui répond que ce n'est plus si simple, sans complètement fermer la porte. Il pourrait avoir besoin de lui. Selon la teneur de la conversation, ce gars-là semble avoir livré des informations utiles dans les affaires d'attaques de bijouteries qui ont défrayé la chronique lyonnaise tout au long de l'année 2009. À l'époque, les autorités étaient bien contentes de voir la PJ mettre le grappin sur ces furieux gangs qui défiaient les lois du braquage, paradant en plein centre-ville, brandissant Uzi et Kalachnikov à bout de bras. Le commissaire ménage cet informateur potentiel en délicatesse avec la justice. Il le tient à distance respectable, tout en lui conseillant de prendre le large. Ce qui donne en langage imagé : « *Il paraît qu'il fait très beau sur la Côte. Va te griller la couenne pendant quelques jours quoi, hein ?* »

L'indic n'est pas très chaud. Il a peur des contrôles de police. Il n'a pas envie de dépenser son argent pour faire des faux papiers, juste pour une petite cavale de rien du tout : « *Je vais pas faire des faux fafs pour ça non ?* »

Le commissaire, pas désorienté une seconde :

– *Non mais t'es un mec discret de toute façon toi !*

– *Toujours.*

– *Ben voilà. Alors sois discret*[4].

Comment interpréter ces échanges à la Audiard ? Lors de la garde à vue du commissaire, deux mois plus tard, l'interrogatoire à propos des indicateurs tourne au dialogue de sourds entre l'IGS et Neyret. Dans les dernières auditions, la police des polices lit ces écoutes téléphoniques où fleurissent ses drôles de conseils à des personnages visiblement peu recommandables. Les questions se font insistantes sur des « trucs » qui auraient été écartés des saisies de drogue.

Le commissaire tente d'expliquer ce « culte de l'informateur » qui a été à la base des succès de la PJ de Lyon. Comment raconter en quelques minutes vingt ans de carrière à l'antigang ? Il faudrait exposer la façon dont la BRI de Lyon s'est trouvée particulièrement en pointe dans le démantèlement des réseaux de stupéfiants. Il faudrait parler des voyous lyonnais, inventeurs du *go-fast*. Une pègre passée du proxénétisme au braquage et du braquage au trafic de drogue, avec une forte poussée des caïds de cités. Comment convaincre que, si la PJ a bien su négocier le virage, elle le doit en partie à ses relations avec le milieu ?

Face à l'IGS, Michel Neyret fait bien comprendre qu'il connaît les procédures officielles en matière de traitement des sources. Il le dit comme s'il faisait un rapport à son supérieur : « *Les grosses affaires de stupé-*

fiants et de banditisme ne peuvent être réalisées que sur la base d'informateurs qui doivent trouver, en fonction des risques courus par eux, une sorte de dédommagement par le biais de prime d'informateur telle qu'elle est prévue par les textes relatifs à la gestion des sources[5]. »

Mais il tente d'expliquer que les primes officielles ne suffisaient pas à entretenir un réseau de haut niveau. Selon lui, il fallait compenser par d'autres méthodes. Il le dit avec prudence : « *Il est de connaissance notoire que de temps en temps des informateurs puissent être rémunérés de manière différente. Il est possible que ces pratiques aient pu avoir lieu*[6]. »

À sa treizième audition, à la fin des quatre jours de garde à vue, le commissaire Neyret comprend qu'on va lui mettre sur le dos un trafic de stupéfiants, sans tenir compte de ses motifs de service. Plus besoin de prendre des gants. Il déclare spontanément : « *Toute mon action était sous-tendue par une volonté d'obtenir des résultats, et ces résultats passaient par une politique offensive et agressive de recueil de renseignements, ce qui sous-tendait donc l'existence d'un réseau d'informateurs de haut niveau, capable d'appréhender le grand banditisme et la criminalité organisée*[7]. »

Alors, oui, il avoue avoir incité ses collaborateurs « *à se créer des sources et à essayer, dans la mesure du possible, de les fidéliser de manière forte* ». Ce qui passait par des pratiques occultes. Il explique : « *Je savais pour l'avoir vu fonctionner à droite à gauche, qu'il peut être possible de récupérer un petit peu de produit pour remettre aux informateurs. C'est une méthode ancienne, pratiquée de tout temps et à laquelle j'ai pensé.* »

Voilà, c'est dit. La réalité brute. En fin de garde à vue, Neyret ne cache pas son amertume : « *La situation actuelle me fait comprendre aujourd'hui que mes motivations et mes convictions de policier, lutter contre la criminalité organisée, n'étaient en réalité qu'une pure futilité.* » Dans un terrible constat d'échec, le commissaire a l'impression que toute sa carrière s'évapore sous le projecteur de la police des polices. Le malentendu est total.

Pendant que Neyret est cuisiné par les bœufs-carottes, *Le Figaro magazine* consacre un numéro aux indics dans la police. Christian Lothion accorde une interview. Alors que son directeur adjoint passe le week-end en garde à vue, le directeur central de la PJ lyonnaise a un message à faire passer. Le DCPJ expose la nouvelle doctrine : « *Tout est réglementé depuis mars 2004. Et c'est tant mieux, car il fallait moraliser le système. On ne peut plus gérer des informations comme autrefois, en fermant les yeux sur certaines activités coupables. On ne peut plus s'asseoir sur une enquête préliminaire en monnayant l'arrêt des poursuites contre du renseignement*[8]. » Sans craindre le paradoxe, dans la même interview, le DCPJ poursuit : « *Il y a toujours dans les services, des policiers à l'instinct de chasseur qui savent se montrer imaginatifs. Disons que les indics sont souvent recrutés au cours des enquêtes.* » La chute est claire : « *Ceux qui le font encore chez nous, s'ils existent, prennent de gros risques. Jamais plus ils ne seront couverts. Un policier qui mettrait la main sur 100 kg de résine de cannabis et qui rémunérerait son indicateur avec 10 kilos non déclarés en procédure, serait complètement fou.* » À la lumière de l'affaire qui vient tout juste d'exploser, le propos résonne comme une condamnation sans appel.

Au cours de la perquisition du bureau du commissaire, l'IGS est passée à côté de deux courriers, posés sur le bureau de Neyret. Des lettres de détenus, anciens trafiquants, lourdement condamnés, qui sollicitaient une rencontre en prison, pour de probables propositions de services[9]. En revanche, l'IGS a saisi la liste complète des informateurs de la PJ*. Douze feuillets portent les numéros de code des informateurs, faits de chiffres et de lettres, accompagnés des noms des officiers traitants. Trois autres feuillets récapitulent les numéros de code, cette fois avec les noms des informateurs. Un document potentiellement explosif.

L'IGS veut connaître le détail des affaires traitées, avec les rémunérations versées. L'idée est d'étudier tout l'environnement du commissaire. Le 2 octobre 2011, dès la première vague de gardes à vue, une réquisition est officiellement adressée au Bureau central des sources (BCS). Cette demande donne lieu à une passe d'armes entre services, sur fond d'éternelle tension entre préfecture de police et direction centrale de police judiciaire. Le chef du Service interministériel d'assistance technique (SIAT), dont dépend le BCS, refuse sèchement de communiquer la liste complète des informateurs de la DIPJ de Lyon. Motif : le BCS est couvert par le secret défense. L'IGS n'insiste pas, consciente qu'elle avance en terrain miné. Dès le lendemain, le directeur adjoint de l'IGS en personne suggère au juge d'instruction de masquer les noms sur la liste saisie dans le bureau de Michel Neyret, « *pour des*

* Voir ci-dessus, chap. 8.

raisons de sécurité et de confidentialité ». Marche arrière, toute !

La liste est surlignée de noir dans le dossier. Pourtant, certains noms apparaissent dans la procédure. Ils sont cités dans des questions, consignées sur procès-verbaux. Quelques mois plus tard, des PV circulent dans les prisons lyonnaises. Des individus sont menacés, rossés dans les cours de promenade de prisons. La rumeur dit qu'une liste se balade, pleine de noms comme autant de cibles vivantes. Les esprits s'échauffent. On va enfin savoir qui a balancé à Neyret depuis des années ! Une belle guerre en perspective. Un ancien truand reçoit des extraits de procès-verbaux sur son iPhone, comme un avertissement. Certains indicateurs vivent désormais dans la terreur d'être démasqués, avec toutes les conséquences possibles. D'autres sont désignés sans preuve tangible, par des ragots incontrôlables.

Faute d'obtenir la liste des affaires apportées par les informateurs, l'IGS veut des précisions sur leur gestion. Selon la procédure en vigueur, un informateur est proposé par un agent traitant, policier en relation directe avec lui. Il est enregistré par un chef de service, sous couvert de la direction. La transmission au fichier central se fait par mail. Une copie est imprimée, sur laquelle on agrafe un extrait du casier judiciaire. Le tout est gardé dans le coffre du chef de service. L'informateur est rétribué en fonction d'une demande du chef de service, arbitrée par le directeur ou son adjoint, et débloquée par le BCS. L'enveloppe contenant le paiement en espèces est remise par l'agent traitant, souvent en présence de son supérieur, contre la signature d'un reçu.

L'inscription au BCS est enregistrée dans le logiciel ironiquement nommé Vidoc, acronyme de l'ancien bagnard devenu patron de police. Ce registre contient également une liste des informateurs infréquentables. Peu fiables, escrocs au renseignement ou carrément dangereux, ces individus sont blacklistés. S'ils tapent à la porte d'un service, ils sont immédiatement démasqués, ce qui peut éviter bon nombre de déconvenues.

Lors d'un stage au BCS, un officier de la brigade des stups de la PJ de Lyon a appris comment faire le ménage dans le fichier des sources. En novembre 2009, il a décidé de supprimer un informateur qui avait été recruté entre 1999 et 2000 car l'homme était jugé trop peu fiable. Cet homme, c'était Gilles Bénichou. C'est ainsi que les enquêteurs de l'IGS découvrent que le contact privilégié du commissaire Neyret était déclaré infréquentable par ses propres services l'année même où il le rencontrait[10].

***

Avec le commissaire, son épouse et les deux cousins, un cinquième homme a été interpellé le 29 septembre. Mal renseignée ? Sans scrupule ? L'IGS vient de mettre la main sur un informateur du commissaire Neyret, au risque de le démasquer. Aux indics, on recommande la discrétion en toutes circonstances. Au début de sa garde à vue, Michel Zaragoza n'a donc pas voulu se dévoiler. Probablement submergé par son lourd secret, il fait un premier malaise cardiaque dans la nuit du samedi au dimanche. L'interrogatoire reprend le dimanche matin, et c'est là que tout bascule. Un enquêteur de l'IGS l'interroge : « *Êtes-vous un informateur*[11] *?* »

Quand on lui met sous le nez sa fiche d'immatriculation officielle, avec le nom de son agent traitant, Michel Zaragoza accuse le coup. Et lorsque le policier énumère les cinq dernières affaires qu'il a apportées à la PJ, contre des rémunérations allant de 1 500 à 15 000 euros, il cède. À quoi bon mentir ? Le Lyonnais est bien obligé de reconnaître qu'il est un informateur référencé, inscrit au bureau des sources de la police judiciaire depuis 1988.

À la fin d'un procès-verbal d'audition, il porte cette mention, inscrite d'une main tremblante : « *Cette histoire d'indicateur me gêne terriblement, je pensais être protégé et je m'aperçois que je mets en danger ma famille. Ma famille est en danger de mort avec ces gens-là.* » Zaragoza se sent complètement trahi par l'institution judiciaire. Il en a conscience, son existence s'annonce désormais très compliquée.

La nuit suivante, pris de vertige face à l'abîme qui s'ouvre devant lui, il chute à nouveau, victime d'une crise d'épilepsie. Il est hospitalisé dans l'unité pénitentiaire Cusco de l'Hôtel-Dieu. Le juge se déplace pour une mise en examen assortie d'un bref interrogatoire de première comparution.

Pour sa défense, Michel Zaragoza a fait appel à l'avocat Richard Zelmati, qu'il a croisé dans les coulisses du film d'Olivier Marchal l'année précédente*. Maître Zelmati représentait alors Edmond Vidal, auprès des

* Voir ci-dessus, chap. 4.

producteurs. On s'en souvient, Zaragoza y tenait lui un rôle de figurant, tout en fournissant des voitures à la production. L'avocat appartient à cette génération de pénalistes qui a fait ses armes en défendant le gratin du banditisme, avant de se reconvertir dans le droit des affaires. À Lyon, il a été de tous les dossiers financiers importants, parfois sollicité dans des affaires instruites au pôle financier de Paris, comme le lourd dossier Elf. Plutôt solitaire, fin stratège, le pénaliste s'entoure de quelques collaborateurs de confiance. Lorsque Zaragoza le sollicite, il accepte, pas déçu de mettre un pied dans cette affaire Neyret qui promet de sérieusement secouer la place lyonnaise. En découvrant le double jeu de son client, il tombe des nues.

Pour le moment, dans le dossier Neyret, Zaragoza apparaît en marge. Les enquêteurs de l'IGS sont intrigués de la proximité entre le commissaire et ce garagiste au profil d'ancien truand. Ils ont pointé leur séjour commun en Corse, le voyage au Maroc, deux interventions du policier en faveur de ses fils. Michel Zaragoza répond aux interrogatoires avec parcimonie, sans enfoncer le commissaire. Interrogé sur ses relations avec Gilles Bénichou, leur projet d'éclairage public, la brouille à cause de l'Audi d'Albert, Zaragoza déclare qu'il se méfiait d'un personnage « *fantasque et volubile*[12] ».

Lorsque le juge des libertés et de la détention arrive avec sa greffière dans la chambre d'hôpital, le parquet néglige une partie des qualifications qui justifiaient la demande d'incarcération. Et non des moindres : la corruption, cœur présumé du dossier, ne figure pas au dossier. Acte manqué ? Maître Zelmati s'engouffre dans la faille. À l'issue d'un débat qui se prolonge jusque tard dans la soirée, le JLD décide de la mise en place d'un contrôle judiciaire. Voilà comment Michel Zaragoza est remis en liberté. La nuit même, il quitte l'Hôtel-Dieu.

Un pied chez les voyous, un autre chez les flics, sa double appartenance pèse désormais sur ses épaules, comme une menace permanente. De nombreux truands comprennent enfin comment l'équipe du commissaire Neyret a pu avoir vent de leurs trafics. Ainsi ce gang, dont les voitures étaient passées par le garage de Zaragoza, et qui avaient été balisées par la PJ. D'autres voyous, impliqués dans une histoire de faux dinars, se souviennent que Zaragoza a vu passer les rouleaux de papier fiduciaire à l'origine d'une extraordinaire affaire de fausse monnaie, que Neyret s'était félicité d'avoir démantelé. Les photos de presse montrant le commissaire, tout sourire, tenant en éventail les faux dinars débusqués par la PJ, font d'ailleurs partie de l'iconographie qui illustre ses réussites. Bientôt, elles viendront illustrer d'autres articles, portant cette fois sur l'affaire Neyret et la question des rapports du commissaire avec l'argent ! À l'époque, les faussaires se doutaient qu'un informateur avait orienté les investigations vers une imprimerie clandestine du quartier de La Part-Dieu. Ils savent désormais à qui ils doivent leur condamnation.

Fantôme pris dans un violent halo de lumière, Zaragoza vit désormais dans la terreur. « *Il a changé, il est devenu l'ombre de lui-même. Il est attachant parce qu'il porte un regard lucide sur tout cet environnement, mais un ressort semble cassé*[13] », remarque un avocat. Le teint bleui, le visage creusé, amaigri, celui que la presse a présenté comme « *un truand lyonnais* », sans connaître son double jeu, est maintenant totalement isolé.

Été 2013. Attablé à l'ombre d'une discrète terrasse de restaurant, Michel Zaragoza dépiaute des grenouilles. L'homme est bien décidé à se battre dans le dossier d'instruction. Il fournira des arguments à chacune des charges retenues contre lui. Le ton est combatif mais lorsqu'il s'agit d'aborder la révélation de son statut d'informateur, la voix hésite. Mais il assume son choix : « *Je ne regrette pas, j'ai connu des moments extraordinaires*[14]. »

Depuis que l'affaire Neyret a éclaté, depuis que son nom a circulé dans le milieu, il a dû faire face à des visites menaçantes. Il en parle, tout en refusant d'y voir un sombre présage. Et, jouant le truand de cinéma, il hausse le ton, bras ouverts. Manière peut-être de braver le destin, il se dit prêt à se défendre, prêt à répliquer à de possibles rétorsions : « *J'attends, c'est ma vie maintenant, qu'ils viennent, ils ne seront pas déçus*[15]. »

Comme si l'affaire Neyret ne suffisait pas, Zaragoza a d'autres motifs d'inquiétude dans les mois qui suivent : une enquête du service des douanes judiciaires (SDJ) vise sa société, soupçonnée d'un détournement de TVA sur des ventes de véhicules de luxe. Deux employés ont été entendus, ses locaux ont fait l'objet d'une perquisition… Il est convoqué par le service des douanes judiciaires. Il n'ira jamais.

Le lundi 14 octobre 2013, Michel Zaragoza, 50 ans, meurt d'un coup de fusil de chasse dans la cour de sa maison de Solaize, au sud de Lyon. La nouvelle de sa mort provoque stupeur et rumeurs. Sa vie a toujours été sur le fil. Le mystère sera-t-il un jour élucidé ?

Issu d'une famille modeste et sans histoire, Michel Zaragoza a commencé sa carrière dans des garages du secteur d'Écully, où il se spécialise dans la vente de voitures. À la fin des années 1990, il est inquiété dans une histoire de braquage. Une méprise, selon lui. Mais ses activités commerciales ne sont pas exemptes de combines, d'arrangements acrobatiques. Il connaît alors des ennuis judiciaires pour escroquerie et usage de faux. Éloigné de la région lyonnaise, il a ensuite des embrouilles à Monaco. Le garage de Gerland, repris dans les années 1990, lui permet de se refaire une virginité apparente. C'est aussi une porte ouverte sur des milieux très différents.

Sa double vie ne date pas d'hier. À la fin des années 1980, il a été en contact avec une gendarme d'une unité lyonnaise, laquelle a passé le relais à un collègue de la section des recherches. Les deux hommes avaient leurs petites habitudes. L'enquêteur passait prendre le café tous les samedis matin au garage, pour discuter, se renseigner discrètement. Il l'aidait en échange, quand il le pouvait. Un sacré boulot, tant Zaragoza avait le chic pour se mettre dans des situations impossibles : « *Il était toujours sur la brèche, jamais tranquille, il avait des problèmes en permanence, il n'était jamais posé dans sa vie*[16]. » C'était le prix à payer pour avoir des tuyaux de très bonne facture. Le tout premier agent traitant de Zaragoza se souvient : « *On avait noué un bon contact, à une époque où les rapports avec les indicateurs étaient complètement informels. Aujourd'hui, ce ne serait plus possible.* »

Une relation où l'amitié s'est mélangée aux intérêts professionnels. Zaragoza y allait de ses confidences personnelles. À propos de ses petits trafics, il parlait de « *raccourcis pour devenir riche* ». Il évoquait ses erreurs, les coups dans le dos. Le gendarme a cherché à comprendre ses motivations : « *Pour lui, balancer, c'était une forme de vengeance sur les trahisons qu'il avait subies* »[17].

Le personnage prenait de l'envergure. Aussi, alors que Zaragoza risquait un jour une peine de prison ferme, le gendarme a sollicité un magistrat pour obtenir un arrangement. Le parquetier, décidé à favoriser une relation utile à l'œuvre de justice, a mis le dossier sous la pile. Au bout de quelques années, en accord avec tout le monde, le gendarme a présenté Zaragoza à un policier de l'antigang. C'est ainsi que l'informateur est passé dans le giron de la PJ. L'ancien enquêteur explique : « *C'était plus adapté, les choses devenaient compliquées pour moi.* » Zaragoza, d'ailleurs, en avait conscience : « *Heureusement que tu n'as pas d'autres tontons comme moi*[18] *!* »

Les circonstances de sa mort ne sont toujours pas éclaircies. Le projectile l'a atteint en pleine poitrine. « *Aucun élément ne donne un caractère criminel à ce décès*[19] », s'empresse de préciser une source judiciaire, bien consciente que les circonstances de cette mort méritent des investigations.

Après une longue hésitation, l'instruction judiciaire finira par conclure au suicide, en se fondant sur différents éléments. D'abord, le fait que son décès ait eu lieu la veille de sa convocation par les douanes. Michel Zaragoza redoutait-il cette confrontation au point de mettre fin à ses jours ? Ensuite, après une dernière partie de chasse, il avait fait part de son intention de nettoyer son arme. Or les ustensiles, brosses, baguettes et chiffons, ont été retrouvés à côté de son corps. Enfin, les gendarmes n'ont relevé aucune trace de lutte ou d'intrusion. Curieusement, une expertise médico-légale indique cependant que la trajectoire du tir fatal contre la poitrine a été orientée de haut en bas, ce qui n'est pas le plus simple pour un suicide avec une arme longue.

Suicide, accident, intervention extérieure ? La mort de Michel Zaragoza est à l'image de son existence, pleine d'ambivalence.

12

L'âge d'or des stups

Antigang, 1998.

Un informateur est à l'origine de la première affaire de stupéfiants de la brigade de recherche et d'intervention de Lyon. L'homme désigne au commissaire Neyret une équipe qui remonte des lots de haschich depuis l'Espagne. Il est bien placé pour en parler, puisqu'il fait lui-même partie du trafic. Forte de ces renseignements, la BRI se positionne sur le parcours du retour et voit effectivement le convoi passer à toute vitesse : une voiture ouvreuse, prévue pour alerter en cas de contrôle, suivie d'une voiture porteuse, chargée des ballots de drogue. Les conducteurs des berlines volées restent en relation, par téléphone ou par radio. Il s'agit d'un des tout premiers *go-fast* de l'histoire lyonnaise. Il transporte 150 kilos de résine de cannabis – une quantité considérable pour l'époque.

Le commissaire Neyret assiste à cette surveillance, première du genre. Ses antennes dans le milieu lui signalent que la tendance est au trafic de drogue, plus simple, plus lucratif et moins risqué que les braquages de banques. Des voyous locaux, et non des moindres, ont opéré cette reconversion, comme René Nivois, ex-proxénète au fort tempérament[1]. Les vieilles implantations de la pègre lyonnaise en Espagne fournissent d'utiles relais sur les routes de la drogue. Les nouveaux bandits des cités ne sont pas en reste : leurs racines familiales de l'autre côté de la Méditerranée leur facilitent les contacts auprès de gros fournisseurs. Des alliances se créent entre anciens truands et nouveaux gangsters, à qui les autoroutes ouvrent des couloirs rapides et pratiques le long de la vallée du Rhône. Tous ces facteurs se combinent pour faire de Lyon la première plaque tournante du commerce de cannabis à grande échelle.

C'est toute une économie clandestine qui s'organise. En haut du panier, investisseurs et fournisseurs financent les achats et les convois, en lien avec les montagnes du Rif au Maroc. Les « grossistes » réceptionnent la marchandise. Des complices, les « nourrices », entreposent les stocks. Au bas de cette pyramide, les « dealers » assurent la vente au détail.

Neyret entend ne pas rater ce virage important du banditisme. Il se doit d'être aux premières loges.

La BRI voit donc passer ce premier convoi de 150 kilos. Mais elle décide de ne pas intervenir, par choix tactique. L'arrestation aurait suscité trop d'interrogations de la part des voyous, ce qui aurait mis en danger l'informateur. Et puis, la brigade engrange des renseignements utiles, en vue de futurs résultats. Michel Neyret expose : « *Si on l'arrête, le mec est mort. Il a vu qu'on ne l'a pas fait. Il a compris qu'on n'était pas des morts de faim, qu'on avait du mental dans la gestion des situations*[2]. » Un ancien adjoint de la BRI résume la méthode Neyret : « *Dans les affaires de stupéfiants, il ne se contentait pas du coup d'achat pour faire du chiffre, il cherchait à démanteler une structure, à remonter une filière, il prenait le temps*[3]. »

Être au plus près des trafics, laisser faire s'il le faut, intervenir au moment choisi : c'est la stratégie du flagrant délit appliquée aux trafics de drogues. Avec toute la complexité d'analyse des situations que cela suppose, car le marché de stupéfiants est tenu par des réseaux aussi mouvants qu'organisés. La direction de la PJ ne comprend pas la stratégie. Repérer un convoi, le laisser passer ? Michel Richardot, le grand patron, pique une colère : « *Comment ? Vous avez laissé filer 150 kilos de drogue en connaissance de cause*[4] ! »

***

À partir des années 1990, les affaires de stupéfiants se succèdent, plus rocambolesques les unes que les autres. Celle du *Fakir*, du nom d'un voilier, reste dans les annales. En 1995, bien renseignée, la brigade surveille le bateau, placé en cale sèche en bord de Saône, à quelques kilomètres au nord de Lyon. Un couple et un boulanger reconverti dans la truanderie effectuent des travaux à bord. Sous une bâche, ils découpent une petite trappe dans la coque. Planquée sur la rive d'en face, avec ses jumelles et ses objectifs photographiques, la BRI n'en perd pas une miette.

Remis à neuf à l'issue de ces quelques semaines de travaux, le voilier descend la Saône. Il rejoint le Rhône et file en Méditerranée pour un périple de quelques jours, après lesquels on le retrouve à Port-Louis, près de Sète dans l'Hérault. Deux autres trafiquants sont identifiés sur le quai, au contact avec les navigateurs du dimanche. Le duo remonte à Lyon à bord d'une Citroën Xantia, connue pour ses suspensions efficaces. Ce manège se reproduit un peu plus tard, avec un catamaran, *Le Bothan*, parti cette fois de Port-Grimaud. Alors que la même Xantia remonte l'autoroute A7, la BRI déclenche les hostilités. Le cerveau présumé du réseau, réputé dangereux, est pris en flagrant délit au moment où il met la clé dans la serrure d'un entrepôt de Saint-Symphorien-d'Ozon. La PJ y découvre 878 kilos de résine de cannabis répartis dans trente-six colis.

Pas un trimestre qui n'apporte son dossier de stupéfiants. En janvier 1997, un camion revient en ferry du Maroc. Il est suivi de Marseille jusqu'à Vitrolles – la filature la plus lente de l'histoire de la PJ : le camion roule à 30 à l'heure ! Et pour cause : les plaquettes de résine sont dissimulées dans les chambres à air de ses pneus. Bilan : 360 kilos saisis et cinq arrestations, avec le démantèlement de sociétés fictives qui couvrent le trafic.

En avril de la même année, un stock de 400 kilos, dont la valeur marchande est estimée à 2 millions de francs, est découvert dans un box de Villeurbanne.

En mars 1999, un réseau est démantelé : ce sont cette fois 500 kg de hasch qui sont interceptés en Espagne. Plus de 3 millions de francs (450 000 euros) sont également saisis, et des circuits de blanchiment, gérés par une femme à partir de Gibraltar, sont mis au jour.

Les renseignements obtenus par la BRI font état d'une autre filière lyonnaise, qui utiliserait le faux plancher d'une semi-remorque, censé transporter de l'artisanat local. Le camion doit venir du Maroc en bateau, probablement en passant par l'Espagne. Sans demander aucune autorisation officielle, le commissaire Neyret décide d'envoyer deux enquêteurs sur place, à Cadix. Les policiers lyonnais ont pour mission de surveiller le port, pour signaler le passage du camion. Mais le comportement étrange de ces deux individus ne passe pas inaperçu de la *guarda civile*, qui investit leur hôtel. Les policiers s'enfuient comme des voleurs par la fenêtre, laissant une arme derrière eux… L'un d'eux appelle Neyret :

– *Patron, qu'est-ce qu'on fait ?*

– *Expliquez qui vous êtes, revenez, j'arrange le coup*[5].

L'épisode provoque un sérieux incident diplomatique. Tandis que les enquêteurs sont rapatriés, la direction grince des dents. À Paris, on demande des comptes. Neyret assume : « *On a joué sans prévenir personne*[6]. »

La polémique se tasse, l'enquête continue. Le camion suspect est finalement repéré à Marseille. Durant quatre jours, empruntant un itinéraire tortueux, la semi-remorque livre ses marchandises marocaines. Après être monté à Rungis, il revient vers Beaune, en Côte-d'Or. Quatre jours d'épuisante filature. Et là, sur un terre-plein, à côté de l'autoroute, le camion pose sa remorque et disparaît. La remorque est aussitôt chargée par un autre tracteur, qui s'égare dans les vignobles et finit par s'enliser sur un petit chemin. Le chauffeur est obligé de faire appel à une dépanneuse, en présence de gendarmes venus sur place l'assister. Les policiers, interloqués, observent la scène à distance. Michel Neyret se rappelle : « *On se prend à douter, on se demande s'il est vraiment chargé de shit, on se dit que ce n'est pas possible*[7] *!* »

À son retour, le camion stationne près d'une ferme, dans l'Ain. Dans la nuit, il repart, tourne dans la région, s'arrête, repart encore, suivi par une grosse voiture de marque Saab. Le sinueux trajet se termine enfin dans un entrepôt de chaudronnerie, à Vaulx-en-Velin.

La brigade antigang cerne le bâtiment en silence. À l'intérieur un bruit se fait entendre, que les policiers prennent pour celui d'une disqueuse. Un enquêteur se donne des allures d'ouvrier pour rentrer dans l'atelier, en bleu de travail, avec barre à mine à la main. Il confirme par radio : le son, qui est manifestement celui d'une disqueuse, provient de la remorque aux ridelles baissées. Michel Neyret attend une heure entière avant de donner le signal d'interpellation.

Au top départ, la brigade antigang avance à pas feutrés dans le hangar, fusils à pompe à bout de bras. Les policiers longent la semi-remorque. Ils l'encerclent. Le commissaire frappe trois coups sur un montant métallique. Le rideau s'ouvre sur deux trafiquants pétrifiés. La brigade met ainsi la main sur une quantité record de 800 kilos de résine de cannabis. « L'antigang à l'heure hasch », titre en première page *Le Progrès*, affiché dans le service. Le ministre de l'Intérieur et de la Sécurité publique, Paul Quilès, envoie une lettre de félicitations à Neyret.

***

Dans les années 1970, la PJ était confrontée à de très lourds dossiers criminels, en particulier l'assassinat du juge François Renaud et le rapt de l'enfant d'un industriel. À l'époque, le commissaire Georges Nicolaï, tout premier patron de la brigade antigang, avait parcouru les secteurs fréquentés par les voyous lyonnais, près de Barcelone. Il avait rédigé un long procès-verbal de renseignements en bonne et due forme, versé au dossier d'instruction. Sa « mission » en Espagne, selon le titre du document, s'est nourrie d'auditions et de démarches bien au-delà du strict mandat international[8].

En digne successeur de ses maîtres de l'antigang, le commissaire Neyret ne se prive pas d'incursions en Espagne, on l'a vu avec l'incident de Cadix, en 1993. Il faut dire que, respectant le cadre de la coopération internationale, il avait déjà passé une semaine à Marbella, avec en poche des mandats d'arrêt contre des voyous lyonnais, qu'il espérait faire activer sur place. Il se souvient : « *Quand tu vas en Espagne, tu es obligé d'aviser les autorités locales de ta descente. À partir du moment où tu envoies ta demande d'autorisation, tout le monde sait que des flics de Lyon arrivent, notamment dans le Sud. Quand je suis arrivé, il n'y avait plus personne*[9]. »

Le commissaire s'autorise donc d'autres missions, officieuses mais à son sens plus efficaces. En compagnie d'un de ses informateurs, il lui est par exemple arrivé de rechercher des entrepôts du côté de Barcelone, pour débusquer des planques de trafiquants, en toute clandestinité[10].

La lutte contre les stupéfiants s'appuie sur des petits secrets de fabrication, à la frontière de la légalité. Après l'épisode de Cadix, les autorités ne peuvent plus prétendre ignorer ces méthodes *border line* auxquelles recourt l'antigang – convois qu'on laisse passer quitte à favoriser un trafiquant infiltré, surveillances périlleuses, plaquettes qu'on met de côté pour rémunérer un informateur dans le besoin… Un ancien enquêteur de la PJ assure : « *Face aux réseaux organisés, il n'y a pas d'autres choix. Certaines méthodes étaient les seules possibles pour parvenir à toucher les organisateurs des trafics*[11]. »

Dans les années 1990, un stock de 800 kilos de résine de cannabis est saisi dans la région lyonnaise. Dans cette affaire, le camion des trafiquants semble avoir été perdu de vue quelques heures, sur les petites routes de l'Ain. Des avocats s'interrogent sur cet intervalle consigné sur procès-verbal. Une pénaliste expérimentée remarque même la voiture du commissaire de l'antigang sur une photo de lieu surveillé. S'agit-il d'un contact avec un informateur ? Ou d'un agent infiltré ? Impossible à expliquer en procédure. Malgré les remarques des avocats de la défense, les autorités ne cherchent pas trop à explorer ces zones grises.

Dans une autre affaire de stupéfiants, qui aboutit à la découverte d'un arsenal d'armes volées, le dossier mentionne des surveillances à partir d'un garage situé dans une petite ville. En réalité, la procédure évite soigneusement de révéler les surveillances antérieures, dans un autre quartier de Lyon, sous peine de griller l'informateur. Un ancien adjoint de Neyret reconnaît : « *On ne peut pas tout acter en procédure sans le risque d'exposer nos sources*[12]. »

***

Après le scandale qui a éclaboussé les douanes à Lyon, la loi Charasse a créé la possibilité d'utiliser des agents infiltrés pour les services d'enquête. L'idée est de mettre un peu d'ordre dans des pratiques occultes.

À la PJ de Lyon, Jean-Christophe Lagarde, jeune commissaire, vient tout juste d'arriver à la brigade des stupéfiants. Il décide d'utiliser ces nouvelles dispositions pour monter une opération complètement inédite. Il recrute un agent formé par le service central. Un agent double, qui doit se faire passer pour un trafiquant, entre Espagne et Maroc.

La PJ va très loin dans la conception de l'opération. L'agent dispose d'une couverture très audacieuse : employé d'une ONG censée livrer du matériel médical au Maghreb. Un convoi humanitaire peut en effet facilement obtenir les autorisations nécessaires pour passer les frontières, ce qui peut intéresser les trafiquants. Une société humanitaire fictive est entièrement créée pour l'occasion. Les policiers font le tour des hôpitaux pour récupérer des lits, des vêtements, des médicaments. Tous les documents sont établis dans les moindres détails, de la constitution de la société jusqu'à l'immatriculation du camion de livraison. Rien ne doit éveiller l'attention des vrais trafiquants.

L'opération *Arnaud*, première enquête *undercover* conçue par la brigade des stupéfiants, est une réussite. En trois mois, un réseau complet est démantelé et 360 kilos de résine de cannabis sont saisis. En prime, un circuit de blanchiment de l'argent de la drogue est débusqué au Brésil. La BRI participe aux arrestations. Attentif à la détection des talents, Neyret repère ce jeune commissaire aux méthodes novatrices. Il ne tarde pas à le recruter et Jean-Christophe Lagarde devient son adjoint.

***

Souvent, tout se joue sur quelques fractions de secondes, sources de risques majeurs.

En 1992, une évasion de la centrale de Clairvaux fait grand bruit : cinq détenus ont réussi à s'échapper, un sixième a été abattu depuis un mirador. Parmi eux, un multirécidiviste met la PJ sur les dents. Se sachant recherché, il sort dans la rue avec une perruque mais, quand il s'agit de braquer des supermarchés, il ne prend plus aucune précaution et agit à visage découvert. Avec un complice, il écume le sud de la France. Son entourage est sous surveillance, en particulier sa sœur, qui vit dans la région de Nîmes et sa mère, soignée à l'hôpital de la Croix-Rousse à Lyon. La brigade antigang, priée d'activer les recherches, subit une très forte pression. Un robuste chef de groupe se souvient : « *On reçoit des coups de fil tous les soirs pour nous demander où on en est*[13]. »

Pour joindre sa famille, l'homme utilise des codes. Méfiant, il passe ses appels depuis des lieux différents. De nombreuses cabines téléphoniques tombent opportunément en panne, les autres sont écoutées. Les mailles du filet se resserrent. Un soir de novembre, un appel conduit directement la brigade autour de la place Puvis-de-Chavannes, dans le 6e arrondissement. La présence d'un homme casqué dans une cabine, une main dans la poche intérieure de son blouson, pendant qu'un autre tourne à moto autour de la place, focalise immédiatement l'attention de la brigade. Les hommes de Neyret n'ont pas le temps de se mettre en place : à peine son appel terminé, l'homme casqué est pris en charge par la moto qui disparaît dans les petites rues du quartier.

Au volant de sa 205 GTI noire, le commissaire Neyret dirige une filature délicate. La nuit est tombée. Sous le crachin, la moto emprunte des voies de bus à contresens. Elle risque de disparaître irrémédiablement dans la circulation. Cours Lafayette, au niveau des Halles, le feu passe au rouge, contraignant la moto à s'arrêter. Le commissaire n'a que quelques secondes devant lui. En un éclair, il décide l'interpellation. Il lance à la radio : *« Qui est avec moi ? »* Puis il tamponne la moto. L'engin décolle, retombe, cadre plié, telle une sauterelle désarticulée.

Le pilote est arrêté sur place, coincé contre un bac à fleurs. Le passager, plaqué au sol un peu plus loin, joue son va-tout : *« Fais gaffe, j'ai une patate. Si tu m'en mets une, fais-le proprement. »* Autrement dit, il menace de faire exploser une grenade. La scène devient surréaliste lorsqu'une vieille dame prend le policier pour le méchant. Elle lui tape le dos à grands coups de parapluie en criant : *« Arrêtez de lui faire du mal ! »*

Le directeur central Jacques Genthial transmet à la BRI les félicitations du ministre de l'Intérieur Paul Quilès. Pour les anciens de l'antigang, cette interpellation, qui comporte tous les ingrédients qui font la marque de fabrique du commissaire, est un cas d'école : la patience dans la pression ambiante, le choix opportun de passer à l'action. Jusqu'au petit détail qui fait toute la différence, la fameuse « poussette » du commissaire, entrée dans la légende.

À Thurins en 1999, deux braqueurs séquestrent clients et personnel dans une agence bancaire en attendant l'ouverture temporisée des coffres. Un troisième complice garde le volant de la voiture qui leur servira à prendre la fuite. Les malfaiteurs n'ont rien d'amateurs : Michel P. a dix-sept ans de prison à son actif. Noël M., agent de sécurité dans une centrale nucléaire, est un ancien para qui a échoué au concours de pilote de chasse. Quant à Christian G., c'est un antiquaire reconverti dans les braquages. Ils agissent en professionnels – avec courtoisie, presque, prenant le temps d'offrir un verre d'eau à leurs otages. Le coup rapporte 170 000 francs (26 000 euros).

Le trio s'aperçoit vite qu'il a la police aux trousses. « *On ne pouvait plus tenter une intervention maîtrisée, c'était automatiquement la course-poursuite* », raconte Michel Neyret. La traque s'engage, émaillée de coups de frein, de coups d'accélérateur et de coups de feu. Elle s'achève autour d'un rond-point, l'Audi des braqueurs immobilisée contre une bordure.

La BRI arrive de tous côtés, l'Audi est cernée. Un malfaiteur pointe son arme sur un automobiliste. « *On veut absolument éviter la prise d'otage avec des conséquences ingérables, on agit en moins d'une seconde* », explique un enquêteur directement impliqué dans la scène. Des coups de feu sont échangés, blessant un des malfaiteurs[14]. Il est touché à la jambe et s'effondre, le visage en sang. On craint une autre blessure à la tête, potentiellement mortelle. À son arrivée aux urgences, les médecins trouvent une balle logée dans le nez du braqueur, probablement par ricochet. Elle a fini sa trajectoire au niveau des sinus, provoquant une blessure sans gravité, à quelques millimètres d'une lésion fatale.

Octobre 1999, autre coup de chaleur : une équipe braque une agence du Crédit mutuel en plein centre de Vienne, un samedi, jour de marché. La brigade antigang laisse faire et suit les malfaiteurs pour éviter un carnage. Le commissaire Neyret décide l'arrestation à l'occasion d'un arrêt dans une station-service. Malgré un barrage, un braqueur parvient à reprendre le volant. Il fait marche arrière, pied au plancher, sur trois cents mètres. Bloqué à nouveau sous un pont, il glisse ses mains vers ses cuisses. Un pistolet apparaît. Le commissaire dégaine. « *S'il me vise, je suis obligé de lui tirer dessus* », se souvient Michel Neyret[15]. Le commissaire tire en l'air – pour l'impressionner. Le braqueur lâche son arme. L'irréparable est évité de justesse.

***

Le trafic de drogue recèle autant de dangers que les braquages de banques. Les interceptions de convois supposent des techniques d'intervention de plus en plus calculées, face à des bolides lancés à toute vitesse sur les routes. L'histoire de l'antigang fourmille d'épisodes à haute dose d'adrénaline. Lors d'une interpellation en pleine nuit dans une station-service, les policiers lancent un tapis à clous destiné à stopper une berline chargée de drogue. Après avoir jeté le stick*, le policier se relève de justesse. Il n'a pas le temps de refermer sa portière : l'Audi l'arrache. Un des protagonistes se souvient : « *Dans la station, j'ai cru que notre collègue avait pris la voiture en pleine tête. Quand je l'ai vu partir en tenant sa portière, j'ai compris qu'il s'en était sorti*[16] *!* » La voiture fonce, moteur ronflant et pneus éclatés, sur quarante kilomètres. À plus de deux cents kilomètres à l'heure, les jantes projettent des morceaux d'alliage incandescents aussi dangereux que de vraies balles qui se plantent dans la carrosserie et les pneus de la BRI qui finit par rattraper les trafiquants.

Le danger est parfois plus vicieux, inhérent à la clandestinité des réseaux. Une nuit de filature, au volant de sa voiture, Neyret dépasse un trafiquant notoire. L'homme, qui le reconnaît, montre son énervement en faisant fumer ses pneus. Un peu plus tard, il se présente au domicile du commissaire, à Vienne. Neyret est absent. « *Vous direz au commissaire que je suis passé le saluer*[17]. » Un message en forme de menace, à peine voilée.

Malgré toutes ces réussites de la brigade, au sein de la PJ, les dossiers de stupéfiants laissent certains perplexes. Les anciens restent attachés aux domaines supposés nobles de la maison : les crimes, les braquages. Les dossiers financiers aussi. Au cours de ces années 1990, la PJ de Lyon mène les premières grandes investigations politico-financières, dont celle qui aboutira à la chute retentissante du maire Michel Noir, de son

* Désigne le matériel d'interception.

gendre Pierre Botton et du ministre Alain Carignon. Ces histoires de stupéfiants intéressent peu. Elles sont sources d'inutiles complications. Jean-Christophe Lagarde témoigne : « *Il a fallu imposer ce nouveau secteur d'activité, tout simplement parce que le milieu était en train de se reconvertir dans la came, Neyret a très vite senti ça*[18]. »

Loin du flic de cinéma, qui passe son temps à l'extérieur en dédaignant la paperasse, le commissaire Neyret devient orfèvre en procédure. C'est un policier méticuleux, avec une grosse capacité de travail. « *Il a opéré le passage d'une police d'action à une police procédurale. L'antigang a profondément évolué en dix ans* », analyse Jean-Christophe Lagarde.

Neyret rédige les procès-verbaux selon une logique qui doit résister à l'épreuve des procès. Dès qu'une filature se termine, les renseignements sont collectés. Dans l'heure qui suit les interpellations, tout est résumé sur de longues pages minutieusement travaillées. Et le soir même, la note est rédigée. Le commissaire n'hésite pas à demander à des enquêteurs un peu trop nonchalants de refaire leur copie : le moindre accroc risque d'être débusqué par un avocat, ce qui peut menacer toute la procédure. Neyret enseigne à ses adjoints : « *Chaque détail écrit dans le PV doit pouvoir être attesté par une surveillance ou un élément matériel*[19]. »

Au fil des ans, Michel Neyret a acquis une connaissance encyclopédique du milieu lyonnais. Il connaît l'environnement, les relations, les habitudes des voyous. Et se souvient de tout. Un chef de division de la PJ raconte : « *Dans les réunions de service ou les raouts heb-*

domadaires à la préfecture, il peut éclairer une affaire en analysant à toute vitesse ce qu'on lui dit, il situe un personnage dans un contexte, il récite son pedigree intégral et toutes ses relations[20]. » Chaque soir, il enregistre ses observations dans le système Orion de la PJ. Sa connaissance lui procure une réputation qui se propage dans le milieu. Neyret en joue, par amusement autant que par stratégie. Plus que les affaires de braquage ou de proxénétisme, les dossiers touchant aux stupéfiants recèlent leurs lots de manipulations et de dangers. La BRI marque son territoire, dans une guerre de positions non exempte de tactique psychologique.

***

Le jour du démantèlement d'un gros réseau de stupéfiants, un complice retrouve les principaux suspects dans une grande brasserie du quartier des Brotteaux. L'antigang le suit. L'équipe est au grand complet, attablée dans l'établissement chic. Sans arme, Michel Neyret décide d'entrer seul. Il s'assoit à leur table : « *Salut les gars.* »

Les voyous sont interloqués :

– *T'es qui, toi ?*

– *Je suis le commissaire Neyret et je vous arrête*[21].

La brigade rentre en force, les chaises volent. Une vraie bagarre de saloon, sous le regard impassible du commissaire, assis sur sa chaise jusqu'à la fin des hostilités.

Quand elle tombe sur des voyous, la brigade ne fait pas dans la dentelle. Sa méthode de dissuasion s'inspire un peu de la technique des irréductibles Gaulois : une arrivée soudaine et musclée, qui doit ménager l'effet de surprise afin de limiter les affrontements. Dans ces instants décisifs, des heures de stress et de tensions se libèrent hardiment. Aucun drame majeur n'est cependant à déplorer durant l'ère Neyret : le commissaire calcule les dispositifs et choisit les moments d'intervention pour limiter les risques. Sans craindre les critiques de violences exagérées, l'antigang assume sa façon de châtier des individus qu'elle considère comme dangereux et qui, dans l'esprit des policiers, ne prennent pas spécialement de gants avec leurs victimes. S'il est vrai que la frontière est parfois fragile entre l'utilisation légitime de la force publique et des méthodes particulièrement viriles de la BRI, l'antigang trouve un autre avantage à ses procédés : « *On veut aussi éviter de se mettre en danger, on doit rapidement figer une situation, neutraliser des individus qui n'auront pas d'état d'âme*[22] », justifie un membre de la BRI, sportif aux titres nationaux de boxe, toujours volontaire pour les missions périlleuses.

Pour Neyret, assumer ses procédés, c'est aussi couvrir ses hommes si besoin. Un ancien de la BRI témoigne : « *Pour lui, la cohésion de la brigade passe avant tout. Il nous défend, même quand on a fait des erreurs. Il nous passe un bon savon en interne mais ça ne sort pas de chez nous. Il assume face aux supérieurs*[23]. » Le commissaire, en protecteur de ses troupes, reçoit en retour une grande confiance, un respect inoxydable.

Mais comme toute médaille, celle-ci a son revers, et certains abuseront de ce soutien indéfectible. Un de ses anciens adjoints, décrit comme un flic efficace, se comporte en ville comme un cow-boy mal léché. Ce commissaire en cuir et santiags multiplie les fausses notes. Jusqu'au jour où son épouse appelle au secours, frappée par son mari ivre. Neyret envoie un fidèle lieutenant au domicile. L'affaire est discrètement étouffée. Le commissaire indélicat est nommé dans une autre contrée.

De la même manière, Neyret protège un autre chef de groupe, robuste gaillard aux méthodes musclées. Il apprécie son engagement rassurant, quitte à fermer les yeux sur ses incartades privées. Un ancien cambrioleur a connu ce policier au caractère versatile pour avoir été son agent traitant officieux. Il confie : « *J'ai subi de grosses pressions, à la limite de la persécution*[24]. » Ce témoin direct d'une époque reculée raconte des pratiques plus que douteuses. Il soutient que ce policier l'a incité à effectuer des démarches hors procédure : ouvrir des portes, visiter un domicile ou un entrepôt la nuit.

Sans être forcément au courant de tous les détails, Neyret laisse flotter cette marge grise dans laquelle le chef de groupe navigue, utile à la brigade, malgré ses défauts notoires. L'ancien casseur est philosophe : « *Un flic ou un voyou partagent une même mentalité : avec une arme, un voyou peut se prendre pour un flic ! Quand ils passent les limites, les flics sont plus mauvais que les voyous, car ils se sentent protégés*[25]. »

13

Dégâts collatéraux

Lyon, 7 juin 2011, 13 h 44.

Michel Neyret, sous écoutes depuis un mois, appelle le commissaire Aymeric Saudubray, chef de la brigade antigang de Lyon, alors en stage à Paris à l'École nationale de la magistrature. Le directeur adjoint souhaite avoir des nouvelles du retour imminent d'un convoi de drogue. Le jeune patron de la BRI lui rend compte, comme un subordonné le fait normalement en pareille circonstance. La saisie devrait être importante. Neyret donne ses indications à mots à peine couverts :

– *Ouais, tu sais très bien qu'il va falloir que vous vous serviez avant hein.*

– *D'accord, ouais, bah ouais, c'est ça qui faut qu'on fasse*, répond Saudubray à voix basse.

Neyret fait allusion à une précédente affaire : « *Ah, la dernière fois il y avait une tonne quatre, il fallait prendre hein, il fallait prendre cent kilos.* »

Face à l'insistance de son supérieur, Aymeric Saudubray écourte :

– *On fera la prochaine fois.*
– *Ça fait chier.*
– *Ça marche.*

La conversation n'a duré que trois minutes et cinquante secondes[1]. Au moment où l'IGS déclenche son opération *Mains propres*, ce dialogue pressé est le seul élément contre Aymeric Saudubray*.

Le lendemain de l'arrestation de Michel Neyret, quand il est convoqué au cinquième étage par la direction, Aymeric Saudubray ne s'attend pas à une bonne nouvelle. Dans les escaliers, il sait même exactement à quoi s'en tenir. En gravissant les marches, il reçoit sur son iPhone une « alerte info » : en pleine effervescence depuis 24 heures, les médias annoncent d'autres auditions de fonctionnaires de la PJ de Lyon. Grâce à son téléphone connecté, le commissaire est instruit de son propre sort quelques secondes avant de recevoir des mains du directeur central sa convocation pour une audition à l'IGS.

Saudubray est placé en garde à vue le jour même, avec trois autres policiers. Son bureau subit une perquisition en règle. Du jamais vu à la BRI. Derrière une porte verte blindée, avec code et ouverture à empreinte digitale, l'IGS pénètre dans le saint des saints de la PJ. Encadrant le commissaire, les policiers de l'IGS s'avancent dans le couloir sombre. Sur les seuils des bureaux, toute la brigade est là. Visages fermés, bras croisés en signe de défiance silencieuse, les policiers forment comme une

* Fin septembre 2011, l'IGS a lancé une vague d'interpellations. Voir ci-dessus, chap. 8.

haie d'honneur à ce jeune patron irréprochable, qu'ils n'imaginent pas une seconde en faute. Pour eux, son traitement relève d'une flagrante injustice.

Chef de district à Asnières-sur-Seine dès sa sortie de l'école, puis chef de circonscription à Clichy-la-Garenne, Aymeric Saudubray a intégré la PJ à l'antenne de Bastia à l'âge de 29 ans. Quatre ans après, il a été nommé à la tête de la célèbre brigade antigang de Lyon, réputée dans toute la PJ. Physique tonique, avenant, il est le troisième successeur du fameux Neyret. Le jeune commissaire confie à propos de ce poste lyonnais : « *Dans une carrière d'enquêteur, quand on aime l'action et l'investigation opérationnelle, c'est un rêve*[2]. »

Un an pile après son arrivée à Lyon, le rêve se brise dans un grand fracas. Ce 30 septembre 2011, il sait qu'il emprunte probablement pour la dernière fois le couloir de ce prestigieux service, l'humiliation au ventre. Les bœufs-carottes saisissent son ordinateur, fouillent les tiroirs de son bureau. Sans résultat.

Un à un, les hommes de l'antigang font l'accolade au commissaire. Ils n'avaient encore jamais improvisé une telle cérémonie de départ pour un taulier.

À la BRI, les liens sont très forts. Confrontés aux opérations les plus périlleuses, la trentaine d'hommes qui la composent mettent leurs vies entre les mains de leurs collègues. Le sort de chacun dépend de l'efficacité de l'autre. L'erreur ne pardonne pas. Les enquêteurs accusent le coup : leur vie, ils la vouent à la lutte contre le banditisme le plus virulent. Et voilà que la machine judiciaire se retourne contre eux.

En sortant, les enquêteurs de l'IGS ne font pas le détour par la salle de repos. Ils y auraient vu, épinglées au grand tableau, les photos d'identité des patrons de la BRI et leurs adjoints depuis les origines. Trente-cinq ans d'histoire. Vingt ans habités par Michel Neyret.

***

Pour une seule conversation ambiguë, les magistrats ont réservé à Aymeric Saudubray quatre jours de garde à vue. Il soutient que Michel Neyret l'a sollicité pour mettre de la drogue de côté, en vue de rémunérer des informateurs, mais qu'il a refusé de se prêter à ce jeu dangereux. Il explique avoir été « *profondément déstabilisé* » par la demande de son supérieur hiérarchique. Non par naïveté : « *Je sais que ce genre de pratique a pu exister à une certaine époque dans la police, tous les policiers le savent.* » Mais, explique-t-il, « *je ne suis confronté à la problématique des informateurs que depuis un an et je n'ai compris qu'à la suite des demandes de M. Neyret que ces pratiques pouvaient encore avoir cours. Pour moi, il s'agissait d'une démarche totalement individuelle et non celle de mon service* ». Le jeune commissaire précise : « *J'ai compris que M. Neyret effectuait ces pratiques mais je ne les ai pas organisées dans mon service*[3]. »

Selon lui, il faut donc interpréter sa conversation comme une façon dilatoire de repousser les demandes d'un chef aux trente ans de carrière lyonnaise derrière lui. Le 7 juin, Neyret lui a bien demandé de faire un effort pour « *se servir*[4] ». Le 31 juillet, il revenait à la charge : « *T'hésite pas. Si jamais tu fais une grosse saisie, tu penses à... aux amis de la police*[5]. » Réponse rapide d'Aymeric, surnommé Mike dans les conversations : « *Bien sûr, bien sûr...* »

Cette thèse de l'évitement est également avancée par son collègue Christophe Gavat. Le chef de l'antenne de Grenoble de la DIPJ dira au juge d'instruction : « *J'ai fait semblant d'acquiescer.* » Dans un échange téléphonique, le directeur adjoint semble vouloir également affranchir le chef de l'antenne grenobloise. Pour Neyret, les primes officielles ne suffisent pas pour des indicateurs qui manipulent du hasch à la tonne. Christophe Gavat se montre compréhensif : « *C'est très clair. Je suis entièrement d'accord avec ce principe.* »

Selon Neyret, il faut puiser dans les scellés pour payer en produits stupéfiants, de préférence au moment de la destruction des produits. Une « *méthode extrêmement confidentielle* ». Christophe Gavat, pas contrariant : « *Ah ben je m'en doute, oui*[6]. »

Il est certain que dans toutes ces conversations, personne n'a vraiment été à la hauteur des espérances de Neyret. Malgré deux ou trois importantes saisies de drogue, on devine que des indicateurs sont dans l'attente de livraisons, en remerciement. Fin août, Neyret rappelle Gavat : « *Est-ce que tu as vu pour la destruction des scellés en rapport avec le tonton*[7] *?* » Réponse évasive de Gavat : « *C'est prêt à le faire.* »

À 45 ans, Gavat est un commissaire atypique, trublion, grande gueule et grand cœur. Nommé chef de l'antenne de Grenoble, il réalise lui aussi son rêve d'enquêteur, heureux de côtoyer son modèle Neyret.

Inspecteur à Paris à ses débuts, Gavat a longtemps été commandant à la brigade criminelle de la Sûreté de Lyon. Tout au long de sa carrière, il a été au contact de petites et grandes misères, de drames et violences en tous genres. Il a vu des collègues blessés, suicidés, des victimes dans tous les états possibles. En 2002, ce fils de bonne famille lyonnaise décroche le concours interne de commissaire. Il est alors nommé à Cannes, pas mécontent de veiller sur la sécurité des marches du festival, sur la Côte d'Azur, où il faut se méfier des mauvaises tentations. Michel Neyret l'a fait passer de la sécurité publique à la PJ.

Le commandant Gilles Guillotin, 53 ans, adjoint de Gavat à Grenoble, est dans le même bateau. Il a parlé remise de stups aux tontons à deux ou trois reprises avec son supérieur lyonnais. De manière plus directe, question d'âge probablement : le commandant et le commissaire sont de la même génération. Fin août, Gilles Guillotin assure à Neyret que « l'Amigo » est content d'avoir reçu une part de hasch. Il espère cependant que la qualité sera bonne – pas comme la dernière fois. Ce qui suppose implicitement un précédent. Avant son audition, il prend soin d'effacer tous les courriels de son ordinateur portable, demande à une amie de ranger son tiroir au bureau. Face à l'IGS, il tient le même discours que Gavat : il faut entendre ses propos comme une façon de repousser les demandes trop pressantes de Neyret. En sortant de garde à vue, il appelle le directeur de la DIPJ : « *J'ai fait ça pour le travail et je voudrais que vous en soyez convaincu. Je ne pense pas être un ripou*[8]. »

L'unanimité des policiers laisse les enquêteurs de l'IGS sceptiques. Cache-t-elle quelque chose ? Le juge d'instruction Patrick Gachon exprime ce doute avec une subtile ironie. À tous les protagonistes, il pose cette question : et si Neyret avait voulu tester votre honnêteté en vous demandant de mettre de côté des stupéfiants ? Dans cette hypothèse, n'était-il pas alors bien hâtif, voire risqué, de faire semblant de répondre positivement à des demandes illégales ?

Parmi les policiers entendus en garde à vue, un seul homme admet qu'il a mis de côté de la drogue à la demande du commissaire Neyret. Âgé de 47 ans, cet enquêteur de la brigade des stupéfiants explique qu'il a été sollicité à plusieurs reprises. Affaibli par un récent infarctus, ce policier explique qu'il a voulu faire cesser le stress en cédant aux demandes du directeur adjoint. Et qu'il a fini par donner trois plaquettes de haschich qui étaient restées dans un casier de son bureau, oubliées à la suite d'une saisie de 296 kilos de cannabis. Selon lui, Neyret représentait « *le patron au sens noble du terme* ». Mélange d'amertume et de nostalgie, ses déclarations face aux enquêteurs et au juge sont brèves et nettes. Policier jusqu'au bout, pas voyou : « *Je préfère assumer ma faute et être en accord avec ma conscience*[9]. »

Ces quatre policiers sont mis en examen, placés sous contrôle judiciaire, suspendus, balayés par la tempête. Un protagoniste grince : « *Franchement, on connaît la procédure, on aurait pu nous convoquer autrement pour répondre à ses questions, sans faire tout ce cirque*[10]. »

Dans les sous-sols de l'IGS, Christophe Gavat joue des sketches pour ses voisins de cellules. L'ambiance un peu folle bluffe les surveillants, qui complètent leurs plateaux-repas de sodas, en signe de soutien. À sa sortie, Aymeric Saudubray reçoit la visite de collègues de promotion. Au palais, devant le bureau du juge, c'est un ami, substitut du procureur, qui le prend dans ses bras.

Dans un dialogue avec un policier de Grenoble, le commissaire Neyret a laissé supposer que des enquêteurs de confiance pouvaient répondre à ses demandes de détournement de drogue dans les saisies. Rien ne dit qu'ils l'ont fait, la discussion laissant même plutôt penser que Neyret cherche à convaincre son interlocuteur en citant des exemples au hasard. Mais l'avis de tempête est maximal. L'IGS dresse une liste de vingt-cinq policiers « *impliqués à divers titres* ». Tous ceux qui ont été cités d'une manière ou d'une autre dans les conversations de Michel Neyret se trouvent ainsi contaminés.

Trois fonctionnaires se retrouvent ainsi en position délicate, dont deux enquêteurs de la BRI. Face à l'IGS, l'un se déclare « *furieux* » d'apprendre qu'il a été nommé par quelqu'un qui n'apparaît plus comme « *un modèle de vertu* ». Cet ancien de la BAC de Lyon est interrogé en particulier sur la découverte de plusieurs centaines de kilos de cannabis dans le secteur de Villefontaine, dans l'Isère. Une vingtaine d'enquêteurs sont alors présents sur les lieux. Selon ce policier, à moins de concevoir un complot généralisé, il est tout simplement impossible de prélever de la drogue dans une telle configuration.

Dans les deux jours qui suivent l'arrestation du commissaire Neyret, une quinzaine de fonctionnaires de la PJ de Lyon sont entendus, en garde à vue ou comme simples témoins. L'IGS se fait expliquer et réexpliquer la procédure en matière de saisie de stupéfiants. Chacun à son tour, les policiers exposent la procédure. Des scellés provisoires sont effectués sur les lieux d'une saisie. Le stock est transporté dans les locaux de la PJ, jusqu'à un coffre ou dans la salle de réunion si la quantité est trop importante. Il existe trois clés, détenues par le chef de division, le chef des stups et son adjoint. Le pesage officiel a lieu en présence du suspect, avant des scellés définitifs. Un procès-verbal est dressé à chaque étape, en présence de plusieurs personnes.

Des pratiques parallèles pour rémunérer les informateurs ? Tout le monde réfute officiellement. Le directeur Claude Catto est catégorique : « *Jamais. Pour moi c'est impensable*[11]. » Franck Courson, chef de la division criminelle, avance : « *Pas à ma connaissance.* » Mais des langues se délient pendant les auditions. Un enquêteur évoque « *des demandes répétées* » du directeur adjoint. Un chef de groupe parle d'« *insinuations* », précisant : « *Il était de bon ton de ne jamais dire non à M. Neyret.* » Une enquêtrice décrit un commissaire « *insistant* », qui ne donnait pas d'ordre direct pour autant. Un autre chef de groupe dit avec une prudence de Sioux : « *On sentait qu'il était intéressé*[12]. »

De tous ces témoignages, il ressort que Neyret, inspiré par des pratiques plus ou moins anciennes, cherchait à mettre du produit de côté pour ses informateurs.

Mais les cinq mois d'écoutes de l'IGS montrent qu'il n'a pas obtenu grand-chose de ses fonctionnaires. Des enquêteurs racontent même s'être arrangés afin d'éviter de répondre aux demandes insistantes du directeur adjoint, pour qu'un chef de service ou un magistrat soit présent sur les lieux au moment des destructions de produits stupéfiants. Ces témoignages sont confirmés par le chef de la division criminelle, Franck Courson. Quinze jours après son audition par l'IGS, le divisionnaire est d'ailleurs réentendu par le juge d'instruction. Il révèle que deux enquêteurs des Stups étaient venus le voir, quatre mois avant que n'éclate l'affaire. Ils lui avaient parlé des demandes insistantes du directeur adjoint. Franck Courson s'en veut terriblement : « *Je n'ai pas analysé avec assez de sérieux cette demande auprès de mes fonctionnaires*[13]. » Pourtant, il le sait : dénoncer un chef potentiellement défaillant est une démarche délicate. Le lanceur d'alerte peut se retrouver dans la position du vilain petit canard qui a trahi sa corporation, avec le risque de voir sa carrière noircie par un retour de flamme. Un jeune commissaire résume plus brutalement : « *Si tu dénonces, tu deviens tricard jusqu'à la fin*[14]. »

Dans son audition, la chef de la brigade des stupéfiants explique qu'elle aussi a été approchée. En congé maternité au moment des investigations de l'IGS, Marianne Charret-Lassagne n'est pas directement concernée par les faits cités dans le dossier. En revanche, elle indique que Neyret lui a fait part, dès son arrivée en 2010, de la possibilité de rémunérer des informateurs en prélevant des stupéfiants sur les saisies. Selon Neyret, la vraie PJ devait s'accommoder de quelques entorses. Un discours mal perçu par la jeune commissaire[15]. Vingt ans d'écart, une génération les sépare. L'époque a changé. Les contraintes de procédure, les mentalités, se conjuguent mal avec ces pratiques à hauts risques. Les jeunes commissaires prennent leurs distances.

***

Après le choc, les répliques sismiques arrivent par ondes successives. La PJ de Lyon est décapitée. Le directeur Claude Catto est nommé à l'Inspection générale de la police nationale, ironiquement appelée le cimetière des éléphants. Il a droit à quelques missions avant une retraite imposée, sans prolongement possible. À 48 ans, le coup est rude pour Franck Courson, qui change lui aussi de service.

Une nouvelle direction est nommée à la PJ. Venue de Toulouse, Nathalie Tallevast a la difficile mission de reprendre le fauteuil de Michel Neyret. Elle assume sa mission avec application et un tact apprécié dans ces circonstances, selon des témoignages internes. En revanche, le nouveau directeur venu d'Orléans, Francis Choukroun, est loin de faire l'unanimité. L'ère de la gestion s'installe et contrairement aux usages, il ne se rend pas dans les services après une belle affaire pour les féliciter. Le nouveau directeur arrive dans un contexte difficile. Certains lui reconnaissent une conduite solide.

Les enquêteurs doutent d'eux-mêmes et se protègent. Plus question de prendre le moindre risque, sous peine de mettre en danger sa carrière. Un commissaire confie : « *T'es pas couvert dès qu'il y a la moindre merde. Moi, j'invite les gens qui font les filatures à rouler à 130*[16]. »

Un événement marque les esprits. Dans les mois qui suivent, un informateur de la brigade antigang est arrêté dans le cadre d'une enquête menée par un service extérieur. Alors que la direction avait été informée de l'opération, personne n'a prévenu la brigade ni les agents traitants. Les informations ont été volontairement cloisonnées. Un enquêteur s'inquiète : « *Un coup à nous mettre en danger. Imagine la situation : je rencontre un jour mon informateur, le lendemain il est arrêté sans que je sois au courant. Je passe pour quoi*[17] *?* »

Quelques jours après l'arrestation de Neyret, des bruits circulent sur la possible implication d'un douanier, Jean-Paul Piazzoli, agent très expérimenté en poste à la DNAED de Nice, passé par Lyon auparavant. L'IGS sait à travers les écoutes qu'il a fait partie du voyage au Maroc. Vingt ans après le scandale de Lyon, quand des agents avaient monté une opération de vente au-delà des règles admises*, l'inquiétude remonte à la surface. Les patrons de la douane s'affolent. Un chef d'échelon appelle Jean-Paul Piazzoli : « *Avec Paris, on essaye de faire le nécessaire pour qu'on ne soit pas emmerdés les uns et les autres*[18]. »

L'agent est sommé de se justifier sur sa présence au Maroc, obligé d'éclaircir tous ses contacts lyonnais auprès d'une direction visiblement fébrile. On lui

* Voir ci-dessus, chap. 7.

demande de faire le ménage sur son bureau. Une chemise bleue intitulée « sources » est posée en évidence, prête à l'emploi, en attendant la visite de l'IGS. Ce qui ne tarde pas. Le 8 novembre 2011, Jean-Paul Piazzoli, 63 ans, surnommé « Nounours » pour ses airs débonnaires, est placé en garde à vue. Son domicile et le restaurant de sa femme sont perquisitionnés.

Mis en examen, placé sous contrôle judiciaire, le douanier affirme qu'il connaissait assez peu le commissaire. Heureusement pour lui, il a payé de sa poche le fâcheux voyage au Maroc. En revanche, il connaissait beaucoup mieux Michel Zaragoza, autre participant au voyage marocain. Leur relation trouve racine dans une vieille histoire lyonnaise : Michel Zaragoza avait repris la société de location de voitures Minguez, après qu'un dirigeant était parti avec la caisse. L'établissement était aussi bien fréquenté par les truands en recherche de véhicules que par des enquêteurs, notamment des douaniers, amateurs de bons prix. Si bien que les habitudes ont continué dans le garage de Zaragoza à Gerland. Ce qui explique que Piazzoli ait pu transporter des douaniers albanais à bord d'une BMW prêtée par Zaragoza, dans le cadre d'une très officielle mission.

Dès le lendemain de l'interpellation du douanier, les auditions de sa hiérarchie s'enchaînent : le chef d'antenne de Nice, le directeur des opérations douanières de Marseille et un chef parisien de la division des recherches sont interrogés à propos de Jean-Paul Piazzoli. Jean-Paul Garcia, le directeur national de la DNRED, est entendu au siège de l'IGS, rue Hénard, dans le 12e arrondissement. Il décrit aux enquêteurs « *un excellent agent* » qui « *traite le haut du tableau des indicateurs* ». L'agent Piazzoli bénéficie d'un soutien unanime. Excepté un petit accroc dans un ancien poste en Guyane, où le douanier avait fait l'erreur de prendre des parts dans une discothèque, son parcours est apprécié par sa hiérarchie.

À cette occasion, l'IGS mesure toute la différence entre douane et police dans la manière de traiter les informateurs. Depuis le scandale de Lyon justement, les règles sont posées dans la douane : un informateur est suivi par un « agent traitant », en lien avec un « agent observateur » ; l'inscription officielle de l'informateur – « l'aviseur » – est validée par le chef d'échelon. Les remises d'argent se font toujours à deux et les avances culminent à 3 100 euros. La rémunération complémentaire des informateurs est ensuite fixée en fonction de l'importance de l'affaire, plus précisément des saisies. Selon une règle interne, le montant n'excède pas le tiers de l'amende douanière infligée dans l'affaire – ce qui peut dégager de très fortes sommes. Les primes d'informateurs à 3 000 euros sont courantes. À 20 000, elles ne sont « *pas exceptionnelles* », selon un ponte des douanes. Dans les plus grosses affaires, les montants peuvent atteindre de 100 000 à 200 000 euros. Les moyens de la douane, sous tutelle du ministère du Budget, sont sans commune mesure avec ceux de la police. Le directeur national de la DNRED tient à souligner auprès de l'IGS : « *Le but est de ne jamais faire tomber un aviseur*[19]. »

Des extraits d'écoutes téléphoniques du dossier Neyret montrent à quel point les cousins ont une imagination débridée, dans le dos des agents. Dans des dialogues interminables, Gilles Bénichou et Stéphane Alzraa imaginent mettre en place une filière d'importation massive d'or depuis la Libye. Le *golden-boy* prétend que des stocks d'or peuvent s'acquérir à bon prix dans les ruines du régime de Kadhafi. Il évoque des centaines de kilos d'or, ce qui excite l'imagination des cousins : tous deux se voient déjà organiser des convois clandestins avec des 4 × 4 fournis par le garage de Zaragoza, le tout sous la surveillance du commissaire Neyret. Dans leur schéma, le douanier de Nice pourrait favoriser le passage des conteneurs[20]. Interrogés sur cet épisode, Jean-Paul Piazzoli comme le commissaire Neyret ont mis cette histoire sur le compte d'un pur délire des deux cousins. Au téléphone, le premier avait d'ailleurs exprimé les plus vives réserves sur ce fumeux projet. Le scénario fantaisiste des convois d'or de Libye donne une illustration caricaturale des relations dangereuses qui se nouent entre aviseur et agent traitant, où chacun prétend tirer les ficelles à son avantage.

***

En mars 2012, l'affaire Neyret connaît un nouveau rebondissement. Deux juges d'instruction et six enquêteurs de l'IGS débarquent dans le cabinet de David Metaxas, le jeune avocat que Neyret avait appelé le matin de son interpellation, mais qui s'était ravisé. La perquisition se déroule dans un climat glacial, en présence d'un magistrat du parquet local. Le juge consulte plusieurs de ses dossiers. La situation a quelque chose de vertigineux.

David Metaxas passe d'avocat potentiel à complice présumé du même Neyret. Le vent tourne, à la vitesse de ce jeune homme pressé, qui a réussi en dix ans de carrière à se rendre aussi célèbre que détesté auprès de ses pairs.

Dans les conversations enregistrées par l'IGS, on entend le commissaire se vanter auprès du jeune avocat de l'arrestation de plusieurs de ses clients, inculpés pour trafic de drogue. Le ton est celui du défi, comme si Neyret avait remporté la première manche d'un jeu dont les enquêteurs, peu habitués aux mélanges interlopes de la vie lyonnaise, ignorent les règles. Une autre fois, le policier, content de coincer un client de l'avocat, communique à David Metaxas les résultats d'une expertise balistique : « *Dans le cul, la balayette*[21] », fanfaronne-t-il au téléphone, sur un ton potache.

Dans ce petit monde, Maître Metaxas est aussi en contact avec Gilles Bénichou et Stéphane Alzraa. En avril 2011, il conseille ainsi longuement par téléphone Alzraa, empêtré dans ses ennuis pour fraude fiscale. Et lui recommande de se méfier de Neyret : « *Il pourrait faire la une des journaux, s'il t'arrêtait.* » En réponse, Alzraa lâche une formule énigmatique : « *OK, mais qu'est-ce qu'il gagne financièrement ?* » L'avocat écourte la conversation. Les enquêteurs se demandent quelles sont les vraies intentions de Stéphane Alzraa à l'égard du commissaire.

Au cours de leur perquisition au cabinet de Metaxas, les juges tombent sur trois dossiers qui concernent des personnes de l'entourage d'Alzraa, dont Yannick Dacheville et Gilbert Chikli, un escroc présumé réfugié en Israël. Gilles Bénichou avait obtenu des fiches de recherches pour eux. Les enquêteurs se demandent s'il les a transmises à l'avocat. Le commissaire a également fait parvenir par mail à David Metaxas un compte rendu de la PJ de Lyon sur une affaire qui le concerne directement : à Marseille, en mai 2011, un Lyonnais de 33 ans recherché dans une affaire concernant 110 kilos d'héroïne a été fauché par une rafale de Kalachnikov. L'avocat a été désigné par la famille pour se constituer partie civile. La démarche du commissaire n'est pas très orthodoxe. Pour les magistrats parisiens, c'est une violation du secret professionnel. Quant à l'avocat, il peut être accusé de recel.

Tous ces éléments montrent une proximité inhabituelle entre le jeune avocat et le policier dans la force de l'âge. Tous deux ont travaillé dans le même univers, fréquenté les mêmes interlocuteurs, qu'ils soient juges ou voyous, alors même qu'avocats et policiers sont par définition dans des camps judiciaires opposés. Cette contradiction, Metaxas la résume en expliquant que Neyret est à la fois « *un ami personnel* » et « *un ennemi professionnel* »[22]. Compliqué. Neyret donne quant à lui une version moins flatteuse de leurs relations. À propos du document interne transmis par mail, il explique au juge qu'il s'agissait pour lui « *d'une manière d'enclencher un échange d'informations* ». Il n'est pas beaucoup question d'amitié. Plutôt d'instrumentalisation. « *Un fantasme de Michel Neyret* », répliquera l'avocat face au juge.

Transféré à Paris, David Metaxas passe deux jours et deux nuits en garde à vue. Il est entendu à quatre reprises. Déféré à Paris, il passe une nuit supplémentaire dans les geôles du palais de justice. Il est présenté, menotté, au juge Gachon, connu pour avoir déjà fait tomber une avocate à Orléans. Dans sa geôle du petit dépôt, l'avocat tape sur les murs, en scandant : « *Liberté !* » Ses voisins détenus reprennent en chœur.

Seul face au juge, David Metaxas, à la fois dans le rôle du prévenu et dans celui de l'avocat, fait une longue déclaration. Il conteste en juriste la qualification de « *recel de violation du secret professionnel* » retenue contre lui, dénonce la consultation de ses dossiers, l'exploitation de conversations téléphoniques avec ses clients. Poussant à l'extrême la logique du juge, en provocateur, il déplore une atteinte « *sans précédent* » à la confidentialité dont doit bénéficier tout avocat. Son interrogatoire de première comparution se conclut par une bravade osée : « *J'appelle cette incarcération de mes vœux car je ne céderai pas.* » L'avocat est mis en examen, placé sous contrôle judiciaire.

***

De son côté, Michel Neyret reste incarcéré dans le quartier dit VIP de la maison d'arrêt de la santé à Paris. Il a pour seuls visiteurs sa fille et sa belle-sœur. Comme tout détenu, le bruit l'impressionne et ne le laisse pas en paix. Les portes, les clés, les cris. Les nuits sont longues. Le commissaire est pris en photo dans la cour, cheveux longs et jogging à capuche. La publication de l'image coûtera à *VSD* et *Paris Match* une amende de 5 000 euros et autant de dommages et intérêts. Au sein de la Santé, la présence du détenu Neyret provoque de gros raffuts. L'ex-commissaire reçoit cependant un soutien inattendu : l'acteur Samy Naceri, incarcéré dans le même quartier pour violences, lance aux prisonniers en train d'insulter Neyret par les fenêtres : « *Vous ne savez pas qui c'est, arrêtez votre bordel*[23] *!* »

Au premier étage du bloc A, la vie s'organise. Séparé du reste de l'établissement – mille cinq cents détenus pour mille places –, le secteur dit VIP compte une quinzaine de cellules. Soucieuse de préserver la tranquillité de l'établissement, la directrice donne des consignes : pas question que le commissaire croise le terroriste Carlos, qui attend derrière les murs un procès pour avoir abattu un policier de la Direction de la surveillance du territoire (DST). Le quartier VIP se répartit en deux groupes de six détenus. Avec Neyret, on trouve l'acteur Samy Naceri, un vicomte poursuivi pour des délits financiers, un Colombien et un chirurgien extradé des États-Unis pour une faute médicale présumée. Sans oublier le général Noriega, un bras paralysé par un AVC. « *Il faut structurer son temps* », confie Neyret qui enchaîne les parties d'échecs avec le Colombien. Une fois dehors, plusieurs membres du groupe prendront l'habitude de se retrouver. Neyret remarque : « *En détention, les relations sont très fortes, elles restent*[24]. »

À l'extérieur, au contraire, Neyret est rapidement lâché par les voix officielles. À Paris, le syndicat majoritaire des commissaires donne le ton, dans un communiqué où il est question de « *couper les branches mortes* ». Neyret à peine mis en examen, la secrétaire nationale Sylvie Feucher se rend sur le plateau de Canal + pour déclarer à son propos : « *Un grand flic qui n'a peut-être pas su intégrer les réformes du droit*[25]. »

En revanche, des anciens de la PJ de Lyon, choqués du traitement qui lui est réservé, forment un comité de soutien, avec courriers aux élus, blog, hommages. Le policier déchu reçoit énormément de courrier. Il prend soin d'y répondre, d'une écriture appliquée. « *Vous faites partie des vieux soldats qui me connaissez bien, vous connaissez le culte de la recherche du renseignement qui m'animait, ma passion de la manipulation de mes contacts, les résultats qui en découlaient*[26] », écrit-il à Bruno Papet, ancien enquêteur de la BRI, au temps de l'affaire des Ripoux de Lyon. Neyret plaide sa cause, sachant que la partie est rude : « *Aujourd'hui il va falloir que je convainque de mon honnêteté dans ces manipulations et mon combat s'annonce difficile.* » Parmi les policiers passés de la lumière à l'ombre, Neyret reçoit en prison un mot de Philippe Féval, l'ancien chef de la BRB de Paris qui avait connu une mésaventure similaire dans les années 1990. Neyret est touché. Avec un regret : « *J'aurais dû lui envoyer un mot quand il a été en prison, je sais le bien que ça fait*[27]. »

14

Le rideau tombe

Antigang, 2004.

Après avoir reçu la Légion d'honneur, Michel Neyret est nommé chef de l'antenne de la police judiciaire à Nice. Une nouvelle règle dans la carrière des commissaires de police impose un changement de poste tous les quatre ans en moyenne, sous la douce appellation de « mobilité fonctionnelle ». Il faut changer de région pour gagner des galons. Dans l'esprit de l'administration, cette réforme vise à éviter des carrières en vase clos, des fauteuils trustés, voire de mauvaises habitudes. Même s'il est promu commissaire divisionnaire dans une région certes agréable et convoitée, le changement est brutal pour le commissaire. Ses racines sont à Lyon et sa réussite professionnelle est ancrée dans la région.

Le chef de l'antigang n'a jamais été un fêtard. Il est resté prudent, discret, anonyme. « *On ne l'a jamais vu sortir, il menait une vie rangée, complètement immergé dans son boulot*[1] », confie un ancien membre de la BRI. À Nice, il lui arrive de sortir plus souvent. « *Il n'y a pas de quoi lui retourner la tête* », tempère un de ses collègues. Victime des sirènes de la Côte d'Azur ? « *Il jouait un peu au casino, il sortait. On ne l'a pas vu pour autant se métamorphoser*[2] », relativise un journaliste local. Son comportement change pourtant. Son couple vacille. Furieuse de ses infidélités qu'elle soupçonne, Nicole pique une colère. Michel Neyret est hébergé plusieurs semaines chez un collègue commissaire, loue quelque temps un appartement meublé. Puis il reviendra au domicile conjugal.

À cette époque, les choses changent. Des réformes importantes se produisent, marquées par une plus forte codification du travail policier. En mars 2004, la loi Perben met un peu d'ordre, créant d'abord le statut de témoin sous X. Pas tout à fait des repentis au sens complet du terme. Il s'agit juste de la possibilité de livrer des informations dans un dossier judiciaire, sous la protection de l'anonymat. Pas question de couverture, de changement d'identité, de méthodes à l'américaine. Une procédure pour aider la police face aux nouvelles vagues de criminalité.

Dans ce même esprit de clarification, la police judiciaire est dotée d'un nouvel outil : le Bureau central des sources (BCS). Objectif : lister et organiser les contacts avec les indicateurs. Basé au QG de la direction centrale de la PJ à Nanterre, le BCS dépend du service interministériel d'assistance technique (SIAT). Le principe est simple : les informateurs de la PJ sont désormais immatriculés, selon un code crypté. Les primes sont désormais tracées et calibrées. 50 euros pour la dénonciation d'un étranger en situation irrégulière, 300 pour un atelier clandestin, de 5 000 à 10 000 euros pour un trafic de stupéfiants. Le BCS compte environ mille huit cents indicateurs à l'anonymat garanti.

Les policiers sont formés aux nouvelles pratiques. Avec la création du BCS, un *vade-mecum* du traitement des informateurs est distribué dans les services. Il explique les précautions élémentaires à prendre. Quand Michel Neyret lit le document, il soupire, pense à ses vingt ans de manipulations d'informateurs et lâche à un collègue : « *C'est du Bibi Fricotin*[3]. » Le commissaire ne semble pas inscrire systématiquement ses informateurs dans les registres officiels[4]. Il puise dans les enveloppes de primes en espèces pour rémunérer en dehors du circuit administratif. Il continue de fonctionner comme il l'a toujours fait, à l'instinct. « *Il ne tenait pas une comptabilité très exacte*[5] », selon un informateur du commissaire.

Au bout de deux ans, le commissaire s'impatiente : on lui avait fait miroiter un retour rapide dans sa région de prédilection. Agacé, il postule au poste de chef de la Sûreté du Rhône. Un coup de tonnerre dans le Landerneau policier. La Sûreté dépend de la direction de la sécurité publique, une branche bien distincte de la police judiciaire. C'est la maison d'en face. Neyret se dit prêt à quitter la police judiciaire pour retourner à Lyon. Bluff ? Martine Monteil, devenue directrice centrale, lui promet le poste de directeur adjoint de la PJ de Lyon. Neyret annule sa candidature à la Sûreté. La passe d'armes administrative terminée, le 9 janvier 2007, le commissaire divisionnaire est officiellement nommé au poste de directeur adjoint de la Direction interrégionale de police judiciaire (DIPJ) de Lyon. Il lui reste cinq ans de carrière à accomplir. La dernière ligne droite.

« *On n'a pas pu lui refuser son retour à Lyon alors qu'il avait passé toute sa carrière ici. Il y avait l'avantage de sa grande connaissance du banditisme régional mais il y avait aussi le risque de trop rester au même endroit*[6] », analyse un ancien directeur parisien. Il n'est pas évident de gérer la carrière d'un homme couvert de louanges. À force, ses états de service lui procurent un statut d'intouchable. Et en effet, bardé de sa Légion d'honneur, fort de son glorieux passé à l'antigang, Neyret revient en star dans la police lyonnaise. Son autorité naturelle ne souffre pas de contestation. Il suit les enquêtes, conseille, oriente, garde le contact avec des informateurs.

Lors de la réunion d'état-major du lundi, le directeur adjoint se montre intransigeant. « *J'ai plus appris en quatre ans avec lui que dans toute ma carrière* », reconnaît un commissaire, qui regrette toutefois « *ses côtés vexants* »[7]. Il est vrai qu'il se moque volontiers des chefs de service. L'un d'entre eux se souvient d'une remarque cinglante à des enquêteurs qui n'avaient pas reconnu un fameux gangster sur une photo de surveillance : « *Retournez à l'école du banditisme.* » Un autre a eu droit à une sévère leçon en public, après une interpellation ratée. Exigence ? Pour lui comme pour les autres, sans prendre de gants.

Depuis son retour de Nice, ses visiteurs remarquent pourtant une forme de relâchement qu'on ne lui connaissait pas. Entre 2009 et 2010, le tournage du film d'Olivier Marchal le projette un peu plus à l'extérieur de sa sphère professionnelle. Il prend goût à la notoriété. Dans son bureau du cinquième étage de la PJ, il reste rarement assis plus de deux minutes dans son fauteuil d'adjoint. Il vadrouille, on a du mal à le localiser.

Il fait quelques allusions à « *la crise de la cinquantaine* », au « *syndrome de Peter Pan* »[8], pour reconnaître qu'il s'accorde un peu de répit à l'issue d'une carrière somme toute sans grandes fioritures. La retraite se profile inexorablement. Un pied dedans, un autre qui tâtonne vers l'inconnu. Le désir de lâcher prise – et en même temps, l'irrésistible envie de rester dans la course. S'il a du mal à se résoudre à la différence d'intensité entre ce nouveau poste, à dominante administrative, et l'action permanente de la BRI, il est devenu un directeur maîtrisant parfaitement son sujet.

On commence cependant à murmurer : « *Le bruit avait couru qu'il était parti en vacances avec un tonton : what else*[9] *?* » Un policier qui baisse la garde, trop sûr de lui ou trop seul, fragilisé par des drames familiaux et par cet univers superficiel où jamais les sentiments, encore moins la tristesse, ne doivent perturber les apparences ? « *J'ai vu le vide dans son regard*, confie un témoin, *je l'ai senti perdu*[10]. »

« *Il est gentil, c'est un mec à tout faire* », se moque à cette même époque Gilles Bénichou. Au téléphone, il ironise avec un cousin : « *On est sa seule famille, comme il dit. Alors il adore être avec nous, il kiffe*[11]. » Nul n'ose répercuter au commissaire les rumeurs persistantes. Une rare fois, un fidèle de la BRI monte le voir au cinquième étage : « *On dit du mal de vous Michel, méfiez-vous.* » Ce dernier hausse les épaules : « *Laissez dire, ce n'est que de la jalousie*[12]. » Mais personne ne lui fait officiellement part d'un quelconque problème. « *C'est un patron, c'est Monsieur Neyret, c'est pas à moi de le contrôler non plus*[13] », se justifie un ancien chef de service.

Quoi qu'il en soit, le directeur adjoint est fidèle au poste. À 8 heures chaque matin, il partage le traditionnel café au bar de la Rotonde. Une habitude quotidienne de la police lyonnaise, informelle, pour parler des dossiers en cours, échanger des informations, prendre des nouvelles. Le commissaire tient son rang. Il est bien présent dans les conversations entre chefs des différents services de la police et fournit encore bon nombre des renseignements qui alimentent les services et débouchent sur de belles prises : en 2008, 28 kilos de cocaïne sont découverts dans les longerons d'une Chevrolet importée d'Amérique du Sud. En 2009, le réseau de faux-monnayeurs en dinars est démantelé dans une imprimerie clandestine à Lyon. En 2010, une saisie record de 1 024 kilos de cannabis est effectuée à Mercurol, dans la Drôme. Le service tourne à plein régime.

***

Depuis le printemps 2011, l'IGS n'ignore rien des petites habitudes du commissaire. C'est la rançon des enquêtes judiciaires : en traquant les infractions, les surveillances mettent à nu la vie privée. Le commissaire passe des soirées dans des bars chics, à clientèle select. Les patrons gardent l'image d'un commissaire classe, assez discret, avec « *beaucoup de retenue*[14] ». On le voit assez souvent régler en espèces. Pour l'IGS, le détail est consigné dans la catégorie des dépenses aux revenus inexpliqués. Fasciné par les entrepreneurs, Michel Neyret aime évoluer dans un monde de notables. Il fréquente leurs tables, dans le quartier de l'Antiquaille ou dans le 6e arrondissement. Il est comme un poisson dans l'eau au sein du « Club des 100 », la loge du stade de Gerland, réservée aux personnalités et décideurs en vue de la région.

Un soir, au *Lips*, bar de nuit à lumière tamisée du quartier de la Cité internationale, le commissaire s'amuse à montrer le magazine *Lyon people*, sa société lyonnaise en tenues de soirée, coupes à la main et sourires aux lèvres. Dans son numéro de l'automne 2011, le magazine affiche un classement des cent personnalités considérées comme les plus influentes de la cité lyonnaise. En vingt-deuxième position, avec une allusion ironique à son métier de policier, figure le commissaire Michel Neyret, présenté en « *oiseau de nuit* ». Celui-ci fait mine de s'en offusquer, tout en prenant soin de montrer la page qui le concerne[15].

Avec le temps, Neyret a pris la mauvaise habitude de tout contrôler, particulièrement les tontons. « *Il tolérait assez mal que les autres gèrent les informateurs*[16] », confie un commissaire de la PJ directement confronté au problème. Reprenant ses habitudes de patron de l'antigang, le directeur adjoint traite en direct plusieurs informateurs. Il récupère même à son compte un informateur qui était traité par un enquêteur de la BRI. Le directeur, Claude Catto, s'étonne du souhait de Neyret de s'arroger la validation de l'ensemble des informateurs du service. Il refuse poliment : il s'agit d'une prérogative du directeur. S'agit-il d'un Neyret trop sûr de lui, sans limite, et pourtant plus que jamais exposé dans sa solitude ? Car si, dans son entourage professionnel, on lui passe certaines incartades, l'environnement a changé et l'époque ne tolère plus certaines pratiques.

***

Derrière les apparences, la fin de carrière est difficile pour Michel Neyret, comme s'il ne pouvait se résoudre à voir tomber le rideau. Fin 2008, une scène hautement symbolique s'est produite dans les coulisses de la PJ[17].

Au départ, deux malfaiteurs connus de la PJ, soupçonnés de préparer des braquages, sont placés sous surveillance. Une planque est localisée dans le département de l'Ain, à quelques kilomètres au nord de l'agglomération lyonnaise. Leur façon de circuler en Audi RS3, peu discrète, n'inspire rien de bon aux enquêteurs. En décembre, le duo s'éloigne de la région lyonnaise. La brigade antigang n'y prête pas attention sur le coup.

Les deux braqueurs en puissance sont interceptés par un équipage de la brigade anticriminalité sur la rocade de Bourg-en-Bresse. Leur voiture porte une plaque jaune à l'avant, une blanche à l'arrière… Refus de contrôle, tirs, percussion, vol d'une voiture dans un village : leur fuite prend rapidement des proportions irrémédiables. La gendarmerie déclenche son plan *Épervier*, déployant une centaine de militaires dans le secteur. Les deux suspects, cagoules baissées, filent à corps perdu jusqu'à Priay, petit village bucolique au sud de Bourg-en-Bresse. L'étau se resserre, des tirs sont de nouveau échangés dans une ruelle. Un policier est blessé au genou, un malfaiteur abattu. Son complice se réfugie quelque part dans le village qui prend des allures de camp retranché.

À cette époque, le patron de la BRI se nomme Thierry Sabot. Un commissaire quadragénaire, énergique, brillant et baraqué. Bien conscient que l'emblématique Neyret a forgé un service nationalement reconnu, Sabot a reçu l'héritage sans se laisser impressionner : « *Je n'ai jamais eu l'idée de me mesurer à lui*[18]. »

Alerté, le jeune patron de la BRI quitte à toute allure Genève où il participait à une réunion de coopération franco-suisse. À la nuit tombée, la mairie de Priay sert de quartier général à la gendarmerie et à la police judiciaire, qui s'opposent vigoureusement sur les lieux mêmes de l'action : le patron des gendarmes propose de solliciter le GIGN pour déloger le fuyard tandis que la PJ revendique la poursuite des opérations. La gendarmerie est dans son ressort géographique. La PJ met en avant sa connaissance des personnages, ses surveillances antérieures et surtout les écoutes qui continuent de tourner. Aidé de la commissaire Judicaëlle Ruby, patronne de la brigade de répression du banditisme, Thierry Sabot remporte la manche : le procureur désigne la PJ pour débusquer le braqueur en pleine débandade.

Dans son bureau, à Lyon, Michel Neyret a des fourmis dans les jambes. À distance, il suit l'évolution de la situation par la radio. La PJ est engagée dans une délicate mission. Les écoutes permettent d'apprendre que le braqueur isolé est bien caché dans le village. Les policiers l'entendent appeler sa compagne : « *Je suis touché, viens me chercher.* »

Les gendarmes ont pour mission de la laisser passer, sans se montrer trop méfiants, pour qu'elle les mène au fugitif. Mais au premier barrage, la jeune femme est refoulée. Elle contourne le village. Elle insiste au deuxième contrôle : «*J'habite ici.* » On la laisse passer. La brigade antigang suit le mouvement, invisible dans la nuit. La jeune conductrice semble répondre aux consignes de son compagnon. Sa voiture s'immobilise au fond d'une impasse. Impossible de voir exactement ce qui s'y passe. La voiture repart. Il faut prendre une décision. Dans la seconde. Thierry Sabot choisit de la laisser repartir, sans intervenir. Pour une infime raison : il n'a entendu claquer qu'une seule portière.

Depuis Lyon, Neyret veut rester à la manœuvre. La saveur de l'adrénaline, l'intelligence de la situation, le choix assumé, il connaît par cœur. Il trépigne. Il s'emporte. Il appelle Sabot sur son téléphone portable pour l'engueuler : « *Tu vas tout faire rater, c'est une connerie, il fallait interpeller.* » Tendu, concentré, le jeune commissaire réplique du tac au tac : « *Michel, si tu me laissais travailler ? J'ai assez de choses à gérer comme ça.* »

Le suspect passe un deuxième coup de fil. Il demande à sa compagne de revenir au même endroit « *que la dernière fois* ». Confirmation qu'il n'est effectivement pas monté dans la voiture. Pour la première fois depuis vingt ans peut-être, Michel Neyret s'est trompé. La voiture fait demi-tour, revient, stoppe dans l'impasse. Cette fois, deux portières claquent. « *On ne sait pas s'il est à l'avant ou à l'arrière. On se dit qu'il n'a rien à perdre, c'est extrêmement dangereux, on doute jusqu'au bout de sa présence. Et avec ça, Neyret qui met la pression… Il fallait garder la tête froide*[19] », raconte un témoin direct de la scène. La voiture repart. Le commissaire Sabot ordonne l'interpellation : bonne pioche. Deux coups de feu sont tirés. À 21 h 25, le fuyard est arrêté. Une balle dans l'épaule, une autre dans la poche de sa veste.

Le jeune chef de la BRI tape son PV dans la nuit. À 8 heures, il est au siège de la DIPJ, où les magistrats de la JIRS se sont déplacés, plutôt satisfaits de l'arrestation réussie, même si la mort d'un malfaiteur a assombri l'affaire. Michel Neyret, à l'aise, rosette au revers, est déjà en grande discussion avec eux, pas mécontent de vanter l'opération. Quand il aperçoit le commissaire Sabot, il le salue de manière désinvolte : « *Alors Thierry, ça va ?* » Le jeune commissaire, furieux de la manière dont il a perturbé son action la veille, prend son directeur à part : « *Michel, tu ne me parles plus jamais comme ça.* »

Pour la première fois, un chef de l'antigang de Lyon ose répliquer au fameux Michel Neyret, ombre tutélaire de la brigade. Césure symbolique. « *Il n'en a jamais voulu à Thierry, parce qu'il savait au fond de lui qu'il avait pris la bonne décision. Il l'a respecté par la suite, mais c'était un moment intense, et puis Thierry en imposait physiquement. Neyret n'a pas bronché*[20] », confie un membre de la brigade. Neyret a voulu téléguider l'antigang à distance, lui qui avait prouvé que seul l'instinct du terrain comptait. Dans le petit cercle de la BRI, tout le monde comprend qu'il a du mal à s'extraire du passé pour écrire une autre histoire, simplement tourner une page.

15

Grand déballage

Octobre 2011.

« *À la santé du commissaire !* » Au lendemain de l'arrestation du commissaire Neyret, un ancien gangster lève sa coupe de champagne. Dans un lointain passé, son arrestation par le chef de l'antigang lui avait valu trente années de réclusion pour une série de vols et braquages dans des résidences de la périphérie cossue de Lyon. Une peine très élevée, en raison de son casier chargé. Mais pas seulement : le nom du braqueur avait été cité parmi le commando qui avait tué le juge Renaud en 1975. Une accusation policière larvée, vigoureusement réfutée par l'intéressé, jamais formulée officiellement, mais qui a probablement pesé dans la mémoire judiciaire. Autant dire que ce soir, en apprenant l'arrestation du policier, le personnage, sorti depuis peu de détention, ne cache pas sa jubilation.

Neyret en prison ? Le monde à l'envers ! La voyoucratie est en ébullition. Comme si cette nouvelle devait remettre tous les compteurs à zéro. Les rumeurs se déchaînent et des informations de toutes sortes affluent à Paris où le dossier est instruit. Un détenu arrose magistrats et journalistes de courriers sur un prétendu vol de cocaïne, sur fond de parties fines et de complot dont il aurait été une victime expiatoire. Une lettre anonyme, qui cite le nom d'un ancien policier passé du Nord à Nice, conseille de s'intéresser à l'affaire du *Carlton* de Lille. À Nantes, des trafiquants présumés évoquent un « gros deck » qui pouvait arranger leurs affaires – sous-entendu, un policier corrompu – tandis qu'à Lyon ce sont deux frères, placés sous surveillance, dont un policier du renseignement révoqué, qui parlent au téléphone d'un prétendu vol de dix kilos d'or qui aurait été favorisé par un indicateur protégé.

Une autre lettre anonyme, transmise par un avocat de Genève, accuse Neyret d'avoir fait « *barrage à la justice* ». Le texte fait référence au braquage d'un magasin Migros, dont un auteur a été identifié par une empreinte ADN. « *C'est grotesque* », peste un pilier de la PJ, furieux et vexé qu'on puisse imaginer une telle combine : « *On a mis du temps parce qu'il était tout simplement difficile à localiser. Comment penser que le directeur adjoint aurait pu retarder les investigations de tout un groupe d'enquête*[1] *?* » Le braqueur présumé a d'ailleurs fini par être arrêté. Les juges de l'affaire Neyret multiplient auditions et communication de pièces. Toutes ces pistes sont vérifiées. Mythomanie ou malentendu, aucune n'aboutit.

Profitant de la déstabilisation du monde judiciaire, des avocats s'engouffrent dans la brèche. Le pénaliste lyonnais Philippe Scrève n'hésite pas à faire convoquer par un juge d'instruction le commissaire Saudubray, suspendu de ses fonctions depuis six mois. L'idée : torpiller un dossier de stupéfiants en pointant une différence de 35 kilos entre la saisie policière et une note retrouvée dans la poche d'un trafiquant. L'avocat demande aussi des éclaircissements sur les sources à l'origine du dossier. Réponse catégoriquement négative du commissaire, qui ne tient pas à peupler les cimetières lyonnais par des confidences hasardeuses sur ses informateurs. Quant à la différence de poids, sur un total de 1,4 tonne, elle peut s'expliquer par le comptage artisanal des convoyeurs, qui auraient ajouté le poids des sacs et des emballages.

D'autres avocats exigent le témoignage du commissaire dans une affaire de braquage en Suisse, jugée en appel aux assises de la Loire. Les accusés dénoncent des procès-verbaux tronqués, crient au complot, accusent la BRI de magouille. La chute de Neyret leur redonne de la voix. Les prestigieux avocats Thierry Herzog et Éric Dupond-Moretti appuient la démarche, sans craindre un procès à grand spectacle. Extrait de la prison de la Santé, transféré à Saint-Étienne, Michel Neyret est invité à exposer l'affaire, sous le regard d'un public avide de sensations. À la barre, le policier déchu détaille le dossier, justifiant imperturbablement les méthodes de travail de la BRI avant de retourner en prison.

***

L'onde de choc se propage dans le monde judiciaire. Dans la foulée de l'arrestation du commissaire, trois magistrats sont entendus. L'avocat général Michel

Girard et le juge d'instruction Marc-Emmanuel Gounot doivent expliquer comment le commissaire les a approchés au sujet d'Alzraa. Ils n'ont pas de mal à convaincre de leur droiture dans cet épisode. Mais l'audition laisse une pernicieuse trace dans un monde qui déteste le scandale. Selon plusieurs observateurs, un poste de procureur général aurait échappé au parquetier dans les mois qui suivent.

La meurtrissure est plus vive encore pour le procureur adjoint Jean Varaldi. L'homme a longtemps tenu un rôle majeur dans l'action publique au parquet de Lyon. Connu pour sa grande maîtrise des procédures pénales, il était un interlocuteur privilégié de la PJ, avec qui il entretenait des relations de confiance réciproque. Besoin d'arranger le cas d'un informateur ? Pas de problème, pourvu que cela permette de favoriser d'importantes enquêtes. Le magistrat qui l'auditionne dissipe tout malentendu au sujet d'une intervention sollicitée par le commissaire – l'affaire du quad non homologué trouvé en possession du fils de Michel Zaragoza : le procureur adjoint visait bien à faciliter le travail de la PJ, comme d'habitude. N'empêche, on lui conseille de quitter son poste lyonnais.

Plusieurs mois après la première vague d'arrestations, le raz-de-marée se poursuit. Francis Montoy, procureur adjoint en poste à Cayenne, est mis en examen pour violation du secret professionnel, accès frauduleux aux données automatisées et détournement de fichiers judiciaires.

Daumier, le portraitiste du monde judiciaire, se serait plu à croquer ce personnage longiligne, dont la brune chevelure dessine un casque au-dessus de son visage anguleux. Lorsqu'il se lève de son siège de procureur pour déclamer des réquisitoires, il semble une grande parenthèse à robe noire ouverte sur le tribunal. Le ton est toujours vif, truculent, sans jamais céder à la moquerie gratuite, si facile dans les prétoires.

Une personnalité aussi atypique que son parcours. Après vingt ans passés dans la gendarmerie, il a intégré la magistrature en 1993, d'abord comme juge de l'application des peines à Soissons, puis comme substitut à Lyon durant huit ans, entre 1996 et 2004. De cette époque date sa rencontre avec le commissaire Neyret. Après un passage par Valence, Francis Montoy revient à Lyon en 2008, au service de l'application des peines. Il y retrouve le commissaire Neyret, devenu de son côté directeur adjoint de la PJ.

« *Tout le monde était content qu'il fasse de belles enquêtes* », soutient Montoy aux enquêteurs de l'IGS venus l'interroger en Guyane. Des stupéfiants détournés ? « *Je sais qu'il s'agissait de pratiques de l'ancien temps*[2]. » Le magistrat évoque devant les enquêteurs les fameux « mercredis des Halles ». Des repas coutumiers, dans un décor de volailles et de cochonnailles, au cœur du célèbre marché gastronomique, réunissant magistrats, policiers et syndicalistes. Neyret appréciait particulièrement cette convivialité toute lyonnaise.

Ce qu'on reproche au procureur adjoint de Cayenne ? D'avoir fourni deux extraits de casiers judiciaires de proches d'Alzraa. Pour Montoy, il s'agissait uniquement de rendre service à Neyret. Dans le même esprit, il a aussi donné par téléphone au commissaire des renseignements sur Stéphane Alzraa, alors sous mandat d'arrêt. En oubliant de prévenir son collègue de l'instruction, voisin de quelques bureaux. Quand Francis Montoy apprend, à travers les questions de l'IGS, à quoi ont selon eux finalement servi ses démarches, il en veut terriblement au commissaire. « *Je me suis fait enfumer*, constate-t-il. *Je suis fâché d'avoir été pris pour un imbécile*[3]. »

***

L'affaire change aussi les pratiques et les comportements. Les consultations de bulletins judiciaires pour informer des enquêteurs sont par exemple totalement proscrites. Plus question non plus d'arrangements ou d'indulgences en faveur d'informateurs sans accord express du procureur. Les demandes, écrites et justifiées, sont examinées par un comité de direction qui se réunit deux fois par semaine. La justice lyonnaise s'est raidie, repliée.

À Paris, les juges d'instruction décident de ratisser dans les moindres recoins. Les heures de conversations téléphoniques de Michel Neyret sont décryptées, les ordinateurs expertisés, les mails lus et relus. Les scellés sont ouverts, étudiés. On récupère les factures d'agences de voyages, d'hôtels, de restaurants, au Maroc, en Ardèche, en Corse, à Aix-les-Bains. D'où il ressort que le commissaire était « économe ».

Les témoins sont entendus par vagues, par thèmes. L'IGS mène ainsi une série d'auditions au sein de la police judiciaire de Versailles, pour éclaircir la relation entre Neyret et la division criminelle, quand Bénichou se vantait d'arranger la situation de Dacheville. Il n'en ressort rien de compromettant : les investigations n'ont pas été perturbées.

Deux mois plus tard, c'est au tour de la DIPJ de Lyon. Une dizaine de policiers sont entendus au sujet des consultations de fichiers. On les prie d'expliquer le fonctionnement du seul poste de travail qui dispose d'un code pour accéder à la base d'Interpol. Ils confirment que Michel Neyret a sollicité Interpol à dix reprises durant l'année 2011, selon une chaîne hiérarchique normale. Moins normal pour l'IGS : le commissaire ne s'est intéressé qu'à des personnages gravitant dans l'entourage de Stéphane Alzraa[4].

Les investigations passent ensuite par le Service de coopération internationale de la police (SCIP), basé à Nanterre. Cette direction gère la présence de tous les policiers français en poste à l'étranger, notamment dans les ambassades. Hasard des trajectoires, son directeur, Émile Perez, et Neyret ont débuté ensemble, au début des années 1980, par un stage aux Renseignements généraux à Grenoble. Perez est prié de fournir les coordonnées des fonctionnaires en place en Italie, au Portugal, en Belgique et aux États-Unis. La raison ? Les cousins Bénichou et Alzraa ont évoqué des sommes d'argent bloquées à l'étranger, en faisant allusion à des interventions du commissaire Neyret auprès de ses collègues. Des réquisitions sont envoyées aux quatre coins du monde. Un seul agent de liaison signale qu'une enquête sur la fraude à la taxe carbone est en cours en Italie, où il est bien question de 7 millions d'euros placés sous séquestre. Ce qui fait écho aux propos des deux cousins qui cherchaient à récupérer un pactole.

Mais contrairement à ce que suggéraient leurs sous-entendus, aucun policier français en poste à l'étranger n'a été en contact avec Neyret. Sauf un.

Romuald Muller, attaché de sécurité à l'ambassade de Washington, confirme que Michel Neyret a demandé des précisions sur les formalités à la frontière américaine, pour aider « *un amigo*[5] ». En s'adressant à son collègue de Washington, Neyret a invoqué une aide pour un informateur utile, « *recruté dans le milieu juif lyonnais et cannois, fort actif et intéressant* ». Il a même envoyé un mail en précisant le numéro du passeport – celui de Stéphane Alzraa. L'attaché de sécurité résume tout dans un rapport transmis par valise diplomatique. Entendu par l'IGS à l'occasion d'un passage à Paris, il confirme n'avoir vu aucune malice à fournir des indications de bons sens à un collègue renommé : « *Tous les fonctionnaires de police judiciaire connaissaient Michel Neyret*[6]. » La piste des interventions à l'étranger se limite donc à un seul renseignement en faveur d'Alzraa, sans grande conséquence. Sauf qu'il semble confirmer que le commissaire pouvait agir pour lui au point d'envoyer un mail à un collègue situé aux États-Unis. Les juges peuvent aussi considérer que ce renseignement, en apparence anodin, a aidé Alzraa à partir en voyage à l'étranger, en violation de son contrôle judiciaire.

En examinant à la loupe tous les courriels rédigés par Neyret, les enquêteurs tombent sur un courrier électronique daté du 17 mars 2011 dans lequel le directeur adjoint suggère au jeune chef de l'antigang d'effectuer une fausse demande de rétribution d'informateur pour acheter des balises de géolocalisation. Depuis la toute première utilisation dans l'affaire de Saumur en 1994*, cette technologie a pris de l'ampleur et ces petits appareils sont désormais très répandus pour suivre en direct la progression de suspects. Mais voilà une manière bien curieuse de financer du matériel.

Entendu par les juges sur ce point, l'ex-commissaire justifie ses pratiques par souci d'efficacité. Il assume : « *Je ne trouve pas amoral de financer du matériel en prenant de l'argent destiné à des voyous pour combler nos manques de moyens*[7]. » Décidé à justifier ses anciennes pratiques, Michel Neyret retrouve lui-même une dizaine d'anciennes factures de la brigade, qui portent la mention d'un paiement en liquide.

Des situations cocasses surviennent dans le grand ratissage des enquêteurs. Le lendemain de l'arrestation du commissaire, un message troublant fait son apparition à la rubrique « Livre d'or » du site de l'hôtel de *La Gabetière* : « *Ils m'ont laissé mon PC. Faites vite le ménage, ça craint pour tout le monde !* » Signé : « *Michel.* » Les enquêteurs de l'IGS prennent ça très au sérieux. Alors même que le commissaire était en garde à vue dans leurs locaux, un relais aurait-il été activé par de mystérieux canaux, permettant à « Michel » – Neyret – de passer une consigne de prudence à son entourage ? La piste aboutit après plusieurs mois de recherches, dans le 9e arrondissement de Paris. Trois policiers de l'IGS sonnent à la porte de Richard C., 57 ans, célibataire, qui se dit technicien en vidéo, sans emploi. L'homme passe beaucoup de temps sur Internet, rivé à son ordinateur, au milieu de son logement de 32 m²

* Voir chap. 5.

chichement meublé. Il surfe sur les réseaux sociaux sous différents pseudonymes : Richy, Ricou ou encore Incorrigible, fréquente des sites d'information ou de discussion, *Agora*, *Vox*, *Rue 89*. Il avoue rapidement être à l'origine de ce curieux message. En découvrant plusieurs messages de soutien, dont un signé d'un certain « Olivier », qu'il a pris à tort pour Olivier Marchal, l'idée lui est venue de mettre son grain de sel. Dans la solitude de son deux-pièces parisien, il s'est fait passer pour le commissaire en train de prévenir son monde. « *Ce message avait un but humoristique, je regrette de vous avoir fait déplacer*[8] », s'excuse l'internaute, conscient qu'il ne fait pas franchement rire les policiers de l'IGS.

***

Durant les trois ans que dure l'instruction, l'ex-commissaire Neyret est convoqué deux ou trois fois par an par les juges à Paris. Un soir, sur la route du retour, il fait une halte à Lyon, où il reste interdit de séjour. Il passe dans un bar qu'il fréquentait autrefois. Les SMS circulent. Sa présence fait le tour de la ville en quelques minutes. L'entorse au contrôle judiciaire revient aux oreilles du commandant Valéry Pastor, patron de la BAC. Il informe l'IGS de la présence de Neyret à Lyon, en violation présumée de son contrôle judiciaire. Son appel est consigné sur procès-verbal. Quand Neyret l'apprend, il a l'impression d'un « *coup de poignard dans le dos*[9] ». Le patron de la BAC et l'ancien chef de l'antigang se sont côtoyés durant des années. Ils appartiennent à deux branches distinctes de la police, sécurité publique pour l'un, police judiciaire pour l'autre, mais coopéraient volontiers sur le terrain lyonnais.

Ce sentiment de trahison, Pastor dit lui aussi l'avoir éprouvé quand la probité de Neyret a été mise en cause. Selon lui, la BAC n'avait pas rechigné à fermer les yeux sur des contrôles de voitures, à la demande de l'ancien patron de l'antigang. Il s'agissait alors de laisser passer des suspects sous surveillance, sans éveiller leur attention, dans l'intérêt des enquêtes sur les trafics de drogue. Rétrospectivement, Pastor se prend à douter de tout. « *Il a l'impression qu'il a pu être manipulé*[10] », confie un proche de l'officier. Alors aujourd'hui, plus question de faire de cadeaux.

Au palais de justice de Paris, les interrogatoires ne sont jamais une partie de plaisir. Dans son bureau décoré d'affiches de vieux films, le juge Patrick Gachon a une manière bien à lui de mener les interrogatoires, fixant son interlocuteur, entretenant de longs silences, jusqu'au malaise. Un prévenu remarque que le juge a une curieuse façon de dévisser et revisser son bouchon de stylo-plume, comme un tic destiné à rendre nerveux.

En octobre 2013, le juge Gachon appelle chez les Neyret. Il prévient qu'il est à Cannes, pour une perquisition de l'appartement que le couple a reçu en héritage. L'ex-policier tombe des nues. Deux ans après le début de l'affaire, quel intérêt ? Le juge demande si des clés sont à disposition à Cannes. Sinon il a prévu un serrurier. Rigueur pour rigueur, Neyret le prend au jeu. Il demande l'envoi d'une photo par téléphone, pour bien vérifier que c'est son juge qui lui parle. Le magistrat de la JIRS s'exécute. D'un geste un peu osé, à l'heure des réseaux sociaux, il se fait prendre en photo, cravate et costume gris, puis l'envoie sur le portable du commissaire ! La perquisition du trois-pièces a lieu en quarante minutes, sans élément utile « à la manifestation de la vérité », comme le dit la formule consacrée dans les procès-verbaux. Pour Neyret, cette perquisition est le signe d'un acharnement.

Les comptes bancaires, les avis d'imposition et une déclaration de succession qui remonte à décembre 2008 : tout est passé au crible. Selon ce document, Nicole Neyret a hérité d'une vieille dame de Vienne sans enfant, qui lui a légué plusieurs biens immobiliers, dont l'appartement de Cannes et un studio à L'Alpe d'Huez. En ajoutant plusieurs placements financiers, l'héritage a atteint près de 400 000 euros une fois payés les droits de succession. De son côté, Michel Neyret a acheté dans le passé deux appartements à Bordeaux, destinés à la location, avec les avantages de la loi Robien. Les juges apprennent aussi, en plaçant leur contrat de mariage sous scellé, que le couple est marié depuis 1991, sous le régime de la séparation de biens. La vie privée est versée au dossier.

***

Après trois ans d'instruction, un dernier personnage fait son entrée dans le dossier, un peu par surprise. En provenance d'Israël, Cyril Astruc, 40 ans, est interpellé le 22 janvier 2014 à sa descente d'avion, à l'aéroport Roissy-Charles-de-Gaulle. Le juge Gachon a décerné un mandat d'arrêt international à son encontre. Motif : le commissaire Neyret a tapé son nom dans les fichiers policiers et a demandé au magistrat Francis Montoy le bulletin numéro 1 de son casier judiciaire. Le mandat mentionne aussi un projet de « disparition d'une fiche Schengen » – autrement dit, une intervention pour échapper aux recherches internationales.

Cette arrestation paraît disproportionnée. Certes, son nom est cité par les deux cousins Alzraa et Bénichou, mais pourquoi incriminer Astruc plutôt qu'un autre, parmi la dizaine de noms consultés dans les fichiers ? Pour les juges, le personnage donne au dossier une coloration particulière : celle de l'argent facile.

La justice lui prête un rang élevé dans « le gratin des escrocs internationaux ». Pas moins de quatre juges français ont décerné des mandats d'arrêt contre lui dans de lourds dossiers d'escroqueries, dont un consacré à la taxe carbone. Ceinture Zilli, lunettes Dior, trois iPhones, cinq permis de conduire, 11 000 euros et 6 000 dollars en espèces dans les poches… dès l'arrivée à l'aéroport de celui qui débarque sous l'identité d'Alex Khann, le personnage est campé. Au juge Gachon, il explique la raison de son retour en France : « *J'ai pour objectif de dégonfler cette bulle autour de moi et de faire le point sur ma situation judiciaire en France*[11]. »

Fils d'une institutrice et d'un père tailleur, Cyril Astruc a grandi dans un pavillon de Mantes-la-Jolie. À 20 ans, il se lance dans une activité de courtier en assurances, puis ouvre son propre cabinet d'assurances à Paris. Son niveau de vie s'élève rapidement, en même temps qu'apparaissent ses premiers problèmes judiciaires : en 2002, il est condamné à trois ans de prison dans une affaire qui implique un autre courtier en assurances, un certain Yannick Dacheville. Après un détour par les États-Unis, Cyril Astruc a quitté la France pour s'installer en Israël.

En 2006, nouvel épisode judiciaire. Interpellé, incarcéré à Fresnes, il est extradé à la demande de la Suisse. Depuis 2008, il a regagné Tel Aviv où il a ouvert un restaurant russe. On lui prête des acrobaties financières en relation avec des personnages cités dans des arnaques planétaires. Si Astruc ne cache pas sa relation amicale avec le magnat russe Boris Berezovsky – il porte une de ses bagues dont celui-ci lui a fait cadeau –, il dément en revanche catégoriquement la rumeur qui voudrait qu'il ait fui Israël pour échapper aux menaces d'une mafia russe.

L'apparition d'Astruc gonfle le dossier Neyret. Pourtant, mis en examen, Astruc affirme qu'il n'a jamais rien demandé au commissaire de la PJ de Lyon, pour une simple et bonne raison : il n'a jamais été en contact avec lui. Pas plus qu'il n'a mandaté l'avocat David Metaxas, que les deux cousins lyonnais avaient consulté pour lui. Il assure que Stéphane Alzraa a voulu « *se faire valoir* » en lui proposant « *spontanément* » d'éventuels services[12]. Stéphane Alzraa, affirme-t-il, est venu lui rendre visite à deux reprises en Israël, près de Tel Aviv, fin 2013 – époque où, tout juste sorti de prison, il restait sous contrôle judiciaire strict dans l'affaire Neyret.

Encore une fois, Alzraa, ce personnage autour duquel toute l'affaire Neyret s'est enroulée, revient au centre des débats.

Épilogue

Paris, 10 septembre 2015.

Après quatre ans d'instruction, le juge Patrick Gachon rend son ordonnance. Sur treize personnes mises en examen au début de l'affaire Neyret, neuf sont renvoyées devant le tribunal correctionnel de Paris.

Dans ce document de 107 pages, dense et sans fioritures, le magistrat retient huit délits* contre l'ex-commissaire Michel Neyret. Juridiquement, il écarte les notions de blanchiment d'argent et de bande organisée en rapport avec le trafic présumé de stupéfiants, ce qui ôte la qualification criminelle relevant de la cour d'assises, retenue au départ du dossier. Un cas de figure assez classique, qui consiste à « correctionnaliser » un dossier volontairement ouvert sur un spectre assez large.

La charge n'en est pas moins rude. Brutalement posée, la question est : le commissaire de police a-t-il

---

* Corruption, trafic d'influence, violation du secret professionnel, recel de vol, trafic de stupéfiants, détournements de scellés, détournement de biens par personne dépositaire de l'autorité publique, association de malfaiteurs.

profité de sa fonction pour recevoir une série d'avantages en échange de services rendus ?

L'ordonnance développe très peu la ligne de défense du commissaire déchu. En théorie, les juges d'instruction doivent pourtant présenter un dossier à charge et à décharge, en mentionnant les éléments favorables à un prévenu. Au cours de ses auditions, Neyret a expliqué et réexpliqué la complexité de la relation qu'il entretenait avec ses informateurs, en vertu de méthodes d'infiltration qui ont fait leurs preuves tout au long de sa carrière*. Il dit par exemple au juge, à propos d'une ancienne relation : « *C'est avant tout un informateur. Mais quand vous voyez des informateurs plusieurs fois par mois, les relations dépassent le cadre policier. Ce sont des relations de confiance*[1]. » Pourtant, les résultats obtenus en partie grâce à ces méthodes, et pour lesquels il a été unanimement loué, ne tiennent aucune place dans la présentation judiciaire de ses fautes présumées.

Concernant les deux cousins plus précisément, le commissaire a longuement raconté comment l'amitié avait pris le dessus, expliqué que sa femme et lui ne fréquentaient pas Gilles Bénichou en tant qu'informateur, mais

* Sa position est résumée dans une déclaration faite au juge : « Tout au long de mes auditions, j'ai essayé de faire comprendre qu'elle avait été ma motivation tout au long de ma carrière [...]. Cela fait 32 ans que j'exerce cette fonction de chef de service [...] toute mon action a toujours été dirigée dans le bien du service et dans leur volonté d'avoir des résultats efficaces, en neutralisant des réseaux de trafic international de stupéfiants, des équipes de malfaiteurs se livrant à des attaques à mains armées les plus violentes, ainsi qu'aux bandes de banlieues. » Interrogatoire de première comparution, 3 octobre 2011, DI.

comme relation amicale : « *Bénichou est quelqu'un de très religieux, très famille, je ne voyais pas d'illégalité à présenter cette personne à Nicole*[2]. » Il reconnaît des erreurs et des imprudences dans les consultations de fichiers ou dans la réception de cadeaux ; un manque d'attention, de rigueur, par exemple en laissant faire la création de ce compte en Suisse – mais certainement pas un basculement dans un comportement délictueux : « *Comme c'était un simple projet, je reconnais que je ne m'étais pas intéressé aux éléments constitutifs de cette société et je reconnais aujourd'hui avoir fait une erreur en ne me souciant pas plus de ses conditions d'ouverture et pour avoir impliqué ma femme qui n'a absolument rien à voir avec tout cela**. » Le juge coupe court. Dans son ordonnance, la relation entre le commissaire et les deux cousins est résumée en deux mots : une « *ambiguïté certaine* ».

Le magistrat remarque qu'une fiche de recherche retrouvée dans l'ordinateur de Bénichou, datée de 2010, laisse supposer l'ancienneté de façons de faire du commissaire et donc « *l'ampleur de ses agissements* ». L'ordonnance dresse le portrait au vitriol d'un professionnel expérimenté qui ne pouvait décemment pas séjourner dans la villa d'un Alzraa mouillé dans « *la grande délinquance financière* ». La constitution à Genève d'une société panaméenne avec compte à Dubaï achève la démonstration du juge, pour qui « *les explications de Michel Neyret frisent l'invraisemblable* ». Le magistrat établit la liste détaillée de « *la profusion de cadeaux* » qui, dans son analyse, récompense inter-

* Voir note 24 du chap. 8.

ventions et renseignements confidentiels transmis aux deux cousins Gilles Bénichou et Stéphane Alzraa. Pour le juge, les cousins et leur complice occasionnel Michel Zaragoza ont bien scellé « *un pacte* » pour obtenir du commissaire un maximum de renseignements afin « *de protéger et d'informer Stéphane Alzraa et ses proches* »[3]. Michel Neyret est donc inculpé pour « corruption et trafic d'influence ».

À côté de la corruption supposée, le volet « trafic de stupéfiants » apparaît presque secondaire. Mettre de côté de la drogue pour des informateurs : si le commissaire a lui-même reconnu avoir eu recours à ces pratiques inscrites dans l'histoire de la lutte contre le banditisme, et implicitement tolérées autrefois par les autorités, il rejette l'accusation de trafic. « *Je ne perçois que très rarement des produits stupéfiants et je peux même être amené à en donner à mes informateurs qui m'ont permis d'obtenir des renseignements importants dans le cadre d'affaires sensibles*[4] », déclare-t-il aux enquêteurs. Celui qui avait été si souvent cité en exemple par ses supérieurs incarne désormais le contre-modèle : « *Outre la perversion d'un système conduisant à organiser la distribution de produits stupéfiants, voire leur importation par le biais d'informateurs la suscitant, Michel Neyret ne pouvait qu'être conscient du modèle qu'il renvoyait ainsi aux fonctionnaires de son service, permettant ainsi la démultiplication d'agissements de cette nature*[5]. »

Outre l'ex-commissaire, le juge renvoie devant le tribunal correctionnel son épouse Nicole, accusée d'avoir bénéficié d'avantages en connaissance de cause, notamment la montre Cartier reçue en cadeau. Nicole reconnaît avoir accepté cette montre, mais nie avoir eu connaissance de son origine douteuse. Le juge renvoie également les cousins Gilles Bénichou et Stéphane Alzraa, présentés comme les principaux protagonistes de la corruption et receleurs présumés des violations du secret professionnel du commissaire.

Trois policiers sont épinglés pour détournements de stupéfiants présumés. Le commissaire Christophe Gavat et le commandant Gilles Guillotin sont renvoyés pour détournement de scellés, trafic de stupéfiants et association de malfaiteurs. Le juge n'est pas tendre avec les deux responsables de l'antenne de la PJ de Grenoble : il ne croit pas à l'explication selon laquelle ils auraient fait semblant de répondre aux sollicitations insistantes de Neyret. Le capitaine Jean-Paul Marty, de la brigade des stupéfiants de Lyon, devra quant à lui comparaître pour trois plaquettes de 100 grammes de cannabis oubliées dans son tiroir.

L'avocat David Metaxas est renvoyé pour le « recel » présumé des informations que n'aurait pas dû lui envoyer le commissaire. Enfin, Cyril Astruc devra répondre de l'accusation de « complicité et association de malfaiteurs » pour avoir reçu des renseignements à propos de sa situation judiciaire, renseignements qu'il nie avoir sollicités.

Trois non-lieux sont prononcés par le juge. Une seule conversation dans laquelle Neyret parle de mettre des stupéfiants de côté, un seul mail évoquant l'achat de balises en liquides : rien n'établit qu'Aymeric Saudubray ait cédé aux sollicitations de son supérieur. Mais la pilule est amère pour l'éphémère chef de l'antigang de

Lyon, qui a dû supporter : mise en examen, suspension temporaire et mutation hors de la PJ, dans un commissariat de la circonscription de Conflans-Sainte-Honorine. « *Il a failli quitter la police, il a eu une grosse crise de vocation*[6] », confie l'un de ses collègues commissaires.

Un non-lieu est également accordé à Francis Montoy. Le juge estime que le procureur adjoint à Cayenne, habilité à accéder aux bulletins du casier judiciaire, n'est pas allé au-delà des rapports de confiance entre magistrats et policiers. Blanchi sur le plan pénal, Francis Montoy ne ressort cependant pas indemne de l'affaire Neyret : les services de l'inspection judiciaire lui ont reproché des prêts en argent liquide, révélés par les écoutes téléphoniques. Comme s'il fallait boucler la boucle, Francis Montoy est muté comme magistrat du siège à Amiens, dans la ville de ses débuts en gendarmerie : « *Cet homme est trop atypique pour l'institution. On lui a fait payer indirectement l'affaire Neyret. Il est pourtant plein de valeurs, c'est du gâchis. Sa nomination est une sanction disciplinaire à peine déguisée*[7] », estime un de ses collègues qui l'a côtoyé en Guyane.

Réintégré dans la douane quelques mois avant sa retraite, Jean-Paul Piazzoli, le douanier de Nice, obtient lui aussi un non-lieu. Si le juge l'égratigne pour des explications « *guère convaincantes* » à propos du paiement de son séjour au Maroc avec le commissaire Neyret, aucun agissement délictueux ne vient ternir son image d'enquêteur maîtrisant parfaitement ses relations avec les informateurs.

***

Après l'onde de choc, chacun tente de retomber sur ses pieds. Sous bracelet électronique à Paris, accordant des interviews dans les palaces, Cyril Astruc apparaît peu traumatisé. Pour le très chic magazine *Vanity fair*, il joue de son image d'escroc flamboyant : « *Si on se montre trop, on suscite des jalousies ; et quand on ne veut pas se montrer on alimente les fantasmes*[8]. »

De son côté, David Metaxas a repris le chemin des prétoires, dans son rôle d'avocat cette fois. Après sa mise en examen, les juges avaient demandé au conseil de l'ordre son interdiction professionnelle. Le barreau de Lyon n'a pas prononcé la sanction, estimant que la présomption d'innocence doit s'appliquer jusqu'au bout de la procédure[9]. Objet d'autres poursuites judiciaires à Dijon à cause de pièces de procédure retrouvées chez un suspect, il a été mis hors de cause, avec un alibi en béton : le jour où le dossier a été copié, il était en garde à vue dans l'affaire Neyret ! L'avocat a mis du temps à dissiper les doutes sur une collusion malvenue avec le commissaire de police. Il a retrouvé sa clientèle et son goût pour la provocation s'est émoussé. « *Dire qu'il s'est assagi, c'est peut-être un peu présomptueux*[10] », tempère un de ses confrères.

Les conséquences sont plus rudes pour les policiers. Après vingt-deux ans dans la police lyonnaise et cinq mois d'interdiction professionnelle, Jean-Paul Marty, 51 ans, a réintégré un commissariat de l'Isère, non loin du domicile de Michel Neyret. Des précautions ont été prises afin de lui éviter de croiser l'ex-commissaire. Le contrôle judiciaire leur interdit de se rencontrer jusqu'au procès. « *Son professionnalisme fait honneur à la police judiciaire*[11] », rapportait une lettre de félicitations signée par Christian Lothion, après l'interception d'un *go-fast*. Le directeur central saluait un fonctionnaire « *disponible, sachant obtenir des renseignements opérationnels* ». Dans son dossier, on trouve encore des louanges pour « *sa connaissance de la gestion des informateurs* ».

Retraité peu après sa suspension professionnelle, le commandant Gilles Guillotin, 57 ans, rumine dans la solitude de sa maison d'Isère. Une fin de carrière douloureuse pour un policier qui a consacré plus de trente ans à la lutte contre le trafic de stupéfiants, d'abord à l'Office central, ensuite à Grenoble, et qu'on citait, l'année précédant sa chute, comme « *un des rares fonctionnaires à disposer d'informateurs fiables permettant la réalisation d'affaires d'importance*[12] ».

Christophe Gavat, 49 ans, a d'abord opté pour l'exil en Guyane, acceptant un poste à la police aux frontières. L'ex-chef d'antenne de Grenoble a ensuite demandé une année de disponibilité. L'écriture d'un livre sur sa garde à vue et sa carrière l'a aidé à remonter la pente[13]. Revenu en poste à Annecy, il a participé au tournage de *Borderline*, un téléfilm librement inspiré de son livre et réalisé par Olivier Marchal. Son ami Bruno Wolkowitch y joue le personnage de Christophe Gavat[14]. Lui-même apparaît furtivement dans une scène, au volant d'une voiture canardée par des gangsters.

La trajectoire la plus agitée reste celle de Stéphane Alzraa. Suite de son domino judiciaire, il est mis en examen le 13 janvier 2012 dans un volet lyonnais de la fraude à la taxe carbone qui porte sur une cinquantaine de millions d'euros détournés, dans un jeu de sociétés croisées aboutissant à des comptes bancaires éloignés.

Depuis sa cellule de prison, il utilise des téléphones sans aucune précaution pour commanditer à distance une visite de la villa de la Roquette-sur-Siagne, placée sous scellés, afin d'y récupérer des affaires. Les juges ont accès à toutes ses conversations, ses messages, ses mails. Envoyés sur place, les gendarmes constatent des traces d'effraction. Sa petite amie, son père et une femme de ménage ont été entendus, confirmant l'imprudente entreprise, si bien que Stéphane Alzraa a eu droit à une mise en examen supplétive pour *« bris de scellés »*.

Par ailleurs, ces messages échangés depuis la prison alimentent une instruction judiciaire distincte ouverte à Paris en septembre 2012 par la juge Patricia Simon pour *« escroquerie en bande organisée »*. Cacaotech, une société créée en 2010 à Paris, a été passée au scanner du SNDJ. Un rapport des douaniers évoque « *une société destinée à escroquer la TVA*[15] », avec un circuit financier pour le moins opaque qui aboutit à un compte à Chypre doté de 13 millions d'euros. Selon les enquêteurs, Cyril Astruc a participé à sa création et placé à sa tête un gérant de paille, rencontré dans le passé en prison à Fresnes. Il aurait ensuite transmis cette société à Stéphane Alzraa. Ce qui explique leurs échanges et peut-être la visite d'Alzraa en Israël, dans un contexte un peu tendu. Les deux hommes et plusieurs complices présumés sont mis en examen.

À peine remis en liberté sous contrôle judiciaire strict, Stéphane Alzraa subit une nouvelle perquisition à Cannes : dans un appartement cossu qu'il partage avec une vedette de la téléréalité, les enquêteurs trouvent onze téléphones portables et des cartes bancaires venues des îles Caïmans.

En juin 2014, moment très attendu par la justice lyonnaise, Alzraa comparaît de nouveau devant le tribunal correctionnel de Lyon pour des abus de biens sociaux au préjudice de sociétés d'alarme et de téléphonie. L'affaire est en quelque sorte la matrice de l'affaire Neyret : c'est au cours de son instruction que le commissaire tente d'alléger le contrôle judiciaire de Stéphane Alzraa*. Les écoutes les plus compromettantes, sur les demandes d'intervention auprès des magistrats notamment, sont en rapport avec le déroulement de ce dossier.

Aux côtés d'Alzraa, cinq hommes sont jugés pour des détournements évalués à 4 millions d'euros entre 2004 et 2006, dans un jeu de bonneteau entre une dizaine de sociétés. Le président Jean-Hugues Gay décortique un système complexe, dont la logique d'ensemble n'est comprise que par un petit noyau de manipulateurs. Le magistrat laisse entendre qu'il n'est pas dupe : le dossier du jour n'est qu'« *un petit bout d'une galaxie* » dont Stéphane Alzraa serait « *le maillon* ».

La justice lyonnaise est fermement décidée à solder les frasques de Stéphane Alzraa. Le jugement tombe : trente mois de prison ferme, 50 000 euros d'amende, mandat de dépôt décerné à la barre. Estomaqué, Alzraa,

* Voir ci-dessus, chap. 4 et 6.

menotté, quitte le prétoire sous escorte, pour un retour à la case prison.

Fin 2015, alors qu'il espère une liberté conditionnelle, il est rattrapé par la manche : une société d'assurances le suspecte d'avoir déclaré de faux accidents au volant de ses voitures de luxe pour toucher des primes et des remboursements de réparations. Le procès se déroule par visioconférence. Alzraa est condamné par le tribunal de Grasse à un an de prison ferme.

Le 24 novembre 2015, après une permission, coup de théâtre : Alzraa ne regagne pas sa cellule de la maison d'arrêt de Corbas. Le parquet ouvre une instruction judiciaire pour « évasion ». En cavale*, Stéphane Alzraa est sous le coup d'un mandat d'arrêt.

Dans cette même affaire d'abus de biens sociaux jugée par le tribunal correctionnel de Lyon en juin 2014, Gilles Bénichou est condamné à quatre mois avec sursis pour avoir transmis une fausse attestation d'emploi en faveur de Stéphane Alzraa. La rupture est consommée entre les cousins : en sortant de la salle d'audience, Gilles Bénichou tente d'aborder le père de Stéphane Alzraa. Ce dernier réagit vivement : « *Ne m'approche pas, tout ça est à cause de toi*[16] *!* »

Après huit mois de détention préventive dans le cadre du dossier Neyret, Gilles Bénichou a repris ses activités dans le commerce. Aujourd'hui, ses bureaux se situent au cinquième étage d'un immeuble réhabilité à Villeurbanne – l'ancien siège des Renseignements généraux. Le visage un peu ridé, mais l'énergie intacte,

* Au moment où nous mettons sous presse.

il reconnaît avoir fait des cadeaux au commissaire : « *J'ai dérapé, je l'ai fait déraper*[17]. » Mais il plaide l'amitié, rien que l'amitié et réfute sans ciller toute entreprise de corruption : « *C'est un ami, ça le restera.* »

***

Michel Neyret est sorti de prison en mai 2012, après huit mois de détention préventive. Placé sous contrôle judiciaire strict, privé de permis de conduire, interdit de séjour à Lyon et à Grenoble, il a été hébergé plusieurs mois chez sa belle-sœur à Toul, dans sa région natale, avant de reprendre ses marques. En attendant le procès prévu en 2016, il est revenu vivre chez lui, près de Vienne. Nicole a repris la gestion du domaine, sans rien perdre de sa faconde. La vie de l'ex-commissaire est rythmée par les convocations judiciaires, les visites amicales, le golf avec des entrepreneurs, le foot avec des policiers et des passages remarqués au stade de Nancy.

Le gouvernement a changé, pas la fermeté à son endroit. En septembre 2012, sa révocation de la police est annoncée par le ministre de l'Intérieur Manuel Valls. Deux anciens patrons l'ont pourtant soutenu à l'audience du conseil de discipline, en rappelant ses états de service. En vain. Neyret aurait pu jouer la montre, attendre la fin de la procédure pénale pour passer au tourniquet administratif. Il préfère en finir au plus vite. Il est officiellement mis à la retraite l'année suivant son incarcération, avec une pension légèrement diminuée, qui lui laisse un niveau de vie honorable.

Après la mort de Michel Zaragoza, des rumeurs circulent sur des projets de vengeance émanant du milieu lyonnais : des informateurs laissent entendre qu'une équipe se formerait pour s'en prendre à l'ex-commissaire. En connaisseur du milieu, celui-ci affiche sa sérénité : « *Ceux que j'ai arrêtés savent pourquoi, ils savent que j'étais dans mon rôle de policier*[18]. » Neyret n'est pas du genre à se laisser impressionner. Il pose pour des journaux, signe des autographes dans la rue.

Ce vendredi 19 septembre 2014, la salle d'assises du palais des 24 Colonnes est comble[19]. Le public s'est pressé pour voir le flic déchu remonter sur scène le temps d'une déposition : Michel Neyret fait sa toute dernière apparition publique à la barre d'un procès d'assises, où il est convoqué comme témoin en tant qu'ancien directeur adjoint de la police judiciaire. L'affaire porte sur le braquage dit « Global cash », du nom d'un bureau de change attaqué en milieu d'après-midi quatre ans plus tôt, en plein centre de Lyon. En cagoules et tenues noires, armés de fusils d'assaut, les malfaiteurs ont découpé la porte de l'agence à l'aide d'une disqueuse thermique pendant qu'un complice, debout sur le toit de la voiture, faisait le guet. L'affaire est emblématique d'une nouvelle génération de bandits brouillons, aussi déterminés que dangereusement désorganisés. Dans un défi social à peine voilé, ces très jeunes malfaiteurs choisissent soigneusement leurs lieux d'action, toujours centraux, souvent luxueux, et situés là, à quelques mètres seulement de l'hôtel de ville de Lyon. Les six accusés, qui pour la plupart étaient suivis depuis des semaines par l'antigang, ont été arrêtés le lendemain du casse. Les photos de presse montrent le commissaire Neyret sur les lieux du crime, derrière les rubans du périmètre de sécurité.

Situation peu commune, c'est David Metaxas, avocat de la défense, qui a convoqué le commissaire révoqué, alors qu'ils sont tous deux sous contrôle judiciaire, avec interdiction de se rencontrer ! Le parquet général fait savoir qu'il désapprouve une telle violation du contrôle judiciaire, même sous couvert d'un débat d'audience. Le témoignage a pourtant lieu.

Le public retient son souffle. Neyret toise longuement chaque accusé avant de s'avancer à la barre. L'ex-commissaire n'a rien perdu de ses habitudes ni de son métier. Il décrit l'enquête, raconte « *la montée en puissance* » de l'équipe de suspects, leur façon de « *prendre la rue en otage* ». « *Ils interdisaient toute riposte policière immédiate* »[20], analyse-t-il. Les avocats ne bronchent pas. Michel Neyret semble tenir son rôle à l'identique, imperturbable. Comme si de rien n'était. Pourtant, une légère lassitude dans la voix traduit un imperceptible manque de conviction. Ses gestes sont plus lents, moins amples, dans un décalage troublant, comme s'il jouait sa dernière sortie dans un miroir.

Lorsqu'il baisse le regard et décroche les mains de la barre, il marque un temps avant de quitter la salle lentement, laissant derrière lui cette ultime audience, véritable point final de sa vie de policier.

Notes

Avant-propos, p. 9

1. L'ouvrage se nourrit de différents types de sources. Sources orales : reportages, rencontres, conversations, audiences judiciaires (1995-2015) et entretiens spécifiques à la présente enquête (2011-2015). Sources écrites : dossier d'instruction (DI) de l'affaire Neyret, décisions judiciaires en lien avec les affaires évoquées. Certaines identités ne sont pas dévoilées par protection des sources et en vertu d'un décret garantissant l'anonymat de fonctionnaires de police appartenant à certains services, notamment la brigade de recherche et d'intervention.

Chapitre 1. – Jours de gloire, p. 17

1. *La Dépêche du Midi*, 15 avril 2003.
2. Europe 1, mardi 15 avril 2003.
3. Toutes les citations de l'ouvrage sont issues des retranscriptions des écoutes téléphoniques ou reconstituées à partir de témoignages directs.
4. Notes de l'auteur, hôtel de police de Lyon, 14 octobre 2004.
5. Enquêteur de la BRI, Lyon, conversation avec l'auteur, octobre 2011.

Chapitre 2. – Cousins toxiques, p. 27

1. Retranscriptions d'écoutes téléphoniques, février-septembre 2011, DI.

2. Ordonnance de renvoi devant le tribunal correctionnel et jugement affaire de Neuilly, 2 mai 2014.

3. Dans l'affaire de Neuilly, Yannick Dacheville sera condamné par défaut le 2 mai 2014 à douze ans d'emprisonnement ferme, avec une peine de sûreté de huit ans.

4. Ordonnance de renvoi et jugement du tribunal correctionnel de Paris du 2 mai 2014. Voir aussi l'article très complet du *Journal du dimanche*, 18 décembre 2011.

5. Note de l'auteur, audience de la 5e chambre du tribunal correctionnel de Lyon, 17 décembre 2004.

6. Retranscriptions d'écoutes téléphoniques, cité *supra*.

7. *Ibid.*

8. Audition d'A. Z. par l'IGS, 20 mars 2012, DI.

9. Retranscriptions d'écoutes téléphoniques, cité *supra*.

10. Procès-verbal du commissaire divisionnaire Thierry Huguet, chef de la brigade des stupéfiants, Paris, 22 avril 2011, DI.

11. Retranscriptions d'écoutes téléphoniques, cité *supra*.

Chapitre 3. – Les origines, p. 49

1. Michel Neyret, conversations avec l'auteur, 2012-2015.

2. Dossier administratif de Michel Neyret, DI.

3. Michel Neyret, entretien avec l'auteur, Vienne, 13 mars 2013.

4. *Ibid.*

5. Ancien commissaire de la BRI, entretien avec l'auteur, 29 mars 2013.

6. *Ibid.*

7. Daniel Guichot, chef de l'antigang de Lyon à l'époque, entretien avec l'auteur, Côte d'Or, 29 mars 2013.

8. Michel Neyret, entretien avec l'auteur, cité *supra*.

9. Conversations avec l'auteur, 1995-2015.

10. *Ibid.*

11. Daniel Guichot, entretien avec l'auteur, cité *supra*.

12. Dossier administratif de Michel Neyret, DI.

13. *Ibid.*

14. Ancien enquêteur de la BRI, entretien avec l'auteur, Lyon, 3 juillet 2012.

15. Michel Neyret, entretien avec l'auteur, cité *supra*.

16. *Ibid.*

17. Ancien enquêteur de la BRI, entretien avec l'auteur, Nice, 9 mars 2012.

18. Enquêteur de la BRI, conversation avec l'auteur, Lyon, juillet 2012.

19. Daniel Guichot, entretien avec l'auteur, cité *supra.*

20. *Ibid.*

21. Dossier administratif, cité *supra.* Albert Doutre, conversation avec l'auteur, Lyon, 8 octobre 2011.

22. Michel Neyret, entretien avec l'auteur, cité *supra.*

23. Avocat, conversation avec l'auteur, Lyon, février 2012.

Chapitre 4. – Du cinéma, p. 73

1. Gilles Bénichou, entretien avec l'auteur, Villeurbanne, 15 octobre 2015.

2. *Ibid.*

3. Écoutes téléphoniques de l'IGS, DI.

4. Procès-verbaux de perquisition, 29 septembre 2011, interrogatoires, DI.

5. *Ibid.*

6. *Ibid.*

7. *Ibid.*

8. *Ibid.*

9. Tourné à Lyon en 2010, *Les Lyonnais*, avec Gérard Lanvin dans le rôle d'Edmond Vidal, s'inspire de l'histoire du gang des Lyonnais. Le film est sorti en salles le 30 novembre 2011.

10. Écoutes téléphoniques de l'IGS, DI, conversation Dacheville-Bénichou.

11. Edmond Vidal, conversations avec l'auteur, Lyon, 2010.

12. *Ibid.*

13. Écoutes téléphoniques de l'IGS, DI.

14. Audition du major Christian R., 18 octobre 2011, DI.

15. Michel Zaragoza, Gilles Bénichou, entretiens avec l'auteur.

16. Perquisitionné par les juges sans être entendu ni mis en examen, Stéphane P., haut cadre d'une entreprise lyonnaise, a été totalement mis hors de cause.

17. Ancien associé de Stéphane Alzraa, entretien avec l'auteur, Lyon, juin 2013.
18. Ordonnance de renvoi et jugement 5e chambre du tribunal correctionnel de Lyon, 10 juin 2011.
19. *Ibid.*
20. Ancien associé de S. Alzraa, entretien avec l'auteur, Villeurbanne, juin 2013.
21. Notes de l'auteur, procès de Stéphane Alzraa, tribunal correctionnel de Lyon, 3 avril 2014.
22. Tristan de Gouvion Saint-Cyr, entretien avec l'auteur, Lyon, 19 août 2015.
23. Écoutes téléphoniques de l'IGS, DI.
24. *Ibid.*
25. Interrogatoire de Michel Neyret en garde à vue, DI.
26. Écoutes téléphoniques, DI.
27. Audition de Christian Lothion, 19 juillet 2011, DI.

Chapitre 5. – Alpha unité, p. 93

1. Daniel Guichot, entretien avec l'auteur, cité *supra*.
2. Michel Neyret, entretien avec l'auteur, cité *supra*.
3. *Ibid.*
4. *Ibid.*
5. *Ibid.*
6. Ancien enquêteur de l'antigang, conversation avec l'auteur, Lyon, avril 2013.
7. Michel Neyret, entretien avec l'auteur, cité *supra*.
8. *Ibid.*
9. *Ibid.*
10. *Ibid.*
11. Ancien enquêteur de l'antigang, entretien avec l'auteur, Lyon, mai 2012.
12. Michel Neyret, entretien avec l'auteur, cité *supra*.
13. *Ibid.*
14. Ancien enquêteur de la BRI, entretien avec l'auteur, Lyon, juillet 2012.
15. *Ibid.*
16. *Ibid.*

17. Procès-verbal « réception d'un appel téléphonique anonyme », 15 février 1994, dossier d'instruction de l'affaire de Saumur.

18. Ancien enquêteur de l'antigang, conversation avec l'auteur, Lyon, avril 2013.

Chapitre 6. – Pour le compte, p. 113

1. Écoutes téléphoniques de l'IGS, DI.
2. *Ibid.*
3. *Ibid.*, audition de la secrétaire, 6 décembre 2011, DI.
4. Écoutes téléphoniques de l'IGS, DI.
5. *Ibid.*
6. *Ibid.*
7. Michel Neyret affirme qu'il ignorait complètement les propos des cousins au téléphone. Il conteste totalement le rôle de vigie qui lui est prêté.
8. Audition du juge au TGI de Lyon par le juge d'instruction, comme témoin, 29 septembre 2011, DI.
9. Notes de l'auteur, audience de la 5e chambre du tribunal correctionnel de Lyon, 10 juin 2011.
10. Audition du directeur de la sûreté départementale, 19 mars 2012, audition du capitaine des délégations judiciaires de la Sûreté, 24 octobre 2011, DI.
11. Audition du chef de la division criminelle, 1er octobre 2011, DI.
12. Écoutes téléphoniques de l'IGS, DI.
13. Audition de l'avocat général par le juge d'instruction, comme témoin, 15 décembre 2011, DI.
14. *Ibid.*
15. Écoutes téléphoniques de l'IGS, DI.
16. *Ibid.*
17. Placée sous scellés au début de l'affaire, la villa sera restituée à son légitime propriétaire.
18. Audition de l'agent immobilier et saisie du dossier de location par l'IGS, DI.
19. Écoutes téléphoniques de l'IGS, conversation de Nicole Neyret avec sa sœur, 4 août 2011, DI : « Le mec, il travaille avec l'État et la taxe carbone, même l'État, il arrive à baiser l'État. »
20. Interception des SMS des téléphones sous surveillance, par les enquêteurs de l'IGS, DI.

21. Écoutes téléphoniques de l'IGS, retranscription, DI.

22. L'utilisation de ces sociétés est mentionnée dans l'instruction judiciaire ouverte à Lyon sur la fraude présumée à la taxe carbone. Stéphane Alzraa a été mis en examen dans ce dossier le 13 janvier 2012.

23. Voir Aline Robert, *Le Casse du siècle*, Max Milo Éditions, 2012. Voir aussi « Les milliardaires du CO_2 », *Le Point*, 1er mars 2012.

24. Ordonnance de renvoi au tribunal correctionnel de Paris, affaire fraude taxe carbone, 12 mai 2011.

25. Écoutes téléphoniques, retranscription d'une conversation du 24 juin 2011 entre Nicole Neyret et Gilles Bénichou, DI.

26. *Ibid.*

27. Écoutes téléphoniques de l'IGS, DI.

28. Audition de Fabrice F., brigade financière de la police judiciaire de Genève sur commission rogatoire internationale, DI, 29 septembre 2011.

29. Écoutes téléphoniques de l'IGS, DI.

30. Dossier bancaire saisi par les enquêteurs, DI.

31. Audition de Fabrice F., dossier bancaire, citée *supra.*

Chapitre 7. – Indicateurs fantômes, p. 137

1. Avocat général François-Louis Coste, entretien avec l'auteur, Lyon, mars 2012.

2. Claude Catto, entretien avec l'auteur, Lyon, juin 2013.

3. L'épisode sur l'arme d'Action directe et l'informateur est reconstitué à partir de conversations avec Michel Neyret et plusieurs enquêteurs de la PJ.

4. Michel Neyret, entretien avec l'auteur, cité *supra.*

5. Préfet Pierre Richard, entretien avec l'auteur, Collonges-au-Mont-d'Or, mai 2012.

6. Michel Neyret, entretien avec l'auteur, cité *supra.*

7. *Ibid.*

8. Daniel Guichot, entretien avec l'auteur, cité *supra.*

9. Enquêteur de la BRI, conversations avec l'auteur, février 2013.

10. Michel Neyret, entretien avec l'auteur, cité *supra.*

11. Ancien adjoint du commissaire Neyret, entretien avec l'auteur, Lyon, septembre 2013.

12. Charles X (prénom modifié), entretien avec l'auteur, Lyon, février 2013.

13. *Ibid.*

14. *Ibid.*

15. Audience du tribunal correctionnel de Lyon, note de l'auteur.

16. Jugement du tribunal correctionnel de Lyon, 4 juin 2013.

17. Enquêteur service régional spécialisé, conversations avec l'auteur, Lyon, 2011-2015.

18. Daniel Guichot, entretien avec l'auteur, cité *supra*.

19. Conversations avec Michel Neyret, souvenirs de l'auteur, 2000-2011.

20. Ancien enquêteur section des recherches de la gendarmerie de Lyon, entretien avec l'auteur, Vénissieux, septembre 2014.

21. Daniel Guichot, entretien avec l'auteur, cité *supra*.

22. Ancien commissaire de la BRI, entretien avec l'auteur, Lyon, 2012.

23. Note de l'auteur, en marge de l'audience de la 16e chambre du tribunal correctionnel de Lyon, 2006.

24. Agression dans la soirée du 23 au 24 février 2002 à Bourgoin-Jaillieu. Voir *Le Progrès* du 25.2.2002 et *Le Parisien* du 26.2.2002.

25. Conversations avec Michel Neyret, 2000-2011. Contacté, Patrick Sébastien n'a pas souhaité s'exprimer.

Chapitre 8. – La chute, p. 157

1. Voir ci-dessus, Prologue.

2. Notes de l'auteur, conversations avec Philippe Scrève, David Metaxas, avocats du barreau de Lyon.

3. Souvenir de l'auteur.

4. Conversations avec Michel Neyret, Vienne, 2013-2014.

5. Conversations avec l'auteur, octobre 2011. La scène est rapportée par plusieurs policiers présents dans la salle.

6. *Ibid.*

7. Conversation avec Michel Neyret, notes de l'auteur, Vienne, 2013-2014.

8. Écoutes téléphoniques de l'IGS, DI.

9. Interrogatoires de Gilles Bénichou en garde à vue, 30 septembre 2011, DI.

10. Interrogatoire de Stéphane Alzraa en garde à vue, 3e audition, 30 septembre 2011, DI.

11. Interrogatoires de Michel Neyret en garde à vue, cités *supra*.

12. Conversations avec un enquêteur de la DIPJ de Lyon, notes de l'auteur, Lyon, 2011-2012.

13. Interrogatoires de Michel Neyret en garde à vue, 30 septembre 2011, DI.

14. *Ibid.*

15. *Ibid.*

16. *Ibid.*

17. *Ibid.*

18. *Ibid.*

19. Interrogatoires de Nicole Neyret en garde à vue, 30 septembre 2011, DI.

20. Interrogatoires de Gilles Bénichou en garde à vue, 30 septembre 2011, DI.

21. Interrogatoires de Gilles Bénichou en garde à vue, 1er octobre 2011, DI.

22. Interrogatoire de Michel Neyret en garde à vue, 29 septembre 2011, DI.

23. Interrogatoire de Michel Neyret en garde à vue, 30 septembre 2011, DI.

24. « C'est un projet dont m'avait fait part Gilles Bénichou pour monter une société en Suisse. Il m'avait suggéré d'ouvrir une société en Suisse pour des projets futurs, comme je l'ai expliqué à l'IGS, après mon départ à la retraite. C'était un projet commercial. Quand il a fait ce projet, M. Bénichou a demandé à ma femme la copie de son passeport, ce qui m'a surpris car je ne savais pas qu'il voulait associer ma femme à ce projet. Quand je m'en suis inquiété, il m'a dit que c'était légal, sinon, je n'aurais pas impliqué ma femme. Il m'avait présenté cette opération en me disant que lui ouvrant une société, on en profitait pour en ouvrir une à mon nom. » Interrogatoire de Michel Neyret par le juge d'instruction, 17 janvier 2012, DI. « L'existence du compte en Suisse avait [...] pour finalité de recueillir éventuellement des fonds de ses biens, c'est ce que j'ai expliqué à ma femme, qui m'a fait confiance et qui est allée dans cette démarche confiante en Suisse sans prendre conscience de la construction juridique qui avait été mise en place par Gilles Bénichou et Stéphane Alzraa. En toute bonne foi, elle a signé un document portant ouverture d'un compte bancaire suisse. » Confrontation Michel et Nicole Neyret, 10 décembre 2013, DI.

25. Interrogatoire de première comparution, 3 octobre 2011, DI.

Chapitre 9 – Sous les postiches, p. 183

1. Jean-Daniel Mercier, conversation avec l'auteur, hôtel de police Montluc, Lyon, 2012.

2. Cédric Cabut, ancien substitut de Lyon, entretien avec l'auteur, Bourgoin-Jaillieu, 16 janvier 2014.

3. Yvette Vilvert, ancienne présidente de la cour d'assises du Rhône, conversation avec l'auteur, cour d'appel, Lyon, janvier 2012.

4. Ancien enquêteur de la brigade de répression du banditisme (BRB), entretien avec l'auteur, Lyon, 18 décembre 2013.

5. Michel Neyret, entretien avec l'auteur, cité *supra*.

6. Avocate du barreau de Lyon, conversation avec l'auteur, Lyon, 2011.

7. Michel Neyret, entretien avec l'auteur, cité *supra*.

8. Ancien enquêteur de l'antigang, entretien avec l'auteur, Lyon, 24 janvier 2012.

9. Michel Neyret, entretien avec l'auteur, cité *supra*.

10. *Ibid.*

11. *Ibid.*

12. Éliane Bègue, « Procès des Ripoux », *Le Progrès*, 9 février 1996.

13. La scène est racontée par Bruno Papet dans un livre qui sera portée à l'écran par Jacques Maillot sous le titre *Les Liens du sang*, sorti en février 2008, avec Guillaume Canet et François Cluzet dans les rôles des frères Papet. Pour les besoins du cinéma, le truand prendra le dessus. Dans la réalité, Bruno Papet doit son salut à l'arrivée opportune d'un collègue de la BRI.

14. Michel Neyret, entretien avec l'auteur, cité *supra*.

15. AFP, 14 novembre 1990.

16. Ancien enquêteur de la BRB, entretien cité *supra*. Conversations avec des avocats de l'affaire des Ripoux, 2011-2013, Lyon.

17. Avocat au procès des Ripoux, conversation avec l'auteur, Lyon, décembre 2013.

18. *Le Progrès*, 17 janvier 1996.

19. Pour tout le récit de l'affaire : arrêt de la chambre d'accusation, affaire des Ripoux de Lyon, 16 mai 1995.

20. Michel Neyret, entretien avec l'auteur, cité *supra*.

21. Les scènes et les citations sont tirées des notes de l'auteur, procès de Claude Lucas, Bourg-en-Bresse, 5 décembre 1996.

22. *Ibid.*
23. Ancien substitut de Lyon, entretien avec l'auteur, Lyon, décembre 2013.
24. Michel Neyret, entretien avec l'auteur, cité *supra.*

Chapitre 10. – Missions antiterroristes, p. 205

1. Conversation avec un ancien juge des enfants, notes de l'auteur, Lyon, 7 octobre 2015.
2. Voir l'article de Jean-Philippe Leclaire, *Le Monde magazine*, 18 septembre 2015.
3. *Libération*, 3 octobre 1995, après les révélations de RTL et du journal suisse *Le Nouveau Quotidien.*
4. Ancien enquêteur de la BRI, entretien avec l'auteur, Lyon, 24 janvier 2012.
5. Jacky Darne, ancien maire de Rillieux-la-Pape, conversation avec l'auteur, 7 septembre 2015.

Chapitre 11. – Danger de mort, p. 215

1. Écoutes téléphoniques de l'IGS, DI.
2. Souvenirs de l'auteur, Lyon, 2000-2011.
3. Écoutes téléphoniques de l'IGS, DI.
4. *Ibid.*
5. Auditions de Michel Neyret en garde à vue, 30 septembre 2011, DI.
6. *Ibid.*
7. *Ibid.*, 1er octobre 2011.
8. *Le Figaro magazine*, 1er octobre 2011
9. Conversations avec Michel Neyret, Vienne, 2013-2014.
10. Entretien avec Philippe B., ancien enquêteur des stups, Valence, mai 2014.
11. Audition de Michel Zaragoza en garde à vue, 30 septembre 2011, DI.
12. *Ibid.*
13. Conversations avec des avocats, notes de l'auteur, Lyon, 2012.
14. Entretien avec Michel Zaragoza, Solaize, juillet 2013.
15. *Ibid.*

16. Ancien gendarme de la section des recherches, entretien avec l'auteur, Lyon, février 2014.

17. *Ibid.*

18. *Ibid.* Propos rapportés par l'agent.

19. Conversation avec un magistrat, note de l'auteur, Lyon, 15 octobre 2013.

Chapitre 12. – L'âge d'or des stups, p. 231

1. René Nivois (avec Jérôme Pierrat), *Né voyou*, Manufacture de livres, 2012.

2. Michel Neyret, entretien avec l'auteur, cité *supra*.

3. Ancien enquêteur de la BRI, entretien avec l'auteur, Lyon, 24 janvier 2012.

4. Anciens enquêteurs de la PJ, conversations et notes de l'auteur, Lyon, 2000-2011.

5. *Ibid.*

6. Michel Neyret, entretien avec l'auteur, cité *supra*.

7. *Ibid.*

8. Entretien avec Georges Nicolaï, Lyon, 2010. « Compte rendu de mission en Espagne », procès-verbal non daté, transmis au juge Veyre au tribunal de grande instance de Lyon, 1976.

9. Michel Neyret, entretien avec l'auteur, cité *supra*.

10. Charles X., entretien avec l'auteur, Lyon, février 2013.

11. Ancien enquêteur de la brigade des stupéfiants, entretien avec l'auteur, Lyon, avril 2012.

12. Ancien commissaire de la PJ, entretien avec l'auteur, Lyon, 3 septembre 2013.

13. Ancien enquêteur de la PJ, entretien avec l'auteur, Lyon, 3 juillet 2012.

14. Michel Neyret, anciens enquêteurs de la PJ, conversations avec l'auteur, Lyon, 2000-2011.

15. Michel Neyret, entretien avec l'auteur, cité *supra*.

16. Ancien enquêteur de la BRI, conversation avec l'auteur, Marcy-l'Étoile, septembre 2015.

17. Anciens enquêteurs de la PJ et ancien substitut du parquet de Lyon, conversations avec l'auteur, Lyon, 2000-2011.

18. Jean-Christophe Lagarde, entretiens avec l'auteur, Lyon, avril-mai 2013.
19. *Ibid.*
20. Ancien commissaire de la PJ, conversations avec l'auteur, Lyon, novembre 2011.
21. Michel Neyret, anciens enquêteurs de la PJ, Lyon, 2011-2015.
22. Ancien enquêteur de la BRI, entretien avec l'auteur, Nice, 9 mars 2012.
23. Ancien enquêteur de la BRI, conversations avec l'auteur, Lyon, 2011-2015.
24. Ancien informateur, entretien avec l'auteur, Lyon, décembre 2013.
25. *Ibid.*

Chapitre 13. – Dégâts collatéraux, p. 249

1. Écoutes téléphoniques de l'IGS, DI.
2. Aymeric Saudubray, entretien avec l'auteur, Lyon, décembre 2011.
3. Audition du commissaire Saudubray, DI.
4. Écoutes téléphoniques de l'IGS, DI.
5. *Ibid.*
6. *Ibid.*
7. *Ibid.*
8. *Ibid.*
9. Interrogatoire de Jean-Paul Marty, 31 janvier 2012, DI.
10. Christophe Gavat, entretien avec l'auteur, Lyon, 26 janvier 2012.
11. Claude Catto, conversations avec l'auteur, Lyon, juin 2013.
12. Témoignages recueillis par les enquêteurs de l'IGS, DI.
13. Audition de Franck Courson, 18 octobre 2011, DI.
14. Ancien commissaire de la PJ, conversations avec l'auteur, Lyon, novembre-décembre 2011.
15. Audition comme témoin de la chef de la brigade des stupéfiants, 3 octobre 2011, DI.
16. Écoutes téléphoniques de l'IGS, DI.
17. Enquêteur de la PJ, conversations avec l'auteur, Lyon, 2011-2015.
18. Écoutes téléphoniques de l'IGS, DI.
19. Auditions des hauts responsables de la douane, DI.
20. Écoutes téléphoniques de l'IGS, DI.

21. *Ibid.*

22. David Metaxas, conversations avec l'auteur, Lyon, mars 2012. Séance du conseil régional de l'ordre des avocats, 6 février 2013. David Metaxas, *Michel Neyret, mon meilleur ennemi*, Favre, 2013.

23. Michel Neyret, conversations avec l'auteur, Vienne, 2013.

24. *Ibid.*

25. *Le Grand Journal*, Canal +, 4 octobre 2011.

26. Bruno Papet, entretien avec l'auteur, Lyon, février 2012.

27. Michel Neyret, conversations avec l'auteur, cité *supra*.

Chapitre 14. – Le rideau tombe, p. 269

1. Ancien enquêteur de la PJ, entretien avec l'auteur, Lyon, 26 mars 2014.

2. Journaliste *Nice Matin*, conversation avec l'auteur, Bièvres, 26 septembre 2014.

3. Souvenirs de l'auteur, Lyon, 2000-2011.

4. Conversations avec Michel Neyret, 2004-2011. Lors de la perquisition de son bureau, les enquêteurs trouvent un Post-it qui indique que le commissaire a prélevé 1 000 euros dans l'enveloppe officielle des sources de la PJ pour un informateur non inscrit. Interrogé en garde à vue, il propose de contacter l'intéressé pour le rembourser.

5. Entretien avec Michel Zaragoza, Solaize, juillet 2013.

6. Patrick Riou, ancien directeur de la PJ parisienne, conversation avec l'auteur, Paris, novembre 2011.

7. Thierry Sabot, entretien avec l'auteur, Clermont-Ferrand, 21 août 2013.

8. Michel Neyret, conversations avec l'auteur, 2007-2011.

9. Ancien commissaire PJ, conversation avec l'auteur, Lyon, août 2013.

10. Participant au voyage du Maroc avec Michel Neyret en 2011, conversations avec l'auteur, juin-octobre 2015.

11. Écoutes téléphoniques de l'IGS, conversation du 18 septembre 2011, 12 h 58, DI.

12. Enquêteurs de la DIPJ, conversations avec l'auteur, Lyon, octobre 2011.

13. *Ibid.*

14. Auditions de témoins par l'IGS, DI.

15. Souvenir de l'auteur, Lyon, septembre 2011.

16. Ancien commissaire de la PJ, conversations avec l'auteur, Lyon, octobre 2011.

17. Cet épisode est reconstitué à partir d'entretiens et de conversations avec des enquêteurs et des commissaires qui ont participé directement aux événements.

18. Entretien avec Thierry Sabot, cité *supra*.

19. Enquêteurs de la PJ, cité *supra*.

20. *Ibid.*

Chapitre 15. – Grand déballage, p. 281

1. Entretien avec l'auteur, Lyon, décembre 2014.
2. Auditions de Francis Montoy, 25 septembre 2012, DI.
3. *Ibid.*
4. Procès-verbal de l'IGS, 7 octobre 2011, DI.
5. Audition de Romuald Muller, 7 septembre 2012, DI.
6. *Ibid.*
7. Auditions de Michel Neyret, DI.
8. Audition de R.C., 28 novembre 2011, DI.
9. Michel Neyret, conversations avec l'auteur, 2013.
10. Officier de la sécurité publique du Rhône, conversation avec l'auteur, 2013.
11. Cyril Astruc, interrogatoire de première comparution, 10 janvier 2014, DI.
12. Interrogatoire de Cyril Astruc, 29 janvier 2014, DI.

Épilogue, p. 295

1. Interrogatoire devant le juge d'instruction, 16 mai 2002, DI.
2. Confrontation Michel et Nicole Neyret, 10 décembre 2013, DI.
3. Ordonnance de renvoi devant le tribunal correctionnel, 10 septembre 2015.
4. Interrogatoire en garde à vue, 1er octobre 2011, DI.
5. Ordonnance de renvoi, citée *supra*.
6. Conversation avec un commissaire de la sécurité publique du Rhône, Lyon, juin 2013.

7. Magistrat, conversation avec l'auteur, Lyon, 25 septembre 2015.

8. *Vanity fair*, août 2015.

9. Audience du 6 février 2013 au conseil de l'ordre en audience publique, décision rendue le 13 mars 2013.

10. Avocat du barreau de Lyon, conversations avec l'auteur, 2015.

11. Dossier administratif de Jean-Paul Marty, DI.

12. Dossier administratif de Gilles Guillotin, DI.

13. Voir la bibliographie, p. 329.

14. *Borderline*, téléfilm diffusé par France 2 le 7 octobre 2015.

15. Service national des douanes judiciaires, rapport de synthèse, « affaire cacao tech », 18 janvier 2014.

16. Notes de l'auteur, audience de la 16e chambre du tribunal correctionnel de Lyon, 25 juin 2014.

17. Gilles Bénichou, entretien avec l'auteur, Villeurbanne, 15 octobre 2015.

18. Michel Neyret, conversations avec l'auteur, janvier 2013.

19. Notes de l'auteur, cour d'assises, Lyon, septembre 2014.

20. *Ibid.*

Liste des sigles

BAC : brigade anticriminalité.
BCS : Bureau central des sources.
BRB : brigade de répression du banditisme.
BRI : brigade de recherche et d'intervention, autrement dit l'antigang.
BSP : brigade des stupéfiants de Paris.
DCPJ : Direction centrale de police judiciaire.
DDSP : direction départementale de la sécurité publique.
DGPN : Direction générale de la police nationale.
DIPJ : Direction interrégionale de police judiciaire, autrefois SRPJ (service régional de police judiciaire).
DNAED : Direction nationale d'analyse et d'enquêtes douanières.
DNRED : Direction nationale du renseignement et des enquêtes douanières.
DST : Direction de la surveillance du territoire.
ENSP : École nationale supérieure de la police.
FPR : fichier des personnes recherchées.
GIC : Groupement interministériel de contrôle.
GIPN : Groupe d'intervention de la police nationale.

IGPN : Inspection générale de la police nationale.
IGS : Inspection générale des services, autrement dit la police des polices, chargée des enquêtes internes à la police à Paris (l'IGPN en province). En 2013, l'IGS a été intégrée à l'IGPN.
JIRS : juridiction interrégionale spécialisée (pôle de magistrats chargés de la grande criminalité).
JLD : juge des libertés et de la détention.
OCLCO : Office central de lutte contre la criminalité organisée, autrefois OCRB (Office central de répression du banditisme).
OCRTIS : Office central pour la répression du trafic illicite des stupéfiants.
PJ : police judiciaire.
PP : préfecture de police de Paris.
PTS : police technique et scientifique.
SD : sûreté départementale (service d'enquêtes qui dépend de la sécurité publique, distincte de la police judiciaire).
SNDJ : Service national des douanes judiciaires (service d'enquête qui dépend de la direction des douanes).
SRPJ : Service régional de police judiciaire.

Chronologie

12 avril 1956 : naissance de Michel Neyret à Landres, Meurthe-et-Moselle.

1er septembre 1979 : élève commissaire à l'École nationale supérieure de la police (ENSP) à Saint-Cyr-au-Mont-d'Or (Rhône).

4 août 1980 : commissaire stagiaire à Grenoble.

Mars 1981 : premier passage à Lyon.

1er août 1981 : commissaire titulaire, matricule 656 128. Première nomination au SRPJ de Versailles.

15 mai 1982 : chef de l'antenne de police judiciaire de Meaux.

15 septembre 1983 : adjoint au chef de la brigade de recherche et d'intervention (BRI) de Lyon.

1984 : chef de la BRI de Lyon.

1er juillet 1988 : commissaire principal.

Avril 2004 : chevalier dans l'ordre national de la Légion d'honneur.

15 novembre 2004 : chef de l'antenne de police judiciaire de Nice.

20 mars 2005 : commissaire divisionnaire.

9 janvier 2007 : directeur adjoint de la Direction interrégionale de police judiciaire (DIPJ) de Lyon.

12 mai 2011 : ouverture d'une instruction judiciaire contre X à Paris.

29 septembre 2011 : interpellation de Michel Neyret à son domicile, garde à vue, mise en examen et incarcération. Huit autres personnes sont mises en examen, dont son épouse Nicole et quatre policiers.

8 novembre 2011 : mise en examen d'un douanier.

22 mars 2012 : garde à vue et mise en examen de l'avocat David Metaxas.

23 mai 2012 : remise en liberté de Michel Neyret après huit mois de détention préventive.

7 septembre 2012 : révocation de la police.

26 septembre 2012 : garde à vue et mise en examen du magistrat Francis Montoy.

Juillet 2014 : clôture de l'instruction judiciaire.

10 septembre 2015 : ordonnance de renvoi devant le tribunal correctionnel.

Bibliographie

Michel Auboin, Arnaud Teyssier, Jean Tulard, *Histoire et dictionnaire de la police*, Robert Laffont, « Bouquins », 2005.

Laurent Chabrun, Franck Hériot, *Cocaïne. L'affaire Féval*, Le Cherche midi, 1998.

Christophe Cornevin, *Les Indics*, Flammarion, 2011.

Jean-Louis Desfray, *Itinéraire d'un flic*, Éditions des Traboules, 2004.

Marc Fiévet, *Infiltré. Au cœur de la mafia*, Hugo & Compagnie, 2013.

Christophe Gavat, *96 heures. Un commissaire en garde à vue*, Michalon, 2013.

Claude Lucas, *Suerte. L'exclusion volontaire*, Plon, « Terre humaine », 1995.

David Metaxas, *Michel Neyret, mon meilleur ennemi*, Favre, 2013.

Michel et Bruno Papet, *Deux frères, flic et truand*, Flammarion, 1999.

Jérôme Pierrat, *Parrains des cités*, La manufacture de livres, 2014.

Frédéric Ploquin, *Génération Kalachnikov. Les nouveaux gangsters*, Fayard, 2014.

Jean-Pierre Pochon, *Les Stores rouges*, Éditions des Équateurs, 2008.

Index des noms cités

Table

Réalisation : Nord Compo à Villeneuve-d'Ascq
Dépôt légal : mars 2016
ISBN : 979-10-210-1845-7
Numéro d'édition : 3866
Imprimé en Italie

T

CW01636442

THE FAMILY BEFORE US

First published in paperback by
Michael Terence Publishing in 2024
www.mtp.agency

ISBN 9781800949072

Michael Terence
Publishing

I would like to dedicate this book to three very special people.

Firstly, to my husband who is extremely supportive of my work, my daughter-in-law, Yazmin for her help with proofreading, and my daughter, Heather for all her help with the photography for my website and social media.

Prologue

"It's made from the finest silk," the seamstress confirmed, after securing a pin in the hem of the lining of the most expensive wedding dress in the shop.

"You look beautiful darling," her mother assured, as she dabbed the tears from her eyes. "Turn, let me see it face on," she instructed, then gasping when she saw her eldest daughter looking absolutely stunning in the ivory, sequined, floor-length gown. It fitted exquisitely, showing off her hourglass figure to perfection.

"I love it, Mum," she mouthed, turning back to look in the full-length mirror and then turning once more to face her audience. "What do you think, Granny?" she questioned, valuing her grandmother's input.

"Words escape me," she uttered, blowing her nose and turning away from the sheer emotion. "Such a beauty," she added, before giving her nose a second blow.

Sophie looked at her sister who was texting on her iPhone, who quite clearly didn't want to be there. "And what do you think, Amy?" she asked, knowing her response didn't really matter.

"I think you should wear the red one," she said, pointing to a dress hanging in the evening dress section.

"Very funny," she snapped, feeling her emotions heightening when her only sister couldn't even be bothered to say anything even remotely civil.

"You look incredible," her best friend Karen quickly interjected, turning her around to face the mirror again to distract her from her sister's cruel jibes.

"Yeah, this is the one," Sophie said, turning from side to side to check herself out.

She was weeks away from marrying Charles Stephenson, the love of her life and she wasn't about to let Amy ruin her wedding dress shopping day. She hadn't even wanted her to come but her mother had insisted. She said it was tradition and all generations needed to be there. To her it was total bollocks. They had never got on and despite her trying relentlessly over the years to garner some sort of sisterly bond this had been severed once and for all when Amy had slept with her last boyfriend Rob.

Amy was a free spirit, took no responsibility for her actions and trod on anyone that got in her way.

Her mother looked on from the sidelines as though she was watching some sort of soap drama before deciding to call court. "Right, if this is the one, Sophie, then I suggest we seal the deal," she stated, ushering her back into the changing room.

She stared at Sophie's reflection in the mirror, trying to work out if she could see any of Eva in her features at all. It had always haunted her not knowing if she was dead or alive. She studied Sophie's angry expression as she struggled to undo the clasp on her veil and gasped. There it was, the look of desperation overshadowing her pretty face. She would never forget that look. That was the same look Eva gave her as she lashed out at her all those years ago, striking her and forcing her to the ground. The blood was everywhere, over her hands, her clothes and what was in her hand? Oh my god it was her slipper, drenched in her blood. What had she done? Had she killed her best friend? "Eva," she whispered.

"Mum, are you OK?" Sophie asked, trying to pull the veil from her hair. "You look like you've seen a ghost. Mum, are you listening to me? Who is Eva?"

"Sorry love," her mum uttered, pulling back the curtain so she could step outside. She needed air. She felt sick. She looked back at Sophie again and gasped a second time. "Eva, is that you?"

"Mum, you're scaring me, who is Eva? What are you doing?" she asked, watching her mum re-take her seat and place her head in her hands.

"Karen, can you get this damn veil out of my hair?" she asked, beckoning her back over. "Unzip me for Christ's sake. My mothers having one of her turns."

"I'm not having a turn," her mother retorted, angry that she was being referred to like it was a regular occurrence. "I was just a little overwhelmed, that's all," she said, standing up to take charge once more.

God she seriously needed a gin and tonic and could bear no more of her daughters' ongoing rivalry and she definitely didn't expect to be sharing a cubicle with Eva.

She had been hoping to take them out to lunch and had even booked a table at Sherbets but was now regretting her earlier decision. "I take it you have somewhere else to be, Amy?" she questioned, watching her youngest daughter walk towards the exit, as she tried to distance herself from her sudden flashback.

"Yes, if I could be dismissed, please, Miss?" she said sarcastically, opening the shop door. She left before even waiting for a reply.

"Ladies, would you like some lunch?" Sophie's mother asked, wondering if anyone was going to take her up on her offer. She had been dreaming of this day for ages but it was fast unravelling when Sophie and Karen announced they had other arrangements and her mother-in law was now complaining of a migraine.

She waved the girls off after settling the extortionate bill and drove her mother-in-law the twenty-five minute journey back to her warden-controlled apartment.

"So that's that," she said out loud, tapping her fingers on the steering wheel, as she steered the car in the direction of home, which was around an hour away. The day she had been longing for, the day some of her friends had boasted about that had evolved layer after layer with tales of bridesmaid fittings, lunch and evening cocktails had dissolved right at the starting point.

Why couldn't her family be ordinary? Why was there always a saga that usually meant a family gathering ended in tears? She had truly had enough of the lot of them. Everything she tried to organise was met with half measures. God, she needed that gin.

She tapped her fingers on the steering wheel again and then pulled over into the parking bay outside a pub on the outskirts of the neighbouring town. She took a deep breath and then swiftly opened the door before seriously doubting her decision.

She hadn't entered a pub by herself in years but felt totally fed up with everyone. She was going in and she was going to order herself a gin and tonic and then she was going to contemplate her next move carefully. How dare everyone treat her like this when all she ever did was try to help!

It was twelve forty-five and far too early for her usual 5:30 number, but still, she would only have the one. She had the car and there was no one else available to drive it home.

She sat in the corner by the door feeling self-conscious as she emptied the entire bottle of tonic into her single measure of gin. "Cheers," she said to herself subconsciously, as she took her first sip. "Here's to the bride and groom," she added sarcastically. She thought about Amy's wayward behaviour of late and how it was digressing and then a smile came over her face when she thought of her son Billy and his lovely wife Laura. Yes, it wasn't all bad and there was the wedding to look forward to at least.

She took another sip and then looked around pondering her surroundings. She hadn't set foot in the place for over thirty-five years and she suddenly felt really exposed. She picked up her glass and raised it to her lips, looking at the locals who had gathered for their usual Saturday afternoon tipple.

"Can I join you?" a man said, taking the seat beside her without his invitation being confirmed.

She put her glass down on the table startled, and then muttered that she had only stopped by for one and must be on her way. She suddenly felt really foolish and wondered what on earth had made her stop and put herself in such an awkward situation.

"Oh, don't let me frighten you off. I was only being friendly," the guy said, taking a swig of his pint. "Can I get you another?" he asked, leaning in closer.

"No, no," she stuttered, rising to her feet, almost knocking the glass to the floor. "I was just trying to catch a quiet few moments to myself," she said, steadying her glass.

The guy stood up and walked over to the bar and then turned and faced her. "Suit yourself," he said, leaning back against the bar. "Fill her up," he then commanded, raising his empty glass, so that the barmaid caught his attention.

He sat with his back to her, allowing her the privacy to sit back down and relax momentarily before she swigged the entire contents of her glass down in one gulp. She should get out of there and go home, she thought, her sensible side knowing the best possible route when she was feeling a little down. What the hell was she doing there anyway? she thought, staring at her now empty glass.

"Can I get you another?" the barmaid questioned, as she cleared the table and paused just long enough to receive an answer.

Although she was determined to leave. She stopped as her hand reached the latch and then she turned back round to face the barmaid. "Yes, same again please."

What on earth was she doing, she questioned as she re-took her seat, feeling the familiar dark cloud overshadowing her sensible side. She had the car and she could hardly call her husband to come and pick her up in the middle of the afternoon because for some reason, known only to her, she had decided to pull into a pub and consume too many gins to legally drive home. No, she was being foolish, she decided as she emptied the tonic water into her refreshed glass. She looked across at the barmaid as she fumbled for her purse and then returned it to her bag, when the barmaid said she had opened a tab.

She sighed as she took another sip, knowing this was a slippery path and then she closed her eyes as a familiar song started playing on the jukebox transporting her back to her youth.

One

Thirty-five years earlier

Eva stood there with her knickers around her ankles feeling humiliated, yet again. She hated Tommy Lyons, the blond-haired, blue-eyed lad that had the face of an angel. All the girls in her class wanted to date him, of course, but not her. She knew better. She knew what he was really like with his twisted ideas and dark thoughts. He was pure evil.

She pulled up her knickers, adjusted her short white skirt and looked him in the eye. She was fourteen years old when he had done this to her on the netball court, after sneaking up behind her and catching her totally unaware at a practice session. The class had erupted into squeals of laughter of course, leaving her once more exposed and degraded. "I know all about you, Tommy Lyons," she had retaliated, looking around to ensure she still had an audience. "Yeah, you're not the tough guy you make out to be, are you?" she stated, knowing she knew his secret.

Tommy backed away, nervous as to what she might expose and then moved forwards again to whisper something in her ear, before striding off the court, his face reddened. The lads watching from the sidelines were still whistling and cheering, oblivious to their private exchange and then one by one they gave him a slap on the back in a gesture of camaraderie before strolling off laughing.

She'd known him since she was seven, when she had moved in with her aunt after the sudden death of her mother. He lived opposite her in the best house on the street. She lived in the worst. Yes, her aunt didn't have two pennies to rub together but she was kind and caring and had taken her in, despite having two kids of her own. Her husband Alf was a drinker and spent most of his time in the local boozer, The Frog and Bucket. He rarely made it home after a session and was kicked out most evenings by the landlord, with some words of wisdom, but he was possibly their best customer so it was rinse and repeat. He was shagging Mary Ribbons at number four. Everyone knew but for some reason her aunt Deirdre turned a blind eye. This was quite possibly because she had fallen out of love with him years ago and couldn't care less what he did or what became of him. Secretly, she knew his liver was on borrowed time and it was only a matter of time before he expired.

Eva's two cousins, Fran and Jane, loathed her because they had been forced to share a bedroom and resented the fact that they had lost their personal space. They picked on her constantly making her feel unwelcome whenever her aunt's back was turned but they were always really careful never to display their hatred when anyone else was present. They were twins and Eva felt certain that they shared a brain because they had an annoying way of finishing one another's sentences. They were also stupid academically but were cunning and used to copy her homework, claiming it as their own and then destroying hers, so she was shamed in front of the entire class over and over.

Yes, she was the girl that no one liked, that stood by herself day after day as children called out spitefully, spitting at her and calling her names. She had no friends with the exception of Tara, who shared a similar backstory but was somehow spared some of the deplorable actions she had been exposed to.

As the school years passed by agonisingly, she had withdrawn into herself, trusting only Tara. Even Tara shunned her in front of the perpetrators to avoid the sickening torture she was exposed to. She completely understood this defence mechanism that Tara had adopted as it spared her the punishment but she also knew that Tara felt guilty about it by not defending her best friend and felt like she was betraying her. The truth of it was that Tara was petrified and felt backed into a corner.

"I'm so sorry," she had cried, tears rolling down her cheeks as she watched Eva wipe her bloody nose, after yet another bullying session from Margaret Maguire and Janet Williams. They were the two prettiest girls in the school but by far the most vicious. Eva did everything she could to avoid coming into contact with them and used to be late home most evenings, missing her tea just to survive, but today she had been ambushed under the railway bridge, where they had hidden and waited for their prey.

"Don't be silly," Eva had said, trying to stand, feeling certain that one of her ribs was broken. "It's not your fault and I totally get it." Tara hadn't completely got away scot-free though. No, she had been held against the wall and threatened with the same treatment if she didn't stop hanging around with her and had received a slap as a warning shot.

By the time they had reached sixteen they had started travelling by bus into the next town where no one knew them. This was the only time they escaped punishment and felt free. They loved their trips into Chadderton Heights on a Saturday night, which quickly became their haven. All they had to do was ensure no one spotted them boarding the bus behind the old disused cinema.

Money was the only issue. Tara used to carefully pilfer a few coins here and there throughout the week from the bottom of her mother's handbag and Eva riffled through her uncle's smelly trouser pockets, which he slung over the banister on the few nights he actually made it home. It was usually enough to secure them their first drink in a free house called Jacksons, which had a rotating flashing dance floor and more often than not guys would buy them drinks, trying their best to seduce them.

This was the only time Eva felt attractive and wanted, until one Saturday night a guy called Brian went too far, forcing her into a toilet cubicle. It wasn't rape. After securing the door he had offered her twenty-five pounds for a quickie. Her head was spinning from too many brandies and twenty-five pounds was more money than she had ever seen. The thought of having money to buy makeup, perfume and clothes swayed her judgement and she found herself raising her skirt and closing her eyes.

She had cried all the way home, holding onto Tara's hand as the realisation dawned that she had sold herself for money. "I'm basically a prostitute," she had sobbed, staring at the crisp notes she had resting on her lap.

"It's not your fault," Tara had reasoned, wondering what she would have done if she had been in the same position. She looked down at her own second-hand skirt, purchased from the local charity shop and the blouse she had sneaked out of her sister's wardrobe. She knew how it felt to have nothing, and to step into a department store and buy something brand new was something neither of them had ever experienced.

"I'm going to share it with you," Eva promised, wiping her tears and staring into her friends' eyes. "This is for both of us."

They held hands as they walked the final leg of the journey before stopping in their tracks at the end of their street. There was an ambulance outside Eva's house and someone was being carried out on a stretcher.

"Noooo," Eva screeched, releasing the grip she had on Tara's hand, before pelting down the street at full speed. Please don't let it be her Aunt Deirdre she prayed, as she stopped short of the ambulance doors.

She watched, terrified, as the paramedics performed three rounds of CPR on the only person in the world that cared about her, before closing the doors to obscure her view.

She turned to face her friend who was now standing by her side. "She's going to die, isn't she?" she whispered before sitting down on the curb side.

When word finally reached her that her aunt had passed away. She could hear Fran's cries of despair as she stood at the top of the stairs, listening to the commotion from below.

"Get out of my fucking bedroom," Jane yelled, racing up the stairs and pushing her to one side. Eva watched on as Jane emptied her few possessions out onto the landing before telling her to piss off and then slamming the door in her face.

It was Monday 20th July 1987 when she stood by the side of her aunt's graveside, listening to the priest bringing his sermon to a close.

What would she do now? She had no one that cared. No one had even asked her how she was. She was invisible.

Two

"Are you still here?" Jane yelled, pushing past her on the upstairs landing to secure her turn in the bathroom first. "I thought we made it perfectly clear last night, you're not welcome in our house any more. Now pack your fucking stuff up and get out," she screamed before slamming the bathroom door shut in her face.

Eva sat down on the top stair, pondering her next move. She had absolutely nowhere else to go. Her uncle Alf was less than useless. His alcoholism had heightened to levels way beyond recovery and he had been found passed out on the street numerous times over the last few weeks. Last night was no exception when his mate Jimmy had basically carried him home after rescuing him from the kerbside, after yet another bender. Eva knew he had lost his job at the factory the day before and was drowning his sorrows but he was also spending every spare penny they had for food.

Her Aunt Deirdre had held the home together, working long hours at a local pharmaceutical company and then cleaning offices in the evenings. She kept a caddy tin of cash on the top shelf of the larder cupboard hidden out of sight. Eva knew that she squirrelled away money so that she could ensure food could be put on the table each evening but someone else obviously knew it was there because it had been raided and discarded on the floor a few days earlier.

She smiled to herself inwardly when she recalled her aunt's smile, when she had winked at her and raised a finger over her mouth letting her know it was her secret stash. She missed her dearly, more than her own mother who had seldom shown her any affection when she was alive.

The evening before had been even more unbearable than usual. The twins had basically told her she had to leave. They were screaming and shouting, their emotions heightened by the loss of their mother, a worthless father and no food in their stomachs. Yes, they had lost everything as well and anything they did have they were loath to share with her.

She could hear Jane crying on the other side of the bathroom door and momentarily felt a pang of pity for her but this was quickly reassessed when the door burst open and she spat in her face.

"You fucking bitch," Eva yelled, standing up and following her to the bedroom. "Who the fuck do you think you are?" she screamed, finally standing up for herself after all the years of abuse.

She closed the bedroom door and slowly walked across to where Jane was standing. "Not so tough now, are you?" she whispered, moving in for the kill. "Yeah, what ya gonna do now that your sister's not here to protect you, or your mother for that matter?" she added.

She stood towering over her as she watched Jane stumble backwards onto the bed.

"Get out of my room," Jane yelled, calling out for her dad.

"He's not going to hear you," Eva stated, knowing he had passed out on the sofa downstairs. She had spent the entire night in the armchair, listening to him snore after he had collapsed on the sofa the evening before. The sofa had been her bed since the death of her aunt. He was going nowhere.

Eva was totally exhausted, hungry and humiliated and now she was going to get her revenge.

She grabbed Jane by the face, squeezing her cheeks together so that her fingernails dug in deep. "You've given me years of hell and now you're gonna pay for what you've done to me," she screamed, feeling all the years of abuse suddenly bubble over like a furnace.

"I'm sorry," Jane cried, pushing her away and scrambling to her feet. She stood there trembling as she observed the expression on Eva's face change to a look of horror. What was she going to do to her?

"Please, Eva, no please, No, Eva, I'm sorrrrrrrry!!!"

Three

Eva closed the front door and sighed. She had a small brown suitcase in her right hand, a black shoulder bag slung over her left shoulder and the coat on her back. It was far too warm for a coat but it had to come with her. She had everything she owned in the entire world with her and she had nowhere to go. She walked to the end of the street and stopped outside Tara's house.

She couldn't leave without saying goodbye to her only friend. A tear rolled down her face, which she wiped angrily with the cuff of her coat before reaching for the doorbell.

"Is Tara in?" she asked, looking down at Tara's little brother Billy who was still wearing his pyjamas.

"What do you want her for?" he asked, with a cheeky grin on his freckled face.

"Never you mind," she said, stepping forward so she could see over his head.

"Tara, Eva wants you," he called out, turning round and heading towards the kitchen. Eva could hear the sound of Tara's footsteps racing down the stairs as she came into view.

"You, OK?" she asked, wondering why she was in a full-length winter coat on the hottest day of the year. "What happened?" she asked, taking in the sight of the brown suitcase by her feet.

"I can't stay there," she said, tears rolling down her cheeks. "I've had a fight with Jane," she added, turning slightly away.

"Well, what's new there?" she asked, thinking that was a daily occurrence.

"I stood up for myself when the nasty cow spat in my face."

"Well, it's about time," Tara stated, opening the front door wide.

"Come in," she beckoned, pointing towards the stairs. They made their way up to Tara's room and Eva burst into floods of tears.

"The twins, they want me out. They told me last night to sling my hook and my uncle is too pissed to control them. He lost his job the day before yesterday and he's been on a bender ever since. There's no money coming in, no food on the table and emotions are running high. It's only a matter of time before the authorities step in," she added, reaching for a tissue to blow her nose.

"There's no way he will be able to keep the house. He's already behind with the rent and there's hardly anything left on the meter."

"Have you still got the twenty-five quid?" Tara asked, wondering if she had spent any.

"Most of it, yes," she said, pulling the now crumpled notes from her pocket. "I've spent a little on food," she confirmed, owning up to her necessary spend.

"I couldn't let anyone know about it because they would have wanted to know how I came by such a large stash and in any case the thought of feeding those bitches with cash that I basically sold my soul to the devil for was more than I could stand, plus they would have stolen it from me. There's absolutely nothing left in our larder and the fridge has been bare for the last two weeks. I've been secretly buying chips from the van on the corner of Station Road just to get by."

"Why didn't you say anything?" she questioned, knowing her friend had been skipping school and she hadn't seen her in days.

"Because there's nothing left to say. It's over. School's out for the summer now and there's no way I can stay on in higher education afterwards. I'm going to have to find work."

"But where will you go?" Tara asked, starting to panic.

"I don't know," Eva said, sobbing into her lap. "I really don't know."

"Let me get you out of your coat," she offered, pulling it from her shoulders. "You look at boiling point," she added, laying it on the end of her bed.

Tara had a pretty bedroom, pink with pop-star posters covering most of the walls and it was obvious from her few possessions that she was loved. Tara's family was poor though, and Eva knew she didn't have it easy financially and mainly wore her sisters' hand-me-downs. At least her parents cared about her and her father held down a job at the local supermarket, stacking shelves, which was more than her uncle now did. Yeah, neither of them had anything more than the bare necessities but Tara did have a loving family which was more than Eva had.

"You can stay here," said Tara, and then wondered how her invitation would go down with her parents. Another mouth to feed would be pushing the boundaries of their already stringent budget and there was nowhere really for her to sleep permanently other than her bedroom floor.

Tara pondered how she would sell this to her parents and then came up with the idea that she would promote it as a temporary bridging gap whilst Eva's uncle was getting his act together.

"Have you eaten anything today?" Tara asked, looking at her scrawny friend. Her already slender frame was starting to look malnourished and she looked like she could do with a good steak and kidney pie. Eva shook her head as she tried to compose herself, staring at her reflection in her friend's dressing table mirror. She looked dreadful with dark circles under her eyes and unkempt hair.

"Can I use your bathroom?" she asked, desperate to wash her hands and face. She had left the house in such a hurry after the fight, she hadn't even brushed her teeth.

"Yes of course. Go ahead and I will make you a sandwich," she confirmed.

Tara headed down the stairs slowly pondering when would be the best time to approach her parents and then decided to shorten the request still further and strike immediately. "Mum, is it OK if Eva stays with us tonight and perhaps tomorrow? Her uncle has got himself into a terrible state after losing his wife and I think Eva could really do with some support right now."

Her mum smiled, looking up from her newspaper. "Yes of course, that's really thoughtful of you. Is she OK? I saw Alf staggering up the street yesterday worse for wear!"

"No, not really, Mum. To be honest things for her at the moment are really tough and she doesn't have anyone to turn to. She's never really got on with the twins who are quite spiteful towards her and Alf is drunk twenty-four-seven. Is it OK if I make her something to eat?" she quickly added, while her mother was being amenable.

Her mother nodded and then added that the fridge was pretty bare but there was some cheese if she wanted to make a sandwich. "Thanks, Mum, that's perfect."

Tara quickly set about making a sandwich and a cup of tea and then headed back upstairs to Eva. "I've cleared it for a couple of nights," she informed her, handing her the sandwich. "I decided to layer the request, which I will add to later," she explained, placing the mug of tea down on her dressing table.

Eva nodded, completely understanding Tara's logic. Selling it to her folks as a temporary measure was much easier, as it didn't impact the family's already stringent and overstretched budget. Another mouth to feed permanently would have serious implications. Plus sleeping arrangements would be an issue.

The small terraced house was already bursting at the seams with two siblings. Billy, despite just turning five recently, was still sharing his parents' room, allowing Tara and her sister Megan to each have their own space. Tara had been moaning recently that she was going to have to share with Megan soon because Billy needed his own room and the current arrangements couldn't continue for much longer. Her parents had already sacrificed their personal space way longer than intended to allow the girls room to grow, but it was now affecting Billy who needed a strict bedtime routine now that he was in full-time school. The sisters had been given notice that they had until the end of the summer holidays and then the switch was to take place.

Eva's stomach let out a loud rumble as she bit into the sandwich. "Thanks Tara," she mumbled, tears streaming down her face. Tara was the only person she had left and now this was on borrowed time. The clock was ticking.

Eva reached out for her cup of tea with trembling hands. Everything about her hurt after the fight with her cousin. Jane had put up quite a struggle and had struck out at her several times, defending herself. Although technically Eva had won the battle, leaving Jane in a heap on the floor, it was a close call.

"You look so tired," Tara stated, sitting down on the bed next to her. "You look like you haven't had a good night's sleep in weeks."

"I haven't, Jane reclaimed her room and I've been sleeping on the sofa," she informed. "But last night Jimmy Peterson helped Alf home worse for wear. He said he rescued him from the kerbside at the end of our road. Anyway he basically threw him onto the sofa and that's where he remained. He's possibly still there now, snoring his head off.

"I spent last night sitting upright in the armchair as a result and my back is absolutely broken," she added, adjusting her seating position. She took another bite of her sandwich and chewed for ages. Her throat felt really sore and she was struggling to swallow.

"Is the sandwich OK?" Tara questioned, noting how long it was taking her to consume it.

"Yes, it's great but I feel so unwell, I'm so desperately tired."

"Well finish up and then have a sleep. I've got to help my mum with the shopping, so the bedroom is all yours for a few hours."

Tara watched as Eva accepted her invitation and laid her head on her pillow. She looked absolutely destitute and Tara felt her stomach take a flip as the overwhelming feeling of guilt flooded through her veins again. She should have looked in on her days ago when she hadn't shown up at school, but the truth of it was Tara was relieved that the bullying had subsided in her absence but now she felt consumed with guilt. Had she failed her again?

She had spent years trying to dodge the bullet in fear of retaliation from the school bullies but she truly cared for Eva and she hated everything they did to her. She had never tried to cross over to the other side, turning her back on her friend. No, she would never ever do that because she truly hated them and their spiteful ways but she was a coward and feared them deeply.

She made her way downstairs after hearing her mother call out to her and followed her out the front door. It was a chore she had to endure every Saturday because there was no way her mother could carry the shopping by herself and even little Billy had to carry the bread.

"So tell me about Eva?" her mother asked, eager to hear more of her story. "There's not much to say really, Mum, to be honest. The bottom line is like I explained earlier, the twins are making her life hell and have basically told her to leave. I know they don't really have the authority to do that at sixteen but they are so spiteful towards her. Alf is always drunk and has now lost his job and there is no food in the house. She doesn't really have anyone."

"Well, the twins are probably mourning the loss of their own mum," her mother stated, trying to see it from all sides.

"No, they have always been spiteful towards her but now it's reached a new intolerable high. Please can she stay for a while, Mum, until things settle? She really has no one at the moment and she is my best friend."

Her mother sighed knowing the financial stress this was going to add with another mouth to feed but nodded in agreement. "For a while," she said, not committing to anything set in stone. "Until things settle," she added, wondering how she was going to explain the situation to her husband who was overworked and underpaid.

Later that evening they could hear raised voices from the kitchen and Tara knew her mother was doing her best to secure Eva a place for a while. "Oh for God's sake, Steve, it's only for a few weeks until Alf's back on his feet," she could hear her mother plead before the kitchen door slammed shut muffling their tones.

Tara looked across at Eva who was sitting on the end of the bed trembling. "Don't worry," she whispered, moving closer towards her. "My mum will win my dad over, she always does," she reassured her, giving her a hug. They heard the front door slam and Tara pulled back the net curtain as her dad exited the garden gate with Barney, their golden Labrador. "A circuit of the block and he'll be back and everything will be fine," she promised.

Four

Tara smiled across at Eva. She was sitting on the back garden wall with her face turned upwards towards the sun. She looked so much better now she was rested, and had gained a little weight. She had a temporary feeling of belonging in a loving family unit and the result spoke for itself.

"Why are you smiling like that?" Eva questioned, wondering what was going through her friend's mind.

Tara glanced up at the sky looking a little mischievous and then turned to face her again. "I was wondering if you were up to going to Chadderton Heights this evening," she said, then retracted her words quickly when she saw Eva flinch.

"I'm sorry, I shouldn't have suggested something so insensitive," Tara stated, knowing that Eva was struggling with the episode that took place in the toilet cubicle. She hadn't come to terms with her temporary loss of judgement and was punishing herself unjustly.

She was mortified that word might have got out that she had sold herself and it was weighing heavily on her mind. Tara had done her utmost to reassure her that they were unknown in that town and to put it behind her. They were to talk no more about it. They were the only ones that knew what happened and that's how it would stay. It was their secret.

"I didn't mean Jacksons," she quickly added. "We could go to Verandas. Just felt like getting out of town for a bit, away from the bullies."

Eva climbed down off the wall and went to join Tara on the steps leading into the kitchen. "I'm not quite myself yet," Eva confessed, putting her arm gratefully around her best friend. "I'm still trying to process everything. I need a little more time."

Tara snuggled into Eva's shoulder feeling guilty about her proposal and reached for her hand. "Sorry," she whispered, squeezing her hand tightly. They sat staring at the apple tree in the centre of the garden for what seemed like ages, until one suddenly dropped to the floor making them stir.

"When I meet someone in the future," Eva suddenly announced, "I want a loving family home like you have. Your parents really love you and you can see the sacrifices they make to ensure you have what you need. I'm going to ensure my children always feel loved and cared for," she added, rising to her feet.

She extended her hand out to Tara and tugged her to her feet. "You will always be my very best friend, Tara Edwards, so don't you forget it."

It wasn't long before Eva secured a job shampooing hair at a local salon called 'Crops', down by the market. The owner, Karolyn, had taken a liking to her when she saw how hard she worked and offered an apprenticeship. Eva was overjoyed and offered Tara's mum Helen all of her wages in an effort to contribute to the household budget.

"Nonsense," Helen had stated. "I'll not be taking all your hard-earned salary from you, but I will take a contribution towards your food," she confirmed, knowing this was the area that impacted the most. Eva was ecstatic that she could at last help towards her keep and this lifted her spirit no end. Hairdressing wasn't really what she had in mind for her future, in truth it wasn't even something she had considered but it was a trade and she knew that if she passed her training and qualified she could earn good money, so she was on a high.

This was until Janet Williams entered the salon and refused point blank to let Eva wash her hair. She started mouthing off that she wouldn't let scum come in contact with her and caused a terrible scene in front of customers. Eva was mortified by her outburst, uncertain how to respond. She couldn't lose her job by being unprofessional, so chose to walk out the back to distance herself from her attacker.

She could hear Karolyn telling her to find another salon if her staff weren't good enough for her and basically escorted her out. "So what was all that about?" she questioned, stepping into the back to check on her.

"She goes to my school and gives me merry hell," Eva stated, drying her tears. "I thought that would be the end of it now that I've left Bentley Priory but it looks like it's going to continue after all."

"Hey, not on my watch, Eva, that I assure you. Come gather yourself, we have genuine customers to deal with."

Eva spent the rest of the day looking over her shoulder worried there would be some form of repercussion from the earlier incident knowing how venomous Janet was. The fear of making her way home without being hijacked en route was fast becoming a reality when she saw her sitting on the wall across the street with Margaret Maguire. It was happening to her again just like before. She would never escape.

She stared at herself in the waist-length mirror wondering what it was about her that nobody liked. Realistically, she knew that the other girls in her school and some of the lads were just following the crowd. They possibly feared being outcast themselves so complied.

She turned sideways looking at her slender shape in fitted black jeans and a t-shirt with the salon's logo on it. The outfit had been supplied by Karolyn, it was the uniform all staff wore but Eva had been overjoyed when she had been issued with it because she had never had anything modern, trendy and brand new before. Karolyn had also given Eva a professional haircut, styling it a few inches below her shoulders so the natural waves had somewhere to sit. She had dark brown hair, one brown eye and one light blue and a pretty face or at least that's what Karolyn had told her. She had also supplied her with a bronze eyeshadow pallet, mascara and a lip gloss. "Customers like to see well-turned-out staff," she explained. "Nobody wants to have their hair done by someone that can't even groom themselves. It doesn't give the right impression."

Eva didn't take any convincing whatsoever. She enjoyed the transformation and lapped up the pampering. Nobody had ever offered her any care before and she welcomed the attention with open arms. She looked really different now and hardly resembled her former self.

Even Tara was startled when she had come home from the salon after work. "Wow, you look beautiful," she said, admiring her friend's new look. "You look all sophisticated," she added, spinning her round so she could see the back. Tara had long blonde hair, which she nearly always wore up in a ponytail, giving her a school-girl look. "I wish I could have my hair done like that," she said longingly.

"Well, the salon's always looking for models for staff to train on. Monday mornings is the day when they offer a fifty per cent discount. The cut and blow dry would be carried out by a junior apprentice but under the supervision of a qualified person. It's a win-win," she explained. "I will treat you," she suddenly blurted out, referring to her immoral earnings. "I said it was for both of us."

Tara smiled, taking her up on her offer. She would love to have her hair done like Eva's and immediately asked her to make her an appointment for the following week.

"You OK?" Tara asked, noticing Eva was now staring into space.

"Yeah, sort of," she said, scratching her head. "Janet Williams came into the salon today and caused merry hell. She said she wouldn't let scum like me come into contact with her and refused to allow me to wash her hair. Karolyn basically threw her out saying she wasn't welcome but it obviously caused an atmosphere and I'm worried sick that she will lose me my job. I saw her sitting on the wall across the street with Mary twice this afternoon. They were obviously taunting me but of course the dread of being ambushed on the way home hung over my head for the rest of the day. I didn't want to point them out to Karolyn because it would reinforce how serious the situation was and I don't want her to think I'm trouble but it's affecting my work, I seriously couldn't concentrate."

"Were they there when you came out?" Tara questioned, worried for her friend's safety.

"No, they had given up by then but I expect there will be ongoing problems with them. I'm never going to escape this town and the daily torment that comes from living here. I'm better off going somewhere else," she suddenly blurted.

"Hey, don't be silly. Where would you go in any case? Look they will get fed up tormenting you and will move on to some other poor soul soon enough. You're not going back to school, so I'm sure this will fizzle out."

Eva offered a half-smile and rose to her feet. "I'm going for a lie down," she announced heading towards the stairs. She was worried sick that everything she had achieved over the last few weeks was about to unravel and she was heading for disaster once more.

She also felt totally exhausted and just wanted to close her eyes for a while. She laid down on Tara's bed, staring down at the makeshift bed on the floor that she had spent many an uncomfortable night on and slowly drifted off to sleep.

Five

The weeks passed by uneventfully and Eva's tormentors finally gave up the ghost leaving her to go about her daily life undisturbed. She had fitted well into Tara's family home, despite it being tight for space and had been made to feel welcome by all family members. She really liked Helen and wished that she had a mum like her but often felt a pang of jealousy when she glimpsed her giving Tara or Billy a hug.

Why had she been handed such a deprived life, she questioned while sitting on Billy's swing in the back garden staring at the house. She basically had nothing, no family of her own and felt like a cuckoo in someone else's nest. She knew she shouldn't feel that way after being made so welcome but she was starting to feel resentful that she had been dealt a crap hand and knew she was on borrowed time.

She also knew the current situation couldn't last for much longer as the new sleeping arrangements were soon to be endorsed. Where would she go and what would she do next? No one had actually said anything to her about the next steps, but she was certain Helen knew that her uncle had lost the house as it was the talk of the neighbourhood.

Now, 12 Branbury Lane had a 'To Let' sign outside and no one had seen the family since the middle of August. They had just got up and left without so much as a word. Eva suspected they kept their departure under the radar due to embarrassment and a string of debts no doubt. She also found it incredible that her uncle Alf hadn't made one single inquiry about her welfare and made no attempt to provide any forwarding address. She had been completely abandoned.

She suspected that Helen and Steve had possibly made their own inquiries with her uncle and were met with the same rejection. They hadn't said as much or disclosed any further information but their tight-lipped approach made her feel certain they knew more than they were letting on. They had been dumped on basically, and now they were lumbered with her.

Eva knew it was only a matter of time before they said something to her. Billy was starting year one the week after next and the family needed to reorganise the sleeping arrangements.

She had to think of something she could do. She had nowhere to go and she desperately wanted to stay.

She could hear Megan complaining to her mum about something and wondered what it was. Helen had reached out to close the back door muffling their sounds but then the door had burst open seconds later and a frustrated angry Megan entered the garden.

She stopped in her tracks when she caught sight of Eva on the swing and opened her mouth to say something. She then turned on her heels and marched out of the garden gate, leaving it to slam, making it appear that whatever it was she was going to disclose she had reconsidered.

Eva let out a loud sigh, wondering what she could possibly do to improve the current situation but with the exception of now paying for her food she couldn't think of a single thing. She was doomed.

The back door opened again just wide enough to allow Barney to slip through and then closed again firmly. "Hey boy," she called, tapping on her lap to encourage him forwards. She watched as he wagged his tail and headed full pelt towards her, circling her on the swing. "What am I going to do, Barney?" she asked, watching him move his head from side to side, making it appear that he was listening to her question. "Where else can I go, I have no one?"

"Hey, what are you sitting out here for?" Tara questioned, entering the gate. "You OK?"

"Yes, I was just thinking about stuff and wondering what might happen. You mentioned several times that you have to vacate your room soon to make room for Billy and the deadline is getting close.

School starts again soon, so it's only a matter of days before your mum's going to want to start getting organised."

"Yes, that was the plan but from what I overheard last night, that's been revised."

"What do you mean revised?" Eva quizzed, stepping off the swing.

"Well it's not going to happen. Not for a while anyway. We are staying as we are for the time being," Tara assured her.

"Are you sure?" said Eva, absorbing the fact that she had been thrown a lifeline.

"Well, that's what I heard my mum and dad saying," she confirmed.

Eva walked towards her friend. "I think I've pissed Megan off. She hasn't said a word to me today and she marched out the garden a few moments ago looking so angry."

"Really? but that doesn't make sense. While you're here, she gets to keep her own room, unless they've changed the plan again." She stood there for a few seconds looking puzzled and then turned on her heel, heading for the house.

She opened the kitchen door and stepped into the kitchen, curious as to what the changes might be. "Mum, is everything OK with Megan? Eva just said she stormed out of the garden looking really angry."

Her mother let out a sigh and put down her rolling pin. "No, she's got the hump I'm afraid," she said wiping her brow with her floured hand. "Your father managed to get a cheap set of second-hand bunk beds from a friend, so we've decided that you three girls can share and Billy can move into your room after all. That way everyone has a proper bed. Yes space will be tight but I really want Billy to have his own room and Eva will no longer have to sleep on the floor."

She picked up her rolling pin again, looking agitated, like she didn't want to have to explain anything further and then replaced it on the table once more. "We needed a more permanent solution," she added, tears brimming in her eyes.

"Mum, why are you crying?" Tara asked, rushing towards her.

"It's nothing," she muttered, dabbing her eyes on her apron. She offered a smile that looked terribly fake and then changed the subject advising that she was making a mince and onion pie for dinner.

Tara sat down at the table uncertain whether to probe further. "Are you crying because of Eva?" she asked, wondering if the overcrowded house was the cause.

"No, no," she stuttered, tipping the mince and onion stew into a large oval dish. "I've been peeling onions," she replied, sounding really unconvincing. "Everything is fine."

She looked across at the doorway when she caught sight of Eva in her peripheral vision. "Nothing for you girls to worry about at all," she reassured, giving her nose a blow.

Tara felt her stomach churn as she witnessed her mother doing her utmost to hold back her emotions in front of them. She felt so overwhelmed with guilt that she was responsible for their current plight by bringing another person into their home. Yes, originally it was supposed to be a short-term solution but now it looked like there would be no end date and she had burdened the family.

She felt torn and questioned her loyalty as her mother turned away from her, shielding her tears. This was her fault. She had done this.

Tara looked across at Eva as she backed out of the room. She hadn't wanted Eva to overhear their discussion either and felt her stomach take a second flip. Why did she feel so bloody guilty when all she had tried to do was help? Was the burden ripping their family apart?

Two weeks later Eva announced she was pregnant!

Six

“I can’t believe it,” Tara exclaimed, staring down at the pregnancy test that clearly showed two blue lines.

“Didn’t he use a Johnny?” she questioned, referring to the quickie in the cubicle toilet at Jacksons.

“It happened so fast,” Eva said, tears rolling down her face. “I didn’t even think about it at the time, I was pissed.” She sat upright and then rose to her feet, staring at the floor. “The shock of what I did, my aunt dying, the bullying and then moving in here. There’s been so much going on that I didn’t even realise I’d missed a period.”

Tara started calculating on her fingers how far gone she might be. “You must be around eight or nine weeks or so,” she said, sitting down in the same spot that Eva just rose from.

“What will you do?” she questioned, starting to panic at the thought of telling her mum that their already overstretched situation was about to expand further.

She watched as Eva tried to answer but her tears turned into sobs of despair and then she started choking trying to contain her fear. “I’ve ruined everything,” she spluttered, trying to catch her breath. “I will lose my job and there’s no way I can burden your mum and dad with another mouth to feed. What will I do?”

Tara started pacing up and down her mind racing. Tears filled her eyes when the overwhelming realisation of their situation finally dawned. “I don’t know,” she said, sitting down beside her on the bed. “I really don’t know. Will you tell Brian?” she suddenly blurted, wondering what he would make of it.

“Good God no. I don’t want him to know. I don’t want anyone to know what I did. I will just say it was a boy from school or something,” she said, drying her eyes on the cuff of her sleeve.

"So you're going to keep it then?" Tara questioned, looking her in the eye.

Eva nodded, holding her hands over her stomach like she was protecting it from harm and then looked away. She glanced back, "Tara you won't tell anyone who the father is will you?" she pleaded, looking for reassurance.

Tara shook her head lost for words. She had no idea what to do. Her parents had already put themselves out to accommodate Eva and now they would have to tell them about a baby.

"Do you think your mum will ask me to leave?" Eva questioned, wondering what would happen next.

"No, I don't think she will do that but I think she may apply some pressure for you to get some financial help from the father."

"Well, I can't do that, can I? But I do remember Wendy Marsh got some government help and child benefit when she got knocked up. Do you remember?"

Tara nodded remembering Wendy who was in the year above them at school. She was the talk of the school and neighbourhood for ages.

"My aunt Deirdre used to go to Bingo with her mum," Eva continued. "I overheard them talking about it and she even got her own flat."

Tara took a deep breath and stared at her friend. "One step at a time," she said, looking around the room that they now shared with Megan. She tried to imagine where they would fit a cot and then burst into tears at the thought of having to spring this news on her parents.

Their conversation came to an abrupt close, when Billy popped his head around the bedroom door. "Mum said dinner's ready," he announced, stepping fully into the room. "Whatcha doing?" he asked, running his hand across the bookshelf in the corner.

"None of your business," Tara said, ushering him towards the door. "This room is not for little boys," she said, giving him a wink.

"Can you tell your mum I'm not hungry," Eva announced lying down on the bed. "I'm sorry I don't want to waste food but I feel really sick." Tara stood in the doorway, her hand still on Billy's shoulder, "I'll ask her to save it for you for later," she said, smiling weakly at her.

"What's wrong with Eva?" Billy asked, as he bounded down the stairs. "Why is she sick?"

"I don't know, little man, perhaps she ate something dodgy."

"What can you eat that's dodgy?" he questioned, hoping that whatever it was he could avoid it.

"Oh Billy, you do ask lots of questions," Tara said, opening the kitchen door.

"Mum, Eva ate something dodgy and she's really sick," he announced, wanting to be the first to share this news. "What's dodgy?" he asked his mum, wondering what type of food it was.

"It means she ate something that might have gone off or wasn't cooked properly," his mother stated.

"Gone off where?" he continued, not content with this answer.

"Come on, sit down before this goes off," his mother instructed, pointing to his place.

"Where will it go?" Billy continued, sitting down at the table.

"Hopefully in your mouth so you don't keep talking," his mother said, laughing.

"Dodgy can also mean something underhand or dishonest," Tara added, thinking this addition would divert their mum from asking too many questions about Eva and would lead the conversation away from her.

"Is Eva OK?" her mother then asked annoyingly, placing her hands on her hips.

"She's just not feeling well at the moment. Could you save her dinner for later?" she asked, feeling her face redden. She watched as her mother put a plate over the top of it and then joined them at the table.

"Just the three of us this evening then," she announced. "Megan's at Tony's and your dad's gone out."

"Gone out where?" Billy asked, finding his voice once more.

"Never you mind, Billy Edwards," his mother said, laughing. "You really are an inquisitive little boy."

"Is he doing something dodgy?" he continued, while counting the peas on his plate.

They all laughed, enjoying the banter that Billy brought to the table making light of their sombre mood. Tara was fully aware that her mother was also feeling under the weather or at least she hadn't been herself for weeks and wondered if the strain of their living circumstances was the cause or whether it was something more sinister.

It was a further ten days before the Eva situation finally took hold of the family and turned it on its head. Eva had missed work three days in a row and her boss, Karolyn, was worried that she had lost interest in the role and was now on the telephone asking for an explanation or a sick note from the doctor.

Eva burst into tears and passed the phone to Helen, collapsing in a heap by the front door. "Karolyn, I'm truly sorry but I'm going to have to call you back. Eva's really not well and needs my immediate attention." She explained, hanging up and sitting down beside her on the floor.

"Whatever is it?" she questioned, wrapping her arms around her. She had grown extremely fond of her over the last few weeks and felt concerned about her well-being. "Come on, you can tell me, whatever it is, we can work it out together. Have you heard from Alf, or the twins?" she questioned, wondering if this was the cause of her downward spiral.

Eva shook her head, tears streaming down her face. "I've let you all down," she stuttered, tears interrupting her speech.

"What do you mean?" Helen asked. "How could you have let us all down? What could you have possibly done? Come, let me help you up off the floor and come through to the front room."

"I've done something really stupid and I've ruined everything," she stammered, rising to her feet. Helen helped steady her, as they slowly made their way along the hallway and into the front room.

"Sit down," Helen instructed, joining her on the sofa. "You can tell me what it is you think you have done and I'm sure we can sort it," she promised, handing her a tissue.

"You're going to want me to leave," she spluttered, bursting into further tears. "Now why would I want to do that?" Helen reached out to stroke her face. "What is it Eva, you can tell me?"

"I'm, I'm pregnant," she stuttered, unable to believe that she let the words slip from her mouth. Now she couldn't take them back, she couldn't change course. This was it, she was finished.

Helen took a deep breath, the wind truly knocked from her sails. "I see," she said, reaching out to her with trembling hands. Then she pulled her towards her, wrapping her arms around her. "It's OK, you've taken the first step by confiding," she said, staring up at the ceiling. "We will work this out together." She wondered what the fuck they would do now.

"Do I have to leave?" Eva questioned, choking back the tears.

"Of course not," Helen replied, releasing her grip. "Your place is here with us," she reassured.

"I wish I had a mum like you," Eva blurted, snuggling into her shoulder.

Helen patted her back feeling overwhelmed with emotion for the girl that had become like a daughter to her. "I will be your mum," she confirmed, "at least I would like you to look upon me that way. If you want to, of course?" she said, tears now running down her own cheeks. Eva nodded, suddenly feeling safe, feeling like she finally belonged somewhere for the first time in her entire life.

"Does the father know?" Helen questioned, releasing her hold.

"No, it was a silly mistake. I only did it once," she confessed. "Just a boy I knew but I really don't want to involve him and I want to keep it," she blurted, making sure Helen was fully aware of her intentions. She then distanced herself from Helen on the sofa momentarily, staring at her, trying to gauge her reaction.

"I understand," Helen said, nodding. "How far gone are you?" she asked, trying to establish when this might have happened.

"I'm not really sure, about nine/ten weeks maybe," she said, turning away from her.

"And Tara knows, I take it?"

"Yes, I told her around ten days ago," she said, feeling her face flush. "I am truly sorry, Helen, I really didn't want to burden you all again. You've all been so kind to me and now I feel I've taken the pi…" she stopped, and reconsidered the words that she was about to choose. "Well I feel that I've let you all down," she corrected, giving her nose a blow, "and I'm so, so sorry."

An hour or so later Helen set about speaking with Karolyn, explaining the circumstances and it was agreed that she would keep her job. Her apprenticeship was put on hold temporarily to give her the best possible chance of passing and would be revisited at a later date. It was also agreed that Eva would return to the salon the day after next if she was feeling better.

"We need to tick one box at a time," Helen reassured her, replacing the receiver and standing up from the telephone table in the hallway. She walked into the kitchen, picked up the kettle and paused before turning on the tap. The box that was going to be the most difficult to tick was telling her husband, Steve. She had no idea how she was going to break the news to him but she knew with absolute certainty that he would blow a gasket.

Seven

As predicted the news didn't go down well with Steve when Helen finally plucked up the courage to tell him two weeks later. She had cooked his favourite dinner and had poured him a can of beer as he sat down at the table, giving him her best smile.

"So what's happened now?" he asked, feeling that he was about to receive more than his favourite dinner. Helen stuttered as she attempted to broach the subject and sat down opposite him. She couldn't believe how nervous she had become of him and how much he had changed recently. The old Steve, the Steve she married and had loved for nearly twenty years had vanished and the Steve who sat in front of her now was unrecognisable. When did this happen, she wondered? Why did she feel so afraid of him when he used to be wrapped around her little finger?

"I need to talk to you about Eva," she started, clasping her hands together tightly.

"What about her?" he snapped, feeling the anger in him rise. Helen watched as she saw him stiffen as he picked up his knife and fork. "Well go on, what is it?" he demanded, looking down at his meal.

Helen took a deep breath and exhaled. She really didn't want to be doing this and felt her stomach tighten with anxiety, causing her to stutter again. "Well – like I said it's Eva."

"Yes, you've already announced that it's about Eva, but what about her?"

"She's pregnant," she finally blurted out, standing up from the table to distance herself from him. She watched as his face reddened and then quite unexpectedly, he clenched both hands stabbing his knife and fork into the table.

"What the fuck do you mean she's pregnant?" he yelled, standing up so he was at eye level to her.

"Some lad at school I expect, but she's not offering a name," she added quickly, before he started demanding answers.

He sat back down in his chair and stared out through the back-door window, trying to digest the information he had just been served. "When did she tell you this?" he questioned, turning to face her.

"Yesterday," she lied, knowing that if he thought she had kept something this big from him he might ignite.

"She's just a kid, Steve," she said, watching him flinch at her choice of words. "She made a mistake and now she needs our support."

She watched him rise to his feet and then he said something totally unexpected. "I'm going down the pub," he announced, reaching for his jacket.

"The pub, since when do you go down the pub?" she quizzed, looking him in the eye. She had half expected him to put the lead on Barney and head off round the block like he usually did.

"Since my house became too overcrowded," he yelled, slamming the kitchen door.

Helen listened as a second door slammed, confirming that, as stated, he was off to the pub. She burst into tears.

"My mum and dad never argued before you came," Tara said, sitting on the top stair. She turned to face Eva who was standing in the bedroom doorway. "This is your fault, you did this."

"I'm sorry," Eva said, unable to look her friend in the eye. "I truly am."

"I'm going out," she said, picking her jacket up from the end of her bed.

"Out where?" said Eva, feeling their friendship was really starting to suffer.

"I told Mum I would collect Billy from his friend's house," she said, needing to distance herself from her friend before she said anything else.

Everything had been fine before Eva came to stay, she mused, rushing down the stairs and now their tight-knit family seemed to be unravelling right before her very eyes. Why did things always go so wrong for Eva? Some people attract trouble, she considered, referring to how she was a target for all the school bullies. Problems seem to follow her around. Perhaps she's toxic, a poisonous presence that's now infecting her family. Perhaps she should go. She paused for a few moments outside the kitchen door listening to her mum's sobs. Should she go in and comfort her? She put her hand on the kitchen door knob and then withdrew it sharply. "I'm off to pick Billy up," she called out, unable to enter the room. She couldn't bear to see her mum in floods of tears again. She just couldn't.

The weeks passed by quickly and a new routine was adopted. The new sleeping arrangements were working out OK and Billy was sleeping better now that he had his own room. Helen had taken Eva under her wing and was mothering her constantly and had accompanied her to her first doctor's appointment as her guardian.

Everything now seemed to be all about Eva and Tara could feel the jealousy rising within her. Eva and her mum now had a bond and she felt like she was sitting on the sidelines watching the two people she loved the most join forces and she felt left out.

She also felt lonely now that Eva was preoccupied with the planning of her new baby and everything seemed to revolve around that. Her mum was teaching her to knit baby clothes and Eva appeared to have lost interest in her as she steered towards her mother's influence.

Tara sighed as she continued to watch them from the other side of the room. She wanted to go out and have some fun but Eva was her only friend because of the targeted bullying and now she resented her. If it hadn't been for her, everyone at school would like her but because of the history that went before and her ongoing association she had no one.

She was also confused about her feelings. Why was she feeling this way towards Eva, who had nothing? Eva finally had something of her own to look forward to and this child would basically be the only blood relative she had that she would be involved with. She felt her stomach flip again and a nauseous sensation flooded her veins. She knew it was the all-consuming guilt that was making her feel that way. She was torn between burdening her family, the chaos it was causing between her parents and her loyalty towards her best friend and it was confusing her. She took a deep breath and exhaled slowly, which seemed to dilute her anxiety allowing her to think clearly. She needed to put away the green-eyed monster and help instead of sitting on the sidelines feeling abandoned. She then thought about the word she had used to describe her situation. 'Abandoned' was probably an exaggerated choice considering she had a family. Maybe it was envy? Yeah, she needed to put that to bed!

"Are you OK, love?" her mother asked, looking across at her. "You've been staring into space for ages."

"Yeah, I'm fine, I might pop out for a bit," she announced, uncertain where she thought she was going. "I need some air."

Her mother smiled and then turned back towards Eva. "Yes, that's right, knit one, purl one," she instructed, checking Eva's work. Tara raised her eyebrows as she exited the room. They even used knitting vocabulary now.

She stood by the front door pondering where she would go. It was Saturday night; she was almost seventeen and she needed some excitement in her life. Everything was so dramatic, and she just wanted to dance the night away like before.

She reached for her jean jacket which was hanging on the banister and then riffled through the pockets checking for cash. She had two pounds and ten pence to her name. Yeah, not only did she not have any friends, but she also didn't have any money either.

She opened the front door and then turned to face the staircase. Eva had money! Perhaps she could borrow some secretly. She wouldn't notice for a while and in any case, she owed her for everything she had done for her. She decided to borrow four pounds secretly from the purse which Eva had left on the drawer unit in their bedroom. Then she set off into the night with no clue as to what she would do next.

She headed down the street in the direction she always used to walk with Eva, and then burst into tears. What was she doing? She had nowhere really to go but she needed to get out. What she really wanted to do was go to Jacksons but she couldn't go by herself, could she? She desperately needed a friend. She walked subconsciously towards the disused cinema, tears spilling down her cheeks, and then made the split-second decision to board the bus as it pulled up beside her.

What the fuck was she doing, heading to Chadderton Heights by herself? She felt her heart racing as the bus jolted onwards before she had taken her seat. She would be OK, she decided, as she sat down. She just needed a plan. She would go in, walk up to the bar, buy herself half a lager and pretend she was meeting a friend. In any case the place was usually jam packed and perhaps no one would notice she was by herself. She just wanted to dance.

God, her mum would be furious if she knew what she was doing. She was probably expecting her to be back from her walk by now and was possibly getting worried, which would add to her already anxious state.

No, she was doing this, she decided as she reached for the bell. The doors opened and she stepped out into the night. She was going in!

"Half a lager please," she said, addressing a member of staff behind the bar. She reached into her pocket and fumbled some coins between her finger and thumb and waited patiently to be served. "There you go, love, that will be sixty-five pence," he said, placing it down on the bar.

"Thanks," she said, handing him a one-pound note. Fuck what would she do now, she mused, feeling her stomach take a flip as she waited for her change. She decided to take up position on one of the bar stools and observed the place from there, as she would blend in better, rather than standing alone. In any case the place was starting to fill and soon it would be packed with punters all wanting to let their hair down and dance the night away.

"Haven't seen you for a while," a blonde guy said, sitting on the stool beside her. He smiled and then let out a roar. "Not a very original chat-up line, is it?" he joked, lightening the mood. "No, seriously, I haven't seen you for months, where ya been?"

"Nowhere special," she said, trying to remember his name. "Joe isn't it?" she said, reaching for her drink.

"Yep, that's right, you have a good memory. Mine isn't so good I'm afraid, so you'll have to help me out."

"Tara," she said, placing her drink back down on the bar.

"You on your own tonight?" he quizzed, looking around.

"Wasn't supposed to be. My mate hasn't shown up yet, perhaps she's just running a bit late."

Joe smiled, leaning back on the stool. "Well, I'll keep you company till she shows," he offered, raising up his glass. "Can I get you another?" he said pointing at her half-empty glass.

Tara nodded, starting to relax. "Yeah, that will be great, thank you."

Joe ordered another round of drinks and then suggested that they move across to one of the tables by the dance floor. "Much more comfortable than perching on these rock-hard stools," he said, pointing the way.

"So, where ya from?" he said, settling into his chair.

"Deansbrook, down by the river Wilde," she said, reaching for her drink.

"Ah, so you're not from this town then. Bit of a hike isn't it?" he added, leaning back to relax.

"Not really, half hour bus ride I guess, but there's not much going on there to be honest."

"What about you?" she asked, not wanting their conversation to dry up.

"Born and bred here and probably know everyone by name in the town," he added proudly.

Tara gave a nervous smile hoping against hope that he didn't know Brian and quickly changed the subject.

"What do you do?" she asked, studying his frame.

"I'm a keep fit instructor," he said, tensing his muscles to illustrate. "You?" he asked, wondering what she did.

"I'm in college," she confessed, wondering if this would frighten him off. "Final year," she added, lying when she saw him look tense.

"Bit of a brain box, eh?" he said, studying her face. "Unusual to get brains and beauty in one helping," he said, giving her a cute grin.

Tara giggled and then stopped, realising it looked childish. She needed to look sophisticated and older than her years, so accepted the comments graciously. "I expect you say that to all the girls?" she added, remembering the line from an old movie she watched with her mum.

"Of all the bars in all the towns, you walk into mine," he said laughing. Tara laughed and raised her glass.

"Here's to a good night," she said, untying her ponytail and shaking her blonde shoulder-length hair loose.

Eight

"Where have you been?" her mother yelled, as she walked back through the door. "Popping out for a bit you said, it's half past one in the bloody morning," she said, looking like she didn't know whether to hug her or slap her. "We've been going out of our minds with worry. Your dad's out looking for you. He's been back twice and now he's out again wandering the streets with Barney."

"I'm sorry, Mum, I lost track of time. I went to a friend's house to watch a film and we fell asleep. It was an accident," she reassured, "and it won't happen again, I promise."

"You're darn right it won't happen again, you're grounded. Now get to your room," she ordered, opening the front door.

"Steve, she's back," she yelled walking down the garden path. She stopped at the garden gate, looking across at him on the opposite side of the road. "She's just got back," she confirmed.

Steve flew across the road, pushing past her on the pathway. "Out of my way," he ordered, pushing her to one side.

"Steve stop, I've sent her to her room and grounded her. Don't go up there now or you'll wake everyone up, we will deal with this in the morning," she said, trying to prevent a middle-of-the-night drama.

"Where was she?" he demanded, pushing the kitchen door open with such force it hit the wall and returned, knocking him sideways. "Well?" he said, regaining his balance.

"She was at a friend's house watching a film but they fell asleep. It was a complete accident. She didn't do it on purpose, it was just a silly mistake. We will deal with it in the morning."

"What friend?" he quizzed, standing with both fists clenched against the kitchen table.

"I don't know. I sent her to her room and we will discuss it in the morning."

"Bloody kids and now we've got them coming out the bloody woodwork," he said, referring to Eva. "We can't even manage the ones we've already got."

"It will be OK," she said, placing her hand on his shoulder. "We can do this."

He stared at her for what seemed like ages and then looked down at the floor. "It's all fallen apart, hasn't it," he said, burying his head in his hands. "Nothing's the same." He rose to his feet, tears welling in his eyes. "I'm going to bed."

Tara stood at the top of the stairs listening to her father's words. She had made matters worse. She had actually contributed further to their plight and now she felt racked with guilt. She was also grounded which meant it was unlikely she would be allowed out again next Saturday to meet Joe.

She slipped quietly into the bedroom and carefully closed the door. "Where have you been?" Eva asked, sitting up in bed. "Your mum and dad have been going nuts."

Tara looked across at Megan's empty bed and then knelt down beside Eva's. "I went to Jacksons," she said, whispering quietly.

"Jackson's?" Eva said, springing to the edge of the bed so her feet were on the floor. "What do you mean you went to Jacksons? Who did you go with?"

"I went by myself. I was bored and I needed something to do, so I took the bus like we used to and went to Chadderton Heights."

"By yourself? Where did you get the money?"

"I only had two pounds ten pence to my name, so I borrowed four pounds from your purse. I'm sorry I took it without asking but I will pay you back, I promise."

Eva nodded, sitting back down beside her. "Weren't you nervous going by yourself? What did you do?"

"I bought half a lager, probably the cheapest drink in the joint and sat at the bar. Then Joe joined me. Do you remember him, the blonde guy that used to talk to us sometimes?"

Eva looked vacant momentarily and then said, "Ah the body builder."

"He's a keep fit instructor, silly," she said, giving her a nudge. "He said he would keep me company while I waited for my friend to turn up. My fictitious friend of course," she said giggling, "and then he offered to buy me a drink. It was like old times."

"And then what happened?" she asked, patting the bed so she would lie down next to her.

"Well, we danced and we had a few more drinks and then he walked me back to the bus stop," she said, laying her head next to her on the pillow.

"And?" she probed, giving her another nudge.

"Well, there's nothing more to tell really. We kissed just as the bus arrived and he asked to see me again."

"Did you give him your number?"

"Yes, we exchanged numbers and I'm seeing him again next Saturday. At least I was before I got grounded. Eva, we need to think of how I can get that lifted before next week. I really want to see him again."

"It was really dangerous what you did, you know. It could have so easily gone wrong," she said snuggling up to her. "I was super worried about you. Are you sure he's safe?" she questioned, turning to face her.

"Safer than Brian," she said, then regretted her words quickly when she felt Eva flinch. "I'm sorry, I shouldn't have said that."

"Did you have much to drink?" Eva questioned, thinking she seemed fairly sober.

"Four, perhaps, I wasn't counting but I didn't want to take advantage of him because he was so nice and I didn't have enough cash to buy more than one round myself. But I'm merry on an emotional level, so to speak," she said giggling.

"Eva, I've missed our chats and the way it used to be."

"I've missed you too," she said, kissing her on the forehead.

"Right, I'd better get up onto the top bunk," she said, getting out of bed. "This bed's not big enough for the three of us," she said giggling.

"Night Eva, I love you."

"Ditto."

Tara laid awake most of the night tossing and turning. She was so elated about Joe, but the temporary high was dampened by the thought of her parents' ongoing rows, which she had now contributed to. Her thoughts turned to Eva and how they had rekindled their friendship that evening and then once more she thought about all the problems this brought about. There wasn't one path in front of her that was straight forward and now she had to stand court in the morning in front of her parents. Why was everything such a mess?

She woke to the sound of the front door closing and nervously climbed down from the top bunk. She felt dreadful, dehydrated and shattered because she had drifted in and out of a disturbed slumber the entire night. She looked across at the clock and knew it would be her dad leaving for work. Phew, at least she wouldn't have to face him until later, enabling her time to bring her mother round. Although from the rows she had recently witnessed her mother no longer had her dad wrapped around her little finger. In fact from what she had observed she had lost the thread completely and they were now like ships in the night.

She wondered if they would get divorced like Mary Moore's parents. It seemed to be the new fashion these days. She prayed this wouldn't be the case as she would never forgive herself. She pulled the net curtain to one side and watched her dad walk the entire length of the street, until he was out of sight. His walk looked slow and sad because his head was bowed and he stumbled a couple of times on the curb. He must be totally exhausted after wandering the streets until the early hours looking for her and yet here he was up at the crack of dawn on a Sunday morning heading to Marshalls supermarket on the edge of town to stack shelves. She felt sad.

She quietly opened the bedroom door and tiptoed down the stairs. She urgently needed water as her tongue felt like it was sticking to the roof of her mouth, her neck felt stiff and her head was painfully throbbing. She knew it was a combination of alcohol, lack of sleep and the worry that she could not shelve. She filled a glass and sat down at the table to think. She needed to help more around the house instead of leaving it all to her mum, she considered, staring at the kitchen that looked in disarray. It was never like this usually, as her mother was so organised, but now it looked like a dumping ground with piles of dirty laundry, dishes piled up on the draining board and a stack of ironing in the corner. How had she not noticed this before?

She looked at the clock and rose to her feet, wondering where to start. Perhaps if she sorted the kitchen her mum would be more lenient with her later and might even lift the ban. She riffled through the cupboard in search of paracetamol and then swallowed them down with half a pint of water and set to work. She could do this; she could make a difference this morning.

It was 8:45 before she heard her mother stir up above. She placed the iron down on the board and looked around the kitchen. She had washed and dried the dishes, done two laundry loads of washing and hung everything out on the line. She had even washed the kitchen floor and tackled all of the ironing, despite feeling like shit. Yeah, she knew she owed her mother and was doing everything in her power to make amends. The kitchen now resembled its former self and she felt super proud of her efforts.

Billy had risen at 7:30 full of enthusiasm and had asked her loads of miss-match questions such as, would you prefer to eat a caterpillar or a frog or would you swap both for a snail? She had laughed as she poured the cornflakes into his bowl. "Billy you really are a strange little boy," she said, reaching for the milk as she sat down next to him laughing. "I would prefer cornflakes for breakfast, thanks," she said, getting her own bowl. He was now out in the back garden searching for his second course and it was time for her to go into the ring with her mum for round one.

She took a deep breath as the kitchen door opened and then stood nervously to one side as her mother entered. She had half expected her mother to launch immediately but instead she walked straight to the kettle and flicked the switch without even checking the contents.

"I'm sorry, Mum," she uttered, stepping out to make herself known. She saw her mother's frame stiffen, as she reached up to the cupboard and then she stood nervously waiting for her to say something.

She watched on as her mother retrieved the milk from the fridge without saying so much as a single word and then she turned to face her. "You're sorry!" she said, tears streaming down her face. She shook her head and then turned back around.

"Yes I really am. I didn't mean to make you worry and I'm so, so sorry. It was a silly mistake and I know it caused you and Dad a lot of worry but we fell asleep watching a video." She paused, knowing her mother's next question would be what video it was and who she was with, just to validate her story, but instead she sat down at the table quietly stirring her tea. She looked absolutely dreadful and so old for her years.

"I've tidied the kitchen and taken care of the laundry and ironing for you," she said, presenting her offerings, nervously.

"You've taken care of it for me, have you?" she said, swiping her cup across the table so it crashed down onto the floor. "For me," she reiterated, standing up. "So there was no washing of yours among the load, or Megan's, Billy's, Eva's or your bloody father's for that matter?" she said, watching the tea drip slowly down onto the floor. "It was just for me, was it?"

She sat back down and bowed her head, unable to take any more. "For me," she whispered quietly, staring at the puddle on the floor.

"I didn't mean it like that. What I meant was, I've done the laundry to save you from doing it," she said, then regretting her words when she realised, she had made matters worse.

"Don't you think this was something you, Megan and Eva should have been doing as a matter of course on a regular basis instead of leaving everything to me? Do you realise your father and I rarely spend any time together anymore? He's out working all God's hours and I'm like a bloody slave in this house, looking after you all and holding down a job. We are too exhausted to even have a civilised conversation together and…" she stopped mid-sentence, when she noticed Billy standing at the back door and then flipped her sentence announcing she was tired and was going back to bed.

"What's the matter with Mummy?" Billy asked, staring at the smashed cup and saucer on the floor and the trail of wet footprints that their mother had left behind as she walked unknowingly through the tea puddle like she was in a trance.

"Was there something wrong with her tea? Was it dodgy?" he asked, stepping fully into the kitchen.

"Mummy's just not feeling well and has gone back to bed," she said, reaching for the dustpan and brush.

"That's her favourite cup," Billy said, looking a little startled. "She always uses that one," he said, identifying it from its many pieces.

"Yeah I know," Tara said, realising it was the one that said 'Best ever Mum' that they had given her for her birthday a few years earlier. "Why don't you go and watch some TV, while I clean up," she suggested, ushering him from the room. Tara reached for the mop and bucket for the second time that morning, tears streaming down her face. Everything was in shreds and there was absolutely nothing she could do to clean up the mess she had made.

Nine

Eva's waters broke on the 1st April 1988 and took everyone by surprise.

"Tara, I need your mum, where is she?" she called from the bedroom, unable to stand.

"She's taken Billy to school and then it's her morning at the bakery, you know that," she replied, wondering what the drama was now. "What do you want her for?" she questioned, opening the front door. "Is it urgent because I've got to get to college," she added, reaching for her bag.

"My waters have broken," she yelled, feeling herself panic. She was two weeks late, according to the due date on the kitchen calendar and Helen had been monitoring her very carefully over the last few weeks. "Can you call your mum," she yelled, letting out a groan. "Tara, please get me your mum."

Tara picked up the phone and sat down on the telephone stool, in shock. "OK, OK, I'm doing it now," she called, feeling herself tremble. She picked up her mother's address book and searched frantically for the number, feeling agitated that nothing appeared to be in alphabetical order.

"Can I speak to Helen Edwards please, it's her daughter and it's urgent," she said, rising to her feet relieved that she now had it. She started to pace back and forth while a member of staff attempted to locate her mother, and sat back down again frustrated.

"I'm afraid your mother's not here yet," the person advised. "Can I take a message?"

"Well, is she due in later?" Tara asked, feeling slightly flummoxed, knowing that her mother set off that morning, well ahead of schedule.

"Well yes, she was due at eight thirty but I guess she's running late."

"Can you ask her to call me when she gets there, please? Tell her Eva's gone into labour."

Eva let out a piercing scream. "Tara, I need your mum, help me, please help me." Tara dropped the phone and raced up the stairs without adding anything further.

"Eva, my mum hasn't reached work yet, so I can't get hold of her, I will have to call an ambulance."

"But it's coming," she yelled, letting out a piercing scream. "It's coming and I don't know what to do," she cried, bursting into tears. It took twenty-five minutes for the ambulance to arrive, which felt like forever and Tara felt completely helpless.

"She's upstairs," Tara instructed, opening the door. "The baby's nearly here," she said, dissolving into tears out of sheer relief. She had felt so scared that she suddenly felt her stomach tighten and then she vomited all over the hallway floor.

"Ah, there's a long way to go yet," the paramedic pointed out, as he assisted Eva down the stairs.

"Sorry," she said, nodding towards the vomit, "it took me by surprise."

"Is there anyone you can contact?" the second paramedic asked, taking her to one side.

"I've been trying to reach my mum but I can't get hold of her but I've left a message with her work…"

"Can I come to the hospital?" Tara asked, rushing into the kitchen for a cloth. The paramedic looked up from his notes and smiled.

"Yeah, she's going to need you if you are unable to locate your mum. I'm guessing you're her sister?" he said, taking it almost for granted. Tara nodded, avoiding his gaze, knowing it would secure her place in the ambulance.

"Right, are you ready to go?" he asked, observing her efforts to swiftly clean up.

"Yes, I will just wash my hands," she said dashing back into the kitchen. She then reached for the bag that her mother had carefully assembled for the hospital trip, took a deep breath and followed the paramedic down the garden path. She couldn't let Eva down, not this time, she needed to be strong.

Three hours later Eva gave birth to a baby girl, weighing in at 6lb 2oz and looked super tiny. "What are you going to call her?" Tara asked, feeling a little jealous.

"Sophie," she said, looking up at her friend.

"That's my middle name," Tara said, feeling her face flush. "I don't remember telling you that," she said, wondering if it was a coincidence.

"Your mum told me," she said, looking down at her child. "And she's going to have everything I didn't," she said firmly, making a statement that she felt compelled to keep. "I promise you, little Sophie, with all my heart that I will never let you down."

"Can you try to get hold of your mum again?" Eva questioned, wondering why she had gone off grid. She had originally planned to be her birthing partner and they had discussed everything at length, as to how the situation was going to be managed within the realms of possibility. She had also left the house super early that morning, so it seemed really odd that she was late for work. Also, surely the message would have been conveyed to her by now. Where was she?

"Do you think she's OK?" Eva questioned, staring into the transparent crib beside her bed. She turned to face her friend who was standing by the window and studied her expression. "Thank you for your support today. I couldn't have done it without you," she added.

"Well, I only held your hand," Tara said, trying not to catch her eye. "To be honest I didn't even look to see what was happening down below, I was too scared," she confessed, feeling slightly embarrassed. "I guess I wasn't prepared for that part," she added. "I threw up in the hallway at home before we left," she admitted.

"Yeah, I know, I nearly stepped in it," she said, as she tried to make herself comfortable.

"I'm so sore." She winced as she changed positions. "I won't be having anymore, that I can tell you."

"Ah, apparently all new mums say that," Tara said, walking towards the crib. "But look at what you get for all your efforts." She bent forwards to stroke her tiny cheek. "She's so beautiful, Eva. She looks just like you."

"I'll go and use the phone," Tara said, sweeping the blue curtain to one side. "It just doesn't make sense why Mum hasn't showed up yet."

"Do you want me to close the curtain or shall I leave it open so you can see what's going on around you?" she asked, wondering what would be best. "Yeah, leave that side open so I can see the doorway," she said, staring across at the entrance to the room. "I want to see who's coming and going," she added.

"OK, I will be back in a minute," she said exiting the room. She needed to find out what had happened to her mum and after over three hours of waiting things didn't feel right.

She made her way downstairs to the entrance lobby where she knew there was a payphone by the hospital shop and waited her turn in the queue. She had no idea what her mother's work number was off the top of her head so called her home number.

She inserted the ten pence piece when she heard the pips and then blurted out her news. "Mum, we've been trying to reach you because Eva went into labour this morning. Where have you been?" she asked.

"Mum's not here," Megan said, looking down at her watch. "I've just come through the front door and the place stinks of vomit," she said, feeling herself gag.

"Well, Eva went into labour this morning and had a baby girl called Sophie around one this afternoon, but I can't get hold of Mum. When I called the bakery they said she hadn't shown up yet and assumed she was running late. That was at eight thirty this morning. I left a message but she hasn't made her way up to the hospital and I'm getting worried."

"Who was sick?" she asked. "Was it Eva?"

"No, it was me. I panicked when she said the baby was coming and I couldn't reach Mum," she said, thinking back to the moment when the ambulance crew arrived.

"Megan, can you call the bakery again and see what's going on please?"

"Yeah OK, and I'll walk down to the school because it's nearly time to collect Billy as well," she said, glancing down at her watch again.

Megan made the call to the bakery and then set off to collect Billy, after it was confirmed that Helen hadn't made it to work that day. Where was her mother? It was totally bizarre as her mother was the most reliable person ever, she was dependable and never let anyone down. She was their role model. Megan stood outside the school gates as a gaggle of parents, grandparents and carers assembled to pick up their young and pondered the possibilities.

Her mother had been acting weird recently and was definitely not herself. She frequently burst into tears, had a low mood and was often snappy. She retreated to her room for afternoon naps, like she was escaping the world and then reappeared hours later in a trance-like state, agitated and anxious.

Their father seemed to have drifted off the scene, he was spending more time down the pub than in his own home and was now rarely home in time for tea. The tight-knit family that always did everything together was falling apart at the seams and now, with its newest member making its guest appearance, it had lost its glue.

"Megan," Billy yelled, waving frantically with excitement when he caught sight of his older sister in the corner of the playground.

"That's my sister," Billy confirmed to his teacher, as she stood at the reception doors. Mrs Reynolds nodded with a smile, as she watched Megan approach and then quickly reminded him to collect his lunch box from the trolley when she noted he had come outside without it.

"Hello Mrs Reynolds, I'm collecting Billy this afternoon as my mum's feeling a little unwell," Megan confirmed, stepping back as two little boys rushed past.

"Yes, he's just gone back inside to collect his lunch box," she said, watching him reappear beaming.

"Why are you here?" Billy asked, reaching for her hand, as they walked back through the playground. "Where's Mummy?" Megan paused momentarily, wondering what best to say. She couldn't spin the same line as she had given Mrs Reynolds because if she claimed Mum was unwell Billy would expect to see her at home.

"Ah, she's gone out this afternoon and asked me to collect you," she confirmed, hoping that would satisfy his curiosity temporarily.

"Gone out where?" Billy asked, not satisfied with this answer. "Has she gone to get the baby from the shop?" he asked, eager to have his question answered. Megan laughed at his interpretation of the situation.

"You don't get babies from shops," she said, giggling.

"Yes you do," Billy said. "I heard Mum saying that we were getting a new baby soon and that it was almost ready to be delivered. Well it hasn't been delivered because I've been watching out for the postman every day, so she must have decided to go and get it from the shop," he said, swinging his lunch box back and forth.

Megan smiled at how simple things were to a child and then bent down to give him a big hug. "I love you, Billy Edwards," she said, sweeping him up and spinning him round. "I wish we had bought two of you!"

Twenty minutes later Billy was seated in front of his favourite TV programme, eating spaghetti hoops with little sausages. "When will Mummy be home?" he questioned, giving his plate a stir.

"I'm not sure sweetheart but eat up, I'm sure she won't be long."

Megan returned to the kitchen and sat down at the table, worried. Something was definitely wrong. There was no way on earth their mother would disappear for the day without making plans for Billy and informing them of her movements. She also didn't show up at work and they knew for certain that she was scheduled because Tara had made contact with them.

It was also unlikely that their mother would swan off so close to the birth. She had listened into conversations between her and Eva with regard to birthing plans and she just couldn't imagine her mother missing such an important event consciously. No, something was adrift here, something wasn't right.

She rose to her feet and made her way back out into the hall and sat down at the telephone table. Perhaps her mother had had an accident or similar. She needed to call the local hospital, she had to make certain that this wasn't the cause of her disappearance. She reached for the directory and searched for the hospital number and then waited for her call to be answered.

"Chadderton Heights General," the receptionist responded after the fourth ring. "How can I help?"

"Yes, I just want to check that my mother hasn't been admitted today to A&E. Her name is Helen Edwards and she's been missing since she left home around ten to eight this morning, she didn't show up at work today and we are all concerned that she may have had an accident."

"Hold the line please," the receptionist requested, as she checked through admissions. "No, no one by that name has been admitted today," she reassured, checking her lists a second time.

"Have you had anyone admitted unnamed, you know a Jane Doe?" she quizzed worried that they might not be able to identify her.

"No, all admissions are accounted for," she confirmed.

"OK, thank you for your time," Megan replied, feeling a wave of relief flood her body. She replaced the receiver and stared into space, wondering what to do next. She made two additional calls to her mother's best friends and then after drawing a blank, returned to the front room to check on Billy.

"Will Mummy be back soon?" he asked, sadly.

"I hope so, but in the meantime why don't you do your puzzle," she suggested, spying it on the top of the book shelf in the corner of the room. Billy gave a half-hearted smile and shrugged. "I don't want to, I want Mummy," he said, looking really downhearted.

"Have you finished your tea?" she asked, noting most of the contents were still in the bowl.

"No, I don't like it," he said, pushing the bowl to the other side of the coffee table.

"But you love tinned spaghetti and sausages, it's your favourite."

"I like it the way Mummy does it," he said, standing up to distance himself from the offending dish.

"Well, I can't see that I've done anything different to how Mummy does it," she said, picking up the bowl together with some rogue hoops that had found their way onto the carpet.

She was about to follow this statement with something to support her claim when the sound of the phone ringing brought the conversation to a sharp close.

She rushed out into the hallway and swiftly grabbed the phone, "Mum is that you?" she questioned, praying against hope that it was.

"No, it's Tara. Still no word from her then?"

"No, nothing yet. I phoned the hospital to check on admissions, just to rule out an accident… but no one by that name had been admitted."

"It just doesn't make sense. I think we should call Dad," Megan stated, picking up the address book.

She searched for the number for Marshalls Supersaver and quickly dialled the number. "Marshalls Supersaver, how can I help?"

"Can I speak to Stephen Edwards?" she asked politely, "I'm his daughter Megan and it's extremely important," she added.

"One moment please."

Megan waited patiently while she waited for her father to come to the phone. She could hear voices in the background shouting. "Has anyone seen Steve, his daughters on the phone?"

"He's in the loading bay," someone responded. It took a further five minutes before she heard her father's voice.

"Hello," he said, wondering which daughter it was. "Is everything alright?"

"Dad, Mum's gone missing. She left for work this morning at the usual time to take Billy to school but she didn't show up at work. In the meantime, Eva went into labour and Tara called an ambulance to take her to hospital. She gave birth this afternoon but she has been unable to reach Mum. I came home to an empty house and have called around, including the local hospital but I can't find her anywhere."

"What about Billy?" he quizzed, glancing at his watch whilst trying to digest the information.

"Billy's OK, I collected him from school earlier."

"What did Eva have?" he suddenly asked.

"She had a baby girl around one this afternoon."

There was a long eerie silence before her dad spoke again. "Has she named her?" he asked, finally finding his voice.

"Yes, Sophie, I believe," she said, thinking it rather odd that he seemed to be more interested in the birth than finding his own wife.

There was another eerie silence and then he blurted, "It's starting again!" Then, reining himself back in quickly he rephrased his statement "I mean your mum may be relapsing," he corrected.

"What do you mean by that?" she asked, feeling somewhat confused.

"I just mean I think your mum is a little unwell at the moment, depressed and possibly a little unstable. She needs our support to get her back on track. I'll be home soon," he confirmed, hanging up and leaving Megan wondering what the hell was going on.

Yes, her mum definitely wasn't herself at the moment, they had all noticed her decline but her dad made it sound like it had happened before and she was relapsing. She thought long and hard to try and remember her mum being unwell before, but apart from her postnatal depression after Billy was born, she couldn't really remember anything else. She was thirteen when Billy came into the world and it seemed such a long time ago. She also remembered some kind of helper at the time but she left shortly after Billy was born. Perhaps she was some kind of nurse, she considered. She really needed to pay more attention.

Her father arrived an hour and forty-five minutes later with their mother in tow. She looked radiant and full of the joys of spring. "Hello my darling," she said, sweeping Billy up into her arms and then sitting down, so she could bounce him up and down on her knee.

"Where have you been, Mummy?" Billy asked, snuggling into her grasp.

"Oh, I've just been running some errands," she said dismissing her absence like she had just popped out to the shops.

"But you've been ages," he said, stroking her left cheek. "Where did you go? Did you go to get the baby?" he asked, looking over her shoulder, to see if she had any bags.

"No," she said, popping him down onto the floor so she could stand. "But your father tells me Sophie has made an appearance," she said beaming. "Sophie? Is that what we are calling the new baby?" he asked, curious about this new name.

"Yes, Sophie will be coming back home soon."

Megan stood at the side of the room watching the charade. "Billy go and get your pyjamas while I speak with Mummy." She waited until Billy left the room and then launched. "Mum, where have you been? We've been worried sick. If I hadn't come home when I did, I wouldn't have known about your absence and poor Billy would have been stranded at school. Eva went into labour and she couldn't find you anywhere and you were supposed to be her birthing partner. Tara stood in for you but it frightened her. She was here alone with Eva when she went into labour and panicked when she couldn't reach you. She called an ambulance. Where have you been?" she said, blurting out all her emotions like she was about to explode.

Helen looked across at Steve and then a glazed expression fell over her face when the reality of it dawned that her mind was misfiring and it was impacting the children. "I'm tired and I need to go to bed," she said, standing and then wavering slightly before reaching out for the chair to steady herself.

"We will speak about this tomorrow," her father said, assisting his wife from the room. Megan stood staring at the floor, totally gobsmacked. Where had her father found her and how did he know where to look? Tara was right, the family was falling apart just when they needed to be stronger than ever and the person that held it all together had unravelled right before their eyes.

Ten

It was totally bizarre how the matter of their mother's leave of absence was brushed under the table, despite promises that the matter would be addressed. The whole affair seemed to be overshadowed by the arrival of Sophie and this now seemed to be their mother's new primary focus.

Megan had tried in vain to discuss it with her father. She had so many unanswered questions, one of which was where did he find her and how did he know where to look? This inquiry was of course dismissed as a lucky break and that there was nothing more to it than a fluke and that he just happened to be in the right place at the right time.

The other baffling turn of events was how their mother's demeanour had gone from one extreme to the other. Her depression had been replaced with an overwhelming feeling of excitement and her mood was now in a heightened level of euphoria. She had woken singing the joys of spring and was bustling around the house preparing for Sophie's arrival.

The house was now gleaming and their mother's energy levels were unstoppable, as she tore through the house with renewed vigour. "Somethings not right," said Tara, staring out of the dining room window. She turned to face Megan and then turned back to look out of the window again. "I mean look at how happy she is pegging out baby laundry on the line. I can't ever remember her singing while doing household chores. It's like she's been possessed by Mary Bloody Poppins," she said, dropping the net curtain into place. "Where do you think she went and how did Dad know where to look?" she questioned.

"I asked Dad that very question, as to me it's all very cloak and dagger. He also said something about her relapsing. His actual words were 'it's happening again' but he then dismissed his comment and changed it to 'she's relapsing', making it appear that an episode similar to this had happened before. Do you remember Mum being unwell before?" Megan questioned.

"No, not really," Tara said, staring at the floor. What she wanted to say was before Eva came everything was normal but now their family seemed to be in tatters, but instead she walked over to the window again and lifted the net and sighed. "I just wish things could go back to normal," she said, turning to face Megan again. "You know like before when Dad always came home after work and we had our meals all together as a family. We seldom see him now and Mum's usually in tears because they have rowed, something's not right somewhere. She spends hours in her room and I know it's really affecting Billy because he needs his mummy and he misses the time she usually spends with him. All she seems to do now is obsess over Eva, making sure she's eating and resting properly and the rest of the time she's in bed sleeping or crying."

"Yeah, considering how she normally fusses over Eva, it seems ironic that she chose to go somewhere unreachable the day Eva went into labour," said Megan. "Obviously I realise that we couldn't have identified the specific day this was going to happen but she was overdue for Christ's sake, so to go AWOL at this crucial time was…" she paused considering her words and then followed it with, "well it was selfish, if you ask me. I mean look at the position you were left in. You nearly shit ya pants," she said angrily, "and what about Billy, if I hadn't come home when I did, Billy would have been stranded. Obviously, the teacher would have dealt with the matter but she would have been unable to reach anyone. Mum didn't even make arrangements for him before she swanned off. To be honest I feel really angry about the whole thing and for the episode to be swept under the carpet as if it didn't happen is beyond me. What if it happens again?"

She sat down on the sofa and sighed, "I guess we are going to have to be vigilant, you know look out for one another, especially Billy. If Mum is having some sort of breakdown then we have to be on this. We can't let him suffer, he's only five."

Tara sat down next to her, tears now running down her face. "Everything will be OK, Megan, won't it?"

"Of course it will," Megan confirmed, feeling really guilty that she had offloaded a little too much. "We just need to look out for the signs, that's all. Stop worrying, it will be OK."

It was all very well Megan telling her to stop worrying when she herself had the ability to always stay calm, prioritise and park anything that didn't need immediate attention. Nothing seemed to phase her, whereas worrying was the one thing that she excelled at. She was a worrywart and there was nothing she could do about it.

She was also conscious that she had introduced Eva to their family unit and this very act was possibly the action that was causing the family to erode. Why did one act of kindness cause so much heartache? The responsibility was overbearing and overshadowed the good she had tried to bestow.

She made her way upstairs and sat down on the bottom bunk staring at the cot that had been squeezed in next to the small chest of drawers. The cot that used to belong to Billy that had been stored in their loft with other baby items, was now about to accommodate the fourth member of their overpopulated bedroom. Their modest end terrace was bursting at the seams with its seventh member about to make an entrance. She had never meant for this to happen. She certainly had not intended that the short-term fix for Eva was to be her mother's undoing.

She sighed and laid her head down on Eva's pillow, feeling the weight of the world on her shoulders. Her emotions were running riot again and she was finding it really hard to contain her feelings, which kept overwhelming her. She loved Eva dearly and she knew without doubt the bond between them was now more than best friends, they were like sisters, but she also felt racked with jealousy. She resented the time her mother invested in Eva's well-being and the fact that Billy seemed to be the one paying the price. Yes, his recent neglect was down to her, she was certain of it. It was all her fault.

She suddenly felt a wave of anger run through her which was all consuming and then she burst into tears. Why did she feel so torn? Eva would need her now more than ever and little Sophie needed a loving family. They had to stay together, this had to work.

She closed her eyes trying to remember life as it used to be before Eva came to stay but even this was clouded by the school bullies and the lack of friendships, she had been unable to build because of her association. Was Eva a bad penny? She couldn't decide momentarily if she loved or hated her.

Her thoughts were interrupted by the sound of her mother's tones crying out to her from below. "Tara, are you coming to the hospital?" she questioned, heading up the stairs. Her bedroom door burst open and her mother stood there in her spring, light-blue mac, with her black shoulder bag slung over her left shoulder, beaming. "Aren't you coming?" she questioned, noting that Tara was curled up in a ball on Eva's bed. "I said that we would be heading up to the hospital around two o'clock and it's now five past," she stated, looking at her wristwatch. "Are you unwell?"

Tara raised her eyebrows as she sat up and stared at her mother. It seemed totally ironic that she was questioning her well-being when she was the one that, according to their father, was relapsing. "I'm fine," she lied, rising to her feet.

"Because if you're not coming then you can take care of Billy," she instructed, turning to leave.

"No Mum, Billy wants to see the baby. He's been busting a bracket to see her, so you must take him with you. Megan told me this morning that Billy has been waiting for the postman to deliver her for the last few weeks, so you can't go without him."

Her mother turned and glared and then walked across to her. "Billy can see the baby when we bring her home tomorrow," she stated, tightening the belt on her mac. "Hospitals are no place for children."

"Mum, you can't do this to him, you really can't. You need to make a fuss of him so he doesn't feel left out," she said, rushing out onto the landing. She stopped at the top of the stairs and called out to her. "Mum, wait, I'll come with you to help but we must take Billy," she announced racing down the stairs.

Her mother paused as she reached out for the front door latch. "Oh very well," she said in an agitated tone. "Pop his jacket on quickly or we will miss the bus," she said, opening the front door, like she had no time to lose.

They arrived at the hospital just before 3pm with an extremely excited five-year-old. "Mummy, why can't we bring her home today? Is it because you want to check that she is the one you want? Will there be others we can choose from?" he asked, wondering if he would prefer a boy. They both laughed at his logic, as they stepped into the reception of the maternity wing.

"This is not a supermarket," Tara started to explain, remembering Megan's comments from the day before.

"I know it's not," Billy said beaming. "I know all about babies," he announced, blushing. "Tommy told me at school that a stork delivered his baby brother last week but I think ours got lost, so we have to collect it ourselves. Isn't that right, Mummy?" They both smiled as they waited for the lift to come, enjoying Billy's innocent banter. He really did bring a lot of joy to their lives.

Helen burst into tears as soon as she set eyes on Sophie, sweeping her up into her arms. "What's wrong, Mummy, don't you like her?" Billy asked, feeling a little confused. "Is it because she's very small or because she looks too pink?" he said, taking a closer look.

Eva laughed, stroking his little face. "Do you like her?" she asked, watching him blush.

"Yes, I think we should pick her," he said, turning to face Tara. "Can we have this one?" he asked, trying his best to take a peek as his mummy stole her from view.

"Oh she's absolutely gorgeous," Helen gushed, tears streaming down her face. "She's absolutely perfect." Tara watched on as her mother continued with her over-the-top emotional performance and then turned her attention back to Billy, so he didn't feel rejected or replaced.

"Do you know what time you can come home tomorrow?" Tara asked, watching Billy look across the ward at the other babies.

"As soon as the paediatrician does his rounds I believe, so shortly before midday," Eva confirmed.

"Are you breastfeeding?" Helen asked, suddenly looking anxious. Eva nodded, confirming that it was going well.

"Yes, she's latching on well, so I see no reason to introduce a bottle and it's cheaper anyway as formula is expensive, plus they say breast is best," she said, knowing that this would limit Helen's interference and obsessive behaviour.

Tara watched as Helen reluctantly handed the baby back to Eva. Had Eva also noticed her mother's fixation and overbearing enthusiasm and did she feel threatened by this? She suddenly felt really sorry for Eva. Her mother's recent heightened state had affected them all in different ways and they were all suffering as a consequence.

They left the hospital shortly after four with promises that Billy could have an ice cream on the way home.

"Is Sophie my sister?" he asked, skipping his way back to the bus stop.

"Yes, in a way," his mother replied, reaching for a tissue to dab her eyes. Tara stopped in her tracks, feeling shocked that her mother was introducing Sophie as his sister instead of explaining things in a more understanding way for him to comprehend. She scowled at her mother and then decided to take matters into her own hands.

"What Mummy means is she's like a little sister because she is tiny and needs our care. Eva is her mummy and we will all help her with Sophie because we all care about one another."

Billy looked puzzled momentarily and then a smile lit up his adorable little face. "So are we pretending she is?" he asked, wondering if this was a game.

Tara scowled at her mother again, knowing that her comments had now confused things more than ever.

"Why did you tell him that, Mum? What happens when Eva moves on with her life and takes Sophie to live in a place of her own?

"Don't be ridiculous," her mother said sternly. "Sophie's place is with us, we are her family," she said, stepping up onto the bus. Tara sat down on the first available seat and lifted Billy up onto her lap, staring at her mother. What the hell was going on here and why was her mother claiming this to be a permanent placement instead of a temporary arrangement? Was her mother losing her grip on reality? Was this what their father was referring to?

She needed to keep a careful eye on her, as this was her fault. This was all down to her, bringing Eva into their home. She was responsible for this arrangement and now she needed to fix it.

Eleven

Eva and Sophie arrived by cab the following day. Their mother had made her way back to the hospital by bus that afternoon, after receiving Eva's call and then had organised for a cab to bring them home, after borrowing a car seat from her neighbour at number six.

She had swept onto the ward carrying the seat and a large bag containing an outfit for Eva to travel home in and a pink Babygro, cardigan and matching hat for Sophie.

"How are we doing today?" Helen asked, sweeping Sophie up from the transparent crib, without even asking Eva's permission.

"We are doing fine," Eva replied, reaching out for Sophie, so she could prepare her for departure.

"I thought Tara would be with you?" she questioned, really wanting her best friend.

"Well, we can't all fit in the cab now can we?" she said, making it seem like a daft question. "Tara's waiting at home for you."

Eva nodded, feeling sad. She really wanted Tara right now, as she was finding Helen's recent behaviour quite stifling. She stood to one side as Helen bustled her out of the way, so she could dress Sophie, after watching her fumble with the Babygro.

"Let me help," she said, taking over the situation instead of guiding her. Eva prayed that this wasn't a sign of how things would be moving forward and then reached out for the bag so she could get dressed. What was the point of arguing at this point? She was tired and wanted to go home, so she allowed Helen to manipulate her temporarily. She would put a stop to it later.

Billy was waiting for them on the doorstep, waving enthusiastically as they got out of the cab. He was perched on the step surrounded by all his action heroes, next to the open front door and Tara was sitting on the stairs talking to Joe on the phone.

"I hope you haven't been on that phone long," their mother stated, spying her, as she walked up the short garden path. "You know how expensive it is and I'm still trying to clear the last bill," she said, making sure she was aware that she was paying it off in instalments.

"I have to go," Tara said, ending her call swiftly. "They're back, but I will talk to you later," she added, placing the phone back on the telephone table.

"I hope you haven't been taking advantage of my absence," their mother commented, brushing Billy to one side, so she could enter the house with Sophie.

Tara noted Billy's sad expression, as their mother failed to acknowledge his presence and reached out for his hand. "Come on, little man, let's help Eva with the bags," she offered, smiling at her friend who was standing at the garden gate staring at the house.

"You OK?" she asked, looking at her glazed expression as she stood rooted to the spot.

"Yeah, I was just thinking of my aunt Deidre," she said, closing the gate. "You know, wondering what she would have made of all this," she added, suddenly really missing her. She had been like a mother to her and with the exception of Tara, at the time, had been her only other confidant and she needed her now more than ever.

"You've got me," Tara said, feeling the tears well up in her eyes. She suddenly felt really guilty, the realisation that Eva had absolutely no one else and really depended on her. How could she have been so jealous, with spiteful thoughts, wishing she had never come to live with them? She looked down at Billy, who for once was standing quietly and then across at Eva. They both needed her; she was fundamental to their well-being. She was important, she mattered.

They made their way through to the lounge where they could hear Helen's soft tones engaging with Sophie. Tara watched on bemused at her mother's efforts to engage in baby banter, despite her being only three days old. "They like you to talk to them, it soothes them," she explained, unbuckling the seat belt restraint. She carefully lifted her out and rocked her gently before placing her down in Billy's old Moses basket on the coffee table. "Now be careful Billy, you're not to pull the basket off the table, do you understand?" their mother instructed. Billy nodded, tightening his grip on Tara's hand.

"Can I look?" he asked, staring up at Tara.

"Of course you can," Eva interrupted. "You can have a cuddle if you sit down on the sofa," she said, glaring at Helen. "Come along and I will arrange the cushions to help you support her and I will sit with you, so you can say hello and meet her properly," she confirmed.

Billy's face lit up with excitement as he raced towards the sofa. "Thank you, Eva," he said, grabbing at one of the cushions. "I will be careful, like I am with my best teddy," he said, holding out his arms. Eva placed her carefully down and arranged the cushions to help support Sophie and then she sat down beside him with her hand behind the baby's head.

"Hello Sophie, I'm your pretend brother," he said, stroking her cheek. Eva looked across at Tara trying to comprehend his words.

"I'll explain later," she said, kneeling down beside them. These three people needed her and somehow, she needed to take charge, she thought, her emotions shifting balance once more on the loyalty front.

The next few weeks passed by in a blink of an eye and everyone, with the exception of Steve, was overwhelmed by Sophie's presence. His absence was becoming more and more noticeable, as he spent considerable time away from the family home. He paid no attention to Sophie and barely glanced in her direction on the few occasions their paths crossed. It was like she didn't exist.

When he was home the rows continued, which often resulted in him leaving again and then their mother's heightened state would hit the floor, causing her to retreat to her room once more in tears.

Tara sat on the bottom stair, staring at the front door that had just been slammed for the hundredth time by her dad. What was going on here and why was he distancing himself from the family unit? She made the split-second decision to follow him to see where he spent all his time and quickly reopened the front door to see which direction he was heading. Surprisingly he wasn't heading in the direction of The Frog and Bucket making her wonder if he was heading out of town. She stood by the gate battling with her conscious and then rushed back inside for her jacket and bag. She had to see where he was going and what was more important to him than his family.

"I'm popping out for a bit," she yelled, shutting the door mid-sentence, muffling her tones. She had to be quick before he went out of sight or boarded a bus, she had no time to lose. She raced to the end of the street, wondering which direction he chose and then settled on the route towards the bus stop, which seemed the most likely option. It wasn't long before she had him in her sight again as she hurried along the street. Yes, she was right with her assumption about him heading out of town but it was not by bus, he was heading into the station.

She stood out of sight observing him at the ticket office and then watched him take the stairs down onto platform one. Where was he going? She had absolutely no idea what to ask for at the desk. She needed a plan. She raced up to the ticket office and fumbled through her bag in search of her purse. "I'm sorry to rush you," she said, trying to catch the clerks attention who was busy telling her colleague all about her date from the previous evening "but I'm trying to catch up with my dad who just bought a ticket," she said, pointing to platform one, "and I'm going to be late," she said, acting anxious by repeatedly looking at her wrist watch. "And I know he's going to be cross because I said I would be ready in time but I wasn't," she said, wondering if the clerk was on board with her story.

The clerk smiled, assuring her that the train had been slightly delayed and that if she was swift, she would be able to catch him up. She produced an identical ticket, and turned towards the station clock. "It should be pulling into platform one any moment," she said, handing her the change.

"Thank you," Tara yelled, racing towards the stairs. She had to be quick but she needed to keep out of sight. She glanced over the banister to see if she could catch sight of him without revealing herself and then pulled herself back out of sight when she spied him at the end of the platform. The train was coming as she could hear the clunking noise on the tracks and then it whistled into the station causing a loud screeching noise as it halted at the end of the platform. She took the stairs two at a time and jumped into the nearest carriage, knowing there was a major flaw in her plan. She had absolutely no idea where to get off and would now need to hover by the doors at every single station to watch for her dad to exit. This wasn't ideal, especially as the train was packed with commuters. She could lose him in the crowds.

She watched carefully hanging out of the doorway every time the train stopped at each station and then gave a sigh of relief when she caught sight of him heading towards the stairs. She had to exit quickly; she couldn't lose him now as she watched him disappear into the crowd. "Sorry," she yelled bustling past the masses on the staircase, "Sorry," she repeated, steadying a woman she had almost knocked off her feet. She raced towards the exit just in time to observe her father cross the street and now she was back hot on his tail, as he turned right into the next street. What was he doing here and more importantly who did he know?

She continued on with her heart in her mouth, feeling it beating loudly against her ribcage. She had never done anything like this before and felt racked with anxiety. What if she was caught? What would she say to her dad if he caught sight of her in his peripheral vision? She had to be careful, she couldn't be seen, she needed to stay in the shadows.

She stopped at the corner of Bridge Street, ducking down behind a car, when her father stopped outside a house at the far end of the street. Whose house was it? she wondered as she observed him retrieve a key from his trouser pocket and let himself into the property. She watched him close the front door and then she slowly made her way down to the end of the road, so she could get a closer look. Who lived at number two Bridge Street, the house with the red front door and why did her dad have a key? She needed to find out.

She glanced up and down the street at all the tiny terrace houses, with their front doors all aligned along the pavement and then noticed the one on the corner of the opposite side was a newsagent. Newsagents usually knew their regulars and perhaps if this person had anything delivered, they might be able to offer a name, she would start there, she decided, thinking it was a good idea.

She paused outside the store, wondering how to broach the subject without causing suspicion and then headed inside to buy some gum. The small store was like a Tardis, stocking everything one might need on a day-to-day basis and looked like a minimart with two aisles. The door let out a jingle as another customer entered and then she ducked behind some shelving as she heard her father's voice address the shopkeeper. "Good afternoon, Julie, how are you keeping?" her father asked.

Tara listened on as her father continued to engage with the shopkeeper as he purchased some bread and a packet of ten Rothmans together with a book of matches. Rothmans, Tara considered. This wasn't her father's brand, he smoked roll ups which he rolled super thin to make his batch go further. "Can I also settle Mrs Edwards paper bill while I'm here?" he said, reaching into his inside pocket for his wallet.

Who the hell was Mrs Edwards and why did this person have the same name as them? Was she a relative? She didn't really have any relatives which she had always found odd. Both her mother and father had no siblings and their parents had died years ago, of whom she had no memory. Who was this person? She needed to find out.

She stayed out of sight until her father left the store and then she made her way to the counter. "Just the gum please," she said, reaching into her pocket for the change from her train ticket. "Can I ask a quick question?" she said, nervous that it would sound a bit odd without having a valid reason for her inquiry. "Mrs Edwards at number two Bridge Street, her first name escapes me," she said, making it sound casual, as she popped gum into her mouth. "Oh, you mean Helen," she said, a smile unfolding on her face. "Such a lovely old dear," she added, making it sound like she was truly ancient. "And you are?" she asked, her smile suddenly replaced by a frown.

"Oh, just a neighbour but I couldn't remember her first name and had always referred to her as Mrs Edwards, you know out of respect," she said, hoping this addition would be sufficient to satisfy her curiosity. "Anyway, thank you very much," she said walking towards the door. "Good bye."

Tara left the store feeling like the wind had been knocked out of her sails. Who was this woman who bore the same name as her mum and who was she to them? Was she her grandmother? It just didn't make sense.

She stood staring at the house for a few moments longer and then decided to return home. She had no way of finding out anything further as she had so little to go on. She would take a look in the telephone directory when she got home to see what name and telephone number was listed against the address. She needed to know more.

She made her way back, retracing her steps and sat staring out of the train window at the station name. Fenley Rise, she had never heard her parents mention this area before and wondered if her mother even knew about it? Was this her father's secret? She didn't think so, because the woman bore her mother's name Helen but then she also had their last name, which would be her father's. Oh, it didn't make sense. Who was this woman and why had they never met her?

She got off the train and slowly walked the few streets back to Branbury Lane. She had so many unanswered questions but she also needed to explain why she had left the house in such a hurry and where she had been for the last few hours. She had college in the morning also, which would hinder her enquiries and she felt like she was going to explode if she didn't find out the answers. How the hell was she going to go about her daily activities and make headway without being rumbled?

She walked back in through the front door and sat down at the telephone table in the hallway. She reached for the directory and searched for the name Edwards to see if she could match the name to the address. Fuck, she had a match, Mr S Edwards, 2 Bridge Street… The initial S, was the entry under her father's name or did Mrs Edwards' husband simply have a first name starting with the same initial? Assuming she was married. She needed to find out.

"What ya doing?" Billy asked, walking out into the hall. "Eva's feeding Sophie with her boobies," he said, giggling without waiting for an answer to his first question.

"Yes, that's how it's done," she said, stroking his cheek, getting momentarily distracted by his super-cute grin.

"Why are you sitting out here?" he asked, sitting down on the bottom stair.

"I'm just taking off my shoes," she said, kicking them into the corner.

"Where have you been?" he asked, following her down the hall.

"Billy Edwards, you do ask lots of questions," she said, stroking the top of his little head, as he turned to face him. "Why don't you tell me what you've been doing today," she quizzed, hoping that this would stop him probing further.

"Megan's been looking after me because Mummy's gone out again," he said, looking down at his superhero slippers.

"Really, did she say where she was going?" she asked curiously.

"No, she was crying and then she just went out," he said, sitting down on the floor.

"And where is Megan now?" Tara asked, walking towards the kitchen.

"She's sitting on the garden wall talking to Tony," he said, standing up to follow her.

"And Eva?" she continued, wondering if any eyes were on Billy.

"She's upstairs," he said, opening the cupboard. "Can I have a biscuit?"

"Are there any left?" she asked, walking towards the cupboard. Billy shook his head looking sad.

"How about a slice of bread and jam?" she offered, opening the bread bin.

Billy nodded, sitting down at the table. "Can I have some milk as well?" he asked, looking really forlorn.

"Of course," Tara said, praying they had some. She prepared Billy his snack and then stood by the window watching Megan. Their mother had taken her eye off the ball and had gone rogue again and their father appeared to be taking up residency in another Edward household. Was their family unit dissolving? No one appeared to want to be here anymore and the closeness she once felt had long since vanished. Where did their mother go when she went off grid? Was it to the same place as her father? She wasn't convinced.

Twelve

Their father arrived home two hours later looking seriously agitated. “Where is your mother?” he snapped, addressing this question towards Tara, who was watching TV with Billy.

“I don’t know,” she replied, staring at him like she no longer recognised him. This wasn’t the man she remembered who once upon a time, when he wasn’t working of course, spent every available moment with his family. Who was this man standing there in the doorway with a face like thunder?

“She went out earlier but didn’t say where she was heading,” Tara offered, hoping that this comment would make it appear that she had been in the house all afternoon.

“Look at the bloody mess everywhere,” he yelled, raising his hands up into the air with a sweep.

He left the room mumbling and headed upstairs to pee. Tara heard the toilet flush and then she overheard an angry exchange between her father and Eva. She sneaked to the bottom of the stairs, eager to hear what was being said and then ducked into the kitchen swiftly when she heard her father’s footsteps on the upstairs landing about to come down.

What did he mean when he asked Eva why she was still here? Why would he say something like that to her when he knew she had nowhere else to go? He knew she had no family, was vulnerable with a newborn, why would he say something so hostile and aggressive. It was a nasty, spiteful thing to say and Tara couldn’t think for the life of her why he would be so unkind to her friend. This was not the man she knew. This was an imposter, masquerading as her father. Was he unwell? Surely not. They had enough going on with their mother’s recent health decline and now both her role models appeared to have taken on a different personality to the one that she was familiar with. She suddenly felt unsafe as though everything she remembered, everything she was accustomed to and trusted was a lie. She felt the tears well up in her eyes as she sat down on the kitchen chair to think. What was happening here? Nothing made sense, she just didn't understand any of it.

"Why are you crying?" Billy asked, standing in the kitchen doorway, clutching his action man.

"Oh, I've just got something in my eye," she said, feeling a slight deja vu, when she recalled an almost identical scene with her mother claiming to have been peeling onions for a casserole when quite clearly her heart was breaking.

She thought back over the last year searching for signs and clues as to when things started to change and then she suddenly felt anger towards Eva again. What were they arguing about just now? Was she responsible for all of this? Surely her father wouldn't say something so awful without a reason.

She burst into tears, realising that she was drowning in unanswered questions and then she rose to her feet quickly when she observed Billy crying in the doorway. "Oh it's OK, little man, I didn't mean to make you cry. My eye hurt but it's OK now. Whatever was in there has gone. I'm all better," she said, kneeling down in front of him so she could be at eye level.

"What was in there?" Billy sniffed, rubbing his eyes, with his tiny, clenched fists. His action man was lying by his feet, dropped anxiously when he burst into tears and Tara felt like her heart was breaking.

"It was just an eyelash, nothing to worry about," she said, sweeping him up into a bear hug. "Would you like to go to the park for a while?" she suggested, hoping that would cheer him up. Billy nodded as she snuggled into his big sister's grasp.

"Yes, can I take Freddie?" he asked, referring to his best teddy.

"Yes of course you can," she said, watching a smile return to his face.

They returned to the house forty-five minutes later and Billy was now in good spirits after pushing Freddie on the swings and roundabout and running off steam like a little five-year-old should.

As suspected, their mother had not yet returned and their father had taken up residency in the front room, watching the six o'clock news. "That bloody woman will cause riots on the streets," he mumbled to himself, referring to Margaret Thatcher's reference to possibly introducing a poll tax. "You mark my words. Put a woman in power and this is what ya get. Iron lady my arse!" he said, reaching for his jacket from the banister. "I'm heading out," he yelled, slamming the front door once more, as he marched down the garden path.

Did no one care around here anymore? Neither their mother nor father seemed to give a toss about anything other than themselves. They strolled in and out when it suited them. There was no structure to anything anymore. No regular meal times served up in a warm friendly loving environment. Neither of them seemed to be giving Billy the time of day and it was clearly affecting him the most. Even the family Lab was forgotten about and rarely left its basket.

She looked down at Billy who was still clutching her hand. "Shall we make dinner?" she suggested, guiding him into the kitchen. It was way past his usual dinner time and she had totally lost track of time.

"I need to do a wee-wee," Billy said, pulling off his own jacket.

"OK, off you go and I will see what I can cook." She stood staring into a fairly empty fridge and then turned to open a cupboard. Was Eva asleep? she pondered, thinking it rather quiet. She turned on her heel and followed Billy up the stairs to check the situation out. She stood outside the bedroom door listening for sound and then quietly turned the door handle to peep around the door.

"Are you OK?" she whispered, noting that Eva was rocking Sophie to sleep and was about to put her back in the Moses basket. Eva nodded, as she placed Sophie down and gently covered her with a hand-knitted pink blanket. "I'm about to make some dinner," she whispered gently, "would you like some?" Eva nodded, sitting down on the bed. "Thank you," she mouthed, lying back down. "I'll be down soon."

Tara quietly closed the door and turned her attention back to Billy who was coming out of the toilet still pulling up his trousers. Tara smiled as he picked Freddie up from the floor and then she followed him back down to the kitchen.

She reopened the fridge and reached for a tray of eggs, praying there were some inside. There were five and there was just about enough cheese and milk to make an omelette. There were two rogue tomatoes in the salad drawer and some onions in the cupboard. Yes, she could do this, there were enough ingredients for the three of them. Everyone else, if they decided to return to the fold, would have to sort themselves out later.

Eva entered the kitchen just as she was serving and sat down at the table. "This looks good," she said, pulling her chair closer to the table. "Where is…" she was just about to ask where Helen was when Tara raised her finger to her mouth to prevent her from speaking further. Eva stopped mid-sentence and changed her question to "the salt and pepper?" understanding Tara's attempts about not mentioning their mother.

"This tastes lovely, Billy, doesn't it," she said, attempting to interact with him. Billy nodded, his mouth full of omelette and then he spluttered, "Tara took me to the park," he said beaming, reaching for another mouthful.

"Oh that's nice. Did you have a good time?"

"Yes, I took Freddie, as he loves the park," he said, telling her all about his afternoon adventure.

They finished their meal and Tara said she was going to run Billy a bath. "Will you do the dishes?" she said, noting it was now 6:45pm. "I need to deal with Billy's bedtime routine as he's got school and then I would like to speak to you about my dad," she said, walking towards the door. She noted Eva's composure stiffen as she turned to face her and then she left the room deep in thought.

Did Eva know stuff that she didn't? Or was she in the dark as much as she was? She settled Billy for the evening after allowing him to choose a story book and then she made her way back downstairs. She couldn't believe how much things had changed in the space of a year and how much growing up her and Eva had had to do. One moment they were schoolgirls and then the next they were thrown into motherhood way before their years. Eva having a teen pregnancy and herself having to take the place of Billy's mother, as their own mother's reliability was without doubt in serious question.

She walked into the kitchen and gave Eva a smile when she saw how lovely and clean everywhere was. "I've tidied the front room as well," she confirmed, noting this extra comment seemed to make Tara relax a bit as she sat down at the table.

"Thanks for that," she said, running her fingers through her hair. She had no idea where to start and felt that she was questioning Eva's loyalty by even raising the subject but she had to know. "Eva, I heard you and my dad arguing earlier," making it appear that she had heard a lot more than the words 'why are you still here'. "Can you explain?" she quizzed, wanting Eva to think she wanted a full explanation for everything she had heard.

Eva felt herself go rigid and tears welled up in her eyes, which made Tara once more feel dreadful.

"I'm sorry," Tara said, stepping in prematurely before allowing Eva to reveal anything.

"What did you hear?" Eva questioned, feeling herself shudder.

"Well, I know he wants you to leave," Tara said, standing up to distance herself from the table. She stood by the sink, waiting for an answer and then looked her in the eye. "Well?" she said, suddenly feeling impatient for answers, despite the tears. "What did my father say to you?" she asked, feeling her voice rise, unexpectedly.

"I thought you said you heard us," Eva said, drying her tears on her sleeve and standing up.

"I did, but I obviously don't know everything, so I would like you to explain." Eva stood there staring into space, not knowing what to say. "Well come on, Eva, he's not going to question why you are still here, if nothing happened now is he? My father's not the sort of man that's going to throw a vulnerable young girl and her newborn out onto the street without good reason." She sat back down at the table questioning her statement and then doubted the reliability of her words, after witnessing her father's recent behaviour and the secret that she desperately wanted to uncover about the woman behind the red front door.

Eva opened her mouth and then closed it again. "I'm sorry, Tara, I don't know what to say to you."

"Well you can start by telling me what my father said to you. Come on, I heard you both shouting at one another. My father's hardly said two words to you in months and then you have a full blown row. It doesn't make sense."

"Where's your mum?" Eva questioned, wanting to know the answer to her earlier question that was stifled.

"Don't change the subject."

"I'm not, but you're questioning me, Tara, when both your mum and dad have basically gone AWOL."

Eva had a point. Both her mother and father seemed to have taken a leave of absence, not only from their family unit, but from their known personality. Tara didn't recognise either of them.

"Do you know where my father goes every day?" she asked, wondering if Eva knew his secret. Perhaps she uncovered the truth and that's why he wants her to leave. "Other than work, of course," she added, not wanting Eva to brush her off with a flippant answer.

"To The Frog and Bucket, I guess," she answered, knowing that's where her uncle Alf used to spend all his time.

"I don't think so, Eva, unless he's drinking lemonade."

"What do you mean by that?" Eva questioned, staring directly at her. Tears welled up in her eyes knowing she had made a stupid comment. "Are you trying to tell me your father doesn't drink because if you are then he's pulled the wool over your eyes," she said, walking across to her. "Don't stare at me like that. You think your mum and dad are perfect but they're not. They are just as unhinged as everyone else I've ever met. Sorry I didn't mean to say that," she said, regretting her words as the tears flowed freely down Tara's face. "What I mean is, no one's perfect, we are all only human. I know you have your mum and dad on a pedestal but..." She stopped mid-sentence, knowing she had said too much.

"Go on but... what? What were you going to say?"

"Well, both your mum and dad seem to have their own problems," she said, anxious to draw a close to the conversation.

"Well yeah, they've always struggled financially," she said wondering if this is what Eva meant.

"No, not financially, Tara. I think your mum's depressed. She's all over the place. One moment she's overbearing with the baby and the next she's nowhere to be found, or she's totally spaced out."

"Am I now?" Helen said, standing in the kitchen doorway. "How dare you hold court over me. Who the hell do you think you are? I take you into our home and look after you as if you were my own daughter and you speak about me behind my back. How dare you!"

Eva jumped, startled, her heartbeat thumping against her chest. "I'm not speaking about you disrespectfully, Helen, in an, an unkind way," she stuttered. "What I mean is you have been very upset recently and..." Eva stopped and turned towards Tara for support, hoping that her friend would come to her rescue and bail her out.

"Mum, we were just concerned about you, that's all. I mean where have you been all day? You keep going out and we have no idea where?"

"I don't have to explain myself to you, young lady," she said, slinging her bag onto the table.

"No, but you have to make plans for Billy. So far we've managed to deal with things."

"Things, what things?"

"Well, we've been looking after him, preparing his meals, putting him to bed, generally making sure he's OK because you're not here."

"Where is my little darling?" she questioned, looking all around the kitchen, like she had suddenly remembered she had a puppy that she had neglected. "Well, he's in bed, he's got school tomorrow."

Helen turned to leave, grabbing a story book from the corner unit, like she was springing back into motherhood.

"No Mum, stop, he's asleep. He's been in bed for ages, it's eight thirty don't wake him."

Helen stopped and turned, her face going so red, she looked like she was about to explode. "How dare you tell me what to do. I'm in charge here, NOT YOU," she yelled, throwing the book across the room.

"You've woken Sophie," Eva said walking towards the door.

"Sophie?" Helen questioned, like she had never heard the name.

A smile unfolded on her face as she heard the infant cries from above and she sat down at the table, like all the files were downloading from a hard drive and she was now back in the room.

"How is Sophie?" she said, standing and walking towards the fridge. "Does she need a bottle?" she asked, opening the door.

"No Helen, you know I'm breastfeeding," she said, raising her eyebrows.

Eva looked across at Tara and shrugged her shoulders, as if to say 'take my point'.

Eva left the room relieved to be separated from her trial and made her way upstairs.

She needed to get out of there but she had absolutely nowhere to go.

Thirteen

It was Saturday night and Tara had managed to negotiate with Megan to stay in and watch Billy, so that she could see Joe. The payback was that she would do the same the following week, as they both knew that the likelihood was that their mother would wander off into the night, as this seemed to be her new trait.

"I have no idea where she goes," she explained to Joe. "It's definitely not Bridge Street because she boards a bus in the opposite direction."

"I'm surprised you haven't followed her," he said, reaching out for his change from the bartender.

He passed Tara her rum and coke and walked across to their usual booth in the far corner of Verandas.

"I want to," she explained, reaching for his hand, "but I can't leave Billy unattended, so I've only followed her to the end of the street where I can see her board the 183."

"Well, can't Megan watch him?" he asked, taking a sip of his pint. "She's been out, so I haven't had the opportunity but I'm going to raise it with her, so I can get to the bottom of this."

"Have you plucked up the courage to tell her about Bridge Street?" he asked, knowing that she was holding back with this inquiry.

"No, I want to keep it to myself for a while," she said, knowing that she was stalling with sharing this information.

"Why?" said Joe, not understanding the reasons behind this.

"I don't know. I'm not sure if I'm frightened of finding out something horrible that will destroy us as a family or..." she trailed off, uncertain of what her reasons were and then snuggled into his shoulder.

"I'm glad I have you," she said, looking into his eyes. Their relationship had blossomed into a real love affair and if it wasn't for her commitment to Billy, Eva and Sophie, she would be by his side permanently.

"Something happened between Eva and my dad," she continued, picking up her drink. She took a sip and then replaced it on the table. "I overheard an argument where he basically asked her why she was still there. His sinister tone suggested he had asked her to leave and was surprised she was still around. I broached the subject with her but the conversation was interrupted by my mum who returned from one of her stints. She caught us talking about her and went off on one. I could tell she was really unhinged and had no understanding of what time of day it was. She certainly hadn't thought about Billy and appeared to have no recollection of Sophie at all. She then switched back like all her memories were suddenly restored. Totally freaked me out," she said, downing her drink in one gulp.

"You need to let your hair down a bit," he said, stroking her blonde hair. "You've taken on too much," he said, holding her to him. "Do you want to go into Jacksons? It will do you good. Forget your worries for one night. You can't do anything to change things tonight, so you may as well enjoy the break. Lord knows when you will get a pass again," he said, standing up to encourage her out of the booth. Tara nodded, staring down at her empty glass. She needed another one of those, so she may as well have it next door in Jacksons, she decided.

She arrived home around 2am worse for wear. Neither of her parents were home and no one seemed to care anymore where she was. Eva was sitting in the front room doing a night feed and Megan and Billy were asleep.

"Did you have a nice time?" Eva asked, wishing she had the opportunity for a night out.

"Yeah it was good," she said, followed by a series of hiccups. She collapsed into the armchair and looked across at her friend, the only friend, with the exception of Joe, that she had in the whole wide world. She was a loner and it was all down to the girl staring at her from the settee.

She took a deep breath and tried to dismiss the horrible thoughts she kept having about Eva. She just wanted her family back and she wanted her parents to care about where she was.

She looked down into Eva's arms at the beautiful little baby and then sighed. Eva had no one too, and this really wasn't her fault. She was a vulnerable young mum. They were both victims following a similar path, she thought, her emotions switching once more.

"How's it going with Joe?" Eva asked, standing up to transfer Sophie to the Moses basket.

"Good," she said, a smile unfolding on her face.

"I hope you're being careful," she said, "so you don't end up like me."

"Of course I'm being careful, we're not all stupid," she snapped, straightening her dress. She took another deep breath and then rose to her feet. "I didn't mean that," she said, staring into the Moses basket. "I'm sorry, Eva, I'm just stressed with the stuff and with Mum and Dad. Can I tell you something?" she said, kneeling down beside her. "But it's a secret." She hiccupped as she steadied herself.

"What is it?" Eva asked, knowing her friend's tongue was loose with too much alcohol.

"I followed my dad to Fenley Rise a while back," she said, hiccupping again. "Why did you do that?" Eva questioned, moving to the edge of her seat.

"Because I want to know where he goes all the time, that's why," she said, suddenly feeling agitated.

"And what did you find out?"

"He visits a house in Bridge Street, number two. It's owned by…"

she hiccupped and rose to her feet staggering. "This bit will blow you away," she said, sloping backwards onto the sofa, "a Mr S Edwards and a Mrs Helen Edwards, no less!"

"What?" Eva said, rising to her feet. "Are they your grandparents?" she questioned, moving across to sit down next to her on the sofa.

"Who the fuck knows," Tara said, gesticulating with an outward sweep. "I wasn't aware I had any but my dad paid her paper bill, that I do know, and he had a key to the house."

"Does he know you know?" she asked, trying to get a grasp of this new piece of information.

"Of course not. It wouldn't be a bloody secret would it, if he knew?"

Eva felt her face flush, embarrassed by her stupidity and stared up at the ceiling to avoid her gaze. "Ok, I realise that wasn't the most intelligent question, you just caught me off guard. So I take it that only you and I know about this and you haven't told Megan?" Tara shook her head, pondering her next steps and pulled the cushion out from behind her back to bury her face. "So what do you plan to do with this information?" Eva asked, observing her friend mimic suffocating herself to avoid having to make a decision.

"I don't know yet," she said, coming up for air, "but I'm going back to see what else I can find out." She rose to her feet and staggered forwards slightly. "I'm going to bed," she said, turning to leave the room. She stopped at the door and turned to face Eva with a stern expression on her face. "I can't think straight at the moment but I'm going to need you to watch Billy for me over the coming weeks," she said, pulling the door open and stubbing her toe. "Oh for fuck's sake," she said, hopping into the hall and then tripping over the rug. She steadied herself with the aid of the banister rail and then turned to face the kitchen, wincing from the pain. "I need water."

She woke with a blinding headache to the sound of the church bells ringing in the distance, gasping for a drink. She thought back to a time when their father insisted they attend church every other Sunday but this routine had long since been shelved along with other family rituals. They no longer did anything together and were like ships in the night passing one another on the doorstep without so much as a single word.

She turned the pillow over so she could feel the coolness against her head and stared up at the ceiling. "You awake, Eva?" she asked, wondering what time of day it was. When Eva didn't respond she turned to face the cot where Eva placed the Moses basket inside every night and saw it was gone. She then sighed at the sight of Megan's empty bed on the other side of the room. It must be later than she first thought. She slowly pulled back the curtain, shying away from the light and turned to face the alarm clock over on the shelf. Ten thirty wasn't too bad, she considered, stretching out her arms but then her heart sank when her thoughts turned to Billy.

She climbed down and reached for her dressing gown which hung on the back of the door and then she sighed again when she recalled her conversion with Eva the night before. Why did she always overspill when she drank too much? she thought, opening the bedroom door. But if she was going to go back there then she would need her help with Billy.

"Morning," she yawned, walking into the kitchen, "everyone OK?" Eva gave her a warm smile of sympathy when she caught sight of her hungover state and Megan failed to acknowledge her entrance as she was listening to her Walkman with headphones on.

"Where's Billy?" she asked, glancing through the window at the swing. "Watching TV," Eva replied, placing the tea towel onto the hook. "How are you feeling?" she asked, picking up the Moses basket to head through to the front room.

"Like shit, if you must know," Tara said, searching through the medical box for some paracetamol. "For God's sake, why is there only one tablet in this strip. I mean who takes one bloody tablet?" she queried, throwing the empty box into the bin. "Normal people take two at a time," she continued, reaching for a glass.

"I take it Ma and Pa are on walkabout again?" she said, following her through. "Where the…" she stopped mid-sentence, recalling her words with a cough when Billy jumped on her lap for a morning cuddle. "Good morning, little man," she said, giving him a hug. "Any idea?" she asked, raising her eyebrows at Eva.

"Nope, I don't think they came back last night," she said, knowing that the level of neglect with regard to Billy had now shifted up to a code red.

"I did a feed around two and then at four thirty and I've been up since seven," she said, certain of her timings.

"How could they do this?" she said, wondering how this was even possible. How could you just go out and not come back when you have a five-year-old little boy depending on you?

"God, I hope they haven't had an accident," Tara suddenly announced, moving Billy from her lap, so she could stand up.

"Has Billy had any breakfast?" Tara asked, watching him kneel down on the rug to play with his toy cars.

"Of course, I gave him toast," Eva said, smiling down at him. "He wanted cereal but we have no milk."

"We don't really have anything," Tara said, wondering what they would do. "The fridge and freezer are bare and there's hardly anything in the cupboard."

"I have some money saved from my hairdressing," Eva offered, knowing it wasn't much but it was something at least. She had managed to squirrel away some during the short time she worked at the salon but she knew it wouldn't last long.

"Can I borrow some?" Tara asked, knowing they would need to buy food. "You can have it. You don't have to borrow it from me after everything you have done for me," she said, knowing that if it wasn't for Tara's initial help, she wouldn't even have a roof over her head.

"I'll go and get some essentials," Tara said, rising to her feet, "and then hopefully… well hopefully they will be back to sort this."

She returned to the house forty-five minutes later with two carrier bags filled to the brim. "I walked down to the High Street," she said, placing both bags down onto the kitchen table, looking exhausted. "The corner store is far too expensive and I knew our money would go further at the supermarket," she explained, opening the freezer door to unload.

"Are you feeling any better?" Eva asked, as she put the milk, eggs and cheese into the fridge.

"I will do, when I get something to eat," Tara said, putting one of the loaves of bread into the freezer for later in the week. She had panicked on her way to the corner shop about the longevity of the situation, wondering how long it might be before her parents returned and when they did would they even replenish their depleted supplies.

It was this thought that made her stop and turn around and head down to the High Street, where she knew her mum often got two for one offers. She had contemplated the idea of catching the bus into town to her father's place of work. She wondered if he might be there working away, oblivious to everything but then dismissed this idea as stupid. If he wasn't even coming home, it was unlikely he'd be showing up for work.

She thought back to how Sunday mornings used to be when they all had breakfast together before going to church and everyone was happy. Her mum would be bustling about dealing with piles of laundry and there would be a real sense of family as everyone shared their week. Her thoughts then switched to the pile of laundry that had built up in the corner of the room untouched and then to Billy's school uniform, which would be needed the following morning.

It also surprised her to realise how much she had taken her mother for granted. Clean clothes just appeared in their wardrobe like a fairy had dealt with them. Meals were always on the table and the cupboards always had the essentials within the boundaries of budget. Perhaps some of this was down to them, not helping with chores and taking their mother for granted. She emptied the laundry basket out onto the floor and began to sort out Billy's stuff, feeling guilty. She would deal with him first. He was top priority.

She also thought about how her mother's recent personality trait kept switching between high and lows. One moment she was singing at the top of her voice and within moments she would be in floods of tears, unable to maintain any one state for a period of time. Did this mirror her own personality where her loyalty kept switching with regard to Eva? Was she as unstable as her mother?

She looked across at Eva who was still arranging the contents of the fridge and studied her expression. She was a kind person. She had no family with the exception of Sophie and depended on them completely. Why did she keep wishing she had never met her? She felt a huge wave of anxiety overtake her body as she sank down onto her knees. Why had everything gone so wrong?

She looked at the small pile of Billy's laundry she had assembled by her side and then stared at her mother's favourite jumper that she had subconsciously picked up and was hugging. She could smell her perfume and it was overwhelming. She missed her and she wanted her back so much that her whole being ached. Tears welled up in her eyes and slowly trickled down her face.

She looked across at Eva again who was now sitting down at the table, and wondered why her father asked her to leave. Perhaps he felt the same… that this was all down to her. Before she came everything was fine. She could feel the switch happening again as the feeling of loathing overshadowed her thoughts. Yes, she hated her. She wanted her gone.

Fourteen

It was Monday morning and with no sign of either their mother or father returning, Tara had to take the decision to stay off college and look after Billy. Someone has to take him to and from school, prepare his meals and attend to him and Megan obviously hadn't given this any thought, she considered, as she heard the front door slam, and she was gone for the day.

Tara wondered how it was that Megan had simply got herself ready and left exactly the same as she always did every morning, without giving any thought to the consequences. She hadn't even popped her head round the kitchen door to check on everyone and see what plans could be organised. Another selfish member of the family, she decided. The house was overflowing with them. It was a breeding ground.

She stood at the counter top buttering two slices of bread and turned to face Billy who was eating his chocolate krispies and reading the back of the cereal box. Her heart melted once more at the sight of him as she walked across to the fridge. Such an adorable little boy. "Would you like cheese or ham in your sandwich?" she asked, opening the fridge door.

"Can I have cheese and ketchup?" he said, getting off his chair so that he could see what she was doing.

"You sure can," she said, knowing that she would give him anything he asked for to keep that smile on his gorgeous little face.

"Can I choose my own crisps?" he said, opening the bottom drawer. Tara stopped momentarily hoping they had some, as this was something she hadn't remembered to buy. "We only have the red ones left," he said, holding up two bags disappointedly.

"Well that will have to do today," she said, popping a banana into his lunch box, "But I will buy some more later," she promised.

"Why are you taking me to school?" he asked, standing patiently, while Tara buttoned up his school shirt and helped him with his tie.

"Because Mummy has a headache," she said, not knowing what else to say. "Can I see her?" he asked, really wanting to see his mummy and give her a kiss.

"Well, she's asleep at the moment," Tara said, feeling her heart break once more. "Perhaps later, if she's feeling better."

Tara stood in the school playground after safely delivering Billy into the classroom and debated the rest of her day. How could she track her mother and father down when she had nothing solid to work from?

What she really wanted to do was go back to Bridge Street and make some more enquiries but she knew it was risky. She reached into her pocket regardless of her fears and fumbled with the change she had left over from yesterday's shopping trip to see if she had sufficient for a train fare and to get Billy some more crisps for tomorrow. She did.

She also wanted to make her day off count after leaving a sickness message on the college answerphone, impersonating her mother. She now had a window of opportunity to do some digging and she didn't want to waste it. She headed towards the station and purchased a ticket to Fenley Rise, after battling with her inner voice. She changed her mind four times en route before she heard the words coming out of her mouth requesting a return fare at the ticket office.

She drew a deep breath as she raced down the steps two at a time and boarded the train before she had time to change her mind again. She was doing this. What the hell was she going to do or say when she got there, she debated? She sat down on the only vacant seat in the carriage. Was she going to knock on the front door? No, that would be stupid and what would she do if her father answered? What would she say to anyone that answered for that matter? Perhaps she could observe the property for a while if she stayed out of sight to see if anyone went in or out. The fact of the matter was she didn't really have a plan and was grasping at straws and she knew it. She was basically winging it, hoping against hope that some useful information could be garnered from this second visit.

She arrived at Fenley Rise at 9:25 and retraced her steps back to Bridge Street, recalled from the memory of when she had her father under surveillance the previous week. She stood opposite the house, shielded by a white van and waited. She stared at her watch and paced up and down growing impatient and agitated that she didn't have a strategy and then decided she was being foolish. What did she really hope to gain by simply standing out of sight like she was on a stake out in a movie? Perhaps she could knock on a neighbour's door and ask a few questions but what would she say?

She turned to face the newsagents directly behind her and deliberated a way forward. Perhaps she should start with the shopkeeper again. She entered the store and stood in the small queue at the till and nervously waited for her turn.

"Hello," she said, relieved it was the same woman from the previous week, which might make things a little simpler.

"Hello my dear," the shop keeper said, stepping back to reach for something under the counter. "You're Helen Edwards neighbour, aren't you?" she recalled. "I remember you from last week. Would you be so kind on your way back to pop this through her letterbox for me. My hip is giving me terrible jip and it would take me forever to cross the street. I wanted to give it to Steve myself but I expect he will be busy at the hospital. Such a terrible situation. In fact, I really can't believe it."

"Yes, it's terrible," Tara said, accepting the card and giving an improvised response once more, not really knowing what else to say. "Do you know what happened to Helen?" she said, hoping that it was her she was referring to and not another member of the household.

"Just that she's been unwell for some time and that she collapsed on Saturday and was rushed to hospital by ambulance."

"Yes, I saw the ambulance," Tara said, pretending that as a neighbour she had witnessed the drama. "I spoke to Steve," she continued, knowing that she was now on really thin ice. "He didn't say too much, probably the shock."

"I'm not surprised about that," said the shopkeeper. "Steve senior's departure only three months ago was so out of the blue, I expect it contributed to Helen's minor stroke last month and now this," she said. "Just a moment my love, let me just serve this gentleman." Tara stepped back away from the counter to allow the man to pay for his tobacco pouch and then moved in again for more information while the going was good.

"Do they have any children or extended family?" Tara asked, knowing that this may be a question too far and cause the shopkeeper to dry up.

"Well yes, there's Megan who visits all the time and her younger sister Tara, so there's plenty of help, if that's what you're implying," the shopkeeper said, a frown overshadowing her smile. "What number do you live at?" the shopkeeper suddenly asked, possibly wondering why she didn't know about the family.

"Oh, I'm right down the end of the street and I'm at work during the day, so I don't see too much," she said, moving towards the door. "But I'll drop this card in for you," she said, anxious to leave the store as she could feel her whole-body trembling and her stomach was about to reach.

"But you haven't got what you came in for…" the shopkeeper called out, her tones muffled by the door closing mid-speech.

Tara steadied herself against the wall outside unable to catch her breath and then stumbled towards the curb to sit down.

What the fuck was going on here, and why was there a family living here with the exact same names as her own? What was her father involved with and why was he visiting another family in duplicate? She stared at the house and then looked down at the card that was still in her trembling hand and walked slowly across the street towards number 2.

She suddenly decided that she would knock on the door. What could possibly happen? If her father answered, then he owed her a full explanation and if he didn't then she would pass whoever did respond the card from the shopkeeper, pretending she was on an errand for them.

She reached out for the bronze knocker and rapped on the door three times, her heart beating so hard against her ribcage she thought it could be heard all the way in Chadderton Heights.

She didn't really know what she was going to say to the person who opened the door, she just felt sick to the pit of her stomach that the family who lived here bore the same names as her own and it just didn't add up.

Tara felt a wave of adrenaline when she heard the chain on the other side of the door being released and then the door slowly opened revealing a small grey haired woman in a navy blue apron, holding a yellow feather duster. "Can I help?" she asked, pushing her small rimmed circular glasses to the bridge of her nose. "Ah you must be Eva," she said, opening the door wide, "come on in."

Tara stood rooted to the spot momentarily, totally blown away and then stepped slowly into the house. This person, whoever she was, was expecting Eva. Eva had lied to her. She said she had never heard of 2 Bridge Street. She now had to pretend to be her. "You're a little earlier than expected, Steve said ten thirty," the woman explained.

"Yes, my journey didn't take as long as expected," Tara said, improvising in a shaky voice, realising that she had a short window before Eva showed up. "Well come in, my dear," she said, showing her into the lounge. "I was asked to wait until you arrived, so I guess I can go now," she said, relieving herself of her apron. She pulled on a light-blue mac and went out of the front door without offering anything further other than a cheery goodbye.

Tara stood there, tears streaming down her face not knowing what the hell to do. What she did know was she was inside the house and now knew more than she could possibly have envisaged from her unexpected visit. She had hit gold but she had to be quick.

She looked at her watch again, noting that she had twenty-five minutes before Eva was likely to show knowing she had to make it count. There was of course the possibility that she could arrive ahead of schedule and what if her father showed up in the interim. Yes, she was on dangerous ground and she knew it.

She walked across to the mantelpiece and stared at the photographs proudly displayed in silver frames. Most of them were individual shots but she could see over on the silver cabinet a large family photo, presumably the entire family. She picked it up with shaky hands and examined each member carefully. There was a mother, father and four children ranging in age from late teens to nursery years, perhaps aged five at a guess. She knew that the eldest two were likely to be Megan and Tara and wondered if the little boy might be called Billy. She suddenly felt a wave of nausea again and raised her hand to her mouth as she tried to digest the possibilities. The shopkeeper had referred to the children visiting regularly to help, so presumably the photo was not current and was representative of the past.

She replaced the frame back down in its original position and then looked around the rest of the room, which looked surprisingly like her own lounge. She then walked out into the hallway, pondering her next move. She needed to look upstairs and see if the bedrooms revealed anything further about this duplicate family. She made her way up, wondering what she was likely to garner if the siblings had long since flown the nest and then stopped in her tracks at the top of the stairs when she heard a key turning in the lock of the front door.

Oh my God… it must be her father because the housekeeper had said she had to wait until Eva arrived, so she obviously didn't have a key. She quietly tiptoed into the nearest bedroom and stood behind the open door, praying he wouldn't come up. Her heart was beating so loudly that she felt certain it could be heard from downstairs. He had come to meet Eva, what the hell was happening here?

She stood there quietly with her eyes closed, too scared to move. Please don't come up stairs, please don't, she prayed. She took a deep breath in an effort to contain her nausea and slowly opened her eyes. She was going to be sick, she knew she was because of the sight of the wall to her left. It was covered in children's paintings and she could clearly see they had been signed by a child called Billy. Tears welled up in her eyes as she closed them again, unable to absorb the fact that she had been correct in her analysis of the family photo on the silver cabinet. What was her father involved in and where the hell was her mother? Was her own family even real?

Noooo, he's coming up, as she could hear the stairs creaking as he ascended the staircase. He was going to find her, she knew he was. How was it that her father, the man she had loved so much and trusted profusely, was a perpetrator who she now feared more than anything. Was he even her father? She held her breath when she realised he had paused on the other side of the door. Did he know she was there? She heard him turn and walk across the tiny landing and then she heard the sound of him urinating followed by the chain flushing. He was heading back down. She took a deep breath, her heart pounding so fast, she felt a rush of adrenaline flood through her entire body. She then realised she was standing in wet jeans. She had wet herself subconsciously through fear.

What was she going to do now? How long would she have to stay hidden before her father left again and what would happen when Eva arrived? She felt herself shiver and her body tremble as she steadied herself against the bedroom wall. She was trapped and she had nowhere to go.

She remained hidden for a further forty-five minutes before she heard her father leave again. She walked across to the window to confirm his identity and then shivered again when it was verified without doubt that the man who had entered the house was indeed her father. She had now seen his association with this house twice and ruminated on the possibilities as she watched him cross the road and head back down the street in the direction of the station.

Why hadn't Eva shown up and what was going on between them? Was he moving her into the property now that it was vacant? But surely that was a bit premature considering Mrs Edwards senior was still alive. Perhaps she was heading to a care home or hospice, or maybe she had passed already and the news hadn't yet reached the shopkeeper. Perhaps she was at the morgue!

She waited until he was completely out of sight and then she turned to face the small, box-size bedroom, so she could examine it further. She stared at all the childhood possessions, curious as to why it was in a shrine-like state, representative of a small boy, if, according to the shopkeeper, Mrs Edwards was elderly and frail and her offspring had long since flown the nest. Surely this bedroom would have passed through various stages, evolving as the child grew into manhood. There was no evidence of teenage traits, just toys for a small child. It didn't make sense. She wondered about what would happen to her own bedroom in the future and whether it would be left in its teenage state or whether it would be repurposed as a guest room. She then shivered again when reality dawned once more that her former life was a farce and possibly wasn't real.

She stood outside the room that had possibly been assigned to Megan and Tara. It felt as eerie as hell as she turned the handle on her namesake's room and stepped into what appeared to be another shrine. A shiver ran down her spine as she took in the sight of a set of bunk beds to the right-hand side of the room and a single bed opposite, just like at home. She then froze to the spot when she spied the cot in the corner of the room, wedged in beside a chest of drawers. There was a pink knitted blanket inside the cot together with a pink bunny. Embroidered across the blanket was the name Sophie.

Tears welled up in her eyes once more as she desperately tried to make sense of what she was witnessing. Was she dreaming? Please let this be a dream she begged as she stepped backwards out of the room. Perhaps this room had just been prepared for Eva to come and live and the cot was intended for her Sophie and wasn't a shrine to another child. She wasn't sure what version she preferred as she belted down the stairs. She stopped at the telephone table at the foot of the stairs when she caught sight of an identical bear to Billy's. It was wearing the same blue jumper and had the name Freddie embroidered across the front. This couldn't be happening; this couldn't be real! Who was this family and why did the bedrooms look occupied, like the children had just got up that morning to go to school? She had to get out of there, she had to flee. Something sinister and very, very wrong had happened here. Did the grown-up version of these children really visit or was that what the shopkeeper was led to believe?

She felt rooted to the spot as she tried to open the front door. Why wouldn't it open and why did she feel unable to move? She realised her body had gone into overdrive and that the door had just possibly been secured and double locked from the outside by her father.

She took a deep breath and headed towards the back door. She took in the sight of the identical kitchen in her peripheral vision as she turned the key in the lock. She stared momentarily at the sight of Billy's swing by the apple tree in the garden before fleeing through the back gate.

She had to get away from there and she was never coming back.

Fifteen

She boarded the train at 11:40, relieved that it was now much quieter than earlier, and took the nearest available set of seats that no one else occupied. She needed space and she didn't want the person opposite staring at her when she knew she was about to crumble.

She felt a wave of panic flood through her body once more as the train slowly pulled away from the station and then she felt herself unable to catch her next breath. Fuck, what was happening to her? Why did she feel unable to function? She had already lost control of her bladder through fear and now she was struggling to breath. Perhaps this is what they describe as a panic attack, she considered, as she stared down at her soaking wet jeans. She suddenly felt guilty as she realised she possibly shouldn't be sitting down where someone else would be sitting later and then decided she couldn't care less. Her family was basically dissolving and she wanted to scream.

Her thoughts turned to Eva, her best and only friend. How could she betray her like this? How could she deny knowing anything about Bridge Street and how did her father strike up an unknown liaison with her best friend without her knowledge? When did they have time to do this? He was hardly ever there! Is that what he meant when he asked her why she was still there the other week because she was relocating?

Tears rolled down her cheeks as her thoughts switched back to the room she had just hidden in belonging to a boy called Billy. A boy that was now presumably a grown man. Where was he and why did the shopkeeper not mention him earlier and only refer to Megan and Tara. Perhaps something happened to this little boy? Is that why there was no evidence of his bedroom evolving into manhood?

She felt another wave of panic when she thought of her own little brother and then struggled to catch her breath again when she thought of his future. He was far too little for everything to fall apart. She would need to protect him no matter what.

She got off the train and stood rooted to the spot. She couldn't bring herself to take the next step. She didn't have a clue as to how she was going to manage her new-found knowledge and needed to carefully examine all the facts before dropping what could only be described as a missile. She looked across at the station steps knowing that she was about to pull her family apart if she didn't do this carefully. Surely there must be an explanation for all of this. She desperately wanted answers that would satisfy her and save her family but deep down she knew.

She stood outside her house fifteen minutes later with her hand on the catch of the garden gate. How was she going to do this and what was she going to say to Eva? She thought back to her night out with Joe when she had returned home a little drunk and had confided in Eva about Bridge Street. If Eva had prior knowledge of its existence, then surely, she would have tipped off her father. How was it that Eva was carrying on oblivious and why hadn't she shown up when her father was expecting her?

"Anyone home?" she called out, entering the front door. She breathed a sigh of relief when no one answered, as she wasn't yet ready to confront any of them, and then stopped in her tracks when she thought she heard a soft baby sound coming from the front room. She popped her head around the front room door and saw Sophie moving gently in her Moses basket on the coffee table. She stood quietly for a few moments longer watching her resettle and then turned to find Eva.

She caught sight of her through the kitchen window pegging out baby laundry and stood staring at her for ages. How was it that someone she trusted impeccably, who was like a sister to her, had betrayed her? Had she though? She didn't look like she had any intention of leaving the house that morning. She was still in her pyjamas and slippers and she had obviously been cleaning the house because the kitchen looked immaculate. Did Eva even know about any of this? Had her father prepared Bridge Street without her knowledge? No, that couldn't be right. The housekeeper or whoever the woman was that answered the door claimed that she was expecting her. Nothing made sense.

She stood by the back door as she watched Eva peg up the final item and then she stepped on out into the garden.

"Hey," Eva said, bending down to pick up the laundry basket. "You've been ages. I thought you were just taking Billy to school. Did you go to college?" she asked, not really knowing what time of day it was.

"No, I've been to Bridge Street," she said, deciding to dive straight in.

"Really," said Eva, walking across to her. "What did you find out? Did you meet your grandmother?" she asked, wondering why she looked like she had seen a ghost.

"Not in person," she replied, referring to the photograph she had seen on the mantelpiece. "But my father was there."

"Fuck," Eva said, sitting down on a white plastic garden chair on the patio. "Did he see you?" she asked, feeling herself shiver, despite it being a lovely day.

"He was expecting you, actually," she said, carefully observing Eva's expression to see if there was any hint of betrayal in her eyes.

"What do you mean he was expecting me? How would you know that?" she asked, wondering what the hell she was talking about. "Did he say that to you? I thought you said you didn't want him to know you knew about Bridge Street – did you confront him or something? I don't understand," Eva said, looking all confused.

"I spoke to the shopkeeper again who informed me that Helen Edwards, presumably my grandmother, had collapsed and had been rushed to hospital a few days earlier. She asked me to pop a card into the letter box. I used this as an opportunity to approach the house but instead of just delivering the card anonymously I knocked on the door and an old lady answered. She looked like she had been doing the cleaning but it was what she said to me that blew me away."

"Go on," said Eva, eager to hear what happened next.

"Well, she claimed to be waiting for you. Her words were, 'Oh you must be Eva' and she invited me in. Yes, she was expecting you and said I was a little early as she was expecting you at ten thirty."

"Expecting me? But why would she be expecting me? I don't understand."

"Well, I was rather hoping you could explain that to me. You see the house looked like it had been prepared for your arrival as there was a cot with a blanket inside embroidered with the name Sophie."

"What!" said Eva, tears now rolling down her cheeks. "I really don't know what you're talking about," she said, wiping her face with the back of her hand.

"Eva, the inside of the house looked exactly like ours. The furniture, everything and all the occupants have the same names. The toys are the same, in fact it's an exact replica of this place."

"I don't understand what you are saying," she said, standing up to distance herself from her. "I don't know anything about Bridge Street," she said, starting to tremble.

"Well I think you are lying. You had an argument with my father, which you refuse point blank to tell me anything about. He clearly wants you out of our house. He was obviously expecting you today but you failed to show. So tell me what is going on."

"Nothing's going on," she said, walking towards the kitchen door.

"Don't lie to me, Eva. He wouldn't wait forty-five minutes for you, if you didn't know anything about it."

"But I don't know anything about it," she said, opening the back door.

"Don't go inside or you'll wake Sophie," Tara instructed. "I want to know what's going on here."

"I don't know what's going on, I promise you."

"Well, perhaps you can start by telling me what the argument was about between you and my father," she said, walking across and closing the back door. "Go on, tell me. What did my father mean when he asked you why you were still here?"

"It's not what you think, I promise you and I truly don't know anything about Bridge Street."

"Tell me what the argument was about then. Surely if there's nothing to hide then you can tell me about it. COME ON," she yelled, suddenly losing her temper. "My family is falling apart. My mum and dad have gone AWOL, I've found out about a duplicate house and family and today my father was waiting for forty-five minutes for you to show up at the house that you claim to know nothing about. Now surely even you can see that I'm not going to walk away from this without you explaining to me what the argument was about.

"Eva, my father entered the fucking house while I stood behind the bedroom door hidden out of sight. I was absolutely terrified he would find me, so much so I peed myself. He's not the man I thought he was and I'm going to get to the bottom of this one way or another. Now, what has happened between you and my father. Have you been sleeping with him?" she suddenly asked. "Is that why my mother has disappeared? Did she find out about you both?"

"I don't know what you are talking about," Eva sobbed, stepping backwards away from her. "You've got it all wrong."

"Then tell me what it was about," she screamed, lashing out at her. "Tell me how it is that I brought you into our home to help you and in return you betray me."

"I haven't betrayed you," Eva yelled, feeling that she was losing the one friend she had in the world.

"Then tell me," Tara screamed, lashing out at her for a second time as she tried to catch her breath. She felt a wave of nausea sweep through her again like earlier, when she noticed Eva's blood on the back of her hand, then her panic attack merged with a vicious struggle as they wrestled to the ground. Everything went black.

Tara came around to the sound of a baby crying in the distance as she tried to make sense of her surroundings. Her head was banging and she could sense she was outside on the ground. She struggled with the memory of her and Eva having a physical fight as she rose up onto her knees from her lying position. Where was she now? She wondered, as she took in the sight of Eva's red slipper which was gripped in her right hand. She could see that her hands were covered in blood and remembered the blow that had caused Eva's nose to bleed. What had she done? Where was she? She staggered onto her feet, dropping the slipper and calling her name as she stumbled towards the house. She reached out for the door handle to open the kitchen door and then turned to face the garden again. Where was she?

"Eva," she called, walking unsteadily through the kitchen into the hallway. "Are you OK? I'm so sorry, I didn't mean to lash out at you. I just wanted you to tell me about you and my father." She walked into the lounge where she could hear Sophie crying and stared into the Moses basket. Why hadn't Eva attended to her? Where was she?

"Eva, where are you?" she cried, uncertain whether to pick Sophie up with blood on her hands. "Eva, please answer me, you're scaring me." Tara felt the tears well up in her eyes, as she struggled with the realisation that she had basically attacked her best friend when she didn't really know for sure what it was she was hiding from her, if anything.

"Shush now," she said, looking into the basket with tears dripping off her chin. She looked down at her hands again and reached out for Sophie. No, she should wash them first.

"Eva," she screamed racing back into the kitchen, "where are you?"

She washed her hands quickly and raced back to the lounge, reaching out for her. "It's OK, little one. Do you need feeding?" She walked back out to the hall. "Eva, where are you, Sophie needs you? She's hungry." She carried Sophie upstairs, calling out to Eva. "Eva, please, where are you?" She wasn't there, she wasn't in the house. Where the fuck was she?

"EVA, she called, racing back down so she could place Sophie back in the basket. "Where are you?" She rushed back out into the garden. She stared at the red slipper lying on the ground and slowly walked towards it. It was covered in so much blood. How could so much blood have come from a possible broken nose? What had she done? Was it from her nose or did something else happen that she couldn't remember. She had passed out. What was happening to her and what was she capable of?

"EVA, I'M SORRY," she yelled, dropping down onto her knees. "I'm so sorry," she whispered, reaching out for the slipper.

Sixteen

What was she going to do now? She had basically made matters far worse than they already were. She had no idea where Eva was and she didn't know how badly she was hurt. Had she done something terrible, something unforgivable? Had she crawled away somewhere frightened or staggered away from the house in fear to hide. Was she lying in a ditch wounded with no one to help her? She started to sob as the realisation dawned that her nanosecond of uncontrollable madness may have caused Eva serious harm. Perhaps she had hit her head and was stumbling around confused, seriously concussed, not knowing who she was. The possibilities were endless and she felt sick to the pit of her stomach and afraid.

She looked down at the red slipper she was holding and dropped it to the ground in panic. What had she done? She rose to her feet staring down at it and turned to face the house. My God, where was she? She had to be somewhere close by, surely. She raced to the garden gate and hurried down the side alley calling out her name. "Eva, where are you, please answer me, please." She looked up and down the street wondering which way to go. No, I can't leave Sophie by herself, she panicked, turning back to look at the house. I can't leave her.

She raced back inside, and returned to the front room to deal with her. "It's OK, little one," she said, picking her up and rocking her back and forth in her arms. "I will look after you." How the fuck was she going to feed her? She raced to the fridge. Please let there be some expressed milk in there she pleaded, pulling open the fridge door, please. Phew there was one small feed, enough to give her time to think. She flicked the switch on the kettle and reached for the jug on the side. She could do this.

She sat feeding Sophie with tears streaming down her cheeks. What had she done? What sort of person was she that could strike out at her very best friend, basically assaulting her? She was a monster and now she had transferred blood onto Sophie's Babygro from her own clothes. She would now have to change her. This was hell on earth.

Her thoughts turned to Billy and then she glanced down at her watch. She had twenty minutes and he would need collecting from school. Time was running out. "Eva, where are you?" she called out, placing Sophie in the pram. "Please Eva, I have to collect Billy from school."

Oh my God, she couldn't let Billy see the blood on the patio and the blood-drenched slipper. She would have to hide it somewhere. She took a sharp intake of breath and reached out for the kettle that she had just boiled. She would have to wash away the blood. There was no way she wanted to have to explain that to a five-year-old. Fuck, she was basically disguising the scene of the assault, covering her tracks. Is this what murderers do? She was no better than a goddamn murderer. She reached down for the slipper and carried it inside. Where would she put it? Where could she put the slipper until she had time to think about what to do next. She wrapped it in a tea towel and placed it inside the under-stair cupboard and quickly closed the door. She needed to be quick.

She would have to change as she had blood stains all over her and she was still wearing the jeans that she had peed herself in earlier. She was a mess and the clock was ticking. She quickly pulled off her t-shirt and dropped her jeans and pants to the floor, pushing them straight into the washing machine. She selected a hot wash and raced upstairs to her room. She sat down on Megan's bed as she pulled on a fresh set of tracksuit bottoms and a clean top and then burst into tears again. How had it got to this? She needed to think about what to do next if Eva didn't show. How would she give Sophie her next feed? She reached out for Eva's purse that was resting on the chest of drawers and pushed it into her pocket. She would have to buy formula.

She arrived at the school just as the teacher was opening the classroom door and she breathed a sigh of relief. She had made it. "Tara," Billy squealed, racing towards her. "Why have you brought my pretend sister to meet me from school?" he said, peeping into the pram.

"Because Eva is sleeping," she said, reaching out for his hand. She took another trembling breath as she walked across the playground, listening to Billy's rambling questions. She had now lied about another person sleeping in the house.

"Why is everyone sleeping?" Billy asked, taking another look inside the pram. "Are they lazy?" he asked, remembering his mother's comments when she was trying to get everyone up and ready for the day.

"I expect they are just exhausted," Tara explained, hoping that this would be sufficient to satisfy his curiosity.

"Why are we walking this way?" Billy questioned when they walked past the end of their street.

"I just need to go to the corner store," she explained, rushing him along.

"Are we going to get my crisps?" he asked, hoping this was the reason.

"Yes," she said, relieved to have a reason for the detour.

She stood in front of the shelf that had been dedicated to baby produce and stared at the baby formula. She had absolutely no idea what she was doing and prayed that Eva would be back so she didn't have to resort to this option in case she got it wrong. She picked up a tub that said first infant milk from birth and turned to face Billy who was holding his favourite crisps out to show her.

"Can I have these?" he asked, holding out a multi pack of a brand that was a little more expensive than she could really afford. She nodded in agreement, totally exhausted and headed across to the till.

"Will Mummy be awake when we get home?" Billy asked, hopefully.

"I'm not sure, but I will make you your tea and look after you," she reassured. She could feel her stomach churning as she made her way slowly back to the house and then she felt it take a complete flip when all her thoughts started to invade her head at once. How was she going to manage this?

She sat down at the kitchen table to read the instructions on the formula tub, after agreeing that Billy could have a bag of crisps while he watched his favourite cartoons on TV. Where the fuck was Eva? She had checked upstairs quietly when they first arrived home so as not to spook Billy but the house was still devoid of all occupants. Where was everyone and how could their own mother desert them?

She washed the small bottle that she had used to feed Sophie earlier and grabbed the two spares from the cupboard. She would make up three she decided and store them in the fridge because she didn't want to have a panic on her hands later and get caught out. She stared at the sterilising tub that she had seen Eva use when she had expressed milk into a bottle the day before and read the instructions on the sterilising tablet leaflet. Boy this was a right old rigmarole, especially as the baby would more than likely take up to six feeds in 24 hours. She then read the instructions on the formula tub again and burst into tears. It was all too much and she didn't have enough bottles without going through all this again later.

"Why are you crying?" Billy asked, walking into the kitchen, holding his teddy. "Is it because everyone's sleeping?"

"I'm OK, little man, just something in my eye, that's all."

"Why do you keep getting stuff in your eyes?" he asked, looking all concerned. "Will it get into my eyes?" he asked, nervously.

"No, your eyes will be fine," she said, rising to her feet. "Now stop asking lots of questions and go and watch TV while I sort out these bottles and then I'll make you your tea," she reassured. She watched Billy leave the room, dragging his teddy and felt a wave of guilt flood her veins once more. She couldn't neglect him, he needed a cuddle but most of all he needed his mummy. She had to keep it together.

She placed the bottles in the steriliser after watching the tablet dissolve and turned to face the cupboard. What could she give Billy that would be quick that he would eat and not complain about. She settled on a tin of frankfurters in beans and set to work heating them in a small saucepan.

"Here we go," she said, placing his little chair at the coffee table so he could eat in front of the TV.

"Mummy always gives me bread and butter when I have this," he said, picking up his spoon.

"Then that's what you shall have," she said, leaving the room once more. She quickly returned with a slice of bread and butter and a cup of squash and then turned to face Sophie. She looked at the clock and wondered how long she had before she woke and would not only need feeding but changing as well.

Eva, where are you? She screamed inside her head. Where the fuck are you? She returned to the kitchen and stood by the back door staring at the patio. How could she have struck out at Eva when she didn't even know for sure if anything was going on with her dad or whether she knew about Bridge Street? She had never been violent before. What was happening to her and why did she pass out?

She looked at the clock and then set the kettle to boil. The instructions said the bottles had to be rinsed in boiling water and then she needed to make up three feeds. She could do this, she had to keep going.

"What are you doing?" Billy asked, watching her count the scoops of formula into the bottles.

"I'm making up some milk for Sophie because Eva's sleeping," she confirmed.

"When will she wake up?" Billy asked, continuing with his questions.

"Soon I hope," Tara answered, taking a deep breath. She just wanted her to walk back through the door so she could give her a hug and say sorry and promise her that they would get through this together like always.

She left the bottles on the side to cool before placing them in the fridge. She watched Sophie sleeping peacefully in the pram and wondered how long it would be before she would need to deal with her and start all over again. She also pondered what would happen if she didn't like the formula. What would she do then?

The next twelve hours were hell on earth. She managed to feed and change Sophie, settle Billy for the night, do several more rounds of feeds and changes, make up a fresh stock of formula and then she paced up and down the front room, reasoning what to do. Should she report Eva missing? Would the police do anything about it when she had only been missing since yesterday afternoon? Also what would she tell them about the fight and what would they do when she explained that their mother and father had also gone AWOL and she hadn't seen her older sister since the day before either. Albeit her money was on that she had stayed at her boyfriends. Her family was basically dropping off the grid one by one and she was now really starting to panic about her mother's safety.

Could their father be responsible for bringing their mother to harm? If you had asked her that a few days ago the answer would be a definite no but now that she had seen the other house with the duplicate family she wasn't sure what to believe. She was also amazed that Megan had basically turned her back on them. How could she not come home when they had a five-year-old brother who was now totally dependent on them. It just wasn't like her.

Her thoughts turned back to Eva and the fight they had had the day before. If there was one thing she was certain of it was that Eva would never just walk away and leave her baby. Something must have transpired during the struggle. Was she concussed? Did she have amnesia as a result? The more she analysed the possibilities the more she began to panic. What if she was dead?

"What are you doing?" Billy asked, standing in the doorway of the front room. Tara looked across at him and then spun round to face the clock. Fuck, it was morning and she hadn't even been to bed. "Can I have my chocolate krispies?" he asked, following her through to the kitchen in his striped, blue pyjamas.

Billy sat at the kitchen table watching his sister make up his lunch box. "When will Mummy wake up?" he asked, putting another spoon of krispies in his mouth. Tara closed his lunch box and walked across to the table wondering what to say. She wanted to tell him that his mummy would be waiting for him outside his classroom that afternoon but she didn't have the heart in case she was wrong, which was more than likely the case.

"Soon I hope," she said, reaching out for his hand. "Come on let's get you ready for school, so we are not late," she said, walking him out into the hallway and up the stairs.

Seventeen

Tara quickened her pace en route back from the school run, as Sophie was beginning to stir in the pram. She had estimated sufficient time to drop Billy off and return before the next feed but she had been totally caught out. How do mothers manage these little feeding machines when they have other children to deal with, she wondered, as she turned the key in the front door. No wonder their mother was always in her room when Billy was a baby.

She flicked on the kettle and reached for a bottle from the fridge and then she paced up and down with the pram until it had boiled, praying Sophie wouldn't fully wake until it was ready. God, she needed help. She couldn't do this alone, she needed Megan but she had absolutely no idea of Tony's number. If she knew his last name, she would look it up in the directory but she had no idea what it was. She could only pray that she would return soon but she guessed she was heading straight to college from his house.

Maybe she could go to her college or better still she could phone the college and ask to speak with her urgently. Yes, that's what she would do, she couldn't do this alone, not with two little ones to care for. She popped the bottle into a jug of boiling water and then she found the number quickly from the yellow pages and called the college immediately.

"Good morning, Kennington Brook Academy, how can I help."

"Good Morning, this is Tara Edwards, I urgently need to talk to my sister regarding a family emergency. Her name is Megan Edwards," she said, sitting down on the telephone stool.

"One moment please."

Tara took four deep intakes of breath, trying to keep calm while she patiently waited for the clerk to fetch her sister, as Sophie's cries now echoed around the house.

"Hello, sorry to keep you. I'm afraid Megan isn't here today. Our records indicate that her mother called this morning. Did you say you were her sister?" she questioned, wondering if things were not as they seemed.

"Yes, I'm her sister, I must have got it wrong," she said, replacing the receiver before the clerk asked her any probing questions.

What the hell was Megan playing at? She had more than likely called into the college impersonating her mother to get the day off but it was so unlike her to do anything even remotely underhand, she was far too dedicated and passionate about her studies. Was Tony a bad influence? Well if she was going to pull a stunt like that she could bloody well come home and help her with Billy.

She suddenly felt furious with her sister but this was quickly replaced with guilt and confusion when the reality of it was she had caused Eva's disappearance herself. Her guilt was then replaced with anger at the absence of their mother without explanation and then more bewilderment when she thought about her father and Bridge Street. The whole episode was totally barking and she had absolutely no one to turn to.

Her thoughts returned to the police once more, wondering if this was what she should do but then she panicked. If she reported her parents missing, what if they thought she wasn't capable of looking after Billy and Sophie and took them away from her. No, she couldn't let that happen. They couldn't go into care! She was nearly eighteen but in the eyes of the law that wasn't for a few more weeks. She would probably be classed as a minor, no, she couldn't take the chance. She had to keep quiet and carry on until she could make sense of the situation and find out what the hell was happening with the duplicate house. She also felt guilt-ridden about Eva and didn't really want to own up to striking her. Perhaps the police would raise an assault charge or even worse murder. She burst into tears again as her thoughts raced around in her head and then she felt herself unable to breathe. It was happening again, she was having another attack, she needed help, she was desperate. Someone please help me.

Sophie's cries were now piercing, forcing her to take a few deep breaths to steady and calm herself down. She sat down on the kitchen chair momentarily to gather her thoughts and regain the strength to continue and then she resumed. Fuck, the milk was now too hot and had to be cooled a little.

She carried Sophie through to the front room and sat down with her on the sofa to feed her. She then changed her nappy and wandered up and down the kitchen with her stroking her back and talking to her gently. Yes, she now felt calm. Sophie's presence had basically forced her onwards and she was now back on track.

She had to keep going but for how long? What if this situation didn't change? What if this was how it was and Eva and her parents didn't return. She reasoned with this possibility for a few more moments and then decided that Megan would return at some point surely. Wouldn't she?

Her thoughts suddenly bounced to Joe. She would call him and ask for his advice. She could confide in him. She would be able to tell him about the fight with Eva. He would know what to do. She looked at the clock and then sat back down again dismayed. He would be at work and it was unlikely he would return home before six o'clock. She had a long wait. She had to sit it out.

She placed Sophie down in the pram and rocked it for a few moments and then she moved across the kitchen to the back door. She stared at the scene of the struggle and then slowly opened the door, stepping out onto the patio.

Other than the blood she had washed away, there might possibly be a trail, indicating the way she went, she pondered. She felt her heart race as she looked around the patio and then felt it accelerate further when she spied some blood on the lawn. The grass looked like she had crawled along towards the gate, as the grass was flattened and stained with splatters. It almost looked like she had dragged herself or shuffled as the mud was scrapped and disturbed underneath, unless she had been dragged! But that's ridiculous there was no way she could have dragged her best friend from the garden when she was unconscious, could she?

She felt herself panic again as she took a few more deep breaths. No, she would never have done that. She couldn't. Eva was her very best friend, like a sister and yes she was angry but not to the degree where she would dispose of her, like a sack of rubbish.

She dropped to her knees when she noticed some specks of blood on the lock of the gate and then she rose again, like she had been resurrected, pulling the gate open and racing out into the alley. There was no more blood to be seen anywhere. If she had been crawling, surely there would be a trail. Had she been carried? She couldn't carry her, she wouldn't have the strength. She collapsed to the ground in a heap of tears. "WHERE ARE YOU, EVA?" she screamed at the top of her voice.

She remained there for a further ten minutes imagining the worst-case scenario and convincing herself she had done the unthinkable and then she returned inside. She now had a secret. A secret perhaps she should tell no one about. Not even Joe. Tears streamed down her face again when the reality dawned that if she didn't tell Joe then she could possibly never see him again. How could she conduct a relationship if she could never go out? She now had two children to look after and she was just shy of eighteen. No one must know, she couldn't risk anyone taking them. She was trapped and she couldn't tell a soul.

She spent the next five hours in a spin cycle. Feeding and changing Sophie and trying to work out what to do next. There was no way she could continue like this, as there wasn't sufficient time in between each session before the process began again. No, something had to give, she had to locate Megan if she was going to do any more research with regard to Bridge Street. She wondered what she might say to her about Eva and felt herself panic once more that she might have ended her life. No, she was definitely keeping quiet about that subject but if she didn't confess to Megan that they had a fight how would they ever find out what happened to her and she would have to live with the guilt of not knowing. Could she do that, she wasn't convinced. She loved her dearly and she wanted her back by her side where she had been since the age of seven. She felt her stomach churn again as her thoughts continued to race and then she realised it was time to collect Billy.

Eighteen

The journey back from the school run was similar to the previous day with the exception of visiting the store. Billy was full of questions as usual and desperately wanted to see his mummy. His teacher had pulled her to one side in the playground asking questions because Billy had mentioned that his mother had been sleeping for days and he didn't think she would ever wake up. She had pretended of course that she was unwell but was now on the mend but it was only a matter of time before the web of lies would start to unravel, she was sure of it.

"Are you sure Mummy is still sleeping?" he asked, as he followed Tara through the front door. "Can I just peep in at her, so I can see her from the door?" he begged, kicking his shoes off and looking towards the staircase.

"Is that you, Tara?" their mother suddenly called out from the kitchen. "You're just in time for tea," she announced, walking into the hallway. "Thank you for picking up Billy, that was really helpful."

"Mummy," Billy squealed, racing towards her. "You've been sleeping for ages," he said, diving into her outstretched arms, as his mother reached out for him. "Why did you sleep for so long?" he asked, following her into the kitchen. "Daddy." Tara heard him say, as she slowly moved forwards along the hallway, her legs feeling like they were made out of lead.

What the fuck! When, how is this even possible? She panicked, feeling herself tremble as she stopped at the kitchen door, afraid to enter the room. She entered the kitchen in a trance-like state, wondering what she might say. This was a nightmare and she desperately wanted someone to wake her up.

She gasped when she saw her entire family sitting around the table and then watched rooted to the spot as Billy climbed up into his usual seat, next to her vacant chair, picking up his knife and fork.

"Wh... Where have you been?" she stuttered, not wanting to approach the table. She had noted that there was no longer a place laid for Eva and she had no idea why.

"Come, sit down," their mother instructed, pointing to her seat. "Or it will get cold."

"I'm not hungry," Tara answered, her hands firmly on the handle of the pram.

"You know we can't afford to waste food," their father interjected, "now push the pram into the corner and join us at the table." He gestured with a powerful sweep. Tara felt the tears sting her eyes as she noted Barney, their beloved Lab resting by her father's feet, just like he always did. If you had asked her what she wanted more than anything in the world a week or so ago, it would be exactly this but now it freaked her out completely, like it was a stage set and wasn't real and she was in the middle of a thriller.

"I'm not hungry," she repeated, backing away from her father's stern gaze. She looked across at Megan who seemed totally oblivious and was shovelling pasta into her mouth like she hadn't eaten in days. She hadn't even looked up as she entered the room and there seemed something really weird about her as she stared down at her plate, like nothing else mattered.

"I love you, Mummy," Billy whispered, trying hard not to cry. This was all too much for Tara who then turned on her heel and raced up to her room. She closed the door and leaned back on it, like she was keeping the whole world out and then she totally cracked when she noticed that the bunk beds were no longer there and in their place were two twin beds. Her gaze darted to Sophie's cot and then she let out a cry when she realised it was no longer wedged in the small space next to the chest of drawers. What had happened here in such a short space of time? It was all gone.

"Tara, are you OK?" their mother called from the other side of the door.

"Not really," she sobbed, walking across to the nearest bed. "I don't feel well," she said, not knowing what else to say.

The door opened and her mother entered the room and sat down next to her on the bed. "What's wrong?" she asked, in her usual soft tones, acting as if she had seen her a few hours earlier.

"Where have you been?" Tara asked, retrieving her hand from her mother's grasp.

"What do you mean?" her mother questioned, looking puzzled at the question she was being asked.

"Well, you've been missing for days," she said, not really certain exactly how many days, perhaps a lot longer but it seemed like forever.

"Are you feeling alright?" her mother asked, reaching out to feel her forehead, "you look a little pale."

"Where's Eva's bed gone and the cot?" she asked, standing up so she could distance herself from her.

"Eva's bed? What do you mean by Eva's bed?" she questioned, looking a little perplexed.

"Eva's bed, Mum! You know the bunk beds we have been sharing for the last year or so," she said, walking across to the other side of the room. "And Sophie's cot! Where is that?" she asked, starting to feel really scared.

"Well Sophie's cot is in my room, where it's always been," she said, standing up and straightening her skirt. "Where do you think it is?"

"In the corner next to the drawer unit, where it normally lives," she said, not understanding what was happening here.

"Don't be silly, Tara. Why would Sophie's cot be in yours and Megan's room," she questioned, walking towards the door.

"Because she is Eva's baby and she always sleeps next to her."

"Eva's baby? What are you talking about?" she asked, a strange look overshadowing her face, like she didn't understand why she was being asked such strange questions.

"Sophie is my baby, now don't be silly and come down and eat your tea," her mother instructed.

"No," Tara said firmly. "Don't pretend you don't know what I'm talking about. I know about Bridge Street," she stammered, not really sure if she should be having this conversation with her father instead of her mother.

"Bridge Street?" her mother questioned. "Where is Bridge Street and what has it got to do with this?" her mother asked, looking like she had absolutely no idea what she was talking about.

"Bridge Street is a duplicate house, where a duplicate family lives with the same names as us. Ask Dad, he was there yesterday, waiting for Eva."

"I really think you are unwell. Have you banged your head? Do you have a temperature?" her mother asked, moving closer towards her. "Why don't you lie down and I'll get you some paracetamol," she suggested.

She stood observing her mother as she turned to leave and then she rushed past her into their room, so she could see Sophie's cot. "Why is it in your room?" she screamed, not knowing what the hell to think.

"Steve, I need you up here," she cried, walking out onto the landing. "I think Tara is delirious," she told him, as she heard her father's footsteps climb the creaky stairs. "She's talking about a set of bunk beds belonging to Eva that apparently have gone missing and now she's freaking out about Sophie's cot. I think we need to call a doctor; she's not making any sense at all. And what is this nonsense about a house in Bridge Street that you apparently visited yesterday?"

"I have no idea," her father stated, shaking his head. "Have you taken anything, Tara?" he asked, referring to drugs. "Have you been drinking alcohol?" he continued to quiz her, looking like he was searching for a suitable answer for her apparent strange behaviour.

"No I haven't. Don't look at me like I'm the crazy one. You've been missing for days, leaving me to look after Billy. We've had no food and Eva had to use most of her savings to feed us and now you show up this afternoon, like you were here only this morning. I know about the other house in Bridge Street and the family with the same name as us," she blurted, wanting one of them to react.

"I think you're right, Helen, she's not making any sense at all. Go call the doctor."

"I don't need a doctor; I need to know where you have been all this time and where Eva is." She now felt certain that Eva's disappearance must have something to do with them. She felt exonerated from her crime and now the race was on to find her.

"WHERE IS MY BEST FRIEND?" she screamed at the top of her voice.

"What's going on," Megan asked, standing just inside the bedroom door. She had heard Tara's screams and had raced up to see what all the commotion was about.

"I'll tell you what's going on," she said, pushing past her so she could return to her own room. She paused at the top of the stairs when she heard her mother on the phone to the doctor's surgery and then she walked back into her own room furious.

"I'll tell you what's going on," she repeated, her hands gesticulating in the air out of frustration.

"Our parents have returned to the house and have picked up their lives as though they were here this morning."

"What do you mean?" Megan asked, sitting down on her bed curious.

"Well, where have they been all this time? And where the fuck have you been?" she added furiously. "Do you realise I have had to look after Billy and Sophie single handed. Eva had to spend her hairdressing savings on food for us and now they are sitting downstairs like they were here this morning."

"I think Mum's right," said Megan, turning to leave. "You've lost your mind," she said sarcastically.

"Lost my bloody mind. Do you realise that I followed our father to another house which was set up identically to this one and a family occupied it with the same names as us," she yelled, screaming in her face, like she wanted to slap it.

"Let go of me," Megan snapped, pushing her sister away to relieve herself from the tight grip she now had on her shoulders. "You're out of your fucking mind."

"Well, you tell me where Eva is then?" she screamed after her, as she ran down the stairs.

"At home probably, if she has any sense. Keeping away from her lunatic friend."

"What do you mean by that?" she said, racing down the stairs. "Her home is with us. She has lived here since her family moved last year. You know she doesn't have any other place to go!"

Megan stood staring at her for ages with a strange expression on her face. "I'm going to Tony's," she yelled, slamming the front door behind her.

Tara stood there, trying to take it all in. Why would Megan tell her that Eva was at home, referring to her own house? It just didn't make sense.

She then turned when she heard Sophie stirring and rushed into the kitchen. "Give her to me," Tara demanded, trying to pull her from her mother's arms. "She's not your baby, she's Eva's," she yelled, making Billy cry.

"Tara, go to your room," her father demanded. "A doctor is on his way and I want you to stay there until we know what's going on with you. You've upset your brother; in fact you're upsetting everyone in the house. Now go upstairs."

She stood rooted to the spot as she watched her mother warm Sophie's milk in a jug as she rocked her back and forth pacifying her.

She had absolutely no idea what was happening here and felt like she was going out of her mind.

Nineteen

Tara's mind was now in overdrive with the news that the doctor was en route. What would she say to him? Doctor Jacobs had been their family practitioner since... She paused trying to remember when he had come onto the scene and then decided she couldn't remember seeing any other doctor ever.

She thought about what she might say to him when he arrived and how ludicrous everything sounded about the duplicate house and everything else that had transpired recently. No, he was bound to side with her parents. She didn't stand a chance.

She glanced across at her mother again, who was now busy feeding Sophie, with her father overshadowing the process like some sort of security guard and then turned on her heel.

There was absolutely no way she was returning to her bedroom to wait. No, she was heading to Eva's old house just to check it out. Yes, it sounded bonkers that Eva should be down the street in her former home when she knew with absolute certainty that a new family had taken up residency in that house the August/September before but she just couldn't get Megan's words out of her mind.

She raced out of the front door and down the street to number twelve. She paused at the garden gate wondering what she might say and then likened it to the situation at Bridge Street. Why was she always knocking on people's doors she didn't know? It was becoming a habit! She rang the bell and took two steps back to wait, wondering who might answer.

"Tara, what on earth are you doing? I told you to go to your bedroom and wait for the doctor," her father yelled, marching up behind her.

"No, I need to find Eva. WHAT HAVE YOU DONE WITH HER?" she screamed.

"Lower your voice for goodness' sake. What on earth's got into you?"

"Well, you tell me where Eva is and I will return to my room."

"Can I help?" a man said, opening the door and moving out onto the front step.

Tara turned to face him, her face reddened with anger. "I'm looking for Eva," she said, knowing this statement would probably not make sense to a man she had never ever met in her entire life.

"I think you possibly have the wrong house, love. No one by the name of Eva lives here." He turned to head inside and then turned again when Tara asked another question.

"When did you move… in?" she stuttered, shaking her father off.

"Let go of me, I just want to ask him how long he has lived here," Tara shouted, pushing her father away.

"September time," he said, looking puzzled. "Is everything OK here?" he asked, curiously.

"Yes, everything is fine. Sorry to trouble you," her father reassured. "Now come on, Tara, let's go home."

"No, I'm not going home until you tell me WHERE EVA IS?" she screamed again, pushing her father away. "Get off me. I don't know you anymore. You're not the father I knew."

"Do you need help?" the man asked, addressing his question towards Tara, walking towards the gate.

"No, she doesn't," Steve replied, "she's just an overreacting teenager with a vivid imagination. Everything is fine here, I am her father."

"I'm not seeing any bloody doctor," she said, struggling to free herself from her father's grasp.

"You will do as you are told and you WILL NOT BACK-CHAT ME," he yelled, dragging her along the street.

"HELP ME," she screamed, turning to face the man who was now scratching his head, standing out on the street, observing them. He watched as they headed back into number two and then he turned to go back inside.

"HOW DARE YOU EMBARRASS ME IN THE STREET," her father yelled, pushing her in the front door and slamming it shut.

"Steve, keep your voice down or you will frighten Billy," their mother instructed, walking out into the hall.

"I HATE YOU ALL," Tara screamed, rushing up the stairs, "AND I'M NOT SEEING ANY BLOODY DOCTOR." Her bedroom door slammed and the sound of items being thrown around the room could be heard, momentarily, before she settled into a wailing cry, followed by soft sobbing.

Fifteen minutes later the doctor arrived.

Tara could hear her parents giving the doctor an overview of what had transpired and then she heard their footsteps on the stairs. "Tara, Doctor Jacobs is here," she informed, knocking gently on the door.

"I don't want to see him," she replied.

Her mother opened the bedroom door, disregarding her comments and ushered the doctor into her room.

"Thank you, Helen," he said, turning to face her. "I'll take it from here."

Helen closed the door and paused outside on the landing before deciding to return back downstairs.

"So what's this all about, Tara?" Doctor Jacobs asked, standing by the door. "Can I sit down?" he requested, then sitting before she could respond.

Tara sat there staring into space, not knowing where to start. She didn't want to confess to striking out at Eva but she now felt certain her disappearance had nothing to do with her.

"Tara, you can talk to me. I've known you since you were knee high to a grasshopper," he said, trying to make her smile. "What has happened?"

She turned to face him and then she burst into tears, not knowing where to start. "My mum started going out every day for hours on end and then she started staying out overnight. Eventually she went out and didn't return at all. Same with my dad. They basically left us to our own devices. We ran out of food and Eva had to use her savings to feed us."

"Who's Eva?" Doctor Jacobs asked.

"Eva is my best friend. Her family moved away last summer and she came to live with us. She had a baby called Sophie and we all used to share this room. Where you are sitting, that's where our bunk beds were but now they are gone. I went to collect Billy from school this afternoon and when I came back they were gone. Sophie's cot has been moved into my parents' room and my mother is now claiming Sophie is her baby."

"So where is Eva now?" the doctor asked.

"I don't know. They are all acting like she has never lived here. Almost like she doesn't exist but something has happened to her, I know it has and I just want her back," she sobbed.

"How often do you speak with Eva?" the doctor asked, opening his notepad.

"What do you mean 'how often do I speak with her'? I speak with her all the time. She lives here. Her clothes are in the bottom drawer," she said standing up and walking over to the unit. "Look." Tara pulled open the bottom drawer and gasped. "They were here," she said, dropping down to her knees. "They were here," she whispered, holding onto one of her own jumpers.

"I see," the doctor said, scribbling on his pad.

Tara looked at him anxiously, knowing everything she was telling him sounded like she was making it up and then she blurted something out she had wanted to keep to herself.

"I followed my dad one morning by train to…" she paused and then looked up at the doctor, she decided she had revealed enough and wasn't about to expand any further as it all sounded ludicrous.

"Followed your dad where?" the doctor asked.

"Oh it doesn't matter," she said standing up.

"When I returned from picking Billy up from school today, my entire family was sitting around the dinner table."

"And why did you find that unusual?" the doctor asked.

"Well, they've been missing for days, possibly as long as a week, I've lost track but they acted as if they saw me this morning and were carrying on as if nothing had happened and that I was the one that was…" She paused again.

"Finish your sentence," the doctor asked.

"Well, they were all acting like I was the crazy one."

"And why do you think your family would do that to you?" the doctor asked, making a note in his booklet.

"I don't know," she whispered.

They spoke for a further ten minutes and the doctor asked a series of mandatory questions and then he drew the session to a close. "I think that's enough for today but I will need to see you again," he stated, standing up to leave.

"I guess you're going to tell my parents that I'm mad," she said, thinking how ridiculous the whole thing sounded.

"Not at all," Doctor Jacobs reassured her. "There's a little bit in all of us," he joked.

Twenty

Tara spent the rest of the afternoon in her room. She had no desire whatsoever to mingle with the family that she no longer recognised but she did miss Billy and Sophie.

That part was a real wrench and she worried about Billy's well-being. What would happen if they suddenly went off grid again and failed to show for a school pickup or didn't come home at all? If she left the house how could she be certain that Billy and Sophie's needs were being met. Her mother might simply head out the front door like she did before leaving them alone and vulnerable. She now felt trapped.

She looked across the room at where the bunk beds used to be and sighed. Where was Eva? Was it really her fault that Eva was missing or did they take her from the garden after she passed out?

"Eva, where are you?" she whispered, laying down on her bed, exhausted.

She woke to the sound of bustling as her mother's tones echoed through the house. "I'm just taking Billy to school," she called out, like it was a normal everyday morning.

Tara pulled back the curtains rubbing her eyes. How could it be morning already? She watched her mother wheel Sophie's pram out onto the street and then she heard her instruct Billy to hold onto the handle as she pushed it along the pavement. Billy looked so happy as he skipped along next to the Mummy he had missed so dearly.

Tara glanced across at Megan's bed and sighed. She had either already left or stayed at Tony's again last night after their row. She was possibly now home alone.

She opened the bedroom door and called out. "Dad, are you still here?" she hollered, walking out onto the landing. She waited a few moments before going down the stairs and then heading to the kitchen. She walked across to the kitchen door and stared out onto the patio. The slipper, it was still in the downstairs cupboard, she suddenly remembered.

She raced out into the hall and pulled open the door. Where was it? It was nowhere to be found. Someone had moved the blood-drenched slipper wrapped in a tea towel from the cupboard. Who would have done that?

Tara felt her stomach take a flip as she rose from the kneeling position. Her whole body was trembling as she stumbled towards the stairs. She sat down on the second step and recalled her actions like she was winding back a scene on a video tape to ensure she was remembering it correctly. Someone had removed it from the downstairs cupboard. Someone had removed all traces of Eva from the house. It was like she had never lived there.

She made her way back up to her room and stood staring at its new layout. How did they remove a set of bunk beds so quickly? They must have had help, she considered, remembering that her return from the school run was slightly longer than normal because the teacher had detained her asking questions. But how could they have removed all traces of Eva, prepared dinner and all be sitting around the table? Her thoughts then returned to Eva as she panicked about her best friend's safety. Why was her family acting as if Eva had never lived there and why was her mother insisting Sophie was her baby? Nothing made sense.

Tears trickled down her cheeks as she sat down on Megan's bed exhausted. Her mother seemed to have no knowledge of Bridge Street and her father didn't even flinch when it was mentioned! Perhaps she should return there and question the shopkeeper again or even the old lady who'd answered the door!

She looked across at the clock and then quickly pulled on her jeans. She needed to get out of the house fast before her mother returned and time was running out. She grabbed a sweatshirt from the drawer and raced back down the stairs without so much as brushing her teeth or hair. She was an absolute mess but she didn't care, she had to go. She pulled her trainers on without undoing the laces and grabbed her bag, which was conveniently lying on the hallway floor. She then slammed the door so hard she heard a crack in the glass window.

She stood motionless at the gate for a second or two as she pondered her route to the station so as to avoid her mother and then raced down the street like she was being chased by a group of school bullies. She reached the station in record time and then stopped abruptly when she realised she might not have sufficient cash for her fare. Phew, she had just about enough to do the round trip and then she felt a huge rush of adrenaline flood her veins at the thought of returning home to a family she no longer felt associated with.

She felt like an outsider and if she was honest the only people she now cared about was Billy, Sophie and Eva. Everyone else was lying to her.

She got off the train at Fenley Rise and headed towards Bridge Street, a now familiar route. She no longer felt the same sense of secrecy about her visit this time. What did she have to lose by revealing herself? Her father was now fully aware that she knew about his second family or whatever relationship they bore to him. She just wanted answers and sitting in the wings wasn't going to get her anywhere. She marched to the end of the street and stood outside the newsagents opposite number two. She had arrived.

She was just about to cross the street when a truck pulled up outside and unloaded a 'For Sale' sign, which the driver then secured to the front of number two.

She stood rooted to the spot wondering if Mrs Edwards had died, and then she headed across to find out for herself. She rapped on the door and stepped back to wait, wondering who might answer. She prayed it would be the same old lady as before and then sighed when the door remained unanswered. No one was home and she had had a wasted trip.

She headed across to the newsagents and stood in the small queue that had formed in front of the counter. "Hello again," she said, when at last it was her turn to be served. "I was wondering if you had any update on how Mrs Edwards is?" she said, knowing that she had no cash left to purchase anything so needed to head straight in with her enquiry.

"Mrs who?" the shopkeeper queried, sounding like she had not heard the question correctly.

"Mrs Edwards, across the street," Tara added, thinking it odd that she hadn't heard her when she was standing directly in front of her.

"What number is she?" she questioned, taking her newspaper delivery log out from under the counter.

"Number two," Tara said, suddenly feeling uncomfortable. "Helen and Steve Edwards," she added, hoping that giving both names would jog her memory. "She's been in hospital," Tara continued, surprised by her blank expression.

"No, I have no one in my books by that name," she said, closing her book and placing it back underneath the countertop. "What can I get you?" she asked, moving her head to one side, indicating she had other customers waiting.

"I just wanted to know how she was progressing after she was taken to hospital," Tara explained, "and whether her children Tara and Megan had visited recently?"

"I'm really sorry but I have no knowledge of this family, so if you will excuse me, I have customers to serve."

Tara stepped to one side to enable the shopkeeper to serve the remaining people in the queue and then she continued with her questions. "What do you mean you have no knowledge? You asked me the other day to deliver a get-well card for you because your hip was giving you trouble."

"I really have no idea what you are talking about, so if there is nothing you need, then I suggest…" she turned on her heel, the remains of her conversation unheard as she stepped out the back, leaving Tara dumbfounded.

Why was she denying all knowledge when she had expressed such a long-standing friendship during her last visit? Tara left the store and stood staring at the house. What was happening here?

Behind the front door of number two was an identical family bearing the same names as her own. She had witnessed first-hand her father visiting the house and the cleaner was expecting Eva. She wasn't going home until she had some answers, even if she had to wait here all day.

She sat down on the garden wall watching the house and mulling over everything that had transpired. Her fight with Eva weighed heavily on her mind. Yes, they had had a scuffle and she did strike out at her catching her nose and causing it to bleed. A totally appalling thing to do admittedly, and if she could take it back, she would in a heartbeat but she felt certain that she would never have done anything life threatening to her and she would never ever drag her from their garden and hide her body. She shivered as the thought of Eva lying somewhere covered in earth, disposed of like she didn't matter consumed her. This thought made her spring to her feet like she was being propelled forwards. She was just about to step off the curb when she caught sight of the old lady bustling down the street like she had no time to spare. She stopped directly outside number two and retrieved a key from her handbag.

"Excuse me," Tara yelled, rushing across the road. "Hello," she called again, as the old lady stepped into the house. Tara put her hand on the door to prevent it from closing, causing the old lady to reopen it again in surprise.

"Hello," Tara repeated, "sorry to startle you. I'm surprised you didn't hear me calling," she said, taking a step back so she didn't invade her personal space. "I was here the other day, you may remember," she continued, hoping that she wouldn't deny all knowledge of seeing her.

"Ah yes," the elderly lady said, opening the door wider. "How can I help?"

"Do you mind if I come in?" she asked, praying that the old girl would let her step across the threshold.

A look of concern shadowed on her face momentarily before she opened the door wide and stepped back. "Yes, I remember, it's Eva, isn't it?" she questioned.

"Yes that's right," Tara lied, stepping through the front door. "I was hoping to ask you a few questions." The woman gestured towards the front room and then followed her through offering her a seat.

"How can I help?" she repeated, sitting down in the armchair next to her and removing her blue headscarf. "I'm not expecting Mr Edwards today, if you were hoping to see him."

"Ah that's OK, I was hoping to have a word with you," Tara explained, not really sure what to say next. "Have you worked for Mr Edwards for a long time?" she started, thinking that was a good place to begin.

"Since he was a wee boy," the woman offered.

"Really," said Tara, sitting up straight, as though by changing position she would absorb all the information better.

"Yes, William was such an affectionate little boy and now such a handsome man. He's always been terribly good to me.

"William?" Tara questioned, wondering if she was referring to Billy as an adult.

"Or Billy, as you probably know him," she continued, completely confusing her.

"Can I see a picture of him?" Tara suddenly blurted, staring across at the cabinet.

"Yes of course," she said, standing up and walking across the room to retrieve the family photo Tara had viewed the other day. She picked it up and smiled and then retrieved a second one before returning to her seat.

"This is him as a young boy around five," she said, handing it to her, "and this is him now," she said, holding out the second frame. "Although you already know what he looks like now," she said, pulling the frame away from Tara, as if she was being foolish.

"Can I see that again?" Tara asked, her stomach now in knots. The elderly woman had passed her a photo of her father Steve, but she was referring to him as William or Billy.

"His mother and father, Steve and Helen, were ever so proud of him. He was adopted you know, but boy, you would never have known." She suddenly stopped, stood up and replaced the photos back in their original position, like she had exposed too much.

"Were Tara and Megan adopted too?" Tara asked, her heart racing with so much new information. "No Tara and Megan were their biological children," she said, standing up.

"Can I ask you about Sophie?" she continued, thinking the old lady was about to dry up.

"Why don't you ask William?" she suddenly said, blushing from offering so much private information.

"Well, I didn't want to bring up the fact that he was adopted, I guess. You know that's a private thing and some children don't know they were adopted," she said, struggling for something to offer. "Was Billy, I mean William, told he was adopted?"

"Yes, he and Sophie, his twin, came into the family around age five, so they were aware of their origin," the old lady confirmed.

Tara, gasped when the name Sophie was mentioned as his twin and she felt her stomach take another flip.

"Are you OK?" the elderly lady asked.

"Yes, it just occurred to me that I don't know your name," Tara stuttered, searching for something to say.

"Oh, how rude of me. My name's Doreen," she said, a smile unfolding on her face.

"Where have you travelled from today?" Doreen asked, wondering how far she had come to ask such odd questions.

"Not far," Tara lied, not wanting to give her house location away. "Did Billy and Sophie come from a children's home?" Tara found herself blurting. Her mind was awash with so many questions.

"Yes, they came from Rosendale, a small orphanage in Chadderton Heights," she confirmed.

"What happened to their biological parents?" Tara continued to question.

"I have no knowledge of their father but I know their mother had psychological issues."

"Was she sectioned?" Tara asked, feeling like she couldn't breathe.

"I don't really think I should divulge anything further." Doreen decided. "I've probably already said too much. My tongue has a way of running away with me," she chuckled. "I don't often get the chance of company. Would you like a cup of tea?" she asked, standing up smiling.

"Yes that would be really nice," Tara said, knowing her legs were far too weak to carry her home at this precise moment.

She had just discovered that her father was really called William, Billy in his childhood. Why was he known to everyone as Steve, which was his adopted father's name? And where was his twin sister Sophie? Nothing made sense.

Doreen returned with a tray laden with biscuits and cake. "Help yourself," she offered, leaning across to pour the tea.

"Thank you," Tara said, accepting the tea with trembling hands.

"Are you OK?" Doreen asked, looking a little concerned.

"Yes, I was just wond… wondering why you are cleaning a house that no one is occupying at the moment," she said, trying to control her words.

"Ah I can see how odd that must look," she said, a wiry smile forming on her lips. "It's just gone on the market, so I am showing it to potential buyers," she confirmed. "Hence why I have provisions in stock," she added pointing to the cake and biscuits. "I can't be here all day without my treats."

Tara nodded, feeling a little better, now she understood why she was actually in residency, despite the house having no occupants. "Yes that makes sense," she said, feeling a little dizzy.

"Drink your tea, my dear," she said, cutting a slice of cake.

"I actually need to go now," Tara said anxiously, standing up to leave the room. She stabilised herself against the arm of the chair and walked towards the door. She felt certain that Doreen had put something in her tea.

"Ah but you haven't had any cake," Doreen interjected.

"I'm sorry but I really must go," she said now feeling sick. Tara stumbled into the hallway and reached for the front door. She yanked it open and breathed in the fresh air.

"You look a little pale," Doreen said, trying to close the front door.

"NO, LET ME OUT," Tara screamed, pulling the door open again so she could get onto the street. "I'm sorry," she said, realising that she was being rude to the old lady but she couldn't be certain that her tea wasn't drugged. How awful would it be if it was just the shock of finding out about her father that had made her feel dizzy and faint. "I'm sorry…" she whispered, as she stumbled along the street. She reached the end of the road and then she decided to make herself sick by placing her fingers down her throat.

She sat on a garden wall for a further ten minutes gathering her thoughts. She could now think a little more clearly, which made her feel certain that Doreen was part of the web of deceit. Who the fuck was she, where did she come from and how did she fit into this horrendous nightmare?

She made her way slowly back to the station uncertain as to whether she had had a narrow escape or whether she had panicked with the overload of new information. She had been subject to panic attacks of late, so she couldn't rule out this theory but one thing was for sure she wasn't about to return to find out.

She waited around ten minutes before the train pulled into the station, her mind awash with secrets. She hoped that it would be the last time she would stop at Fenley Rise and prayed she wouldn't have to return. The house was now up for sale of course, so the new occupants wouldn't be of interest. She did wonder why the shopkeeper claimed to have no knowledge of the family. Had her father intervened? Perhaps the shopkeeper had mentioned that a young girl was asking questions and he had told her to keep schtum. Maybe he threatened her!

What she couldn't come to terms with was her father's real identity. His birth name was William and was known as Billy throughout his childhood, he had a twin sister called Sophie and they were both adopted. Why had he kept this hidden? Did her mother even know? Perhaps she was in the dark just as much as the rest of them! She also couldn't understand why he had called his own children after his sisters. The whole thing was ludicrous. There were so many unanswered questions, she had no idea where to begin.

The one thing she did find reassuring was the fact that her father didn't have another set of children all with the same name. That had really creeped her out, although it wasn't usual practice to name all your birth children after your siblings either and take on the name of your parents. No, nothing made sense, not yet.

She stood across the street staring at her house and sighed. She had spent her entire youth wishing she came from a wealthy family so that they could have a bigger house and designer clothes but now the realisation was, money and materialistic things came second place to loyalty and trust. Yes, she used to feel loved, with a sense of security. Now she felt betrayed. She had lost faith in the fact that her mum and dad were really her birth parents. She took a deep breath as she realised this extended to her own siblings and now her mother had acquired a baby, which she categorically claims to have given birth to.

She glanced down the street at Eva's old house and took a sharp intake of breath. She would do anything right now to go back in time, even to their school days. Dodging the school bullies now seemed like a walk in the park to what lay in front of her and now she had to do it without her best friend by her side.

Twenty-One

"Where have you been?" her mother yelled, standing in the hallway with her hands on her hips.

"What do you mean where have I been? I've been out."

"You were told to stay put until the doctor has assessed you properly. Yesterday you were making no sense whatsoever and then you swan off without a care in the world, making us worry."

"But I saw the doctor yesterday and I had no idea I was under house arrest," Tara yelled, heading for the stairs.

"Don't you walk away from me, young lady, where have you been? I have also learned that you have been skipping college and have impersonated me on more than one occasion lying to the school about your absence."

"I skipped college to look after Billy because you and Dad had gone AWOL," she said, ascending the first two stairs.

"So you're going to continue with that nonsense are you?" her mother said, removing her apron and flinging it to the floor.

"It's not nonsense, you and Dad went out and didn't return for days on end. Even Megan went to Tony's. I was left by myself and I had to manage Sophie and Billy. If I'd gone to college, who would have cared for them?"

"Can you hear yourself, Tara, does what you're saying really make any sense? Just go to your room."

Tara continued up the stairs and sat down on her bed to think. How could she find out whether she was biologically connected to her mother and father or to any of them for that matter? She had watched so many police dramas about blood and hair samples being DNA tested but she had no idea how to go about any of it. She suspected only a doctor could carry out something like this.

"Doctor Jacobs is on his way, so please cooperate when he gets here," her mother called out.

"What do you mean he's on his way? Why do I have to see him again?" she yelled, throwing open her bedroom door and marching out to hang over the banister rail.

"Because we are worried about you," her father interjected, stepping out from the kitchen into the hallway. "We both want what's best for you and right now your comments and accusations are off the scale," he said, walking to the foot of the stairs.

"But I don't need to see him again, I'm perfectly OK," she said, glaring at her father, thinking he was a fine one to talk.

"Well I beg to differ," he said, realising that his conversation had been interrupted by the sound of the doorbell.

"Doctor Jacobs, thank you for seeing Tara again at such short notice. Has everything been organised?" he asked, then turned to see if Tara was still where she was.

"Yes, everything is ready," Doctor Jacobs confirmed.

"What do you mean 'everything has been organised'?" Tara asked, now standing at the top of the stairs.

"We need you to cooperate now, darling. You're not well and Doctor Jacobs has arranged for you to have some respite, until you're back to your normal self," her mother explained.

"What do you mean, respite? What does that mean exactly?"

"It means you are going to have a short stay at a clinic to give you some breathing space, time to find yourself again. You haven't been the same ever since Eva moved away with her family last August."

"But that's nonsense. Eva didn't move away with her family, she moved in with us. She had a baby. A baby that you have stolen and now claim as your own."

"Doctor, this is what we are up against," her mother stated. "You can now see first-hand that she is showing signs of psychological confusion and nothing we say seems to register. She is adamant that Sophie belongs to her best friend. A friend that moved away last summer. She has fabricated a complete timeline of events that are… well I can only describe it as ludicrous. I know she is missing her but…"

"Tara, please look at this photo," her father pleaded, walking up the staircase to hand it to her. "Here's a photo of your mother pregnant with Sophie."

"No it isn't, she's pregnant with Billy," she said, tossing it to the floor.

"No look, Billy is in the background, sitting on the sofa," her father confirmed, picking up the photo and passing it back to her.

"No, that's not possible. IT CAN'T BE," she screamed, pushing past her father, so she could reach the bottom of the stairs.

"LET GO OF ME," she screamed, as her father grabbed her by the shoulders, as she tried to go out of the front door.

"You have to believe us. You're not well and we just want to help you."

"You're not even who you say you are," she said, shaking her father off. "Your name's not Steve. Your name's Billy and you were adopted by a couple called Helen and Steve Edwards."

"Doctor Jacobs, I think her condition is far worse than we originally envisaged," her father stated, stepping back and shaking his head.

"Why, because I'm telling the truth?" Tara spat, turning to open the door again. "You have a twin sister you never see, so tell me why that is? And why do you have a complete family that no one knows anything about? A family that we have all been named after?"

"OK, that's enough," her father yelled, opening the front door wide. "I didn't want it to be this way but you have given us no alternative." This statement was accompanied by two male nurses stepping in to escort her down the garden path.

"NO, YOU CAN'T DO THIS TO ME. MUM, HELP ME, DON'T LET THEM TAKE ME AWA… her cries now muffled as she was bundled into the back of an ambulance taxi and driven away.

"Steve, I didn't want it to come to this," her mother wept, rushing down the garden path. She gasped and put her hands up to shield her eyes when she caught sight of Tara banging on the rear window, like she had been kidnapped. "Steve, I think perhaps we've been a bit quick in resorting to this," she said, panicking.

"A bit quick?" he questioned. "She's been steadily going downhill for months." He reached out for her hand, as she started taking steps in the direction the ambulance was heading. "Come," he said, guiding her back round so they could head back inside the house. "This is for the best, Helen. You will see."

"Where are you taking me?" Tara asked, realising that her behaviour had basically resulted in her incarceration. "I promise to be good," she said, starting to sob. "I won't say anything else, please just let me go home."

Tara waited for one of the nurses to respond to her pleas but she was met with total silence. "Why won't you answer me?" she pleaded, turning to face the nurse on her right. "And you," she said, to the other one. "What, you took a vow of silence of something," she said, feeling a wave of distress and anger take over her being.

"Look, there is nothing wrong with me. I am telling the truth. My mother has stolen my best friend's baby and is claiming it as her own. My friend is now missing and I know that they have done something to her. You have to believe me. Speak to me please. I'm telling the truth. OK I've made it all up and I'm sorry, now turn around and take me home," she pleaded. "TAKE ME HOME."

"What is this place?" Tara questioned, stepping out of the ambulance in a more cooperative fashion to assess her whereabouts.

She glanced at the sign erected in front of the vast lawn and then turned to face one of the nurses.

"Just a moment, Rosendale, isn't that an orphanage? I've heard that name before associated with a children's home," she said, spinning around to look at the sign again.

"Will you please just tell me what this place is?" she begged. "Why won't you answer me? What's wrong with the pair of you? Are you deaf mute or something?" She glanced up momentarily to take in the vast manor house in the background before the sound of another vehicle making its way up the gravel drive made her turn in that direction.

A black four by four was now sweeping its way up the winding path and stopping just shy of the ambulance.

"Doctor Jacobs," Tara yelled, walking towards the vehicle. "Why have you brought me here? Isn't this a children's home?" she questioned, watching him step out of the vehicle. "Tell me, are my parents swapping me for a better, more cooperative model?" she mocked, then realised that this possibly could be the case. "Isn't this where my father was from?" she queried, turning to look at the name again. "Just tell me why I am here?"

"It's like your mother explained. You need time out to be restored back to good health. Here we can assess your needs and tailor your rehabilitation accordingly. Now follow me," he gestured, turning to lead the way.

"But I don't need to be rehabilitated. I don't take drugs, I seldom drink and I know I'm of sound mind."

"Ah, everyone thinks they are of sound mind but sadly we don't always recognise when it's time to stop and reset. It often takes a loved one to identify unusual behaviour patterns and thus they become the enemy. In time you will see that your parents are only doing what's in your best interest."

"But I don't belong here," she said, following him through the front door apprehensively. "You hear of people being sent to psychiatric units and being sectioned indefinitely."

"You have a vivid imagination," he said, smiling, "I'm quite certain that our funding here won't run to an unlimited stay, now let's get you settled in."

"But I don't have my things," she said, realising that she had been sent away with only the clothes on her back.

"It's best not to have personal belongings when you first settle in. Photographs of loved ones, a favourite teddy or even clothes, remind people of what they have left behind and hinder their progress. We keep things simple here."

Tara followed him up the stairs and along the winding corridor. "It's like you're trying to erase my previous existence, my life, everything that went before," she stated, stopping beside him outside room twenty-seven.

"Not quite, we are merely giving you time out, time to recharge and start again," he offered, gesturing for her to move inside. "Now this will be your room for the duration of your stay. The bathroom has been stocked with toiletries and the wardrobe has been kitted out with a change of clothes suitable for your stay. All patients wear the same. We are all on the same journey but we will be disembarking at different stops. Now acquaint yourself with your room, change, and join us in the dining room in half an hour. Dinner is served here between five and six prompt. Tomorrow we will carry out a clinical assessment and your timetable is pinned to the back of the door. I hope you will embrace your stay with us, Tara."

He closed the door, leaving her speechless. She walked across to the door he had just closed and stared at the list. Her name was printed on the timetable showing a complete schedule. She moved across to the wardrobe and quickly opened the door. Three pairs of grey jogging bottoms and three grey sweatshirts hung in the wardrobe, along with a change of underwear, socks and grey trainers. She bent forward to retrieve a trainer and noted they were a size five. All the items of clothing had her name printed on the label. They knew she was coming, this wasn't a spur-of-the-moment arrangement, this had been planned. She was being reset.

Twenty-Two

“I don’t belong here,” she wept, rushing to the window. “I’m telling the truth, my best friend is missing and my mother has stolen her baby,” she cried. She rattled the window, trying to release the catch but it was locked fast.

She looked at her watch and then noticed the small clock above the door. She stared at her watch again and wondered if it would be confiscated. No personal possessions were permitted. Well they are not getting my watch, she thought, removing it from her wrist and pushing it under her mattress. Joe had given her that and it meant the world to her.

Oh my God, Joe! What would her parents tell him? Or would they simply lie so it looked like she didn’t want to talk to him. Nobody but her mum and dad knew where she was. What if he met someone else because he thought she was no longer interested. She couldn’t bear the thought of him being with another woman. She loved him so much. She began to weep as the overwhelming reality of what had just happened loomed. She had been disposed of – just like Eva.

She looked at the clock again and wondered what would happen if she didn’t comply and attend dinner by 6pm. She considered the consequences of her actions to date and decided to swiftly change in case her temporary stay was extended further.

She left the room and retraced her steps from earlier down the staircase and back out into the entrance lobby. She had no idea where the dining hall was but decided to follow the noise down the hallway to the left. She stopped shy of the double doors and peered through the circular window.

The voices she had heard were coming from the kitchen staff who were serving and engaging in banter with one another. The patients appeared to be silent, queuing with trays and then sitting alone on independent tables. She pushed open the door and walked towards the queue, smiling at the girl seated in her eye line. She looked vacant and unresponsive and was eating robot-style staring into space.

"No carrots please," Tara said to the staff member who was wearing a name badge labelled Mary. Mary stopped and stared before delivering the carrots straight onto her plate.

"It's important to get your vitamins," she muttered, before gesturing for her to move down the line.

She chose a seat next to a blonde girl of around the same age, who seemed immediately uncomfortable by her presence. "Tara, please choose another table," Mary instructed. "Eating is a time for reflection and refuelling, not for gossiping," she advised.

Tara moved to the next empty table, tears brimming in her eyes. What was the point of having more than one chair at each table if they were not allowed to share. Her rehabilitation was obviously a solo event and seeking comfort in others experiencing a similar plight was obviously not permitted.

She returned to her room as soon as she had finished eating and sat down on the bed. It was a small room, long and thin with an en-suite bathroom. Everything was cream and light grey without so much as a hint of colour anywhere. The room was soulless, sterile, with no creature comforts, not even a picture that she could lose herself in. It looked as though it had been designed like a blank canvas, so that you could take no influence from its creator. She felt like her former life was being washed away and there was no light on the horizon. Was she about to be brainwashed?

She woke to the sound of a siren, which immediately made her jump to her feet. Was the place on fire, she wondered, then pausing her actions when it suddenly stopped. She walked across to her schedule and then stared at the clock.

She had to be showered, dressed and down in the dining hall by 7am. She had 30 minutes. She wondered if she had heard Doreen, the housekeeper from Bridge Street correctly about the name Rosendale. There didn't seem to be any evidence of small children anywhere. Perhaps she had got that wrong. She quickly showered, dressed and tied her shoulder-length hair up into a ponytail. She had noted that her first session with Doctor Jacobs was at 8am and she was desperate to put things right. She couldn't stay here in this asylum; she needed to comply and pretend that she had been temporarily off kilter but she was willing to do everything she could to return home.

She pondered the term 'temporary respite' and wondered if it was a week, a month or a year. She prayed it wasn't the latter. It was a question for her 8am session.

She waited patiently outside the doctor's office, just before 8am and stood staring into space. She could totally understand why everyone looked vacant, there was absolutely nothing to look at.

"Ah, good morning, Tara," the doctor said, smiling, stepping out of his office. "Thank you for being prompt. Good timekeeping is essential to keep the wheels in motion," he said, closing the door behind her. "Did you sleep well?"

"It would be a lie if I said I did, Doctor Jacobs. I'm obviously overwhelmed that my parents thought it was in my best interest to send me here. But I'm having to come to terms with their decision." She stalled wondering how quickly she should comply. If she started to agree with everything offered, the doctor would see straight through her plan. "I'm very upset that this couldn't be resolved at home of course and that my therapy seems to be in an environment where I'm not permitted to talk to any other patients."

"Tara, you're in the first stage of your rehabilitation. You need time to think, find yourself again and find a pathway that's right for you. Everyone here is on a similar journey but their plight is individual. At the beginning, patients feel outraged at having their liberty removed. We need to move beyond those initial first feelings of betrayal, abandonment and anger, and come to terms with why our loved ones chose this path for us. As you progress you will be able to share experiences with fellow patients, I assure you."

"How long is my respite?" Tara asked, hoping it was the shortest term possible.

"Well that depends on how well you respond to the treatment offered," Doctor Jacobs responded.

"Now let's begin our session this morning by examining what happened when your friend Eva moved away last summer."

Tara stared long and hard at him, wondering how she was going to manage the sessions if she couldn't tell the truth.

"Eva's Aunt Deidre died suddenly last summer," she said, diving straight in. "It was a real shock because there was no evidence that she was ill. She simply collapsed. It was a heart attack you see, totally out of the blue. Deidre's husband Alf was a big drinker and spent all his time down the pub. After she died, he couldn't hold it together. He lost his job, couldn't pay the rent and they lost the house. Eva didn't get along with their two daughters who were spiteful towards her and basically threw her out. She had nowhere to go. No other family, so I asked my parents if she could stay with us for a while. This turned into a full-time arrangement."

"Yes, your mother did confirm that Eva stayed for a while last summer and slept in your room but the situation was not sustainable long term due to insufficient space. She advised me that Eva moved out at the end of the summer, when the bedrooms were reassigned to enable Billy to have a room of his own. My understanding is that up until recently he shared with your parents but with school imminently starting this was revised. Do you feel this is a correct analysis of the situation?"

"Partly," Tara admitted, "but Eva never moved out. She discovered she was pregnant and stayed on with us because she had nowhere else to go. The baby was born in April." Tara stopped, realising that by continuing with the facts she was making matters far worse.

"I see," said the doctor, clasping his hand together tightly.

Tara looked across at the window, tears brimming in her eyes. Eva was out there somewhere, dead or alive and her mother was raising her daughter as her own.

"Can you tell me what you think happened at that stage?" the doctor asked.

Tara opened her mouth and then closed it again. "I'm not sure," she whispered.

"Now you mentioned to me before that your mother stole Eva's baby. Do you still believe that version of events, even after your father showed you a photo of your mother pregnant? Or do you think you have merged your mother's pregnancy with the loss of your best friend. Your mother informs me that you and Eva have been best friends since you were around seven, so close that you were like sisters. Do you think it might be possible that when she moved away you missed her so much you fantasised conversations with her? Fabricated a fictitious life within your own imagination. It's very common to grieve for a friend, not just through death but when they move away. Grief comes in many forms."

Tears rolled down Tara's cheeks as she tried to absorb his analysis of the situation.

"I don't know," she whispered.

The session with Doctor Jacobs lasted around forty-five minutes and left her more confused than ever. Could it really be that she had fabricated an entire year? Had she really stepped outside her normal everyday life, mimicking conversations with a friend who had left town the summer before. Had she really merged her mother's pregnancy with an imaginary one? She thought long and hard about events that had transpired, conversations she and Eva had had. She had also confided in Joe, telling him everything. She was so close with him now. He was not only her boyfriend, he was also the only other friend she had. Did having no other friends cause her to hallucinate? Were the conversations she'd had with Joe not real? Was she feeding him a pack of lies, even though to her it really happened?

She made her way slowly back to her room. She had the morning free. There was nothing else on her timetable at all. She guessed that it had been designed this way to enable her time to reflect after her evaluation, to consider and contemplate. She sat on the windowsill in her room, staring out of the window.

If she had really imagined everything. Were her trips to Fenley Rise real? Did number two Bridge Street really exist? She had never even heard of the place before, let alone made up a place and street name. If she had imagined these visits, where was she when this was happening? Was she lying in bed dreaming? She mulled over this for hours, deciding that she needed to see a copy of the directory, so she could check the listing before they erased her memories for good.

She now felt certain that if she was already questioning everything after the first session with the doctor, then by the end of the month she would be brainwashed. He was obviously a very clever man with hypnotic skills. He had a way of speaking, a way of asking questions that made you doubt everything that went before. Made you question everything. Yes, some of the things they discussed sounded ridiculous. No wonder she had been sent to a psychiatric clinic or whatever this bloody place was, she suddenly thought.

She jumped to her feet, shaking her head. No it did happen. She did take the train to Bridge Street; she knew she did. A tear rolled down her cheek when she thought about how she had rushed out of the house, thinking that the cleaner had drugged her tea. It did sound ridiculous but it did happen she was sure of it.

She sat down on the floor, feeling as though she was completely unravelling. Where was Eva? Where was her very best friend, and was she safe? Her mind was so completely awash with questions, that she felt sick as the reeling thoughts rushed through her mind. She thought about Eva's baby and how she had the same name as her father's twin. Did he orchestrate this? Was this the missing piece to his perfect family?

Her tears continued when her thoughts then turned to Billy. How would they explain her absence to him and were they seeing to all his needs? Her mother often neglected him in favour of Sophie, she had witnessed that first-hand. Her mother had a tendency to focus on one thing at a time, like a fixation. Maybe they were all mad!

How could such an ordinary family have so many secrets?

She also debated Doctor Jacobs title. If he was a practitioner, why was he now conducting therapy sessions? Surely that was the job of a psychiatrist!

Twenty-Three

Tara closed her bedroom door, sat down on the floor and crossed her legs. She had just finished her fifteenth session with Doctor Jacobs and felt totally drained.

She had now reached the point where she was seriously doubting herself and was questioning everything that had transpired. Doctor Jacobs knew his stuff, of that she was certain. He had managed in a very short space of time to reach into her mind and completely rearrange all the pieces, like a jigsaw puzzle.

He had a valid answer for every single thing, and could explain how everything she had experienced felt so real, like it was experienced in real time. He said that the mind was so complex that it was possible for an inner self to coexist and could take on a number of forms. He explained in depth how tragedy, loss via bereavement or simply, as in her case, an extremely close friend moving away could affect the mind without us realising.

Doctor Jacobs' analysis of her situation was focused around her loss. He felt that she had invested everything in one person, so that when she left, the gaping hole left behind was so vast it basically swallowed her up. He advised that it was a coping mechanism like a defence shield and by refusing to acknowledge the loss, this shield bridged the gap between fantasy and reality.

He took every question she raised apart, dissecting it fragment by fragment in microscopic form, until he had millions of atoms, which he could then rebuild. At first Tara had resisted his technique, as it made her feel that her own emotions and evaluation of past events were being swept away and her mind was being cleansed but his skill superseded her own salvation ability and slowly drained away her memories drip by drip.

She was now finding it really difficult to remember certain events, as though a line had been drawn in the sand. She kept resisting, struggling to remember everything but what she could recall, seemed farcical, nonsensical, totally ridiculous.

Yes, she was now starting to see how all this must appear to the outside world. She had basically accused her own mother of stealing a baby. A mother who had loved and cared for her, her entire life. Why couldn't she remember her mother's pregnancy though?

Her sessions with the doctor were fast becoming addictive. She yearned for his correction technique, like a drug. It was like she was being infused with a more palatable serum, much easier to digest than the poison that was corrupting her mind.

Doctor Jacobs had retrieved her memories, did some clever mental restructuring and reset her cognitive map without her even being aware of his intervention. Yes, she knew he was treating her but his sophisticated execution disguised his craft – keeping it concealed, invisible to the patient. She was now totally unaware that he had pressed the reset button.

She rose up from the floor and walked across to the window. She liked sitting on the window seat, staring out at the vast lawns, people watching. Some of the patients were further into their rehabilitation and were now permitted to mix with one another and Tara enjoyed watching them from the safety of her room.

She was particularly interested in two girls who sat on the same bench every morning, to the left, below her window. The bench was positioned so she was just about able to see the expression on their faces as they engaged with one another. She wondered what they might discuss and whether they were sharing stories about their progression or whether they were discussing past events.

She pondered what she might discuss when she was given the freedom to roam around and then decided it wouldn't be very interesting because she was now beginning to forget the reason behind her stay. What she did remember was Joe. This memory was intact and she was longing to be reacquainted with him.

She walked across to her bed and sat down. She had spent many hours sitting staring into space, like she had been plugged into an electrical point while her battery recharged. It was a hypnotic existence and extremely exhausting. What she did know is that at 8am every morning, she waited patiently outside the doctor's office for her next fix. She was now so addicted to the sound of his voice that she thought she could hear him talking to her even when he wasn't with her. He was inside her mind twenty-four-seven and now she didn't want to leave him behind.

"After I leave here, will I still have sessions with you remotely?" she asked, fidgeting in her chair.

"Do you think that will be necessary?" he asked, leaning forward against his desk.

"Well I obviously want to go home but I will miss how you explain everything to me and guide me," she said, not really sure how to explain how she was feeling.

"It is common for patients to feel this way," he explained, standing up to walk across to his flip chart. "A certain amount of trust has been invested between us and it's a scary prospect of walking that path alone." He picked up his marker pen and pulled off the lid. "Every time you have a wobble, I want you to focus on this," he said, sketching out a symbolic emblem.

"What is it?" she questioned, moving towards him.

"It's to remind you of your journey here. It will lead you, guide you and keep you on the right path, if you keep faith."

"But how will I remember what the symbol looks like after I leave?"

"Tara, you will never forget. You will see this every time you close your eyes. It's now imprinted in your mind."

"When will I return home?" she asked, starting to feel a little anxious.

"Ah, well you have come a long way," he said, pausing to consider her question. "I think we are now in a position to set a potential end date. Something we can work towards. The minimum term is generally around twenty-eight days. I will pencil in June 23rd and we will make that our goal. I also think it's time you now integrated with other patients. How do you feel about that?"

Tara nodded, pleased that she no longer had to remain isolated. Her thoughts were overpowering her and with no one to talk to, no other influence or distraction it was all too consuming, almost suffocating.

"Here is a new schedule," he said, passing her a piece of paper that had already been prepared. "Please use the dining room and social space on the second floor moving forwards, and all the designated outdoor areas. Everything is signposted," he added, standing up to indicate the session had closed.

"But… but my sessions with you have been reduced," she stuttered, standing up to follow him towards the door.

"Yes, moving forward, these will now be every other day."

Tara slowly made her way back to her room. She was battling with her emotions. On one hand she was pleased she could now wander around and mix freely with other patients but she was saddened about having her sessions with the doctor reduced. She needed them and she needed him. She wondered if he had filled the void after losing Eva. Was she now channelling all her emotions once more into one being?

She thought about the day she had arrived. Her anguish at being abandoned by her family and handed over into his care. She had fought tirelessly against him but he had won her round. Made her see things clearly. Made her understand and come to terms with her own plight. She was lost and he had shown her the light.

She sat on her bed, staring into space once more. This was something she felt compelled to do after each session, like some magnetic force was making her evaluate and digest what had been said. She closed her eyes and laid her head down on the pillow. She could now see the symbolic emblem as clear as day. She felt a wave of relief flood through her veins as she soaked up the warmth and light that she was being drawn towards. She could hear the doctor whispering to her, reassuring her, guiding her to a better place. She was now his, a totally devoted follower.

Twenty-Four

Tara stepped out of the taxi cab and stared long and hard at her house. This was the moment she had been waiting for, longing for and now here it was right in front of her.

Her mother had arrived at Rosendale at 12 Noon and had joined them for their final session. Consultation number twenty-two. Her intrusion had agitated Tara, as she wanted her final meeting to be intimate, just the two of them, so she could open up fully, without her mother's influence and unwanted interjection. How could she absorb the energy emitted by the doctor with her mother continually butting in with silly anecdotes and promises of a brighter future?

Her mother had brought with her a change of clothes and smothered her with hugs and kisses, telling her how much she had missed her. It was at this point that Tara realised that she hadn't actually missed her mother at all during her stay, which surprised her. Her yearning was for Billy and Sophie and while she had fully comprehended that Eva had left last summer, she still missed her dearly. She had also missed Joe and was desperate to call him, letting him know she was now back on the scene.

"Are you just going to stand there?" her mother gestured with a sweeping arm, like she was showing her which way to go. "There's a little boy desperately waiting to see his big sister in there," she offered, opening the garden gate.

Tara took a deep breath as she took her first step back into the life she had been forcefully removed from. Twenty-eight days ago she had been dragged by two burly yet silent nurses out of her home and placed into an institution. She could see it being played out in front of her like a silent movie and once more it rocked her world. She closed her eyes, drawing in her breath and then a smile unfolded on her face. The warmth and light from the emblem was shining brightly before her and the doctor was whispering for her to be brave. "You can do this, Tara, trust in the light."

She watched as her mother turned the key in the all-too-familiar front door and held it open.

"Tara," Billy squealed racing down the path. "I've missed you," he said, running into her outstretched arms. "Have you been sleeping?" he asked curiously, taking hold of her hand.

Tara felt herself tremble, as she squeezed his tiny hand. "Why do you ask that?" she said, whispering into his ear.

"Because you said Mummy was always sleeping when you were looking after me," he said, shyly. "I thought it might be your turn."

Tears immediately brimmed in her eyes. Why would he say that to her if she had fabricated everything? Perhaps some of her subconscious actions had spilled over into everyday life, she considered.

She made her way into the hallway, taking another deep breath. "Come," her mother gestured, standing in the doorway leading to the kitchen. "I've prepared your favourite stew as a welcome-home dinner," she said pointing to the cookpot on the hob. "Your father will be home shortly," she reassured, turning to face the pram. "Would you like to hold Sophie?" she asked, picking her up out of the pram.

Tara nodded, tears running down her cheeks. She had grown so much and was now smiling back at her. She had missed her dearly. She cradled her in her arms and then walked towards the back door, staring out on to the patio and lawn. Flashbacks of her fight with Eva started to invade her space as she glanced towards the garden gate. She closed her eyes and breathed a sigh of relief when she heard the doctor once more whispering in her ear and the emblem shining brightly before her. He was with her showing her the way. Thank God she still had him guiding her forwards.

"Where's Megan?" Tara asked, placing Sophie back in the pram so she could cuddle Billy.

"She should be home shortly," her mother advised. "She knows we are having a family dinner this afternoon," she said, looking up at the clock. "I'm expecting her any moment."

Tara smiled, dismissing herself to her room. She was now so accustomed to spending time on her own, despite having been authorised to mix at Rosendale, she realised she preferred the silence. She wondered if it was a trait of not having any friends. With the exception of Joe, she now had no one.

She made her way up the staircase and stopped shy of Billy's room, staring in at the room that used to be hers. She remembered the pink wallpaper and pop-star posters and she pictured Eva sitting on the end of the bed talking to her. She recalled the day she came to stay, so emaciated and frail. Where did she go when she left here and why had there been no contact?

She wandered into the room that she now shared with Megan and stared at the space where the bunk beds were positioned. But of course, they were never there, she had imagined it all out of desperation. Why couldn't she recall the day Eva left and why had this been replaced with a fight? Nothing made sense. Not without the doctor. She needed him, she needed to close her eyes. Everything made sense when she was at Rosendale but everything seemed so real now she was home.

She lay on her bed staring up at the ceiling. If she could locate Eva, then she could lay all of this to rest.

"Tara, Megan and your father are home," her mother called, standing at the foot of the stairs.

"Coming," she yelled, trying to sound enthusiastic. She made her way down and walked into the kitchen, feeling really nervous. Her father was seated at the table and immediately rose to his feet.

"Welcome home, love," he said, giving her a hug. He gestured for her to take her usual seat right next to his and then turned to Megan so she could utter a few words of welcome.

"Glad you're back," she said with a half-smile, not sounding like she really meant it. She was still reeling from their parting argument and had enjoyed having the bedroom to herself.

"It's lovely to have everyone back together again," their mother stated, carrying the stew pot across to the table and soon it will be your eighteenth birthday," their mother continued. "What would you like to do? Would you like a party?"

Tara could feel herself start to unravel. How the hell could her mother ask her such a stupid question? How could she have a party, she had no friends to invite. "No, I don't want a fuss," Tara replied. "I will probably just go out with Joe," she said, really wanting to call him.

She struggled her way through the meal, trying to engage as much as possible but her heart just wasn't in it. She kept looking at her father and remembering how she hid behind the bedroom door at Bridge Street petrified of him. She kept trying to remember that everything that went before wasn't real, it was fabricated inside her own mind and she couldn't blame her family for her psychotic hallucination trauma.

"Are you OK, Tara?" her father asked, realising she was looking straight at him.

"Yes, I'm fine. I would just like to go and give Joe a call," she said, asking to leave the table.

She made her way out into the hallway ignoring all the raised eyebrows and sat down at the telephone table. She just wanted to hear his voice and right now nothing else mattered.

"Hey," she said, breathing a sigh of relief when she heard his voice.

"Hey to you too," he said, unable to believe he was hearing from her.

"Joe, I don't know what my parents told you about where they sent me but I'm back home and I'm desperate to see you. Where can we meet?" she asked, eager to make it immediate. "I want to see you today."

"Tara," her mum called out into the hallway. "Don't go making arrangements to go out, you've only just come home and you need time to recuperate," she instructed.

"Well, can Joe come here then? I really want to see him," she begged, placing her hand over the receiver. "Mum, please, I've done everything you asked, now let me just see him for a short while," she pleaded. "We will sit in the garden. We just want to see one another."

Her mother let out a sigh and then strutted back down the hall. "Very well, but one hour tops," she said, re-entering the kitchen.

"Did you hear any of that?" she questioned, uncovering the phone.

"A bit," he said, wondering if he would be permitted to see her.

"Mum said I'm not allowed out yet but you can come here. We can talk in the garden. Is that Ok with you?"

"Yeah sure," he said, looking at his watch. "Say around four o'clock?"

"Great, see you soon."

She raced up to her room and stared at her reflection in the dressing table mirror. She looked different somehow, like her soul had been removed and she had lost the glint in the eye. She took a quick shower and blow dried her hair, making her feel immediately better. She applied some eyeliner and a little mascara and a nude lip gloss and then took another long look at herself. Where had she gone? She was in there somewhere, she had to be. She pulled open the top drawer of the unit and rummaged for the brightest thing she could find. Yep, that will do, she thought, retrieving a cerise-pink t-shirt. She then turned back to face the drawer unit again and stared at the bottom drawer. The bottom drawer had been Eva's, or so she had imagined. Why did she imagine that and why was there so much detail in her temporary relapse?

She reached for her watch and raced to the bedroom window, certain she heard the latch on the gate. He was here, the man she loved, the man she trusted, the man that was now her only friend.

"Hey," she said, opening the front door wide. He pulled her into a hug and then kissed her passionately on the lips, after ensuring no one was watching. "God, I've missed you," he said, closing the door behind him.

"Come out into the garden," she said, leading him through the hallway into the kitchen. "Everyone's home at the moment, so there's nowhere else private," she said, hearing voices coming from the lounge.

They sat on the brick wall at the end of the garden, shielded by the apple tree and held hands. "What actually happened? Your folks said you had gone into some sort of hospital because you weren't well and that you would contact me again once you were home. I feel like I've been waiting for ages to hear from you. I've been going out of my mind."

Tara grasped his hand tight and began to regale the entire story, believing she had fabricated everything unknowingly. She told him everything she could remember about her final trip to Bridge Street, the housekeeper's account about how her father was really called Billy and how she believed at the time she had drugged her tea.

"I was so frightened, Joe. I'd never been so afraid in my entire life. I convinced myself that I had killed Eva after I confronted her about everything. I woke unconscious just over there, after the fight," she said pointing to the edge of the patio, "but she was gone. Afterwards I discovered a trail of blood leading out into the ally. I was beside myself. I later began to believe someone else may have finished her off and dragged her out of the garden to bury her. The whole thing got very dark and very confusing. My mum, by then, was claiming Sophie was her baby and had nothing to do with Eva.

"They said I was unwell and sent me to a clinic called Rosendale for some therapy. I resisted at first of course, physically as well as verbally but I was carted off. After several sessions with the doctor, I realised that I had experienced some sort of breakdown and fabricated an entire timeline of events spanning a year or more. The doctor made me see how things really were and how ridiculous it was to be accusing my own mother of stealing a baby."

Joe sat staring into space, trying to absorb everything he was being told. "So they think you have been hallucinating and talking to Eva for over a year?" he said, stepping down off the wall and walking across to the tree.

"Yes," Tara said, bowing her head.

"And what do you think, Tara? Do you believe you have some form of schizophrenia?" he asked, suddenly looking nervous.

"I believe I missed Eva more than anyone could possibly imagine and like the doctor said, people grieve in different ways. What I'm now struggling to understand is why I remember so many things in such detail. I guess I became unwell without realising it," she said, closing her eyes. "Yes, that's it," she said, listening to the voice in the wind. "It crept up on me. It's bizarre that I made up a duplicate family with a fictitious address though. I must have a very vivid imagination," she said, her thoughts returning once more to Bridge Street.

"But it's not fictitious, Tara, I went there myself, after you told me about it. When your parents told me you had gone into a clinic, I decided to retrace your steps. Two Bridge Street is now up for sale. How would you make up an address of somewhere you had never been to? You also mentioned to me that you checked the listing in the directory," he said, reaching out for her hand. "Don't you remember?"

"Yes I do remember…" she said, trailing off a little after closing her eyes. "But the doctor said I had transposed the event, you know, switched it round. I looked up an address and then visited the property. You don't think I imagined it, do you?" she asked, wandering across to the swing.

"I don't know, but I do know that you have seemed level-headed to me over the last year, despite the stories you have regaled. I don't think there's more than one of you. I wish I could take you away from all this," he said, pushing the swing up high. He watched as her beautiful blonde hair swayed in the wind and then he brought the swing to a standstill. "You're eighteen next week, think about it."

"What run away with you, abscond?" she asked, closing her eyes once more. "No, not run away. We aren't children, we just need a life of our own," he said, walking back to lean against the wall.

"I'd heard about Rosendale before I was taken there," Tara said, slightly changing the subject. "The housekeeper told me that was the name of the orphanage my dad and his twin sister were from," she said, wondering why this was. "But obviously I must have heard about it via another means because the housekeeper doesn't exist, she was all in my mind of course," she said, joining him on the wall.

"Everything was so clear at Rosendale when I was with the doctor but I'm beginning to feel a bit muddled again now I'm home," she admitted, suddenly feeling vulnerable again. "I keep staring at my dad, thinking he's lying to us all, deceiving us but it's all in my mind. I'm sorry, Joe, I will get better, I promise you."

"Hey," he said, pulling her to him. "We will get through this, I'm right by your side."

"I was afraid you would run a mile, thinking I was some sort of lunatic," she said, enjoying the comfort of being back in his arms. "If I could just trace where Eva moved to and speak with her, then I could move on from this," she said, thinking realistically. "I find it hard to believe that two best friends would separate without a forwarding address. I just can't remember the day she left. You would think I would remember that wouldn't you? Unless of course it was too painful for me to process, setting off the chain of events that followed. That's basically what the doctor said," she confessed.

"You could start at the hospital where you thought Eva gave birth to Sophie. You know, check their records," he said, thinking that was a good place to start.

"What, you don't believe my mum gave birth to Sophie?" Tara said, thinking he was the only other person to believe this version. "What about Sophie's birth certificate, it must be in the house somewhere or maybe we could visit the council offices, you know births, deaths and marriages," she said, feeling herself come alive, as she got caught up once more in the event.

She then stopped and burst into tears. "Look at me, Joe, I'm relapsing already. I've just been released from a clinic after serving twenty-eight days confinement under the mental health act. I've just come out of the bloody looney bin and I'm off again," she said, stamping her feet out of frustration. "I'm also not supposed to be out at the moment until my parents feel I'm sufficiently sane enough to re-enter society," she said, trying to raise a smile. "So I won't be researching anything."

"Hey, let me see what I can find out," he said, kissing her gently on the lips. "Joe, I'm so confused. If I'm really unwell and have been dipping in and out of some sort of fantasy existence, why are you not helping me to get better? Why are you encouraging me to continue with this madness?" she said, stepping back away from him.

"I will help you get better if that's what this really is," he reassured. "I will do some digging. OK, you concentrate on building up your strength. You look really pale."

"But now I'm doubting things again, especially as you are fuelling my curiosity," she said, not knowing which way to turn.

"Look, you do as the doctor suggests, rest and recuperate," Joe cajoled.

"But how can I trust in everyone when I have an itch I can't scratch?" she said, burying her head in his shoulder.

"Patience is all that comes to mind at the moment," he said, squeezing her tightly. "Let me do some research and then we'll talk again."

She walked him across to the garden gate. "Will you call me again tomorrow?" she asked, missing him already.

He smiled gently at her. "Yes, now go inside and be with Billy," he said, blowing her a kiss. "He needs you."

She watched as he continued down the side alley and then she turned to look at the latch of the gate and then she followed her eyeline down on to the grass where she had apparently imagined a trail of blood. She needed to return to her room and close her eyes. She needed to see the symbolic emblem. She needed the doctor urgently, she was coming undone.

Twenty-Five

Tara felt like her life was on hold. Her college course was suspended temporarily because she had missed a significant part of the curriculum but she had been given options. She could, if she wished, catch up to bring her back in line with her peers, which would involve extra homework and weekend studies or she could enrol again for the forthcoming year.

She chose the latter because she simply needed time out. Her concentration span was almost non-existent as her mind darted from one extreme to the other. She was once again displaying signs of mistrust and was suspicious of everyone who approached her.

All she wanted was to close her eyes and hear the whispering voice of the doctor who was now like God to her. She found it soothing, it relaxed her and made her see sense.

That was until she received a call from Joe the following afternoon when she was home alone.

"Hey Tara, how are you doing?" Joe asked, eager to share his news.

"I'm OK," she lied, feeling totally exhausted.

"Can you leave the house yet, as I need to talk to you?"

"No, I'm not really up to it at the moment but no one's here, so tell me what it is," she said, sitting down on the second from bottom stair.

"I went to the estate agents today, the one that's selling Bridge Street, pretending to be interested in the property." He paused wondering if the line had disconnected when silence followed his sentence. "You there?" he questioned, tapping the receiver.

"Yes, sorry," Tara said, frightened of what he might say next.

"Well it's already been sold," Joe said. "The estate agent wouldn't tell me anything further, due to client confidentiality, so I went to the property myself."

"Why would you do that if it's been sold?" Tara asked, wondering where he was leading with this.

"Because I wanted to see things for myself."

"But you said you had already checked it out before and confirmed its existence," she said, wondering what the purpose was with a second visit.

"I stood across the street watching it for a while," he continued, "wondering what to do, when an old lady came out the property. She wore a blue headscarf and matching coat and walked across to the shop opposite. I could see she had grey hair as her fringe was showing. Does the description match the lady you saw?" he asked nervously.

"Yes," Tara whispered, feeling sick to the pit of her stomach. "But that doesn't really confirm anything," she suddenly blurted.

"What do you mean?" Joe asked, wondering why she was saying that. "Because it could be a coincidence," she said, wishing she could return to her bed. She needed the doctor!

"But you mentioned you visited number two Bridge Street and saw a lady matching this description, so surely that means you didn't imagine it or hallucinate as you've been led to believe… but that it really happened."

"Joe, I don't think we shouldn't see one another for a while until I feel a bit better. You're confusing me and I need to get well," she said, hanging up the phone.

"Tara, Tara…" Joe repeated, unable to believe that she had terminated the call. He couldn't leave it like this. Something was really wrong here and he needed to get to the bottom of it.

Tara returned to her room and knelt down by her bed to pray. She clasped her hands together and bowed her head, closing her eyes tightly. She wanted to block out the world so she could hear the doctor. She needed his guidance as she knew she was already starting to unravel. Why was it that at Rosendale everything was clear as glass? Was it the clean lines, lack of colour, abundance of personal space, enabling her to see things clearly without interruption, allowing her time to think. At home there were so many reminders of what went before, jogging her memory and making her take a step back.

Tara could hear the phone ringing in the background over and over. Every time it stopped, it started again a few moments later and Tara knew without doubt it was Joe trying to reach her. Was he the enemy, leading her towards something dark and unimaginable? Perhaps he was the one who had stoked the fire initially? Was he the one feeding her imagination? She mustn't see him again!

She was now completely alone and could trust no one except her family. The doctor had reinforced that her parents actions were born out of love and that she should trust in this wholeheartedly.

The next few days passed by relatively smoothly. Tara informed her mother that she wouldn't be seeing Joe any more, as she no longer felt they were right for each other. Tara was certain she saw a smile unfold on her mother's face but dismissed this immediately by closing her eyes. She filled her days by helping out around the house and tending to Sophie and Billy when her mother rested.

"Will you pick Billy up from school for me, Tara? I've got a terrible headache and need to lie down. Please take Sophie with you, as she could do with some fresh air." Tara nodded, watching her mother close the bedroom door and then headed back down the stairs. She prepared Sophie and popped her into the pram and then headed out of the front door. This was her first trip out of the house, since her return and she felt like she had gone full circle. How was it that she couldn't go out alone but it was perfectly OK for her to pick up her brother and take her sister with her? Her sister, no that didn't sound right at all. She looked into the pram, stopped and closed her eyes for a few seconds and then continued onwards.

She arrived at the school just as the teacher was opening the classroom door. The last time she saw Billy's teacher she had pulled her to one side asking a series of questions. But of course this didn't really happen, she reminded herself.

"Tara," Billy squealed, rushing towards her. "Is Mummy sleeping again, like before?" Tara felt herself shiver, as she took hold of his little hand.

"Why do you keep asking me that?" Tara questioned, acknowledging the teacher, before turning her attention back to him.

"Because she slept for a hundred years last time and I don't want her to do it again," he said, reaching out for the handle of the pram.

"What do you remember about that time?" she asked, uncertain if she should be asking him that sort of question.

"Just that she was always sleeping," he said in a whispering tone.

"Why are you whispering?" she asked, stopping to bend down so she could hear him better. "Billy, do you remember when we got Sophie?" she asked, taking hold of both of his little hands. Her own recollection of this was travelling to the hospital with Billy and her mother to visit Eva and Sophie. It had suddenly occurred to her that she couldn't remember her mother's labour at all, let alone her pregnancy. "Do you remember this?" she asked again.

"Yes, I remember going to the shop to choose her," he said, a smile lighting up his face.

"Was anyone else with us?" she asked, then standing up to look over her shoulder as a dark gloom shadowed her question, making her shudder.

"Hold the pram," she said, picking up her pace once more and heading out of the school gates.

"Just us," he said, tripping over his lace. "But Eva let me hold her," he said, stopping so that she could retie his shoe.

Tara felt tears spring into her eyes as she hurried down the road.

He must be confused, she argued with her inner voice. Eva left us last summer, she reinforced.

"We're home," Tara called out, opening the front door wide. Her cheery call was met with complete silence, as she remembered her mother had gone to bed. It was starting again just like before.

"Can I watch TV?" Billy asked, rushing through to the lounge. Tara agreed, following him through so that she could switch it on and then she heard Sophie stir. It was time for a bottle.

Tara warmed up a bottle and then went through to the lounge to do the feed. "I'm hungry," Billy said, hopping up and down on the spot.

"Well if Mummy doesn't wake by the time Sophie's finished her bottle, then I will cook you your tea myself," she said.

"Billy, why were you whispering when we were talking on the way back from school today?" she asked, then regretted her question.

"Because I'm not allowed to talk about Eva," he said, suddenly looking sad. "Who said you can't talk about Eva?" she asked, putting the empty bottle down on the coffee table.

"Mummy, she said it makes you sad," he said, reaching out to stroke Sophie's cheek. "I'm sorry," he said, looking down at his feet.

"Hey," she said, reaching out to him. "You can talk about her to me secretly," she said, standing to leave the room.

She walked out into the kitchen uncertain why she added the word secretly and then switched on the oven. She placed Sophie back in the pram while she scrambled through the freezer and then she slung a pizza straight onto the oven shelf. "OK little one," she said walking towards the pram, time for a nappy change.

"Hello," Megan called out, entering the front door. "Anyone home?"

"Yes," Tara said, stepping out into the hall, with her finger over her mouth, indicating to keep it down. "I've just got Sophie to sleep and Billy's been in bed for around half an hour."

"Where's Mum?" she said, walking into the kitchen.

"She's resting, as she's got a headache and Dad's not home yet.

"Anything for dinner?" she said, looking across at the cooker.

"There's a couple of slices of pizza left," Tara said, pointing to the plate on the side. "You can warm it up," she suggested, picking it up.

"I'll have it as it comes, I'm starving and knackered," she said, heading for the stairs.

"Megan, how's everything been here while I was at the clinic?" she asked, hindering her ascent. "Has mum been coping OK with Billy?" she asked, still unable to place Sophie under her mother's wing.

"Yeah, why wouldn't she be?" she quizzed, taking the next two stairs. "Because she sleeps a lot," she said, not wanting to raise the subject about her going AWOL.

"No more than anyone else," Megan replied, continuing her climb.

"OK, I just wondered," she said, deciding to leave the conversation there. She went back through to the front room and sat down on her father's chair, pondering her day. Did today really happen or was she back in her dream-like state?

She woke around 8am the following morning to the sound of the front door closing. She rose from her bed and stood by the window, raising the curtain slightly. It was Megan, making her way down the street, presumably to college, looking like she didn't have a care in the world. Why was it that some people's lives just rolled along smoothly when hers was a rollercoaster ride? She felt like she was at the peak, you know, the part of the ride where the carriage is at the highest point and it was just about to drop. Yeah, there was no seat belt on this ride, she felt like she was hanging on for dear life.

She made her way downstairs after visiting the bathroom and walked into the kitchen. "Morning," her mother said cheerfully, looking radiant, dressed and ready for the day ahead. "Did you sleep OK?"

Tara nodded, sitting down at the table next to Billy. "Not bad," she lied, knowing there was no point sharing how she felt. She wanted them all to believe she was on course, so she was trusted around Billy and Sophie.

What was the point of divulging Joe's findings yesterday when she didn't really know who the enemy was! No, she was keeping his comments to herself. She couldn't trust them, so they weren't up for discussion.

She ruffled Billy's hair and gave him her biggest smile as she reached for the cornflakes. "I love you, Tara," he whispered, making her shudder.

"Do you know," she said, reaching for his teddy that was sitting next to his breakfast bowl, "you are the most adorable little brother a sister could wish for."

Her thoughts were now back at Bridge Street as Billy's teddy wearing the blue knitted jumper with the name Freddie embroidered across the front had jogged her memory once more. Why was there a duplicate house in Fenley Rise set up exactly like this, where a little boy had a matching teddy with the exact name?

Tears stung her eyes as she reached out for the milk, trying to bury this memory. It's not real, she kept telling herself as she placed the milk back down on the table. It didn't happen, it's all in my mind.

"Would you like to help me in the garden today?" her mother asked, reaching for her pretty lace cardigan. "It's a beautiful morning and that's where I plan to spend my day," she said, ushering Billy from the table so she could take him to school.

"Think about it," she said, reaching out for his lunchbox when she didn't respond. "Watch Sophie for me," she added walking towards the door. "She's due a feed any moment, so I don't want to take her with me."

She swept out of the house looking like she didn't have a care in the world, holding on to a little boy's hand that Tara loved more than anything else in the whole wide world.

She closed her eyes knowing that she was unravelling fast and then took two deep breaths. She needed to meditate, go into a trance-like state so she could think. She had spent twenty-eight days practising this technique which seemed to work perfectly at Rosendale but here it didn't make sense. Here there were too many memories.

Her mother returned just as she was finishing Sophie's feed. "So," she said, sitting down next to her on the sofa, "are you going to help me today?" She reached out to take Sophie. "The garden desperately needs attending to and I think it would do us both good to spend some time together and we could both benefit from getting some sunshine and fresh air."

Tara agreed half-heartedly, rising to her feet. "I'll just get dressed," she said, walking out into the hall. She climbed the stairs, feeling like she was living someone else's life and lay down on her bed. How could it be that one moment she was living a normal life with a boyfriend, a best friend and a college course and now she was deemed a recovering psychiatric patient capable of losing vast periods of real time, choosing to slip into another existence and now she had nothing.

She rolled over and stared at where she had imagined the cot to be and then looked up at the ceiling. If she had lost sight of her own world, why was there no memory at all of the world her parents were describing. Her thoughts then turned to Joe. She did miss him and couldn't believe that after yearning for him for the last month she had dismissed him, telling him they weren't right for each other.

Was this all part of the plan? Did the doctor leave her memory of Joe intact knowing the relationship would fizzle out so that she had something to return to. Something that would dissolve naturally so that her parents weren't to blame for yet another conundrum. She closed her eyes, searching for his voice. "Speak to me," she whispered.

She stirred to the sound of the phone ringing and sat up on her bed. Was that him? Was that Joe, trying desperately to get through to her? She walked to the back of the house and looked out of her parents' bedroom window. Her mother was busy weeding the garden and Sophie was in her pram in the corner of the garden under a parasol. Should she answer it?

She reached the bottom stair just as it stopped and then it started again, just like before. It was him, she was certain of it! She stood staring at the phone momentarily and then she reached for the receiver.

"Hello," she whispered, even though she was certain no one was inside the house.

"Tara, is that you?" Joe asked, sounding really desperate.

"Yes," she said gently, realising she loved the sound of his voice.

"Tara, you have to believe me. There is something really wrong with your family and you have to trust in what I'm going to tell you. Eva did give birth to a baby girl on the first of April at Chadderton Hospital."

"How do you know that?" Tara asked, sitting down on the floor.

"Because I went to the hospital but, as usual, due to patient confidentiality and me not being listed as a next of kin or relative, they wouldn't tell me anything. I was sitting outside the maternity block on the wall thinking things through when one of the nurses or midwives, whatever they are called came out, presumably on her break. She sat on the wall and lit up a cigarette. She smiled at me and asked if my partner was in labour or whether I had just become a father. I lied of course not really having a valid reason for being there. But what I did throw into the conversation was that I was also there back in April as well. Yes, I pretended to be there when Sophie was born. I gave the facts just as you explained them to me."

"But how could you say that to her when you don't know if it really took place."

"Because hundreds of babies are born there, so what did it matter if she couldn't recall it. She quite possibly wasn't one of the midwives involved in Eva's care anyway, I was just fishing. Grasping at anything.

"You really shouldn't be lying, Joe. Wandering around everywhere like some sort of detective. You know I'm not well and this is doing nothing at all to help me get back on track. This is exactly why I said we shouldn't see one another anymore."

"Tara, you're not listening to me. Just let me explain what happened. The nurse I was talking to was Eva's midwife. She remembered the birth really well. She said her sister was her birthing partner as you were unable to reach your mother. It was just like you explained. Don't you remember you claimed to be her sister?"

Tara replaced the receiver and covered her face with her hands, without saying anything further. This couldn't be true. Joe was feeding her more lies. Why was he doing this to her? She took a deep breath and rose to her feet and wandered out to the garden.

"Ah, there you are at last," her mother said, beaming from ear to ear. "I'm so glad you decided to join me. I thought you were getting changed," she said, noting she was still in her pyjamas.

Tara looked down at herself, realising that she was no further forward than an hour ago. "Sorry I lost track of time," she said, turning to face the house. "I'll be back in a minute."

She raced upstairs, feeling like she had received an adrenaline shot and pulled on her old jeans and a t-shirt. Her mind was racing and now she thought she might be sick. Joe couldn't be right, could he? She just didn't know what way to turn and who to trust. She sat down on her bed, trying to summon the doctor. "Help me," she whispered.

She returned to the garden ten minutes later and picked up a trowel.

"Sorry Mum," she said, kneeling down next to her. "My head is all over the place this morning."

"It's hardly surprising," her mother said, reaching out to stroke her cheek. "You've been through so much. If you need to talk, I'm here for you," she said, giving her a hug.

"Is Dad OK?" she asked, thinking she hadn't seen him for a while. "Yes, he is getting there. He's obviously worried about you but he should be home around one," her mother advised.

They spent the rest of the morning tending the garden until it looked really smart. "Right," her mother said, rising to her feet. "I'm going to nip down to the corner shop. They had some trays of bedding plants outside yesterday and I think they would be nice to plant out the flower bed."

Tara turned her face towards the sun, soaking up its rays and then wandered across to the pram. Sophie was gurgling away and seemed really content and was grasping hold of her rattle. Tara picked her up and cradled her in her arms. "Who do you belong to?" she whispered gently, rocking her back and forth.

Tears sprung into her eyes as she recalled Joe's call from earlier. Did Eva give birth to this beautiful baby girl that her mother was now claiming to be hers? But why would she do such a thing when she already had three children of her own? She thought about Bridge Street, where Doreen had recounted four children. Sophie was the name of the baby in the family photograph displayed on the trinket cabinet. Was Sophie the baby she was holding, the missing piece to making the perfect duplicate family? She wandered back into the house and placed Sophie down in her baby chair so she could play with the hanging toys on the arch. What was happening here and was this family real?

She wandered up the staircase and stopped outside her parents' room. She really wanted to see Sophie's birth certificate, as that would resolve everything and put her mind at rest. She opened their bedroom door and stepped slowly inside.

She looked around the room and sat down on the bed. The cot was now positioned on her mother's side of the bed, which somehow seemed wrong. There was just no recollection of her mother's pregnancy at all and she couldn't believe, even if she wasn't well, that this nine-month period would evade her memory.

She noticed that the picture her father had showed her confirming her mother's pregnancy was now displayed on the bedside cabinet next to the cot. "How could this be?" she mused out loud, picking up the frame so she could imprint the vision and try and recall the memory of when this was taken. She looked at Billy in the background and then placed it back down on the cabinet, shaking her head. She was so confused.

She wondered where they might keep their important paperwork, opening her father's wardrobe door. Did they have a file for significant documents that needed to be retained? She stared at the contents of her father's wardrobe and then turned her attention to the bottom area, where he kept his shoes, as there were some boxes she recognised which contained the family photos. She opened the familiar box and smiled at the first photo that came to hand. She was around three years old and was holding her father's hand. They were on a beach, presumably a family holiday and Megan was building sandcastles with their mother in the background.

She took a deep breath wondering why she was doubting her own family when her entire life was inside this box. She selected another photo which had been taken at Christmas time, the year Billy was born, and smiled again. They were a perfect family, devoted to one another. Well at least they were until Eva came along and changed everything. She sat staring into space wondering why she now had venomous thoughts about Eva, when there was the possibility that her own mother had stolen her baby and then she burst into tears. She was having a serious breakdown, she knew she was. She was just about to turn eighteen and she didn't even have anyone to celebrate with. She had cracked. She had broken in half and had become two people.

She replaced the box in its original position when she noticed the bottom shelf in the wardrobe was loose. She pulled everything out and then pondered how long she had been there. Her mother would be returning soon and the likelihood was, her father would be hot on her tail. How long did she have?

She lifted the bottom shelf up slightly, which revealed a small dark space between the base of the wardrobe and the floor. She felt around and retrieved a small black folder. With trembling hands she quickly opened it. She felt so nervous. The adrenaline rush of what she was about to do became overpowering as she took a sharp intake of breath.

Could she look, could she bring her whole family down like a pack of cards or was this confirmation that her family was who they said they were? She had to see. She had to know for sure.

Fuck, her mother was back as she could hear the key in the door. She didn't have time, she would have to put it back. She quickly put the folder into the open space and replaced the bottom shelf back into position, which formed the floor of the wardrobe. She swiftly replaced everything on top, ensuring the photo box was in the same place as before and she quickly closed the wardrobe door.

"You upstairs?" her mother called, noting Sophie had been brought inside. "Yes, I was just in the loo," she yelled, flushing the toilet and appearing at the top of the stairs.

"Did you get the plants?" she asked, rushing down, as though she was enthusiastic to see what she brought.

"Yes, they didn't have too many left but I managed to get a variety of colour," she said, pointing to the four trays that were on the kitchen table.

"Will you make a start?" she asked, walking towards the lounge. "I'm going to spend a little time with Sophie and then I will join you."

Tara carried a couple of trays out into the garden and knelt down in front of the flower bed. What the fuck was in that folder? She needed to see the contents as soon as possible, as she felt certain all the answers were inside. She would try again tomorrow.

Twenty-Six

Tara stayed in bed the following morning on purpose. She didn't want the task of taking Billy to school and missing the opportunity of being left alone in the house. She desperately needed to see the contents of the folder she had unearthed yesterday and knew this would possibly be her only chance.

Her mother knocked on the bedroom door for the second time and quietly opened the door. "Tara, I'm just taking Billy to school. Are you OK? You don't usually miss breakfast."

"Just tired, that's all," she said, rolling over and rubbing her eyes for effect. "I'll get up shortly," she promised, covering her head with the duvet.

"Well it's a lovely day," her mother confirmed, walking in and opening the curtains to validate.

She headed for the stairs, calling out to Billy to usher him along, while pulling on a lightweight cardigan.

Tara observed from the window as she watched her mother head down the street in the direction of the school and then she raced out onto the landing. She knew she was alone as she had heard her father and Megan leave the house earlier. This was her chance.

She pulled everything out from the bottom of her father's wardrobe and lifted the flooring shelf just wide enough to retrieve the folder. She sat down on her parents' bed trembling. She knew in her heart that opening the folder could potentially end her family life, the life that she knew and up until recently loved with all her heart. She closed her eyes, searching for the doctor but he was nowhere to be found. She couldn't see the emblem and she couldn't hear him gently whispering to her, showing her the way. No, she was completely by herself and this was her choice. Her thoughts turned to Eva, wondering her fate and then she knew with absolute certainty that she had to do this. What if Joe was right about everything and she had turned her back on him also? What sort of person was she if she didn't stand by the two friends that had always looked out for her and loved her. She owed it to them and she definitely owed it to Billy and Sophie to find out the truth. She looked at the photograph on her mother's bedside cabinet showing her blooming and radiant and then she took a sharp intake of breath. She was doing this.

She looked at the first piece of paper on the top of the pile and gasped. It was Sophie's birth certificate and Eva was without doubt the child's mother with the father marked as unknown. She was born on the 1st April 1988 at Chadderton Heights Hospital, just as she remembered. Tears blurred her vision as she scrambled through the papers for further evidence. What else did this folder contain? With trembling hands she raised Billy's birth certificate up so she could clearly see the details. She wiped her tears as the words came into focus. His birth mother was called Elaine Winters and she was only nineteen years old. The father was once again marked down as unknown. Oh my God, he wasn't really her brother! Had he been stolen as well or had he been legitimately adopted? She tried to remember back to when he was born. He was now nearly six, so she would have been around twelve. She did have a vague memory of another woman which she assumed was her mother's nurse or something along those lines. She was just a little girl and trusted in everything. Why wouldn't she? She and Megan had been sent to family friends for a while, as their mother was unwell, and then went on to summer camp and missed the later stage of the pregnancy including the birth.

She looked across at the alarm clock on her father's side of the bed and started to panic. Her mother would be back any moment but there were so many papers to look through. What if she had been stolen and what about Megan? Maybe none of them were related and the family was made up of other people's children. She had to know!

Oh my God, it was too late, as she could hear the latch on the garden gate. Her mother was back and she would be caught red handed. What if they sent her back to Rosendale as some sort of psychotic lunatic? She could be locked up forever, sectioned indefinitely. She quickly pushed all the papers back inside the folder and slipped it back inside the void in the wardrobe.

Her hand brushed against something soft, as she retrieved her hand, making her pause momentarily. What else was inside this hidden space?

She could hear Sophie crying relentlessly and her mother doing her best to console her as she entered the front door. This would give her a few more minutes she prayed. She had to see what else was under there.

Oh my God, she knew what it was! It was the tea towel she had wrapped the blood-soaked slipper in. She knew what was inside, she didn't need to unwrap it but somehow she had to see.

"Are you up?" her mother called out, making her jump up onto her feet.

"Yes, I'll be down in a minute," she lied, holding the half unwrapped bundle in her hand.

"I'm just going to feed Sophie," her mother confirmed, flicking on the kettle. Tara took a deep breath, staring at the contents in her hand. Who had moved it from the downstairs cupboard? Which one of her parents did this or were they in it together? Perhaps they had done it to save her, after she had attacked her best friend. Maybe they were trying to protect her.

"Tara, please come down, I need your help," her mother called out.

"Coming," Tara replied, placing the unwrapped bundle back inside the void. She didn't have time to investigate further, she would have to look again later, perhaps when her mother did the afternoon school run. She quickly replaced everything back inside the wardrobe and straightened the bedcovers, ensuring nothing looked disturbed.

She slowly made her way down the staircase trying to digest everything she had just learned. She popped her head round the front room door to see what her mother wanted.

"What do you need?" she asked quietly. "I don't feel well and I would really like to go back to bed," she added.

"Very well," her mother said, rising to her feet. "You go up and I'll sort everything out down here."

Tara made her way back up to her room and sat down on the bed, tears streaming down her face.

What the hell was going on here and were her mother and father even her real parents? She knew with absolute certainty that her mother had been a kind, caring person. Up until she had brought Eva into the family there had never been any sign of the family being dysfunctional. They were a unit, stuck together through thick and thin, despite being on the breadline. She had always felt loved and she knew that this was far more precious than wealth and riches. This had been highlighted even more with Eva's plight.

Her thoughts started bouncing between her own home and the identical one in Bridge Street. Joe had confirmed its existence, so there was now no doubt at all that she hadn't fabricated this. She hadn't hallucinated her way through an entire year, like she had been led to believe. This was real.

She also wondered why she could no longer hear the doctor. He was gone, replaced with facts, real life stuff and she now had documents to prove this. She pondered the legitimacy of Rosendale and the doctor's brainwashing skills. Was he an innocent party in all of this? Perhaps her parents had done such a convincing job in making her appear psychotic to him. Maybe his methods were accredited and licensed. Maybe her parents had merely used his skills to their advantage to bring her back in line. There were so many unanswered questions.

Her thoughts turned once more to Doreen, the housekeeper at Bridge Street and her wealth of knowledge about the family. She claimed to have known the family for decades. Were there documents inside the folder pertaining to her father's adoption along with his twin sister Sophie and where was she now? What happened to her? There was a dark gloomy trail of missing people surrounding her family. Not only her father's twin but what had happened to Billy's biological mother and what had been Eva's fate?

How many missing people were there? How many people suffered in order to make this family? Tears rolled down her cheeks when she pondered the fact that it was likely that her own biological mother and that of Megan's met the same fate. Although she didn't have proof yet, as she hadn't seen any documents to support this theory.

She looked at the family picture that sat on top of the dresser that she treasured. It was taken near Blackpool Tower, on a rare weekend break, when her parents had scraped together enough funds to give them a treat. She had loved that holiday so much and remembered it was the first time that Billy had sampled ice cream. His little face, sitting in his buggy covered in strawberry sauce, was a delight. How could this be happening to her? How could her family unit have so many threads?

She really needed to speak with Joe and apologise for her mistrust. She knew he would understand, after all, she had been through the mill recently. How would she contact him though? She couldn't let her mother overhear her conversation by using the phone downstairs. Perhaps she should walk down to the telephone box. She pondered this possibility for a short while and then decided that at ten in the morning it was unlikely that he would be home.

She stood at the top of the stairs listening for the sound of her mother's movements and then walked into her parents' room to look out of the window. Yes, she was gardening again and Sophie was in her pram in the corner of the garden under a parasol, exactly the same as the day before.

Would Joe be home if she called him now or was he out playing detective or even more likely at work? She sat down on the top stair wondering what to do when she heard a knock on the door.

"Hello," she said panting, pulling open the front door after racing down the stairs.

"Joe," she squealed, pulling him to her like he was oxygen vital for her existence and survival.

"Hey steady on," he said, grabbing hold of the handrail on the side of the step.

"Are you OK?"

"No, not really," she said looking over her shoulder. "Walk up the street with me for a few moments, so we can talk in private."

"Tara, you have to get out of there. Something is seriously wrong," he said, marching down the road at record speed like he needed to distance himself from the scene of the crime. "You have spent the last month in some sort of institution because your mother and father claim you are fabricating stuff. I promise you you're not losing your mind or hallucinating like you are led to believe. Everything you have told me is true. Sophie does belong to Eva, so what has happened to her?"

"And Bridge Street does ex…" he went to continue but was brought to an immediate standstill.

"STOP," Tara yelled, trying her best to keep up with his fast giant strides. "Slow down. I can't speak to you and keep up this pace," she said, panting and sitting down on a garden wall. "It's worse than that, Joe," she said, realising she was sitting outside Eva's old house. "I located Sophie's birth certificate, so I know what you are saying is true. I also found Billy's and it's the same with him. His biological mother was a nineteen-year-old girl called Elaine. I just can't believe he's not my brother," she said, bursting into tears.

Joe stood there with his mouth wide open, staring into space. He just couldn't digest what he was being told. "Are you sure?" he said, sitting down beside her on the wall.

"No, I made it all up," she said, jumping up out of frustration. "Of course I'm sure. I found a folder of documents hidden at the bottom of my father's wardrobe. I was searching for clues and found the bottom shelf was loose. Anyway, it was there, stacked with important papers. Only thing was I was interrupted because my mum came home from the school run, so I had to put everything back quickly. I didn't get the chance to see if the same thing applied to me or Megan but I seriously suspect it does. I think my family is made up of other people's children. I just don't get it; I mean none of us have been mistreated. We are in a loving family environment in an everyday normal street, living in an average house, leading a typical standard existence. It's not like they're monsters or anything," she said, trying her best to explain that they weren't prisoners and went about their lives normally.

"Yes, but you're not taking into account what might have happened to the biological parents," Joe said, standing up and reaching out for her hand.

"Yes I am," she said, shaking him off. "You know how desperately I have been searching for Eva but I was led off the trail. Accused of making it all up. So how can you say that? I obviously didn't know then what I know now about Billy."

"That's not what I meant. It's just for a moment it was like you were trying to justify their actions but I obviously realise that it must be hard to comprehend that the parents you love and trust aren't who they say they are."

Tara sat back down on the wall and cradled her head in her hands. He was right. It was hard to perceive that her family were all from different seeds, branching out in a family tree that went beyond the boundaries of heritage. Who was she and where did she come from?

"What am I going to do, Joe, with all this knowledge? I can't just carry on like everything is normal. My best friend is missing and I really fear for her safety now that I know my own mother is raising her daughter as her own. Especially now that I have evidence of this. And what about Billy? He loves his mummy so much, this will tear him apart."

"You need to get hold of that folder, Tara. Can you get hold of it tomorrow when your mum does the school run?"

Tara stared at him and then burst into tears again. "This is the end of my family, isn't it?" she wept, crying into his shoulder.

"I don't think they're your family sweetheart," he said, hugging her tightly.

"But what will happen to Billy?" she wept, then shook herself free of his grasp. "No, Joe, I can't do this. Billy and Sophie will get taken into care if I turn them in. At least if we stay as we are they will be brought up in a family home."

"Tara, listen to yourself. Your parents have quite possibly done something very underhand with the biological parents of Billy and Sophie – and yours and Megan's for all we know. Now I'm not saying they've been murdered, although we can't rule that out, but they may have paid them off. Vast sums of money or blackmail, who knows!"

"There must be another way," she wept, feeling herself tremble. "Joe, would you help me?" she suddenly blurted, staring up into his eyes. "I need to get Billy and Sophie far away from here but I can't do it by myself."

"Do you realise what you're asking?" he said, turning away from her and staring up at the sky.

"Yes," she said, turning him around to face her. "But what choice do I have?"

"But we could go to prison," he said, stepping back away from her. "Don't you see, we would be just as bad as them."

"If we take the folder with us as security, I don't think they will alert the authorities because it would reveal their past and possibly uncover the true extent of their crimes."

"I don't know," said Joe, shaking his head. "I'm going to have to think about this."

Twenty-Seven

Thirty-five years later!

"Mum, where are you?" her daughter asked anxiously. "We left you before midday and it's now four twenty-two," she said looking down at her watch. "You know we are going out tonight and Charles is introducing you to his mother and father. This is so important to me. Where are you?" Sophie asked a second time.

Tara rose to her feet, feeling a little shaky. She had completely forgotten that they were meeting with Charles' parents that evening, especially as she was the one that had insisted on it. She had wanted to meet them prior to the wedding, as she said she would feel awkward at the ceremony and reception otherwise.

"Is your dad there?" she asked, staring down at the trail of gin glasses that hadn't yet been removed from her table. She looked across at the single overworked barmaid that was clearly doing her best and then turned her attention to her husband who was now mid-sermon on the end of her mobile.

"Yes, I realise my mistake, Joe, but it wasn't intentional. The wedding dress fitting didn't exactly go as smoothly as I had envisaged and the lunch I had planned didn't happen as I expected either." She let out a loud hiccup.

"So where are you exactly?" he asked, curious as to her whereabouts and the fact that she sounded a little slurred.

"I stopped for a gin and tonic at a little bar and I guess one led to two etc. Can you pick me up?" she quickly added, while she was feeling brave.

"Tara, we are meeting with the Stephensons this evening. How could you do this? You know how important this is to Sophie."

"I know, I know but I completely forgot about it. Just come and get me."

"Where are you?" he repeated, realising she still hadn't answered his question.

"I'm in Chadderton Heights, Verandas," she added quickly before disconnecting the call.

Oh my God, she had completely forgotten that they were meeting Charles' parents at the prestigious Ruby Rose lounge at 8:30pm. It had completely slipped her mind.

She rushed into the toilet, feeling worse for wear and splashed some cold water on her face. She felt terrible. She felt like she had spent the entire afternoon back in the eighties, a period of time she had long since buried. Why did she come here, what had possessed her to even consider it? She came out of the ladies cloakroom and stared at the booth she used to share with Joe in her teenage years and then moved across to the bar. "Can I order a coffee please and settle my tab," she said, reaching inside for her purse. She stared across at the booth again and wondered why the place still looked the same, only tired, almost decrepit.

She sat sipping her coffee, realising that Joe was now driving the hour's journey to collect her and she was surely in trouble. How could she explain to him why she had pulled into a bar where she might possibly be recognised when they had avoided the area for over thirty-five years. They had actually relocated to Scotland for the first fifteen years and then moved to a small pretty village called Potterton back in England where they had enjoyed a tranquil country life.

She was really taken back when Sophie had chosen a wedding dress shop back in her old hunting ground but she had found it on the internet and the reviews had described it as a hidden gem. She had certainly not envisaged pulling into a pub she used to frequent with her husband when they were teenagers and certainly not with so much at risk. Why had she done this?

"What the hell are you doing?" Joe said, slightly raising his voice. He took an aerial sweep of the pub before stopping momentarily to stare at their booth and then grabbed hold of her hand.

"What if your father walked into the place? Are you crazy?"

"My so-called father, if you can call him that, wouldn't recognise me if I spat in his face. I was just shy of eighteen when we left this place and I'm now fifty-three. I look nothing like the girl I used to be," she said, wobbling slightly as she stepped away from the bar stool.

Joe took in a sharp breath and walked her across to the door. "We've just about got enough time to get back, change and leave for the Ruby Rose," he said, ushering her out to the car park. "How many have you had?" he asked, clicking his fob to open the car doors.

"Too many," she said, climbing into the passenger seat. "Well at least too many for a night with the Stephensons," she said, staring at her car that they would now need to collect tomorrow.

"I'm really sorry, Joe. I truly only stopped for one but I guess I got caught up in the nostalgia of it all. The place hasn't changed a bit," she said, staring at Jacksons, the club next door. She shuddered when the realisation of it was that Sophie was conceived there and then turned her attention back to her husband.

"Did Sophie choose a dress?" Joe asked, hoping that at least they had achieved that.

"Yes, it's gorgeous. She looked absolutely stunning," Tara said, staring out of the window. "But as usual the girls were squabbling. You would think they would call a truce for one day," she said, letting out a big sigh. "Plus your mum had a migraine, so I had to drive her home. I had booked Sherbets for a light lunch but as usual the girls had other plans. Anyway I was driving back and something made me stop. I can't explain why. I guess it was a mixture of being pissed off with everyone and then this place looming on my horizon. I truly only meant to have one but if I'm totally honest I got swept away with all the emotions that seeped through me. Something stoked the fire and I had an overwhelming yearning for the past. Not all of it obviously, but there were some parts I will never forget. It was all consuming. Then of course there was the romantic side when we met next door in Jacksons but I will never forget Verandas and the booth we spent hours in when we were dating."

"Are you OK?" he asked, watching his wife look over her shoulder as Verandas disappeared in the distance.

"I feel a bit sick, if I'm honest. A trip down memory lane possibly wasn't the best idea I've ever had. Of course our song came on the jukebox and it just launched me straight back to 1988. Can we drive down my old street?" she suddenly blurted, lowering her window. "It's en route, it's not like it's taking us out of our way," she added.

"Well it is a bit," Joe said, feeling she was taking this a bit far. "And time is against us," he said, reaching out for her hand.

"Only by a few minutes," she said, knowing that she was about to beg.

"For Christ's sake," he said, putting his foot down, knowing the argument had already been lost.

They pulled into Branbury Lane twenty minutes later and Tara let out a gasp as they drove past number twelve. "That's where Eva lived," she confirmed, feeling herself shudder.

"I'm not going to stop," Joe confirmed, as they approached number two.

"Stop Joe, you have to STOP," Tara said, slightly raising her voice. "I've got to see it," she said, lowering her voice, until it was a whisper. "I've got to see it," she repeated. "No one will recognise us. We were teenagers and it was thirty-five years ago."

Joe pulled over on the opposite side of the road, feeling it wasn't the most sensible thing to do and switched off the engine. Tara felt the tears sting her eyes and then roll down her cheeks as she caught sight of her family home. The house hadn't changed a bit. It just looked tired and unloved, like it needed some restoration. Yeah, a lick of paint, Tara thought, as she got out of the car.

"What the fuck are YOU DOING?" Joe yelled, then lowered his voice, "do you want to be seen?"

"I doubt very much if they still live there," Tara said, calculating how old her so-called parents would be.

"Yeah, but you can't be sure of that," Joe reasoned, beckoning her back into the car.

She glanced up and down the road, remembering all the journeys she took to and from school and then she felt herself transported back to the night when the ambulance was outside Eva's house. She pictured Eva running down the street towards the ambulance and then she remembered them sitting on the kerbside afterwards while the paramedics attempted several rounds of CPR on her aunt. That was the day her world changed forever and her childhood was shattered into a thousand pieces.

"Tara, get back in the car," Joe instructed, looking down at his watch. "We will be late for the Stephensons and what sort of impression will that give?" he said, trying to make her see reason.

"I'm coming," she said, stepping backwards towards the car, so she could drink in the sight of her childhood home one last time. "I'm coming," she repeated, tears dripping off her chin.

"Goodbye," she whispered, before climbing back into the car.

Twenty-Eight

"I wonder what they're like?" Tara said, reapplying her lipstick in the passenger mirror. Joe had spoken with Charles' father briefly by phone when they were discussing wedding fees but this had been their only liaison.

Joe had got the impression that they were rather well-to-do with their extravagant wish list, but Joe was a proud man and had insisted on covering the bill. Thankfully, Charles' father wouldn't hear of it and they had settled on a fifty-fifty split.

This was rather a relief as the list of must-haves grew more and more extravagant as the days passed by. Every week something else was added. Something totally unnecessary but, according to Charles' mother, was without question essential.

"Are you OK?" Joe asked, observing his wife's trembling hands as she placed the lid on her mulberry-wine lipstick.

"Do I look OK?" she asked, fluffing her shoulder-length blonde hair and adjusting the collar on her jacket. It had been a real rush to get ready and she just didn't feel as groomed as she normally did.

"You look beautiful," Joe said, sweeping into the car park.

"I feel so nervous," she said, suddenly not wanting to get out of the car. "I've had too many gins and I'm worried it will be noticed," she said, feeling herself go weak at the thought of standing up.

"You'll be just fine," he reassured, thinking the two cups of coffee and two rounds of toast he had insisted on would go a long way in helping to sober her up. "Take it easy this evening though," he reiterated for the hundredth time. "We don't want any mishaps at this stage," he said, which did nothing whatsoever to assist with her nerves.

Tara glanced at her watch and drew in a sharp breath of fresh air, which immediately made her feel dizzy. She stumbled forward slightly and then smiled as Joe steadied her by the arm. "You can do this," he whispered, ushering her up the front steps.

They were greeted by the front-of-house hostess who accompanied them to the table where Sophie, Charles and Sophie's about-to-be-appointed in-laws were already seated. Charles' mother immediately rose to her feet and kissed them on both cheeks, before turning her attention to introduce her husband. "This is Brian," she said, taking the lead. She was without doubt in charge, despite her fragile frame and made it her role to deal with all the introductions.

Brian rose to his feet by order and slapped Joe across the back. "Good to finally meet you," he said, then he shook his hand firmly. "And this must be Tara," he said, turning to face her properly so that he could kiss her on the top of her hand.

Tara felt herself totally freeze and unable to move as her legs turned to jelly. She wasn't sure but she had the sick feeling in the pit of her stomach that she had just shaken hands with Sophie's biological father Brian.

This couldn't be happening, she thought as she thanked Joe for assisting her to her seat. Maybe she'd got it wrong – but he certainly had the ginger hair and he looked remarkably like him, albeit much older, refined and extremely handsome. Could this be the man that had a quickie with her best friend in Chadderton Heights toilet in 1987. Please God don't let this be him.

Brian had pre-ordered a bottle of champagne, which the waitress was now pouring and Tara felt herself die inside. If this was the man that had paid her best friend for sex, then Sophie was about to marry her half-brother. This couldn't be happening. Please don't let it be him.

"To the happy couple," Brian said, raising a toast and kicking off the evening in a jolly manner. "Sophie, you didn't mention that your mother could pass for your sister," he said, complimenting Tara on her youthful appearance.

Tara felt her stomach churn again when she thought about his turn of phrase and struggled to swallow the mouthful of champagne she had just gulped.

"Yes, she always claimed to have been a child bride," Sophie said, laughing. It hadn't really occurred to her before now that her mother did look exceptionally young, as what was usually said was how much they looked like one another. Tara had always felt that people see what they want to see regardless of genetics but had always been thankful that, in this instance, it was the case.

"So where are you from Brian?" Joe asked, raising his glass up to his mouth. "Chadderton Heights born and bred," he said, seemingly proud of his modest surroundings. "I moved to Wales in 1990, which is where I met this beautiful lady and we married three months later."

"Are you still living there?" Joe continued to question, getting caught up in his geographical history.

"No, we did spend a number of years in Swansea but my business took me all over the place, so we moved around for a number of years and finally settled in Whissendine near Rutland. Beautiful village location, where all the locals know one another. You know the sort of place, where everyone knows your business," he said, laughing.

Tara felt her stomach take another flip as the evidence increased further and then she interjected with a statement that threw her into a complete spin. "Chadderton Heights, yes we know it well. Joe and I met at Jacksons in the late eighties. Do you know it?"

"Do I know it?" he said, refilling everyone's glass as the waitress delivered yet another bottle of champagne to their table. "Used to be my Friday/Saturday night haunt," he said, looking up to the ceiling as if recalling fond memories. Must have been there at around the same time," he said, confirming her suspicions.

"My mum and dad often talk about Jacksons," Sophie stated. "I've never set foot in the place but they obviously have fond memories about it."

"Yes that and Verandas, the pub next door," Joe added. "Chadderton Heights was our courting ground," he confirmed.

Charles and Sophie gave one another that special look that is exchanged between two people that don't have to say anything, they just know, and then Charles reached out for her hand. Tara guessed they had their own special place and then she felt crushed when she realised if her suspicions were correct the wedding couldn't go ahead and her daughter's heart would be broken.

"Where do you live?" Charles' mother, Philippa, asked, reaching for her glass.

"We are in Potterton, opposite Sanderton Waters," Tara replied. She thanked the waitress who was now handing round menus and shielded her face with hers as the horror that was about to unfold loomed. "I think I'll have the lamb," she said, feeling certain that whatever she ordered she wouldn't be able to swallow it let alone digest it.

"That was quick," Joe said, smiling at his wife's quick decision, as he pondered the vast menu. "And for starters?" he asked, wondering what she might choose.

His question was interrupted by the arrival of a second waitress who placed a jug of water in the centre of the table and then he rose to his feet as Tara excused herself from the table. "Do excuse me, while I visit the restroom," she said, desperate to leave the group.

She stood with both hands on the sink as she steadied herself in front of the mirror. What the hell was she going to do if her intuition was correct? How could she stand back and watch this happen?

She pulled a tissue from the rose-shaped tissue box displayed on the marble countertop and dabbed her eyes. The lies that made up their past were fast mounting up and if she wasn't careful the family that her and Joe had created would unravel as fast as her childhood family did.

How could she explain this to Sophie? How could she tell her that she wasn't really her mother and that Billy wasn't really her brother. In fact the only child she had given birth to was Amy who wasn't related to either of them. Her family was once more made up of other people's children, just like the family she had grown up with. Was she really any better than the people she used to call Mum and Dad?

All of this would come out into the open if she confessed to the girl she had raised as her own daughter. If she was to stop the wedding by explaining that Charles was her half-brother, then not only would she have to explain to her that Eva, her best friend, was really her biological mother but the man who was about to become her father-in-law was in fact her father. She would also want to know where Eva was. How could she tell her that she honestly didn't know and feared she could have been the one responsible for her disappearance.

She gathered herself together realising that time was moving on and she had been away from the table for longer than intended.

"I was just about to send out a search party," Joe said, letting her know that he had placed her order. "I've ordered asparagus and mint salad for your starter," he said, knowing this was a firm favourite and went well with lamb.

"Thank you," Tara said, placing her napkin across her lap. "I suddenly felt a little faint," she said, turning to face Sophie.

"Are you OK, Mum?" she asked, looking concerned.

"Yes, a little poorly," she said, trying to smile and keep herself from trembling. "But I couldn't possibly miss this special occasion now could I?" she said, reaching out for her glass of water.

"Well, we won't stay out late," Joe confirmed, knowing that it was all the gin she had consumed earlier.

"Charles, are you planning on some sort of stag night?" Joe continued, turning his attention to his future son-in-law who seemed rather quiet. "Nothing big, just a few pints in our local," he said, reassuringly, letting Sophie know he had nothing extreme planned. Sophie smiled and cradled into his shoulder, explaining that hers would be similar in Petals Wine Bar.

They left the restaurant shortly before ten and Tara breathed a sigh of relief. She kicked off her shoes as soon as she was inside the car and loosened her blouse.

"Hello hello," Joe said smiling, thinking his luck was in.

"Ah, don't go getting any ideas," she said, covering her modesty, as she leaned her head back against the headrest.

"So what is it now?" he asked, thinking this looked a little more than too much to drink.

"I think Brian is Sophie's father," she said, then burst into tears.

"What the hell do you mean?" Joe asked, turning the ignition back off. "Did Brian go to the same school as you and Eva? You have always claimed Eva got pregnant by a boy in her class. You made no reference at the dinner table that you knew one another," he added, thinking it rather odd.

"No, he didn't go to our school. He was someone we met at Jacksons when we were seventeen. He obviously didn't recognise me but I just know it's him. Joe, please drive," she said, noting Brian and Philippa were now coming out of the restaurant.

Joe looked across at the man that could potentially be his daughter's biological father and then banged his fists against the steering wheel. "You know what this means, DON'T YOU," he yelled, restarting the ignition and selecting reverse gear.

"Don't yell at me. I know exactly what it means," Tara said, closing her window to muffle his tones. "If my intuition is correct Sophie could be all set to marry her half-brother and that just can't happen."

They drove home in complete silence only broken by the occasional sniffle from Tara and a sporadic outburst of frustration from Joe. "So are you going to tell me why your suspicion falls at his door?" Joe yelled, opening their front door.

"Yes, if you calm down," Tara said, pulling off her jacket and throwing it across the room. She turned to face the window, tears pouring down her cheeks and then she sat down on the sofa. "It was a one-off silly mistake and the first and only time Eva had sex. She was just seventeen, for Christ's sake. When she found out she was pregnant she was beside herself and worried my parents wouldn't let her stay, but of course they did because they had ulterior motives."

Joe paced up and down the room, pulling at his hair and then he sat down beside her. "Are you sure it's him?" he asked, thinking a lot of years had passed and she may have misidentified him.

"No, not one hundred per cent, how could I be? Not without asking if he was the one that had sex with my best friend Eva in 1987 IN A TOILET CUBICLE – AND HOW THE HELL CAN I DO THAT," she suddenly screamed.

"The ramifications of this are endless," Joe said, rising to his feet and walking across the room. He spun round and stood rooted to the spot. "This could cost us our family," he said, his legs going weak under him, making him kneel down on the floor. "If Sophie finds out her heritage, it will open up a can of worms, which could also affect Billy. WE COULD GO TO PRISON," he screamed, leaning forward so his hands were spread-eagled out before him.

"I know," Tara wept, kneeling down beside him. "What are we going to do?"

"She can't marry him unless we are certain they aren't related," she said, thinking she would have to stop the wedding. "FUCCCCCK," she screamed, feeling herself go into some sort of frenzy. "She is going to hate us."

Twenty-Nine

They woke to the sound of Amy pulling into the drive the following morning. Her car was unmistakably loud and completely neighbour unfriendly, with the twin exhaust conversion on her GT.

"You like to let us know you've returned," Tara said, pulling on her dressing gown as she came down the stairs.

"Sorry," Amy said, heading straight for the kitchen.

"Perhaps if you didn't rev it so much, it would help a little," Tara said, following her through to the kitchen. She reached for the filter coffee jug and turned to face her daughter. "Did you have a good evening?" she asked, wondering where she went.

"Not bad," she responded, staring into the fridge, "but I'm absolutely starving."

"You know you could have been a little more considerate yesterday at the wedding dress shop," Tara complained, remembering how cruel her jibes had been the day before.

"Well you know I didn't want to go! She's marrying that stuck-up creep I can't stand. So why would I want to go and help her choose a bloody dress to marry the guy in."

Tara let out a deep sigh and poured her and Joe a coffee. "There's enough coffee in the pot if you want some," she said, sweeping past her to enter the hall.

"Some bacon wouldn't go amiss," Amy said, facetiously, slamming the fridge door shut.

Tara made her way back up the stairs and sat down on her side of the bed. "Coffee," she announced, holding it out while Joe adjusted his pillow so he could lean back.

"Thanks," he said.

"Amy's being her usual sociable self then," he said, sarcastically.

Tara raised her eyebrows, thinking that was the least of their worries and leaned back beside him.

"Did you sleep?" she asked, knowing she had tossed and turned all night.

"On and off," Joe said, placing his coffee on the bedside table. "We need to work out a way forward with this," he said, pulling back the duvet so he could get out of the bed. He walked towards the en-suite and then returned a few moments later.

"DNA is the only real way forward with this," he said, sitting back down. "But how the hell can we do that without them knowing?"

"We could get a hair sample from Sophie's hairbrush or similar but where would we start with Brian? You know I've never really got over losing Eva and not truly knowing if I was partly responsible for her disappearance. It's always haunted me," Tara said, revisiting one of her fears.

"I know," he said, pulling her to him. "But from what you've told me, I really don't think striking out at her was the cause."

"But what if I have to tell Sophie I was the reason for her mother's disappearance and then we absconded with her and Billy?" She felt her stomach churn and then a rush of adrenaline made her sit bolt upright at the thought of losing them both.

She rose from the bed and walked across to the dressing table. "Remember we need to collect my car?" she reminded him, staring at her reflection in the mirror. "I'm going to take a shower."

They headed back to Chadderton Heights and pulled into the car park outside Verandas. "Are you going to be OK to drive?" Joe queried, thinking his wife was probably still over the limit and her attention span was almost non-existent.

"Yeah," she said, getting out of the car and rustling through her bag for her keys. She gave him a half-hearted smile and climbed in behind the steering wheel and closed the door gently.

She watched as Joe slowly pulled away, giving her a nod of acknowledgement and then he drove off into the distance.

She inserted the key into the ignition and tapped on the steering wheel pondering her next move. She knew the most sensible thing to do was to return home and work this out together with Joe but instead she headed back to her family home to the life she left behind at Branbury Lane.

She parked in exactly the same space as the day before and turned off the ignition. Why was she here? What did she hope to achieve by returning when she had a more pressing and immediate threat to deal with? Joe would be furious if he knew she was there meddling with the past.

Her thoughts turned to Bridge Street and the family that they were all named after and then she wondered once more what might have happened to them all those years ago. As the house was sold in 1988, nothing more could be achieved in that direction at the time and their enquiries were basically met with a dead end.

The one thing she had always regretted was not taking the entire black folder with them. Joe had insisted that they take it because it was security. He felt that the paperwork in that folder corroborated their story and while it was in their possession it was unlikely that her parents would raise the alarm and call the police. "You have to take it," Joe had begged, stressing the value behind his request. "Don't you see, they are unlikely to involve the authorities if we have all the evidence of their crimes," he had pleaded.

She had wanted to of course because she wanted to examine everything contained with the folder pertaining to her own birth as well but the plans they had laid were thrown into disarray the day of their escape and they left with only half the contents.

Tara had panicked right at the last minute, making her reconsider her actions. She had decided to grab the top few papers pertaining to Billy and Sophie, leaving the rest behind. She felt that removing the whole folder would cause more problems for them.

"Don't you see, Joe, if we take everything they are more than likely to search for us in a private capacity. Yes, they are unlikely to involve the authorities but they are dangerous people, potential murders and they may come after us. I will go through the folder and take what we need," she had promised, pleading with him that her way was best. "Let's leave them something, so they don't feel too exposed."

She had managed to remove Billy and Sophie's birth certificates among a few other papers but nothing confirming her own birth details. She had spent most of her life not really knowing who she was and it was now killing her.

They had also done something else illegal in 1988 when Joe paid a backhander to a skinny runt called Teddy Simpson who was a gofer for some criminal family. He was a Jack-the-lad who claimed to be able to get hold of everything for the right price but boy he came up trumps on this occasion. He had falsified Billy and Sophie's birth certificates, which had cost them a small fortune. They had spent years paying off their debt and this became yet another crime to add to their extensive resumé. It's surprising what you can achieve by knowing the right people and why one wrongdoing always leads to another.

She sat motionless in the car staring up at her childhood bedroom window pondering who the occupant was now and let out another big sigh. She also wondered if she had been replaced back then and what had been Megan's fate. This had always haunted her, leaving behind a sister that may or may not be related. However, she did get some sort of solace from knowing that Megan was almost twenty when she left and had possibly moved in with her boyfriend Tony, which she knew was on the cards. Yeah, she would have been OK, she reasoned.

She got out of the car and walked across to the gate not really understanding why. "Can I help you?" a female voice said, making her jump and spin round.

"Not really," Tara said, relieved that her cover hadn't been blown after all, when a young girl of around eighteen was merely querying her presence. "And you are?" Tara asked, realising that she held senior rank in this conversation.

"Oh, I live across the street," she said, pointing across to number three. "My parents are keeping a neighbourly eye on the house since Steve moved into a nursing home."

"I take it, you know him?" the girl asked, suddenly looking a little concerned. "My parents are on holiday at the moment," she continued, looking back across towards her house again but…" she trailed off momentarily not really certain what else to say and then Tara made a split-second decision to do something rash.

"Yes, I am his daughter," Tara said, feeling this was her window of opportunity. What harm could it do? This young girl possibly wouldn't know about the family's history, especially not from thirty-five years ago. The girl's parents were on holiday and she might possibly have a key.

"Well, as you know your father's mental health really suffered after losing your mum, so I guess a nursing home was for the best," she said, sounding sad. "But boy did he put up a fight. It was like he was leaving behind the crown jewels."

"Yes, the whole episode has been extremely painful," Tara lied, feeling a pang of guilt, which was quickly replaced by emotional shock. "I'm here to check on the house. Didn't your parents mention it to you, that I would be dropping by? Annoyingly I've forgotten my key, so now I'm going to have to drive all the way home," she said, pretending to be frustrated. "Unless I can contact Megan!" she added, reaching for her mobile.

"Oh, I have a key," the young girl confirmed, turning once more back towards her house. "Just give me a moment," she said dashing back across the road.

Tara stood on her doorstep unable to believe what she was about to do. She was stepping back into the family home she had vacated thirty-five years ago and she now felt terrified. She was also finding it hard to digest that her mother had passed away and she wasn't able to ask how.

"Here you go," the young girl offered, handing over the key. "I thought Megan would be popping by, I didn't realise she had a sister," she said, looking her up and down.

"Oh I moved abroad years ago," she lied, retrieving the key from her outstretched hand.

"You can accompany me if you're worried at all," Tara suggested, hoping she would leave her alone. The young girl fidgeted for a few moments mulling over her suggestion and then confirmed she was going out.

"How long will you be?" she asked, wondering if she should stick around for a bit longer.

"Ten, fifteen minutes," Tara confirmed, stepping into the hall. "I can pop the keys through your letterbox if you like," she offered, standing with her hand on the door.

"Yeah that would be good actually," the girl said, fidgeting once more. "What's your name?" Tara asked, trying her best to engage.

"Kelly," she said, stepping back away from the door.

"Well thank you very much, Kelly, you've been extremely helpful and saved me from a long drive."

Tara closed the door and leaned back against it. She couldn't believe her luck, well if you could call it that. But what she did know was she could now add trespassing to her list of crimes.

She glanced across at the telephone table in the small slim hallway and gasped. Nothing had changed. Nothing at all, except everything seemed smaller. The hall still had the rose-petal wallpaper on the upper half, separating it from its plain counterpart by a mahogany varnished dado rail, very fashionable back then. She felt her knees go weak as she slowly walked towards the kitchen and raised her hand to her mouth. The table still stood centre stage where they had shared so many family meals. She looked down at the chair that was hers seated right next to her father's and then across at Billy's. Tears stung her eyes as she stroked the back of his chair. She couldn't decide if she was in heaven or hell. How could you love and hate something all at the same time? How could this possibly be?

She walked across to the back door and stared out at the patio. The patio that had been the last place she had seen Eva alive. She felt her face flush, as she leaned it against the cool glass, wishing things had been different. The flower beds were now full of weeds, overgrown and almost out of sight and their childhood swing was missing the seat with two chains hanging down like they had been severed and were to swing no more. The grass had grown completely out of control and a long weed had intertwined one of the chains making it appear trapped and tied to the property forever.

Why had nothing altered? she considered, turning to face the hall. Why had time stood still in this house, like it had died years ago? Had it taken its last breath the day she left with Billy and Sophie? They say a house comes to life when it is filled with a loving family. Perhaps it was her actions that caused her mother's decline. She needed to find out when she died.

She stood in the front-room doorway, tears running down her cheeks and then she headed for the stairs. She had to be quick in case Kelly made a call to her folks and they called the police. She couldn't linger in an era that should be long since forgotten. No she needed the paperwork, answers to her questions, she had to act fast.

She stood on the upstairs landing rooted to the spot. She had to get the folder but she also wanted to see her old room. The room she shared with Megan, Eva and Sophie. She stepped forwards and slowly opened the door, staring in from a distance, like she was observing from a viewing gallery and wasn't really there. Maybe she wasn't there, she considered, wondering if it was a dream. Perhaps everything recently had been too much to take in and she was hallucinating or maybe she was having a breakdown.

She took a deep breath as she looked at the identical bed covers that she used to sleep beneath all those years ago and then she dropped to her knees and cried. Why did she want to be a child again? Back with her family where she felt loved, happy and safe when really she had been stolen by a couple that had pretended to be her mother and father. Why did she feel so torn?

She rose to her feet when she felt her mobile vibrate in her pocket and stared at the screen. It was Joe, wondering why she wasn't home, when they had presumably left together.

"Hi," she said, trying to sound like she wasn't doing anything underhand. "Where are you?" Joe asked, wondering what she was up to now.

"I'll be home shortly," she reassured him. "I'll explain when I get there." She hung up knowing she was on borrowed time and headed into her parents' room.

She stared at the photograph on her mother's bedside table of her imitating Sophie's pregnancy and then she wondered why it was still in the exact same position thirty-five years later. What had happened to these people after she had left, why hadn't they moved on?

She opened her father's wardrobe and removed all the photograph boxes, placing them onto the floor beside her. She felt compelled to have one last peep inside at the life that went before and then she burst into floods of tears again. It was the picture of them all at Blackpool Pier on a family holiday and it just made her crumble. She curled up into a ball, hugging the photo and then she screamed, "I'M SORRRRRRYYYY."

She sobbed silently like she was a small child, wishing her mother was alive to hug her. How could she have left them, taken away their babies? How could she have done such a terrible thing?

She took a deep breath when she recalled all the nights she had sat up with Billy after they absconded, holding him tightly reassuring him that everything would be alright. He had missed his mummy so much at first and just couldn't adjust to his new life. At the beginning she had pretended that his mummy was asleep, like before. But over time this made matters so much worse when he became frightened of going to sleep, in case he never woke up.

She had suggested to him that he should call her Mummy and Joe Daddy like a game and this seemed to help. Eventually the dreams of his previous life got buried when he finally forgot to remember anymore. Occasionally these would resurface and he would question things but she always told him it was just a dream. Of course it was easier with Sophie, she was just a baby and had no memories of her previous life at all. She looked back down at the photo that she was still hugging to her chest and then placed the photo inside her jacket pocket, not really understanding why.

She sat bolt upright when she remembered the purpose of her visit and lifted up the shelf inside the bottom of the wardrobe revealing the empty void. She reached inside feeling around and then retrieved a small yellow folder. "WHERE THE FUCK IS IT?" she screamed out loud, pulling the shelf out completely. Where were the answers that would justify her actions and prove that she was innocent? It was gone.

She picked up the yellow folder when she noticed the name Rosendale printed on the right-hand side and quickly tipped out the contents. Oh my God, it was her father's adoption folder, pertaining to his birth origin and that of his twin sister Sophie.

They were adopted by the Edwards Family in Bridge Street on the 19th August 1946 aged six. What the hell happened to Sophie? She scrambled through the papers looking for further clues. Did she die?

Oh my God, there was a childhood diary with the name Billy Edwards written across the front. This was her father's diary. She opened it up and stared at the first entry, tears brimming in her eyes. It was a promise to his sister Sophie aged ten that when they grew up they would have a family identical to the one that had adopted them. He had promised to marry her and that they would call themselves Steve and Helen, just like their adoptive parents. He said they were the perfect family and nothing else could compare.

It also contained entries of his sessions with a childhood psychiatrist who was trying to unravel his complex needs. These entries were made many years later when he was around fifteen. He feared the worst, he was schizophrenic!

Tara closed her eyes, trying to absorb the possibilities and then she scrambled to her feet. She had to go. The black folder containing her birth records was no longer here and the longer she stayed here the deeper the crimes went.

She raced down the stairs, leaving everything in disarray and raced out of the front door. She slammed it shut and rushed across to Kelly's house, depositing the keys straight through the letterbox as promised. She had to go, she couldn't breathe, she had trashed her father's childhood dream. She was evil.

She drove out of Branbury Lane like a bat out of hell and then she pulled in again outside Billy's old school. No get a grip, she said to herself, remembering what her parents did to achieve their dream. If her father was schizophrenic, as feared, had he manipulated his sister into living with him as man and wife? Was her mother really her father's sister Sophie? Was that why they couldn't have biological children of their own? God, why was she even referring to them as her mother and father? Was it because she couldn't let go of her childhood memories when everything was so perfect?

She then wondered if she was aspiring to wanting the perfect family as well, when only Amy was biologically their own child. "NO I WAS SAVING THEM," she screamed. "I'm not like them. I'm nothing like them!"

She banged her clenched fists on the steering wheel and made herself a promise.

The one thing she had to do was save Sophie before history repeated itself and she married her own brother. She couldn't let this happen again. She just couldn't.

Thirty

"Where the hell have you been?" Joe yelled, as she walked in through the front door. "I've been worried sick. You haven't done anything without discussing it with me first have you?" he asked, anxiously.

"Well not with regard to Brian but I have done something that I know you will be cross about but I just had to, Joe, I just had to," she repeated.

Joe started pacing back and forth and then he sat down on the nearest chair. "Well go on then, spill."

"I went back to Branbury Lane," she said, tears welling in her eyes. "I couldn't help myself. After seeing it the day before, it just made so many emotions I had long since buried resurface."

Joe closed his eyes, wondering what she was about to deliver and then very slowly he rose to his feet. "Go on."

"I was standing outside the garden gate staring at the house. Obviously, I didn't know what I was hoping to achieve. I just knew I needed to be there. Anyway, I was approached by a young girl that lived opposite. She asked if she could help because she was keeping a neighbourly eye on the place. Well, her parents were, but they were on holiday. She said that my father had gone into a nursing home when his health declined after losing my mum. I pretended I knew all about it of course, explaining I was their daughter but I had moved abroad. Anyway to cut a long story short she lent me the key because I said I had forgotten mine."

"You went in?" he said, sitting back down and clenching his hands.

"Yes, I just couldn't believe I had the key to my family home in my hand and I might possibly be able to find answers to all the questions that have haunted me my whole life. I was obviously taken aback that my mum had died but I keep reminding myself she was not my mum, but it's hard, Joe, when up to the age of eighteen I believed she was. She raised me for Christ's sake. It's hard not to feel something."

"The house hadn't changed at all," she continued. "Everything was exactly the same. Same wallpaper, furniture in exactly the same place. It was like time had stood still. It was as if I had gone out the door that morning…" she said, trailing off.

"I couldn't help looking around, as it brought back so many memories but I was also conscious of the time. I wanted the black folder so I could find out the truth about everything but it wasn't there. It had been removed and replaced with a yellow one containing my father's adoption papers. He was adopted via Rosendale along with his twin sister Sophie and he was called Billy, just as the housekeeper at Bridge Street described. Joe, I found something else," she said, sitting down beside him. "I found my father's childhood diary. When he was ten he made a promise to Sophie that when they grew up they would marry. He said they would call themselves Steve and Helen, after their adoptive parents and they would raise an identical family. He said it was perfect and nothing else could compare. A later entry when he was fifteen was about his concerns about a psychiatric session where they feared he suffered from schizophrenia. I didn't have time to read anything else because I panicked and fled, leaving everything all over the floor."

"Fuck," said Joe, clenching his hands so tight they had turned white. "I'm guessing this means that potentially your mum and dad were brother and sister living as man and wife, which is why they couldn't have children together."

"Yes, and why the children they had were named after their adoptive siblings and themselves. They reproduced the entire family. I think if my father had schizophrenic tendencies perhaps he manipulated Sophie or perhaps she suffered from the same condition. They reproduced Bridge Street, even down to the finest detail with furnishings and even Billy's teddy bear, Freddie. A museum to their past life. Obviously, I'm putting this together from two diary entries but I think we are on the right track. I also keep thinking about Rosendale and how Doctor Jacobs was able to brainwash me when I was sectioned. The experience was overpowering."

"What, do you think Rosendale has something to do with it?"

"Well there's a definite link because that's where they were adopted from and that's the psychiatric place they used for my father, plus they sent me there. None of this helps with the situation we have with Brian though, but I can't help thinking that ironically, history is repeating itself if Sophie and Charles marry. Joe, what are we going to do?"

"I don't know but gather yourself together for the time being because Billy and Laura are coming for lunch this afternoon and we have done nothing in the way of prep," he said, rising to his feet.

Tara made her way through to the kitchen wondering how on earth she was supposed to keep her thoughts on this afternoon's entertaining session, when her mind was so consumed with past and present events. "Do you think we should cancel?" she asked, opening the fridge and staring at the remains of leftovers from three nights prior.

"No, I think we need to keep things as normal as possible for the time being. I'll nip down to the supermarket and get something simple," he suggested. "Why don't you lay the table and freshen yourself up and I'll be back as quick as I can."

He returned twenty minutes later with two sun-blushed tomato and mozzarella pizzas, salad and coleslaw. "This should do it," he said, emptying two carrier bags onto the counter. "I also picked up a bottle of Pinot Grigio," he said, holding it up for approval.

Tara smiled holding up her glass. "I've already opened a bottle," she confessed, placing it down on the centre island, "and yes before you say anything I will take it easy. I still feel a little rough from yesterday."

"Well you look a lot better," he said, thinking she had scrubbed up well. "Amazing what a bit of lipstick and some dry shampoo does to a person," she said, buttoning up her clean blouse that had started to gape.

She set to work rustling up a salad and placed it inside the fridge. "We'll have a welcome drink with them first before lunch," she said, placing the two pizza boxes next to the oven. "They only take fourteen minutes," she confirmed.

"They're here," Joe called, hearing their car pull up on the drive. Billy had always been punctual his whole life and Laura was the same. They were an ideal match.

"Hey," said Joe, slapping his son on the back. "How are you doing?"

"Yeah, all good thanks, Dad," he responded, watching him turn his attention to his wife.

"You look well," he said, kissing her on both cheeks. "Have you had your hair done?"

Trust Joe to say the right thing Tara thought, smiling as she entered the hallway. "You do look well actually," she said, giving her a hug. "The new hairstyle suits you."

"Yes, it was a spur-of-the-moment decision," she said, flicking the fringe of her graduated bob. "You know how we always go for the same but different and walk out wishing we had been brave enough to try something new? Well this time I did," she said, smiling.

"And I love the colour," Tara said, spinning her around, "I hardly recognise you with those stunning lowlights."

"Yeah, it's like having a new wife without the cost of a divorce," Billy said laughing, stepping away from Laura's reach, as she pretended to box him.

"Right, what can I get you?" Joe said, directing them towards the kitchen diner. "Your mums just opened a bottle of Pinot," he said, taking their jackets.

"I'll save my ration for lunch," Billy said, knowing he was behind the wheel. "Do you have any juice?" he asked, looking across at his wife.

"If you do, I'll have the same," Laura said, sitting down on a stool at the centre island.

"That's unlike you," Tara said, holding up her favourite. "Is there something you're not telling us?"

Laura blushed, turning her gaze away and then glanced across at Billy for him to bail her out. "We do have an announcement actually," he said, standing up and walking across to his wife.

Tara raised her hands to her mouth and gasped. "Really?" she said, jumping in before the announcement had been made.

"Yes, we are eighteen weeks pregnant," he said, placing his arm around Laura's shoulder.

"Oh my God, that is fantastic news," Tara said, wrapping her arms around them both. "Congratulations."

"Well done, guys," Joe said, sweeping into the huddle. "You've brightened up our world, no end," he said, looking directly into Tara's eyes. This was exactly what they needed right now. Something wonderful to look forward to instead of all the mayhem that had encircled them like a noose.

"Do you know what you're having?" Tara quizzed, then wished she hadn't asked. "No, no don't tell me," she said, deciding she wanted a surprise.

"Well we do know," Laura said, "but if you want to wait we can keep it to ourselves."

Tara closed her eyes and then blurted that she did want to know after all. "Go on then," she said, squeezing her son's hand.

"We are having a girl," he said, tears brimming in his eyes.

"And we are going to call her Megan," Laura said, stepping down from the stool. "It was Billy's idea. He said he liked the name. We don't know anyone called Megan, so it's not after anyone but Billy said it was a name he had always liked, so we are going with that."

Tara felt her knees go weak, as she perched on the edge of Laura's stool. "Are you OK, Mum?" Billy asked, noticing she had gone really pale.

"Yes, of course," Tara said, reaching out for his hand. "It's a beautiful name and I love it," she said, turning to face Joe.

Joe was staring down at the floor, knowing what his wife was thinking. Billy had recalled the name subconsciously from his childhood, from the life he had been removed from, a sister he had adored and somehow it had manifested itself as a name he liked. Another Megan was about to join their family.

"Do you think we've been cursed?" Tara asked, when they were climbing into bed, later that night. "I mean how could this be happening?" she said, drawing the duvet up under chin. "We get fabulous news and then it is tarnished by our past. I mean every time I call her name I'm going to be thinking of my sister," she moaned, sliding down in the bed.

"Perhaps at first," Joe said, turning over to face her, "but the name will soon become hers," he offered, giving her a reassuring hug. "Least we've had some positive news," Joe said, turning his gaze up to the ceiling. He had to keep this family together no matter what. They had a grandchild on the way and nothing on this earth was going to wreck their perfect family.

Thirty-One

Tara poured herself another gin and tonic and sighed. It was four thirty in the afternoon and it was already her second. She just couldn't help herself. She was drowning her sorrows, not knowing which way to turn.

The wedding was getting closer and they had achieved nothing with regard to some form of paternity test. I mean how were they even going to get a sample of DNA from Brian in any instance. The whole thing was a nightmare and time was running out.

She placed the empty gin bottle in the bin and sank down in her favourite armchair in the corner of the diner. Her world was unravelling once more and she didn't seem to have a way of stopping it.

Brian and Philippa were staying with Sophie and Charles for the weekend and were literally a stone's throw from Potterton. This meant logistically they were in arms reach but she couldn't think of a single logical reason to gatecrash their party. No, realistically the next time she would see them would be at the service when it would be too late.

She groaned when she thought of the line, 'Does anyone here present know of any lawful impediment as to why this couple should not legally wed'. She pictured herself standing up and objecting, the entire congregation's eyes on her and then she wept uncontrollably. It was hopeless.

She looked across at the rain pelting full strength against the dining room window and then jumped when a flash of lightning and a rumble of thunder followed. She looked down at her blouse, which was now advertising the remnants of her afternoon tipple, wiping it quickly away with her hands. Fuck, she was completely out of gin and Joe wasn't likely to return for ages, as he was seeing a client.

She rose to her feet and walked through to the lounge staring out into the road. Should she drive, after two double gins, and in a storm that looked relentless? She stepped out onto the front porch after retrieving her keys and bag from the window ledge and slammed the front door shut. She would be quick, it was only a mile up the road, she reasoned, clicking the fob to release the car door.

She stared down at her cream blouse that was now completely soaked through and started the ignition. How stupid, she didn't even have anything waterproof on, she thought, as she selected first gear and sped out of the drive.

She pulled up outside the off licence on the outskirts of the village and got out of the car. She knew she was way over the limit, as she stared back at her vehicle. One wheel was up on the curb, making the car look abandoned in its swaggered position.

"Brian!" she said, stepping backwards shocked, as he came out of the off licence door that she was about to enter.

"Tara, are you OK? You look soaked through," he said, erecting his umbrella and ushering her underneath.

"Are you on your own?" he asked, looking over her shoulder.

"Yes, I ran out of gin," she said, gesticulating and then placing both hands behind her back. She glanced down at her transparent blouse placed both hands across her breasts. "Sorry I'm a mess," she said, feeling the embarrassment seep through her along with the rain.

"Here, let me help you," he said, removing his jacket and placing it around her shoulders. "Gin, you say," he said, opening the office licence door. "Unless of course I can buy you one next door," he said, pointing to the pub two doors down.

Tara sighed, staring up at the Rat and Parrot sign that was swinging back and forth in the storm and nodded. "Yeah that would be nice."

"Here," he said, opening the pub door wide enough so she could enter, as he folded down his umbrella. "Grab yourself a seat and

I'll get you that gin."

"Tonic?" he mouthed, turning back around to face her, as she took the nearest seat.

She nodded.

He carried the drinks across to the table and took the stool immediately to her right. "So what brings you out on a day like this?" he questioned, looking through the window at the blackened sky.

"I ran out of gin," she repeated, gesticulating once more, which made his jacket slip down onto the floor. "Rather an essential item in our house, a bit like milk," she said, reaching down for his jacket. They both laughed, which broke the ice and then she picked up her glass.

"And you?" she asked, wondering why he would come out in a storm.

"Tobacco," he said, pulling out a pouch, which was bulging inside his trouser pocket. "Can't do without it," he said, a smile unfolding on his face. "An essential item, a bit like gin. So are you all set for the big day?" he asked, opening his tobacco pouch.

"Sort of," she said, thinking she hadn't even bought a dress. "A while to go yet." She took a swig of her gin and then shivered, as her sodden clothing and hair sent a chill down her spine. "I expect you and Philippa are more organised than us," she said, knowing that his wife had driven most of the wedding plans.

"Ah, Philippa is a planner, always has been," he said chuckling. "I think she thought we would never get rid of him, he's thirty-four, so well overdue," he added, laughing.

"Yeah, but it's not like he lives at home," Tara said, thinking that Sophie and Charles had lived together for over three years.

"No, I know, but it's nice to see them finally settle," he said, rolling a cigarette.

Tara took another swig which made her head swim. What the fuck was she doing there anyway? "Brian, there's something I've been meaning to ask you," she said, her face flushing red. "Do you remember a girl called Eva? She used to go to Jacksons in 1987. Brown hair, pretty, her eyes were very distinctive as one was brown and one was light blue," she said, wishing the floor would swallow her up. "She used to hang around with a blonde girl," she added, not wanting to declare that it was her.

"No, I don't think so," he said, his face going a little flush. "What's this about?" he asked, suddenly looking really uncomfortable.

"She was my best friend," she said, deciding she should perhaps declare that she knew her secret. "Something unfortunate happened to her in a cubicle toilet and she had an illegitimate child. First time she had ever had sex, so there was no doubt whatsoever who the father was," she continued, watching him squirm.

"Why are you telling me this?" he asked, placing his cigarette into his mouth.

"Just thought you might have known her?" she said, swigging her gin down in one gulp.

"Where are you going?" she asked, watching him stand up.

"I'm going out for a cigarette," he snapped, reaching for his jacket.

She watched him leave the pub and then she turned to the barman. "Same again, please," she said, holding up her glass.

As suspected, he didn't return but she now felt like she had her answer. She was certain from his reaction that Brian Stephenson was the Brian that had had sex with her best friend Eva in 1987 and was more than likely Sophie's biological father. The problem was he didn't know that Sophie was the result of this unfortunate liaison but merely thought she knew his grubby little secret that he had paid for sex.

She downed her gin and tonic, settled her bill and stepped out into the rain, looking down at her watch. Joe was now likely to be home and once more she was somewhere she shouldn't be and she was over the limit to drive. This was becoming a habit.

She jumped as a loud clap of thunder propelled her forwards and then she dashed across to her car. It was absolutely lashing it down and she was soaked through to the skin. A flash of lightning lit up the sky and she could see Brian standing in front of her car glaring. She switched on her headlights, making him shield his eyes and then he walked around to her side of her car. "IF YOU DO ANYTHING TO RUIN MY FAMILY, I'LL COME AFTER YOURS, DO YOU HEAR ME?" he screamed, his fists thumping against the glass. He stepped back into the shadows and disappeared and then he reappeared again as the lightning lit up the sky. His face looked crazy, like a man possessed and then he was gone.

Tara sat there trembling. What had she done? She had quite possibly caused a war with a very wealthy family that her daughter could still marry into. Had she done enough to prevent the wedding from going ahead? She prayed that Brian would now do everything in his power to stop the wedding. He wouldn't want his son to marry someone whose parents knew his dirty little secret. She prayed she had done enough.

She started the ignition and headed back towards the house, her thoughts in turmoil. She couldn't see, the rain was too heavy for the windscreen wipers to cope and she couldn't concentrate. The sky was so black, making it hard to see the road ahead, forcing her to switch on her full beam. She knew she was in trouble when her wheel clipped a pothole and she veered into the hedge, hitting her chest and head on the steering wheel and then everything went black.

She could hear voices, what were those voices? Was it Joe? She opened her eyes and then closed them again when she felt something sharp sting her hand. She was being lifted. Was she being lifted or was she floating? She couldn't decide. "Where am I?" she whispered, "where am…?"

Thirty-Two

Tara slowly opened her eyes and blinked. She couldn't quite make out where she was but she definitely didn't recognise the ceiling above her. She carefully turned her aching head to the right, taking in the sight of the bedside monitor and drip. My God, she was in hospital. What had she done?

She slowly turned her head to the opposite side, realising that someone was holding her hand. Joe was sleeping in a wingback chair with his mouth wide open. He looked gaunt, unrecognisable with a look of sheer agony imprinted on his face. What had she done to this adorable man?

She attempted to squeeze his hand in an effort to alert him that she was awake but she was so weak her efforts were pointless. "Joe," she whispered, which was immediately followed by a choking sound and a series of coughs, as she gasped for air, dislodging her oxygen tube.

Joe bolted upright in his chair, like he had been catapulted into position and then immediately rose to his feet. "Tara," he said, reaching out to her, as she continued to gasp. "Take it easy," he said gently, realising that she was possibly in shock. "Let me help," he offered, inserting the oxygen tubes back into her nostrils.

"It's OK," he reassured, calling out for a nurse. "Where is that bloody buzzer?" he said, searching around the bed. He quickly pressed it and then reached for her hand, while continuing to reassure her that she was in safe hands.

A nurse entered the room and set to work, checking her vital signs and explaining where she was. "You had an accident and are in hospital," she explained "but you are doing well," she confirmed, clipping a small device onto one of her fingers. "Your husband has been by your bedside ever since you were admitted," she said, like she was searching for some reassuring information to comfort her.

She plumped her pillows, making her comfortable and then recorded her checks onto the clipboard at the foot of the bed.

"Can I have some water?" Tara whispered, coughing once more.

"Yes, small sips," the nurse said, filling up a small glass and assisting her in between coughs. "Right, I'm just going to fetch the doctor and let him know that you are awake and I will be back shortly."

"Joe, what happened," she whispered, turning her head in his direction. Tears rolled down her cheeks when the memory of her rearing into the hedge finally loomed and then she let out a gasp when she realised the enormity of her mistake.

"Joe, I shouldn't have been driving," she cried, trying to reach out for him. "What have I done?" she sobbed.

"No, you shouldn't have been driving, Tara, but fortunately you are OK," he said, squeezing her hand, gratefully. "No one was hurt, no one else was involved," he confirmed. "From what I understand you hit a pothole and reared into a hedge but your bloods confirmed you were seriously over the limit. What were you doing? Where had you been? I just don't understand why you were out in that storm. I was informed that you were absolutely soaked through and from your belongings I could see that you didn't even have a coat with you!" he said, not really understanding.

"I went out for gin," she said, feeling mortified about her stupid decision. "I was drowning my sorrows, I guess, and made the stupid decision to go out and get more," she said, croaking her way through her explanation. "I'm so sorry."

"But I was told that you were heading in the direction of our house and there was no gin recovered from the scene. Did you change your mind?" he asked, not comprehending what had transpired.

"No," she said, turning her head away from him. "I arrived at the off licence but as I was entering the store I ran into Brian. He offered to buy me a drink in the pub next door and I accepted," she said, coughing.

Joe reached out for her, not really knowing what to do to help and then he said "What did you do, Tara?" Feeling himself shudder. "Did you mention Eva?" he asked, letting go of her hand and walking round to the opposite side of the bed so he could see her face.

Tara closed her eyes and nodded gently, unable to look him in the eye. "I asked him if he knew a girl called Eva in 1987. I told him she was my best friend but something sad happened to her in the cubicle toilet, which resulted in an unplanned pregnancy."

"What did he say?" Joe asked, staring up at the ceiling.

"He left abruptly, saying he was stepping out for a smoke but he didn't come back. When I left he was waiting for me by my car. I didn't see him at first until a bolt of lightning lit up the sky and I saw him standing in front of my car. He walked round to my side and banged on my window with his fists, threatening me."

Tara started to cough uncontrollably and then she continued. "He said, if I do anything to ruin his family, he'll come after mine," she explained, bursting into tears. "I was so scared. He looked frenzied, like I had uncovered something that could cost him his life and he was prepared to do anything, absolutely anything to save it."

Joe reached out for her trying to comfort her but it was impossible. She was so fragile that everywhere, with the exception of her hand, seemed to cause her pain.

"You've been unconscious for ten days," he told her, changing the subject. "The blow to your head and chest was quite serious. They said your comatose condition was your body taking time out for your brain to heal. You also had some abdominal damage and had surgery. Tara, did you know that you have one of the rarest blood groups? You're AB negative!"

Tara nodded. "Yes, don't you remember? It came to light when I had Amy and they said I should consider having some of my own stock on standby."

"Well, you needed a transfusion and I was asked if your children could be tested because stocks were low. All three of them came forward obviously. I was in complete turmoil knowing that Sophie and Billy wouldn't qualify but I just couldn't tell them. But Billy and Sophie were a complete match and both donated. Amy had a B group, which I have since learned via the internet is because I am O. Tara you are biologically connected to Billy and Sophie, they are your siblings. The blood group is so rare that only one percent of the population has it. All three of you share a parent and we know that Sophie's mum was Eva, so the connection is by your father. Tara, Sophie is not Brian's child."

"Oh my God, what have I done?" Tara cried, turning her head into the pillow. "I've ruined Sophie's wedding for nothing. Why didn't I just wait before blurting everything out?"

Joe sat there holding her hand, not knowing what to say and what way to turn. "Tara, I think the man that raised you was your biological father and if so, then he had sex with Eva while she was effectively in his care."

"Do you think he forced her?" Tara said, the enormity of the situation unravelling.

"I don't know. Perhaps he blackmailed her, you know, to pay her way."

"You mean, said she could stay if she complied," Tara said, sobbing.

"I don't know, Tara, I'm grasping at straws but yes, potentially."

Tara's head was spinning with all the new information, and was making it throb.

"I'm not sure if I should be telling you all this," Joe said, "if your brain is supposed to be taking time out," he added, suddenly growing nervous when she raised her hand to her brow.

Tara inhaled deeply, which made her cough and splutter and then she pointed to the water. "Please," she said, leaning forward as Joe helped to guide the glass to her mouth.

"Joe, I'm sorry," she said, leaning back against the pillow. "I really don't know what to think. No wonder Sophie looks like me, if we are sisters. I thought it was just a coincidence." She also felt relieved that Billy was her real brother after all, even if they only shared one parent. Her thoughts then turned to Megan and then she burst into tears all over again.

"WHAT HAVE WE DONE?" she suddenly shouted, gasping for air. "We stole children from their biological father and separated a loving family."

"No, don't say that. Somehow your father coerced women into having sex with him and then kept their offspring. Did he pay them or did something unthinkable happen? Eva has been missing for thirty-five years, Tara, and we don't know if she's dead or alive. This was not a typical loving family and you know that. Your father was trying to recreate a family that duplicated the one he grew up in. He was trying to mirror his adoptive family. He wasn't well mentally and we know this from his diary entries, and that the psychiatrist feared schizophrenia. So please don't go down the route of self-doubt. Yes what we did wasn't legally acceptable but we did it with the best intentions."

"Are you saying that to make yourself feel better?" Tara snapped, sounding spiteful. "I'm sorry, that was a terrible thing to say to you when I was the one that begged you to help me all those years ago. I didn't mean it," she said, shaking. "My head's all over the place."

Their conversation was interrupted by the arrival of the doctor that immediately repeated the previous checks. "So how are you feeling?" he asked, reaching for her wrist. "You had a very lucky escape," he uttered, shining a torch into her eyes.

"I'm not at my best," Tara said, trying to sound humorous but coming across a little sarcastic. She then recoiled feeling embarrassed at the thought of the doctor knowing she was intoxicated at the time of the accident, so followed it with "but obviously extremely grateful that my actions didn't result in a tragedy." Meaning that she hadn't injured an innocent party.

"When can I go home?" she asked, then winced when she attempted to move.

"Ah, you'll be with us for a while yet," he said, replacing the clipboard at the foot of the bed.

"So, my advice to you is rest and let your body recover and we will do our best to assist you along the way."

He left the room casually, standing momentarily outside the door and then his bleeper sounded, propelling him forwards to deal with another emergency.

Thirty-Three

"I'm so pleased to be home," Tara said, getting out of the car with the assistance of Joe.

She stood by the side of the car looking across the drive at their detached house and smiled. "You have no idea how much I have missed being here," she said, staring at the double aspect unique build that they had renovated over ten years ago.

She held out her arm allowing Joe to help her up the three steps and in through the front door and then she stopped when she caught sight of herself in the full-length mirror at the foot of the stairs.

Her face still had a yellow tinge to it, which was the aftermath of the bruising that had gone through the various different stages of purple, blue and green. There was still some swelling around her right eye but all in all it was a considerable improvement from two weeks earlier. She had spent a total of nineteen days in hospital and had told Joe that if she wasn't allowed home by the end of the week then she was discharging herself. Thankfully, the doctor had granted her wish, providing she followed his strict guidelines, but in reality Tara knew it was because they seriously needed the bed. The hospital was overcrowded and was the only one in a twenty-mile radius with an A&E unit.

She had been surrounded daily by her children, who took it in turns to visit so that she had little time to mull over her plight. However, what they didn't realise, due to the secrecy of the situation, was that every other second of the day she was plagued by her past and the sins of her father. What the hell was she going to do?

She still couldn't believe that there hadn't been any type of backlash or revenge attack from Brian. He seemed to have faded into the background and Sophie had told her dad that she and Charles had returned home and would remain there until the wedding day itself.

"I think Philippa is coming between Sophie and Charles," Joe said, switching on the kettle. "Sophie came round the other evening to vent, saying that she was now regretting having such a flamboyant wedding and really wanted to downsize. She had raised her concerns but Philippa was having none of it, of course, which led to a row. She said that Brian seemed only too happy to take her home and they had their bags packed in seconds."

"I feel so bad about my meeting with him in the pub," Tara said, accepting her cup of tea and leaning back in the armchair. "Especially now we know that he isn't Sophie's father and the wedding can legally go ahead. But I also keep thinking about the crazed expression on his face the night of the storm. He looked so unhinged."

"Well, I think we should stop meddling in that area. There is no need for us to intervene now that we know the truth. We just have to hope that Brian keeps a lid on it. He has no idea that we thought that Sophie was the child in question, he merely thinks you know his secret from his youth, so hopefully it will fade into insignificance. I expect it will have consequences with regard to family gatherings and we won't be the best of friends but then not all families mix or get on."

Tara stared lovingly at Joe thinking he was always so practical, and then she turned her attention to her unconventional family. "What do you think we should do about my father?" Tara asked, wondering where to start.

"I don't think you should do anything. Just leave the past in the past. We are no worse off than thirty-five years ago when we first made this decision. In fact, you now know that you are related to Billy and Sophie and they aren't somebody else's children, so to speak. Well they are, but they are also your siblings, which somehow feels better."

"I can't leave it, Joe. Now that I know my dad was living with his sister as man and wife and the purpose behind that reasoning, I have to know the fate of all the mothers, my mother," she said, placing her tea down onto the coffee table. "But more than anything I need to know for certain about Eva. I just can't leave it, Joe, I can't."

"Tara, look at you. You're broken and you need to rest. This whole thing could have killed you. If the ambulance hadn't reached you when it did, then Lord knows what might have happened. Leave the past behind you. We have a wonderful family and a granddaughter on the way. Now leave it."

Tara sat staring into space, Joe's words disappearing into the background. She had to revisit Branbury Lane and she had to find out more about her father's history. She couldn't leave it there.

She was also fully aware that she was going to lose her driving licence and the ban could potentially last three years. Her court date was scheduled for the 1st April, which ironically was Sophie's thirty-sixth birthday. If she was going to revisit Branbury Lane, then she should do it as soon as possible.

She had also promised Joe that she wouldn't drive in the interim, which meant if she did this then she would be breaking a promise to the man that meant everything to her and had effectively saved her. Perhaps she should go by cab, then she would only be breaking half a promise by not leaving the past alone. She could live with that, she considered. After all, if he were in her position, she felt certain he would want to know his roots.

She made some discrete enquiries the following morning and decided a cab to Branbury Lane was ludicrously expensive, so changed the destination to Potterton Station, three miles away. It was booked for 10am and she now felt sick with nerves.

The whole episode depended on her being able to get the key from the neighbours at number three. She was also fully aware that Kelly's parents were more than likely to have returned from their trip and gaining access might be a lot trickier. She poured herself a second cup of tea and sat down on the kitchen stool, staring out into the courtyard. Maybe she was approaching this from the wrong angle. Perhaps it would be more conducive if she encountered her father face to face and demanded answers. Maybe she should find out what nursing home he was resident in and pay him a visit. He was elderly, frail, and at this stage in the proceedings, unlikely to be a threat. She then thought about Kelly's passing words when she said her father had put up a fight leaving the house, like he was 'leaving behind the crown jewels' and thought this was probably a good analogy. Perhaps all his secrets were hidden in that house, every dodgy dealing, everything that could leave him exposed. He obviously had enough brain cells to know that everything could be unveiled, which effectively could make him one of those serial killers. She trailed off when the word murderer came to mind, deciding that perhaps he had paid his victims and they were all still alive and kicking.

She thought back to her childhood at the man who was loving and caring and worked hard to provide for his family and then wondered what part of that charade was garnered from his mental ability to switch characters. Did he really have more than one personality? How did he manage them both, keeping a lid on his alter ego, and how did this affect the woman who was masquerading as their mother? How did her father manipulate his sister into becoming his wife, the mother to his children? Was she brainwashed from an early age by him, chipping away bit by bit throughout her childhood with promises of a family? Perhaps their life before Bridge Street was so hideous that moving into a perfect family scenario was actually their undoing.

She thought about everything her and Joe had been through to raise their own family and keep their origin secret from the rest of the world. When Joe had first introduced her to his mum and dad, he had presented Sophie and Billy as her own children, leading his parents to believe that he was marrying a woman who already had two children. They had never questioned this and treated them both with equal status, alongside Amy their biological granddaughter when she was eventually conceived eight years later. They had also added five years to Tara's birth age to make the lie conceivable, all of which had never been questioned.

Their whole life was based on lies and she needed to know the truth. She had to find out why this happened and who she was but most of all she needed to know what happened to Eva. She had gone thirty-five years without knowing and now it was eating away at her, destroying her soul, making her feel that she was dying inside and was effectively no better than her mentally unstable father.

To think none of this would have resurfaced if they hadn't been introduced to Brian. The irony of the whole situation, turning full circle like this was so unimaginable. I mean what are the odds of your offspring introducing you to an old flame, or a friend's, as in her case.

She stepped down off her stool when she heard the cab pull up in her drive and headed towards the front door, pulling on her jacket. She grabbed her bag from the side and went out of the front door knowing that once more she was heading somewhere she shouldn't.

Thirty-Four

"Potterton station please," she said as she climbed into the rear seat. The driver nodded, entering her destination into his satnav and then went through a few courteous pre-rehearsed pleasantries before drifting into a comfortable silence. Tara hated small talk and was extremely relieved when the driver appeared to be caught up in his own thoughts, leaving her to mull over her next steps.

She hadn't been on a train for at least eight years, as the experience always reminded her of the day she followed her father to Bridge Street and discovered his secret. There was something about a train journey that always haunted her, making it her least favourite mode of transport. Yet here she was again, stepping back into the past.

She closed her eyes and then opened them again immediately trying to wipe out Eva's sorrowful look of disappointment. Ever since her car accident she kept seeing her face with a different expression, most of which were pitiful and desperate and it was now beginning to haunt her. She whispered under her breath the word sorry, wishing with all her might that things had been different.

She had always felt that she had failed Eva, even as far back as childhood when she was bullied and she had been too scared to stand up for her. If the truth be told, it was because she was petrified but this had manifested itself into a cowardly interpretation, making her feel weak and unworthy of the friendship. "Are you out there somewhere?" she whispered.

She knew deep down that this was unlikely. While it was something she had always hoped for, as the years passed and with her new-found knowledge this was looking improbable.

She arrived at Branbury Lane at 11:49 after getting out of a second cab outside number twelve. She stood in front of Eva's house for a few moments and then walked slowly towards her own. She had walked that path a million times and it took her breath away. Every step she took brought back a flood of memories, making her stop and pause every few feet, as the recording imprinted on her mind played out before her. She turned round as she heard Eva's voice call out to her from behind and then smiled as she saw her standing at her garden gate waving. "I love you," she called, waving enthusiastically and then she was gone, leaving behind a rickety old gate swinging on one hinge, wiping out the vision forever. "I love you too," Tara whispered, tears running down her cheeks.

She continued towards her old house, pausing momentarily when she noticed the curtains were being drawn. Who was inside, was it Megan? Oh my God, what would she say to her after walking out of her life all those years ago and never making any attempt to contact her. Deep down she knew that had been impossible, because they had gone into hiding. They hadn't changed their own names, despite having considered it, because they had the papers as security and knew it was unlikely that they would be publicly pursued and definitely not by the authorities. No, her father had thought this through, just as they had envisaged, knowing if he had raised the alarm his serial crimes would be uncovered, resulting in a life in prison.

If it wasn't Megan then perhaps it was her neighbour looking after the place, the people from number three opposite, she considered, pausing outside. She hoped for the latter as she rapped on the door and then she stepped back from the doorstep, allowing some distance between her and the unknown occupant.

The door opened and there before her stood Megan, thirty-five years older but unmistakable.

"Hello," she uttered, stepping sideways to allow her entry. "You're a little early," she suggested, opening the door wide enough for her to step into the hallway. "I wasn't expecting you until one o'clock."

Tara immediately knew she hadn't been recognised and Megan was obviously expecting someone else in her place.

"Everything is ready for you," Megan continued, walking down the hallway in the direction of the kitchen. "If I could just ask you to sign some papers the hospital has left for you," she pointed, looking across at the table set centre stage as usual.

Tara nodded, knowing this was an opportunity for her to navigate her next steps and then proceeded towards the table reaching out for the papers. It was clear from the very first sheet that her father had come home to die. This had been his final wish, that he died in his own home, and a care package had been put in place by the hospice. Megan had assumed her to be a carer or nurse.

Tara turned to face Megan wondering how it was that she hadn't recognised her own sister. Yes, she had been just shy of her eighteenth birthday when she left home and she was now fifty-three but still it seemed a little surreal.

"Will there be any other family members assisting with your father's final moments?" Tara asked, feeling herself shudder. It was likely that her father was already in the family home or might possibly be arriving shortly and she felt sick to the pit of her stomach with fear.

"No, just me," she said, moving across to sit on one of the chairs. "My siblings passed away in a car accident years ago," she added, staring across at a family picture on the wall. Tara gasped as she looked at the photo of the five of them that preceded Sophie, and tears stung her eyes.

That was the story her father must have conveyed, covering their tracks so that Megan and possibly her mother had closure.

"My mother never really recovered from the tragic loss and spent a number of years going in and out of a psychiatric establishment called Rosendale."

"What about your father?" Tara asked, wondering how he dealt with things after they fled.

"He was never the same," Megan said, standing up and walking across to the photo. "I think my parents also died that day," she said, looking down at her feet.

Tara felt her stomach take a flip and then she sat down at the table to steady herself as her legs gave way.

"Are you OK?" Megan asked, wondering what was wrong.

"Yes, it's just such a sad story," she said, drying her tears. "In my line of work, you would think I would be hardened to this type of emotion but it gets me every time," she said, pretending it was a hazard of her job. "What about you?" Tara asked, wondering what became of her sister.

"I left home shortly afterwards. Possibly not the best timing but at twenty I guess I was rather selfish, thinking only of myself."

"Do you have any children?" Tara asked, wondering if grandchildren might have brought her parents some form of comfort.

"Yes, two boys," she said, reaching for her coat. "Can I see your ID?" she suddenly asked, moving across to the table, "and if you could just sign these papers," she said, reaching for a pen.

Tara froze, knowing her cover would be blown and then she was spared when Megan's mobile rang and she stepped out in the hallway. "I have to leave," she suddenly called. "I will be back around five," she added, pausing in the kitchen doorway. "I wanted to introduce you to my father personally but he is sleeping at the moment," she said, stopping momentarily outside the front room door. "I guess it doesn't really matter at this stage, as he has very few lucid moments."

She closed the front door and Tara sat there completely petrified. Megan would have gone through all the logistics with the hospice and thought she was leaving her father in safe hands, when the reality was she had left him in the care of his daughter that had fled all those years ago.

The man she had loved throughout her childhood was sleeping next door and she was about to come face to face with him. Would he recognise her? Would he have enough memory to bring any type of closure to her enigma?

She rose to her feet and slowly stepped forwards, feeling like her legs were made of lead. She paused outside the living room door and then slowly turned the handle. A hospital bed was now in situ where the sofa used to be and an oxygen mask was shielding her father's face, making it difficult to recognise the man she had known as Dad.

She stepped forward, tears pouring down her face and then she sniffed as she tried to stifle her sobs, making her father stir. "Who's there?" he whispered, his voice muffled by the mask. He opened his eyes and then closed them again, in his weakened state.

Tara stood by the side of his bed, looking down at him. His hair was white and his face lined but she was unable to see him properly. She wanted to see his face so that she could match it to the man she had loved without question all those years ago but with the mask she could only see his outline.

He opened his eyes again and then closed them. "Tara?" he said gently, his hand raising towards his mask. He moved it to one side slowly and then he whispered her name again. "Tara is that you?" he asked, tears brimming in his eyes.

"Yes, it's me," she stammered, choking on her tears. She had no idea how to feel. Her emotions were in turmoil as she looked at the weak, crumbling man laid out before her.

One moment she wanted to reach for his hand to comfort him and beg for forgiveness for taking away his family and the next she wanted to slap him for the torture he had caused. "Dad, please tell me what happened to Eva, please tell me before it's too late," she begged.

She stepped back as he closed his eyes, as though he was either too weak to answer or he was bringing closure to the conversation. "Dad please, you have to tell me. What happened to Eva?"

Her father remained still, like all life had been sucked out of him yet his chest was continuing to rise up and down as the oxygen pumped through his veins.

She retreated not knowing what else to do. All his secrets were possibly buried in this house and she needed to act quickly before the real nurse showed up at 1pm.

She stepped back further unable to extract her gaze away from her father. She hadn't seen him in thirty-five years and it was killing her. Then she turned on her heel and slowly walked up the stairs to her parents' room and scrambled through their belongings. Everything was just as she left it, thrown all over the floor and it was evident that Megan hadn't entered the room since she had returned with her father and for that she was eternally grateful. She retrieved the yellow folder from the floor and tipped the rest of the contents onto the bed along with the diary that held so many of the answers.

She opened the diary and continued reading on from her previous visit and then gasped as the enormity of her father's childhood fears loomed. By the age of sixteen the diary entries appeared to be made by two different people, yet the handwriting was the same.

Tara could see that her father's identity had morphed into two minds sharing the same body. The diagnosis of schizophrenia had been relabelled as multiple personality disorder and there was without doubt two minds battling with each other to take over one being. Billy's childhood innocence was being dominated by a much stronger force.

Tara pushed the diary inside her handbag and then started on the paperwork, searching frantically for her birth certificate. Where was it and who was she? There was nothing there to indicate her birth origin, leaving her in suspended animation as to her own heritage.

She knew that the man lying in the hospital bed downstairs was her father but what had happened to her birth mother? Her and Megan were so close in age, perhaps they shared the same mother! Why couldn't she find anything pertaining to her and Megan? It just didn't make sense.

She suddenly remembered the blood-drenched tea towel that she had recovered on her previous visit and knelt down when she spotted it in the corner of the room. Her hands were trembling as she slowly unwrapped the contents as she rose back up onto her feet and then she cried out like she had been stabbed, dropping the contents to the floor, clutching at her chest. It wasn't a single blood-soaked slipper contained within the towel, but two. Both slippers had been wrapped and stored inside the void in her father's wardrobe for all these years.

"She's dead isn't she?" she screamed, walking down the stairs and back into the front room. She held up both slippers and screamed at the top of her voice. "WHAT DID YOU DO WITH HER BODY?" she demanded, thumping down on his chest. She watched her father gasp for air as he rose up momentarily before collapsing backwards onto his pillows.

"Dad, don't die, I didn't mean to do that, I'm sorry," she begged, dropping down onto her bruised knees. She rose to her feet and bent over him, adjusting his mask. "I'm sorry don't die," she pleaded, frantic that she might have injured him and shortened his final moments.

"Please tell me what you did with Eva, please, PLEASE," she screamed, feeling the effects of her recent head injury.

Her father's eyes darted back and forward, his pupils dilating so wide like he couldn't get enough light.

"Is that you, Tara?" he asked again, struggling for breath.

"Yes, it's me, Dad, I told you it was me. Please stay with me," she begged, holding his hand and praying that she hadn't damaged him to expedite his death. He was possibly days away from dying but she would never be able to live with herself if she was responsible in any way.

Her emotions switched again, remembering that he had possibly murdered her own biological mother and her best friend and his crimes didn't stop there.

Was this man a monster or had the beautiful little boy adopted along with his twin sister been tortured inside his own mind by another more domineering personality?

Why did she love and hate him all at the same time? What was wrong with her?

She held a blood-stained slipper up in front of him again. "Dad please, what happened to Eva? Please tell me."

Tara reached for his mask, moving it up away from his mouth. "Please Dad, I have to know."

"Bridge Str…" he spluttered, gasping for air. Tara gulped, unable to believe what she was hearing.

"You buried her at Bridge Street?" she asked, staring into his eyes. "What about my biological mother?"

Her father continued to gasp for air, as she quickly replaced his mask. Watching him slowly regain a steady flow of air. He closed his eyes looking like he was at peace and then he drifted off into a comatose sleep.

Tears flowed down Tara's face as she dropped to the floor inconsolable. He had murdered her very best friend. The only real friend she had and possibly her own mother, along with Billy and Megan's.

She rose to her feet and walked out into the hall completely broken. This wasn't a family home, it was an asylum to a lunatic who was trying to recreate a family, the family before us. But was it really so perfect that it brainwashed a little boy into thinking that it was the only way that he could have a happy life? The mind is so complex, who knows what went on inside his mind.

She stood by the front door and then remembered her bag which was still upstairs in her parent's room. She made her way up the stairs for the very last time and retrieved every piece of paper pertaining to her father's past.

She walked into the front bedroom that she shared with Eva, Megan and Sophie and then walked towards the bedroom window where the bunk beds used to sit. "I will get justice for you," she whispered, reaching out to where Eva's bed used to be, "I promise."

She wandered down the stairs, just as there was a knock on the door. She turned to face the front room, where her father was taking his dying breaths, and remembered the slippers. They were coming with her, she thought, walking back into the room. She retrieved them from his bed and shoved them into her bag and stepped back into the hallway.

"Good afternoon," she said to the nurse, opening the front door. "He's through there," she pointed, stepping out onto the step.

Thirty-Five

"What possessed you to go back to Branbury Lane after everything we discussed," Joe asked, looking down at the bulging folder that had been stuffed haphazardly with papers.

"I had to; I just couldn't leave it. I can't spend the rest of my life not knowing why he did this and what happened to everyone. I know I took a chance but I also knew if I didn't act now everything could be lost forever."

"But look at you," he said, referring to the fragile state she was in after the car accident that could have killed her. "You were in a coma for ten days for Christ's sake and then you go and pull a stunt like this and why have you brought the slippers?"

"Because I panicked, not wanting anything to lead to us, I guess."

Tara walked across the to the kitchen cupboard and reached for a wine glass. "Do you want one?" she asked, opening a bottle of Merlot.

Joe stared at her wondering where his beautiful, level-headed wife had gone. "No," he said, shaking his head. "We are both getting into the habit of reaching for alcohol as a crutch every time something goes wrong and it has to stop," he stated.

"Don't go getting all moral with me," she spat, feeling the hairs raise on the back of her neck.

"I'm not. I love a glass of wine just as much as you but I think perhaps it shouldn't be the first thing we do every time something goes…" He paused uncertain how to phrase the end of his sentence but wanting to be careful he chose his words wisely. "I just think perhaps we are drinking too much," he said, slouching down in the armchair defeated.

"What you mean is, I'm drinking too much," she said sternly.

"Yeah you are," he said, standing up as if he was now prepared to take on the fight. "You're making rash decisions and when we discuss next steps you go off regardless of the consequences. You're not listening to me when I ask you to rein it in, your emotions are in turmoil and alcohol fuels your desire to get to the truth when careful planning is needed."

"Careful planning," she spat, feeling the anger heighten further within her. "I can't just sit on my arse while everything unravels around us. I'm not like you," she yelled, feeling anger towards him. "If I wait for you to get yourself into gear, it would be too late."

"That's not fair, Tara, and you know it. You've just returned from hospital after a serious car accident. You were in a coma for Christ's sake. Do you know how I felt sitting by your bedside for ten days, not really knowing or understanding the extent of your injuries or whether you would wake up at all? I was petrified, and yet the day after you return home you're at it again, playing detective, raking up the past." He gesticulated with his hands and then shouted out of sheer frustration. "I GIVE UP," he said storming out of the room.

Tara slouched in her chair, knowing he was making sense but refusing to allow him the privilege of being right. She just had to get to the bottom of this and she was going to do it with or without him. There was an uncomfortable silence for around twenty minutes and then he returned to the room.

"Look, it's not like I don't want you to find closure, it's just the way you are catapulting ahead without even confiding in me. You went to Branbury Lane without my knowledge. What if something had happened? I would have had no idea where to look. I just want you to slow down and think this through. Let's work out a way forward together."

Tara turned away from the window to look him in the eye. "I found out stuff today that I haven't yet processed," she said, looking up at the ceiling. "My father's condition heightened around age sixteen and it was very clear from his diary entries that he had multiple personality disorder. It was weird how he expressed concerns about his own condition like he was fully aware of his potential diagnosis. Like it had been discussed with him in psychiatric sessions, almost like the seed had been planted, so the disease could fester and manifest."

"What, like he was groomed into becoming psychotic?" Joe asked, finding the suggestion really interesting.

"Yes, almost like he was being cleansed and then thoughts and ideas were planted, which then merged with his own personality," Tara explained.

"Here, take a look at some of the entries," she said, opening the diary and showing him some of the sessions she had read previously. "See how he's analysing some of the sessions and talking like a third person. The way I see it, the third person is the psychiatrist and he is discussing it with his other self, trying to make sense of it."

Joe became quiet as he absorbed some of the information that Tara had read earlier. "Yeah, I see what you mean. That is a possibility, of course. Unless his psychosis was more complex than that."

"Joe, you know I said that I pressured my father into revealing what happened to Eva! Do you think she is buried at Bridge Street? I'm also wondering how long the property has been in the family and whether any other bodies are there!"

"He may have just told you she was there to stop you from applying the pressure. You said you had been extremely forceful. Maybe he just said that to shut you up."

"I need to go back," she said, standing up and walking across the room. "What, go back to Bridge Street?" Joe queried, thinking she was losing the plot again. "What would be the point in that? It was sold years ago to new owners. What are you going to do, dig up their garden, and how are you going to introduce yourself? 'By the way, I used to be the daughter of a little boy who used to live here called Billy, who was adopted along with his twin sister who'…"

"STOP," Tara yelled, waving her hands in the air. "See what I mean? How can I discuss this with you when you make it sound so fucking ridiculous?"

"That's not what I meant," he said, annoyed at being cut off mid-sentence. "I'm just saying we need to work out a way of approaching this in a more appropriate way. If you rake up the past there are going to be consequences pertaining to Billy and Sophie and I don't want their world to be turned upside down. You know yourself how it feels not knowing your own heritage. This could potentially put our Billy and Sophie into the same situation. Plus it may come to light that we absconded with them, removing them from the family home without consent and you know the high price we would pay if that was ever disclosed. Let's work our way through the diary properly so we have a better understanding and then run through all the accompanying paperwork. We will work out a way forward but let's do this together," he offered, leaning back in his chair. "I have a client tomorrow that I can't cancel but I will be free in the afternoon," he promised, moving across to sit down beside her.

"Who is it?" she asked, feeling agitated that the client seemed to be more important than them.

"Tommy Lee Jackson," he said, hoping that would be sufficient to bring a close to any further probing. "You know he is one of my biggest client's and he insists on three training sessions a week because he has a big fight coming up. It's what pays for our bread and butter," he reinforced, gesticulating out of the window at their 4x4 and then continuing his sweep of everything else in front of them.

"Yeah, yeah," she said, knowing that his super- rich clients were what gave them the luxuries.

"Look, I'll be back by lunchtime and then we will look at this again," he promised, walking out of the room.

"Sure," she said, letting out a sigh. She reached for her wine glass and refilled it to the brim.

"We will wait for you to be ready," she whispered, under her breath, "while my mother and best friend go undiscovered in a mass grave."

Thirty-Six

It was 6:45am and Tara could hear Joe moving quietly around the bedroom getting ready for work. It was obvious from his ninja-like steps that he was trying to be thoughtful so as not to disturb her, but she had been awake for most of the night.

She lay there lifeless with her eyes closed pretending that she was still asleep because she didn't want to get into any type of discussion with him again, which could potentially put her under house arrest. Yes, she knew that Joe wasn't controlling and never usually questioned her whereabouts but at present he was concerned about her mental and physical state and in light of their current predicament, she knew that he would reinforce that she wasn't to steam ahead without him.

She also knew that there was no way she was waiting until the afternoon before visiting Bridge Street. No, she was calling a cab as soon as Joe was gone and there was no holding her back.

She waited until she heard the car ignition start and then got out of bed and headed across to the window. Joe was sitting in the driver's seat with the window down, revving the engine. Why did he always do that? No wonder Amy was the same, learned behaviour, she thought, pulling on her dressing gown.

She headed to the bathroom and stared at herself in the mirror. Her face looked gaunt with dark circles under her eyes and the faded yellow bruising was adding to her sullen complexion. She washed her hands and face, swiftly cleaned her teeth and put her shoulder-length hair into a ponytail, then stared at herself again. She looked dreadful, no wonder Joe was concerned about her.

She headed back to the bedroom and opened her wardrobe in search of something suitable to wear. She selected a beige tracksuit, dressed and headed downstairs to make coffee.

"Can I have a cab to Potterton Station?" she asked, speaking to the controller at Beeline Cars and Rentals. "Yes as soon as possible, please." She placed her mobile down on the breakfast bar and headed across to the coffee machine. Fuck, what was she doing? She was breaking yet another promise to Joe by not waiting until he returned from work. She let out a deep sigh as she scooped some coffee into the espresso machine and then she pressed the button waiting for the hot water to steam. Yes, she was at it again ploughing full steam ahead despite Joe strict instructions. No wonder he was angry with her.

She poured her coffee and sat down on one of the stools to wait and then jumped up again when she heard a car toot in the drive. "Good morning," she said, rushing out of the front door, after grabbing her bag off the window ledge.

"Potterton Station please," she said, climbing into the rear of the car. It was the same driver as yesterday, who did his rehearsed ritual welcome and then like the day before the journey was conducted in complete silence.

She purchased a ticket to Fenley Rise and headed down to platform one. Her conscience was now in battle and she felt like her father with two personalities with conflicting ideas. Her sensible self was telling her to return to the house and wait for Joe but her reckless counterpart was propelling her forward in search of answers. Yes, she was impatient and self-control didn't feature when she was obsessed about something.

The journey wasn't direct which meant she had to change trains. This caused her to falter momentarily wondering if her impulsive behaviour would cause her family harm and then she hopped onto the connecting train before she changed her mind again. No, she was doing this and no one, not even Joe, was going to prevent her from getting to the truth.

She carefully observed the Fenley Rise signposts that were staggered at various points along the platform and then rose to her feet. She was back in Bridge Street territory, where she hadn't set foot for thirty-five years and she felt paralysed with fear.

She inhaled deeply, willing her legs to work and then she stepped off the train onto the platform and there was no turning back. She glanced at the steps leading to the outside world and then she pictured her father climbing those steps when she was only seventeen, a lifetime ago. She wasn't sure if she was more nervous now or back then when she had no idea whatsoever what lay ahead of her.

She turned to face the bridge section of the station, following the path her father took until he disappeared out of sight. For a split second she leapt forwards worried that he would disappear from sight and she would have no idea where he went and then she remembered she wasn't seventeen anymore and her father was lying in bed taking his final breaths at home and for all she knew could be dead already.

She walked slowly towards the steps and embarked on the flight like she was climbing a mountain with a heavy backpack on her shoulders and then she suddenly quickened her pace. Yes, she had to get a grip, this was not 1988 and she was no longer a child. She was a grown woman who had been deceived along with her siblings and she needed to know why.

She stepped out onto the street and headed across the road and then turned right into the next road. It wasn't long before she stood at the corner of Bridge Street and it took her breath away once more. She felt her heart skip a beat and then it started pounding like it was about to jump straight out of her chest. What was wrong with her for Christ's sake? No one here knew her. It wasn't like she could be recognised. She hadn't visited the street in thirty-five years and there were new occupants in the house, also she expected the elderly shopkeeper who she liaised with all those years ago had possibly kicked the bucket. No, she was perfectly safe and needed to relax a little.

She made her way down the street and stopped adjacent to number two opposite the newsagents. She couldn't believe it when she saw the red front door, like nothing had changed. She moved her head from side to side as she digested the fact that nothing about the house had altered at all. The house still had the same lace net curtains at the windows, as if the previous occupants were still there. I mean who has lace net curtains nowadays, she considered, thinking most people now had blinds or something modern framing their windows.

She stood with her hand on the bonnet of a red car that she was totally oblivious to. She didn't even realise she was using it to support herself because the wind had been completely knocked out of her sails. She half expected the housekeeper Doreen to step out of the front door, in her light-blue headscarf and then she realised that she too was possibly dead. She calculated on her fingers how old she might be if she was still alive but then shook this thought off when she realised she didn't really know her age when she was seventeen. She guessed she might be in her nineties if she was still breathing and possibly in a nursing home somewhere bedbound and then she dismissed this thought when it was replaced with a more relevant one. What the hell was she going to do now?

She hadn't really processed that part and there was a big fat full stop where the next paragraph should be. She was stupid, hadn't really carried out any research like Joe suggested and was standing there blind like she had been placed like a pawn on a chess board and was waiting for the player to take the next move.

She moved back and sat down on the wall to think. Even if she knocked on the front door, what did she hope to achieve? What would she say to the new occupant? Excuse me, but I think my best friend, my mother and my siblings' mothers might all be buried in your backyard. God, she would be locked up for sure. Tears sprung in her eyes when she recognised that Joe was right and reality dawned. Her impulsiveness was her own undoing and now she was in a checkmate position and she was going nowhere.

She stood up and took two steps back towards the station and then she turned and walked across the street. She had absolutely no idea what she was doing but a voice inside her head was telling her to knock on the front door.

She reached out for the knocker and stepped back away from the doorstep petrified and then she froze when she heard the chain on the other side of the door rattle. It was being opened.

A middle-aged woman with dark brown shoulder-length hair answered the door. "Hello," she said, opening the door wide. "Can I help you?"

Tara's whole body stiffened as she felt a sea of panic run through her entire body, like the blood had been sucked straight out of her. Her head was pounding and she thought she couldn't take her next breath and then she dropped to the floor banging her head on the pavement.

"Oh my God," the woman said, rushing out onto the street. "Hello, can you hear me," she said, shaking her shoulders slightly, like she was trying to make her come to.

Tara opened her eyes and then vomited, taking the woman by surprise. "I'm sorry," Tara choked, coughing and spluttering, as she allowed the woman to move her into a sitting position.

"Can you stand?" the woman suggested, reaching out to support her left arm.

"I think so," Tara said, trembling, as she tried to rise up onto her feet. Blood was gushing from her brow and running down her cheeks, which helped disguise the tears that were now filling up in her eyes.

"Can you walk?" she questioned, advising that she should come inside and take a seat. "I think I should call an ambulance," she continued, helping her hobble inside.

"NO, No," Tara stuttered, stemming the blood flow with the sleeve of her jacket and wiping her mouth. "I will be OK," she confirmed, sitting down on the same sofa she had sat on with Doreen thirty-five years ago.

"Here, take a tissue," the woman said, reaching for the box on the table. "What happened?" she asked, sitting down beside her.

Tara sat staring at her unable to move her gaze away from her face. It was without doubt Eva, her very best friend and she hadn't recognised her, why?

Tara was absolutely certain and would have bet everything she owned on it, right this second. This woman had one brown eye and one light blue, just like Eva. The light blue one had a small freckle just next to the pupil and as small children they had likened it to a tea leaf.

She was alive.

Thirty-Seven

"Are you sure you don't want me to call an ambulance?" she asked, uncertain if the person that had collapsed outside her door was capable of making the right decision after banging her head.

"Yes, I'm certain," Tara reconfirmed, knowing that this was the last thing she wanted. She had just spent nineteen days confined to a hospital bed and she wasn't going back.

"I'm fine," she lied, knowing that another bang to the head was not ideal and could have consequences. She also knew that she would have to bow down to Joe and admit he had been right. She rotated her head and then winced, realising that her neck had taken yet another jolt and she had only escaped the neck brace six days earlier. What the hell was she doing?

"Can I get you a glass of water?" the woman asked, not sure what to do next. "Yes, that would be good," Tara confirmed, trying to rise from the chair. She felt another rush to her head as she steadied herself and then decided it was best if she remained seated for a little longer. The house also smelt like rotten meat was about to be served and Tara suddenly felt like she didn't really want to consume anything that might come from her kitchen as she wanted to heave.

"How can I help you?" the woman asked, wondering why she had knocked on her door. Tara froze, uncertain how to respond and then she blurted her next sentence without really thinking it through.

"I was in the area," she lied again, and thought I would visit the family that lived here. They have obviously long since moved," she added, wondering if her story was convincing. "It's been many years since I last saw them."

"Well my family have owned this house for generations," the woman confirmed. "Do you think you have the right house?"

Tara breathed a sigh of relief when she realised she now had a get-out clause and a half-smile appeared on her face. "This is number four?" she queried, with a look of uncertainty on her face.

"No, this is number two," the woman confirmed, realising she had just made a simple mistake.

"Oh, I'm so sorry to have troubled you," Tara said, rising to her feet once more.

"Not at all," the woman said. "Let me get you that water?" She walked out into the kitchen wondering what caused her to faint and then returned a few moments later.

"That's a beautiful photo," Tara said, staring across the room towards the silver cabinet where a family photo stood pride of place. It was in exactly the same position as the photo she had witnessed years ago of her parents' family, when Doreen the housekeeper showed it to her.

"Yes, I love that photo," the woman said, handing her the glass and walking across to retrieve it from the cabinet. "I remember the day my father took it as if it was yesterday," she added, looking lovingly at her family.

"My father passed away two years ago and things haven't been the…" she trailed off without finishing her sentence and then passed the photograph across.

"A beauti… beautiful family," Tara stuttered, almost unable to string her words together. Doreen, who she had assumed all those years ago to be the housekeeper was sitting centre stage in the photo with the family seated all around her like a mother figure.

"Is that your mother?" Tara asked, her hands trembling so much that she was finding it hard to hold the frame still.

"Yes," the woman said fondly, retrieving it from Tara's trembling hands. "My mother had a stroke shortly afterwards, which was almost certainly brought on by his loss," she added.

"Billy, my youngest, helped with my father's funeral arrangements but he married a young girl in the States, so I hardly ever see him. It's been hard…" she trailed off again.

Tara felt her head swim with all this new information, unable to digest it fully. It was evident from their few words of exchange that the housekeeper Doreen was at the forefront of this horrendous nightmare. Was she also responsible for everything pertaining to her own mother and father's arrangement? Had they been programmed from small children? Was this some sort of medical experiment?

Eva's youngest child was called Billy and it was looking like the family had been recreated for a third time.

The woman suddenly turned and looked up at the ceiling, as if she was listening out for something above. "Ah that's my mother calling," she said, replacing the photo on the cabinet. "I'll be back in two ticks."

"Oh, I didn't hear anything," Tara said, thinking the bang to her head had affected her hearing.

She listened as Eva raced up the stairs, like she had no time to spare and then she walked across to the silver cabinet to take another look at the photo. It was definitely Doreen posing as her mother, as she would never forget her face. Yes, a few more wrinkles but it was definitely her. How had she managed to convince Eva that she was her mother? She looked at the three children seated around her and then at a tall man holding onto Eva's hand. Who had she been partnered with and where was he now?

Tara turned around, when she realised that Eva was back in the room. "Is your mother OK?" Tara asked, realising that she was looking nosey by scrutinising the photo and was now feeling even more vulnerable.

Eva stood there silently for a few seconds and then she asked a question. "What was the name of the family you were looking for?" she queried, as if her mother had asked her to verify this statement.

"Bro… Brown," she stammered trying to think of a name as

quickly as possible.

She looked up at the ceiling again and then asked another question. "Are you sure it was number four?" she asked, obviously knowing that the Browns did not live there.

"Yes, I think so, but it's been many years and perhaps I'm mistaken."

Tara knew that she needed to leave immediately but she desperately needed the toilet. There was no way she was going to make it all the way back to Potterton without having a pee.

"I'm feeling much better now," she said, feeling her body tremble. "I'm so sorry to have troubled you, could I possibly use your loo before I leave?" she asked, feeling uncertain if she should really head upstairs. The smell towards the staircase was awful and two blue bottles were buzzing around the window ledge at the foot of the stairs.

Eva nodded and then gesticulated upwards. "First on the right," she added, looking up at the ceiling once more.

Tara made her way up the staircase, feeling like her legs wanted to give way. She couldn't believe that after all these years Eva had been living in Bridge Street and had recreated an identical family to her own. All these years she had assumed her to be dead, buried somewhere and feeling that she was partly to blame. What the hell was happening here?

She flushed the toilet and walked back out onto the landing, feeling sick to the pit of her stomach. Her head was throbbing and blood was still seeping from her brow. It was obvious from the way that Eva had been looking up at the front room ceiling that her mother's bedroom was above. The door was slightly ajar and she wondered if she dared peep around the door and confirm her identity.

She tiptoed across the small landing and placed her hand against the door. "WHAT ARE YOU DOING?" Eva screamed, making Tara jump and fall forwards against the door forcing it wide open. The corpse of Doreen was propped up in bed like she was still alive.

"OH MY GOD," Tara gasped, placing her hand across her mouth and nose. Tara could see immediately that she had been there for some time as the decomposition was mainly skeleton. Sulpha containing compounds had long since liquified and leaked onto the sheets, leaving behind a mould like moss where insect activity was still evident. Her face had an expression of agony as her mouth was wide open but she was wearing a fresh, pink knitted shoulder blanket, which looked like it had been recently placed lovingly around her shoulders to keep her warm.

"GET OUT," Eva screamed. "HOW DARE YOU COME INTO MY HOME AND IMPOSE ON US LIKE THIS. WHO THE FUCK DO YOU THINK YOU ARE?"

"I'm sorry," Tara gasped, uncertain what her next move should be. It was obvious that Eva thought her mother was still alive, as she interacted with her in a weird conversation. She brushed past Tara and adjusted the pink shawl, apologising for the intrusion and then asked her mother if there was anything she could get her. She stood there by her side, like she was listening for further instructions and then she looked across at Tara with a glint of terror in her eyes.

"WHY DID YOU COME HERE?" she screamed, leaping forwards to push her out of the room. Tara could see that she was now holding a penknife and looked completely deranged.

"I told you I was looking for the Browns at number four," Tara lied, backing up towards the stairs.

"YOU FUCKING LIAR. YOU'VE BEEN SENT HERE TO TAKE MY MOTHER AWAY, HAVEN'T YOU. WELL YOU CAN'T FUCKING HAVE HER."

"No," Tara said, trying to defuse the situation that was now way out of control. "I promise you, I was just using your toilet when I thought I heard your mother calling out," she explained.

"YOU'RE LYING, I KNOW YOU'RE LYING," she yelled, waving the knife in her face.

"You can't take her," she suddenly whispered, tears running down her face. "She's all I have left. She's all I have," she repeated, bursting into floods of tears.

Eva turned to face the corpse with a desperate look upon her face, giving Tara the opportunity to race towards the staircase.

"OH NO YOU DON'T," Eva screamed, dragging her backwards by her hair. Eva pinned her to the landing floor, holding the knife to her neck. "YOU CAN'T HAVE HER, DO YOU HEAR ME?"

"Eva, it's me, Tara," she blurted, feeling terrified as she felt the blade against her skin. "I've been searching for you my entire life," she said, feeling desperate and knowing she could die at any moment and no one would know she was there. She pictured her dead body propped up in the adjoining room and then continued with her pleas.

Eva paused, staring directly into her eyes, like she was recalling some distant memory from the archives of her mind.

"You must remember me," Tara continued to explain. "Remember we were best friends and we used to go to Chadderton Heights on a Saturday night to Jackson's," she blurted, desperate for survival. "You lived with my family, we were like sisters," she continued, watching her turn her head from side to side.

"Tara," Eva whispered, letting go of her grip, like she was recalling a memory. She rose to her feet and stepped away from her leaning back against the wall. Tara slowly began to rise up onto her knees, talking gently to her, reminding her of all the things they used to do together as kids. "We lived in Branbury Lane, don't you remember?" Tara asked, now standing directly in front of her.

Eva nodded and then turned to face her mother's room, like she was receiving further instructions.

She leapt forwards striking out at Tara with the knife, slicing her arm as Tara tried to shield her face. "YOU STOLE FROM ME," she screamed, pushing her against the landing wall. There was a horrendous struggle and Tara struck out at Eva like she did all those years ago in the back garden at Branbury Lane.

The strike was so forceful it made Eva stumble backwards and she fell to the bottom of the staircase.

"Oh my God, not again," she cried, hobbling down the stairs. Please not again.

Blood was seeping from Eva's nose as she lay there unconscious at the foot of the stairs and Tara felt that her heart was breaking. "Don't die," she whispered, cradling her in her arms. What had she done?

Thirty-Eight

Tears filled Tara's eyes, making it hard to see. She gulped and stared up at the ceiling like she was searching for guidance from a superior being and then she looked down at Eva, whose crumbled body looked lifeless. "Don't die," she whispered and then she let out a piercing scream.

"Please don't die," she sobbed, rocking her back and forth. She needed an ambulance and she needed it now. Where was her bag? It was over her shoulder when she went to the toilet, she was sure of it. Her phone, she needed her phone. She spied her bag, resting on the fourth stair and reached across for it on her knees. She retrieved her phone with trembling hands and called nine, nine, nine.

"Which service please," the operator asked.

"Ambulance and please be quick my friend has fallen down a flight of stairs and is unconscious." She tried to catch her breath, as she answered a series of questions pertaining to address details, breathing and consciousness and then she recalled the corpse of Doreen lying in the bed above her. "I need the police, as well," she sobbed, feeling like she had nothing left to offer and then she dropped her phone in shock, unable to answer any further questions as she continued to cradle her friend.

What had Doreen done to Eva and how had she managed to convince her to live a lie? She wondered if perhaps Eva was an easy target with no family members to check up on her. She was a lone soul in the world and the one person she trusted let her down by striking out at her all those years ago. She sobbed as she rocked Eva gently in her arms.

She looked at her face, taking in every feature, every angle, like she needed it imprinted forever. She needed to save her, bring her back from the brink and she would not let her die. She wondered how

Doreen had the capability of pulling off something so mind blowing. Did she have help? She couldn't believe that a frail old lady could be so masterful, but then she hadn't always been old. Perhaps she had been a victim herself once and the family just kept reinventing itself. She thought about her own family, which basically consisted of offspring from her previous life and in reality was a spin off. She even had a granddaughter on the way that was going to be named Megan. The saga just kept evolving generation after generation.

She rose to her feet when she heard the sirens approaching and quickly opened the front door. "Please help my friend," she sobbed, covering her face with her hands. The relief flooded through her veins as the paramedics took charge of the scene, leaving her momentarily to process everything. One of the ambulance crew then started asking her a series of questions as they set to work checking Eva's vitals.

"Did she fall from the top?" the supporting crew member asked, standing on the sidelines.

"Yes," Tara confirmed, feeling sick to the pit of her stomach that the drop had been forceful due to the struggle.

The paramedic looked at her and then asked, "Can you tell me what exactly happened here, as you look like you've been in the wars yourself."

"Oh my injuries relate to a car crash a few weeks ago," she informed, realising how this must look.

"Well the cut to your brow obviously doesn't relate to that," he said, moving towards her to examine the cut.

"No, I fainted outside the front door on the pavement," she explained, then realising the whole story just didn't make sense.

"And your arm?" he said, shaking his head.

"There's a body upstairs in the front bedroom," she said, staring up towards the stop of the stairs. She started to sob again, wondering how far they would dig and would this carnage of a scene unravel past secrets that could potentially pull her family apart. God, she wished she had listened and waited for Joe.

"I need to sit down," she said, moving through to the lounge. "My legs feel so weak," she added, sitting down on the nearest chair to the door. She watched through the door opening, as the paramedics transferred Eva's crumpled body onto a stretcher and then she reached for her bag again. She needed to call Joe.

She sat staring at her phone, passing it back and forth between her hands and then she decided on a text. She just didn't have the energy to go into any sort of argument right now, so abbreviated everything into three short sentences.

Her eyes were then drawn to a handbag on the floor next to the sofa. Was that Eva's or Doreen's? she questioned, leaning forwards to retrieve it and find out what secrets would it reveal. She glanced around the room, knowing that it was unlikely that she would ever set foot in the place again and then made the split-second decision to pretend the bag belonged to her.

Police were now combing the entire house and a team of forensic officers were sealing off the rooms. Two officers were standing in front of her asking for a detailed account of events and then she was passed back to the ambulance crew when the blood from her wound started seeping down her face again.

"Tara, in light of your recent accident and today's injury, we think it's best you travel with us to the hospital," the paramedic confirmed. "You will probably need a scan." He gestured towards the ambulance after speaking to one of the officers and then followed her outside. The house was now a crime scene and the property had been taped off by a team of forensic officers wearing white hazmat, suits which looked extremely scary.

"We will need to speak with you again," one of the police officers confirmed, standing outside the ambulance doors. They took her name, mobile number and address details and then questioned the ambulance driver as to the name of the hospital she would be taken to.

Tara climbed aboard the ambulance still clutching the leather tote bag that belonged to either Eva or Doreen and then decided to stash her own one inside it to ensure it looked like it belonged to her.

"Will she be OK?" Tara asked, staring at Eva who was now wearing an oxygen mask. She had some sort of drip leading into a vein in her hand but she had no idea what was contained in the bag hanging above her head.

"Well, we don't know about internal injuries yet," the paramedic said, "but her vital signs look good," he reassured. The sirens then sounded and the ambulance sped off leaving the house of horrors behind.

Tara's mobile started ringing, making her scramble inside both bags. Where had she put her phone?

It was too late the phone had gone to voicemail and she didn't have the strength to listen to any of Joe's ramblings. All she wanted to know was whether her friend would survive the fall and this weighed in the forefront of her mind.

They arrived at Chadderton Accident and Emergency twenty minutes later and she followed the stretcher into the hospital. She was then separated and taken into a cubicle to assess her wounds independently.

She sat down on the bed waiting for a nurse to attend to her and fiddled with her phone. She really should listen to Joe's message but now her mind was firmly on the tote bag she had slung over the shoulder. Her phone rang again and Joe's desperate voice forced her back into reality. She owed it to him to answer, she couldn't leave him dangling, worried sick about what was going on.

"I'm at Chadderton A&E," she confirmed, knowing these words would make him panic. "I'm OK, I just fainted and I'm being checked out," she said, following on from her earlier text. She gave

Joe a whistle stop version of events and answered a series of random questions.

"That's all I can tell you for now," she said, staring at the bag that was resting on her lap. "Yes I will see you soon," she confirmed, after Joe advised that he was on his way to her now.

She tipped the bag out on the bed and then sighed when it became apparent that the bag could belong to either of them. It contained two purses, some cosmetics, a hairbrush, loose change, gum and various receipts. She picked up one of the purses and quickly opened it. It was Eva's because it contained her photocard driving licence but Tara was shocked to see her name was now Helen Edwards. This did of course fit in with the family format and then she wondered about Doreen.

The cubicle curtain was swept to one side and a male nurse stepped inside to take further details.

"Can you confirm your name please?" he asked, placing the clipboard and name tags on the bedside cabinet. "Tara Hall," she said, allowing him to secure both tags to her wrists.

"So, I see from your notes that you were involved in a car accident on the 19th, which resulted in some internal damage to your gastrointestinal tract and chest. It also states that you were in a coma for a period of ten days due to a head injury."

He looked at her and then looked down at his notes again. "Can I ask how you have managed to receive a second trauma to your head?" Tara could see by the way he was assessing her latest injuries, and comparing them with her previous incident, that he looked suspicious. "I have to ask this, Tara, as I have a duty of care towards you. Have you been assaulted and do you need protection?" he said, placing the clipboard down on the bed. "The cut above your brow and previous eye bruising is consistent with a blow to the head. Do you need help?"

"No… no," she stuttered, stepping down off the bed. "I was involved in a car accident last month and today I fainted outside my friend's house and hit my head on the pavement. I shouldn't have been out I guess. My husband did suggest I take it easy and recuperate properly before resuming my normal day-to-day activities but I am a stubborn person and didn't listen. He's on his way here now. I've just called him."

The nurse nodded and then took a closer look at her brow. "Um, that'll need a couple of butterfly stitches," he confirmed, writing his notes. "What happened to your arm?"

"A knife injury," she said squirming, turning away from his gaze. He stepped outside the curtain and then returned a few moments later with a tray containing the relevant surgical equipment and then set to work.

Tara could hear Joe's voice interacting with a member of staff at the nursing station and called out to him. "Joe, I'm in here," she said, uncertain how many cubicles there were. She rose from the bed, sweeping back the curtain and rushed into his arms.

"I'm sorry," she said, bursting into tears again. The nurse stood quietly witnessing her emotional display and then proceeded to gather the remnants of his surgical equipment and stepped outside the cubicle. "I will be back shortly," he confirmed, looking really perplexed.

"What the hell happened?" Joe quizzed, following her into the cubicle. "Why didn't you wait for me?"

Tara sobbed, unsure where to begin and then started crying all over again. "I couldn't wait for you, Joe, you know what I'm like. I'm inpatient and stupid and now I've unearthed something horrific. Eva's alive, like I said on the phone. She's been living at Bridge Street all these years. I believe the housekeeper is behind it all because she has been posing as her mother. I don't know how she did it, but Eva has been stripped of her own identity and been given a bogus life. They must have washed away all her memories. She is now called Helen Edwards and is the mother of three children. I know for certain that the youngest is called Billy and I don't think it takes much imagination to guess what the other two are likely to be called. She didn't recognise me, Joe. She had no idea who I was. I knocked on the front door and then I fainted when I realised it was her. Hence my head injury. She was kind and invited me in and offered to call an ambulance. I declined and I sat in the front room with her while I gathered myself. She then said she could hear her mother calling and went upstairs to see what she wanted. She came down and started asking me a series of questions which made me a little nervous. I wanted to get out of there pronto but I desperately needed the loo and asked if I could use it before I set off.

"The housekeeper who had been impersonating her mother was dead. She had been propped up in bed, with a shawl around her shoulders, like she was still alive. She must have been there for months, possibly as long as a year because she was mainly a skeleton with a web of decayed moss like sheeting over and around her. She was fully clothed and was under the bed sheets. There was a cup of tea on the bedside cabinet that looked freshly brewed," she said, suddenly remembering more detail. "Joe, it was horrific. Eva must have thought I was from the authorities and had come to take her mother away, so she attacked me. There was a struggle on the landing when I tried to defend myself. She had a knife to my throat. I shoved her and she fell down the stairs. Joe, what will happen?" she asked, bursting into floods of tears again.

"The house is now a crime scene," she continued. "It's been tapped off like on the TV and there's police and a forensic team there now analysing everything. Joe, what if it leads them to us?" she questioned.

"Well, you being there has connected it to us already," he said, taking hold of her hand. "It now depends how far they probe with regards to your friendship. You need to prove that you haven't seen her for thirty-five years, so they don't go down that route."

"But..." she said, trailing off slightly so she could think. "But they already know she's my friend. Why was I there, Joe, what can I say?"

Joe looked at her brow and then down at her arm. "What is it with you?" he said, reaching out so he could wrap his arms around her.

"I'm sorry, I know I should have waited but I expect the outcome may have been similar."

"Yes, but I would have been by your side and it may not have come to this."

"Yeah and the situation would have carried on with her nursing her dead mother," she snapped, sending a shiver down her spine. "What did that woman do to her?" Tara said, feeling the tears well up in her eyes again.

"Hey, I expect it wasn't all bad," he said, trying to cheer her up a little.

"Not all bad. She had her baby stolen and then she was kidnapped. She had her memories wiped and new ones installed and then she had her life mapped out for her. We don't even know if any of the children are biologically hers or whether they were adopted, like before. I mean think about it, she had two girls and a boy, what are the odds of that happening?"

"Luck?" Joe said, looking at the undressed wound on her arm. "You'd better let the doctor finish bandaging you up," he said. "Least it's more of a surface scratch than a deep incision."

He pulled back the curtain and stepped outside the cubicle, looking up and down the hallway.

"What are you doing?" Tara asked, stepping down off the bed.

"I'm wondering where they have taken Eva," he said, standing still with his hands on his hips.

"Oh my God, here we are trying to save our own skins and she's probably fighting for her life," Tara fretted.

"Hey," he said, watching her tremble. "You were defending yourself. She had a knife to your throat for Christ's sake. You were hardly going to make her a cup of tea."

The nurse returned a few moments later. "Let me get that bandaged up," he said, pointing to the wound on her arm. "It didn't penetrate deeply but it is rather long," he said, continuing from where he had got to earlier. "The police are here, they are in the family room and want to speak with you as soon as you're ready. So after I've done this I need to take you to them," he explained, looking across at Joe to ensure they both understood.

Tara nodded and then stared at Joe. They hadn't pre-rehearsed anything and were going to have to add lib their way through a statement. Fuck, how the hell were they going to get through this?

They followed the nurse down the corridor and were shown into the family room where two officers, male and female, were waiting to interview her. "Hello," Tara said, sitting down on one of the chairs. "This is my husband, Joe. He has just arrived to collect me," she explained, hoping that that would exonerate him from the scene.

"Good afternoon, my name is Police Constable Freeman and this is Police Constable Blackburn," he said, showing them their ID badges. "We would like to ask you a few questions relating to number two Bridge Street," the officer explained, after taking their full names.

Tara nodded, reaching out for Joe's hand. "Can you explain what exactly happened there today?" the constable continued.

"Yes, I was searching for an old friend who I hadn't seen for over thirty-five years," Tara started, ensuring they noted that until today, she hadn't seen her for many years. "I was so overwhelmed when my friend opened the door. I couldn't believe it was her after all this time. She invited me into her lounge where we started to talk and then she said she could hear her mother calling out for her. I thought it was strange because I couldn't hear a thing but she left the room to attend to her and then she returned. After a while I asked to use the bathroom and headed upstairs. The bedroom door was ajar and foolishly I went to pop my head around the door but my friend jumped out at me screaming for me to get away. She went crazy accusing me of being from the authorities. She seemed to think I had come to take her mother away. She no longer recognised me and went for me with a knife. I told her I wasn't from the authorities and that it was me, Tara, but she seemed to have taken on another personality. She started talking to her dead mother like she was alive and said that I had intruded on her personal place. She was apologising to her and rearranging the shawl around her neck.

"I was completely petrified. She started crying saying her mother was all she had left and that she couldn't lose her too. She had mentioned to me earlier that her father had passed away two years earlier and that her son lived abroad. She was obviously lonely," Tara said, thinking how desperate she must have felt. "She lunged at me with the knife," pointing at the bandage on her arm. "I tried to defend myself. We were by now out on the landing because she was pushing and shoving at me to get me out of the bedroom. She lost her footing and fell to the bottom of the stairs." Tara closed her eyes, reliving the event, despite having changed the final few moments slightly. "I called for an ambulance and the police and then I held her in my arms until help arrived."

She looked at Joe, who was holding her hand and then she waited while the officer completed his notes.

"The victim's name?" the officer asked, as yet this hadn't been confirmed. "Helen Edwards," Tara said, passing him the tote bag. "This is her handbag. I wasn't sure whether to bring it to the hospital or not but please take it as evidence," she offered.

The officer passed the bag to his colleague who reached inside. She retrieved both purses and confirmed their identity. "They are both called Helen Edwards," she advised. She retrieved some small photo-booth sized photographs from the second purse and passed them to Tara. "Do you recognise any of these people?" she asked.

Tara sat rooted to the spot. She just couldn't believe what she was seeing. One of the photos was of the person she knew as Doreen and the second was of Doctor Jacobs from Rosendale. Was he Doreen's husband or maybe her brother? She would never know.

It was at this moment she knew what she had to do. She had to save her family.

She passed them back to the female constable, shaking her head. "No, I don't recognise either of them," she lied, looking across at Joe.

"What about you, sir," they asked, seeing he had viewed them over her shoulder.

Joe shook his head, knowing that he had never ever seen the man in the photo and had only ever seen Doreen once when he was in his early twenties and as such he couldn't positively identify her. "No, I've never seen either of them before," he confirmed.

"OK, well that will be all for now but we may need to speak with you again," Constable Freeman confirmed. They shook hands and left, leaving Tara and Joe seated in the room.

"The man in the photo was Doctor Jacobs who treated me when I was seventeen," she said, tears brimming in her eyes. "If I'd told them I knew him it would open up a can of worms, leading them back to our family. He's dead, they are both dead," she said, knowing they could no longer hurt anyone else. "Joe, I need to know if Eva is OK," she said, reaching out for his hand.

"I know," he said, giving her hand a squeeze.

They walked round to the nurses station and spoke to the ward sister. She advised them that Helen (Eva) was now awake. She had a concussion but, other than some bruising, her physical state was good all being considered. They were advised that she would be passed over to the psychiatric team who would determine her future. The nurse confirmed that she was unable to give any further details due to patient confidentiality but she was fully aware that they had come in by ambulance together. Joe and Tara, thanked her for briefing them despite not being family and walked slowly out of the hospital into the fresh air.

Thirty-Nine

"Joe, I need to go back to Branbury Lane," she said, watching Joe insert the key into the ignition. "I have to see my father," she said, reaching across to him. "If they had programmed him like they did Eva then none of this was his fault," she explained. "Don't you see, he was a victim, we were all victims."

"You're forgetting about your biological mother and what might have happened to her," he said, reminding her that the extent of their crimes ran far beyond what happened today. "And what about Megan and Billy's birth mother? What we have done to save our own family is to allow these crimes to go undiscovered," he said. "Do you really want to risk associating yourself with Branbury Lane after what we have unearthed today?"

Tara sat there momentarily digesting everything Joe was telling her.

"I have to go back," she said, tears trickling down her cheeks.

Joe started the car knowing that she would do this with or without him and let out a huge sigh.

"OK," he said, selecting first gear. "Let's go back."

They pulled into Branbury Lane thirty minutes later just in time to see a body bag being carried from the premises. Megan was standing by the gate, tears flowing and she was holding on to Billy's teddy bear, Freddie.

Tara thought her heart would break as she watched the morgue team transfer his body into the back of a small ambulance and then she looked across at Megan.

She had placed Billy's teddy bear onto the garden wall and she was bending forwards to kiss it on the top of its head. Tara gasped, knowing exactly why she put it there. Billy used to place it on the garden wall to look out for his mummy and now this action was breaking her heart.

They observed as the ambulance headed off down the road and then they watched as Megan walked the entire length of the street and then disappeared out of view. It was over and now there was no going back.

"STOP," Tara yelled, as Joe started to pull away from the curb.

"I have to get Billy's teddy," she said, opening the car door.

"NO TARA, NO," Joe screamed, pulling her back into her seat.

"You can't bring that into our home. If Billy sees his old teddy bear, a reminder of his past, it could ruin everything. We have to leave the past where it is. The family before us and the family after us and take care of the family we have now."

He kissed her on the head and encouraged her to close the car door.

She turned to face her childhood home as Joe slowly drove down the street.

Her heart was breaking but she knew he was right.

She had to let it go.

"Goodbye," she whispered, reaching into her jean jacket pocket. She pulled out the photograph of her family at Blackpool Pier and kissed it gently.

"I will never forget," she whispered gently, replacing it inside her pocket.

"I will never forget."

Forty

Three Years Later

"Are you going to visit Eva today?" Joe asked, passing her coffee across the breakfast bar.

"Yes, I have a one o'clock appointment," she said, adjusting her reading glasses.

"Joe, look at this article," she said, tears brimming in her eyes as she read a passage from the Potterton Post. "Rosendale has been shut down after a victim came forward making claims of abuse. It says here that her life was stolen from her and that she had been placed into a family environment and raised by a mother and father who weren't her biological parents. Apparently, this woman had a folder containing papers that corroborated her story. The woman came from Deansbrook, a small town near Chadderton Heights. Joe, she was able to trace her mother. Her discovery caused a huge investigation leading to the closure of the clinic. Historical files were unearthed detailing an experiment carried out by Doctor Frederic Jacobs and his sister the late Doctor Doreen Jacobs. How did we not hear of this?"

She continued to read the article and then she gasped. "Oh my God, there were three duplicate families that were part of the experiment but, sadly, no one has come forward. It says here the families were based in Deansbrook and Fenley Rise."

"Joe, it's Megan isn't it? She has the black folder. She hasn't mentioned us because she knows what we did. I think she recognised me that day I went to Branbury Lane but she didn't let on. Leaving Billy's teddy on the wall was her letting me know, I'm sure of it. Why didn't I twig?"

"It says here the experiment was to create duplicate families, placing them in a controlled environment. Each family was given the same challenging financial constraints, same names, identical homes, furniture and layout, they were basically carbon copies of each other. They found a complete road map detailing their progress, studying their choices, making comparisons. Every step of the way they were studied and then brought back in line if they went off track. They were controlled by a fucking puppeteer, for God sake. This is social conditioning at its best, Joe."

"Well, if they know so much about the families, how come they can't identify them?" Joe asked, reaching for the newspaper.

"Because the subjects were referred to in code, disguising their true identities."

"So how was the mother identified?" Joe asked, sifting through the article. "Well, it says because the whistleblower's blood type was analysed and they got a match on a database because her mother had been searching for her. The mother claimed she was coerced into selling her baby when she was only nineteen and destitute."

"Absconding like we did all those years ago must have destroyed some of their research. I bet that's why they started again by taking Eva to Bridge Street. She was the ideal candidate as no one would look for her, well except for me of course. They had another subject to mould into another mother figure. Joe, they've stolen people's souls. Stripped them down and altered their perception. It's almost like cloning. They've played God. They ripped my father's soul apart, tearing it in two, so he was battling with a second identity within himself."

Joe sat staring into space, trying to take it all in. "The Jacobs were the only ones deemed to be responsible, but Doreen Jacobs escaped justice because at the time of the exposure, she was deceased. All other staff were exonerated," he read from the article.

"What about Doctor Frederick Jacobs?" Tara, asked, pondering his fate. "I mean we both assumed he had died. Surely if he didn't escape justice, he must be accountable. Someone must pay for what was done to us."

"It says here that the case went to trial but during cross examination Doctor Frederick Jacobs had a heart attack, and the case was adjourned."

"Did he survive?" Tara asked, desperately wanting to hear that he

had been discredited and humiliated first.
"Yes, he underwent surgery but was deemed unfit to stand trial at the time."
"I expect they will term him mentally incapable next," Tara said, feeling infuriated that he might dodge the bullet.
"Well look at it this way," Joe concluded, closing the newspaper. "He will never be set free. His liberty what ever way you look at it will be removed. He will either serve his remaining years in prison or a psychiatric facility."
Tara stepped off the stool and walked across to the window. "You know this means I could trace my mother," she said, wondering if she was still alive.
She looked across at the family portrait hanging proudly on the wall. Her perfect family. She had gone to hell and back to keep them together and they meant everything to her. "But I won't," she said, turning round to face Joe. "Our family is far too precious to unearth any more ghosts. The family before us," she whispered, walking out of the room, tears running down her cheeks, "has to stay in the past, so that we can exist."

A Police Procedural Series

by Tracy Martin-Summers

Book One:

On a cold blustery November night, Detective Sergeant Mike Brugge and his partner Detective Constable Mel Bailey come across a girl, age unknown, in the parkland in Gordon Square. She was frail, malnourished, dirty and was covered in excrement.

What had happened to this girl? Why was she cowering down, shielding her eyes from the light, with a look of horror on her face? She appeared to be non-coherent, totally unengaged and would not speak to anyone. Nothing could penetrate the world where her soul had taken solace.

Mike and Mel set out to find out where she had come from and what had been her plight. Revealing hypnosis sessions allow them to glimpse some of her pain and suffering. Follow their story deep into the horrors that unfold, causing chaos and turmoil among their own lives.

The detectives are about to discover a horrific, gut-wrenching story, that spanned over four decades. But will it end?

Book Two:

It was probably not the most obvious choice for a three month sabbatical but to Emma coming to Holden seemed totally idyllic. She had heard so much about it and could picture every single segment etched in her mind like braille. Now she wanted to fill in the dots and bring it to life so that she could see it for herself first hand.

It was April 2026 and she had secured a three month, off the record, sublet in a beautiful apartment called Arlington Terrace. The apartment with the black front door. It was totally perfect for her, required no references and no questions were being asked as to why she was there. In fact no one even knew she was heading that way, so she could slip in unnoticed and live incognito amongst the locals.

So how was it that Julie found her again, when she was so careful not to leave a trail and why was it that she didn't feel alone, ever? Was she going mad or was she simply being paranoid. What could she do to stop these tormenting acts from happening and make people believe that she was the one being persecuted.

Detective Sergeant Mike Brugge, Detective Constable Mel Brugge and Detective Sergeant Paul Osman are back at the heart of yet another investigation deep in the heart of Holden City Central. Follow them as they try to unravel a crime that intertwines their lives taking them back to a gut wrenching case that has infected yet another generation and into the horrors that emerge from beyond the grave.

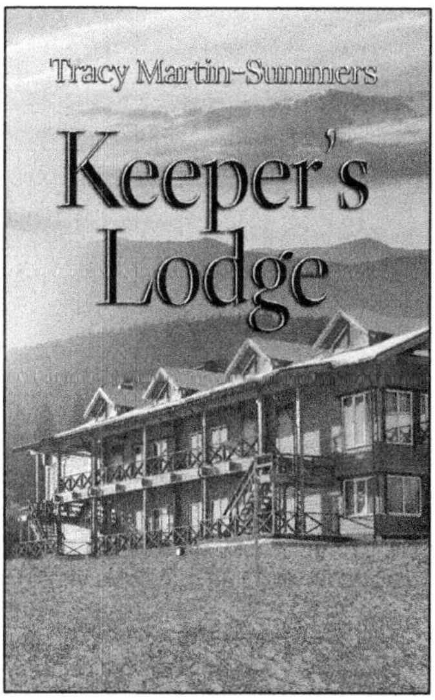

Book Three:

Keeper's Lodge is the concluding story in the Gordon Square, Arlington Terrace trilogy…

‘Picture postcard’ were the words Detective Sergeant Mike Brugge chose to describe Keeper's Lodge when they first set eyes on the stunning Scandinavian-style retreat, nestling proudly in the mountains.

They were investigating the disappearance of Rachel Blossom, a psychiatric patient with severe mental health issues. Rachel had vanished and was now classed as a missing person.

The lodge, in its idyllic setting, appeared to be her last known place of residence which, according to the website portrayal, was providing the final step towards independent living.

How was it that she had completely slipped off the grid without a trace? Had her multiple personality disorder outwitted the medical profession into thinking she was of sound mind, was it just a series of blunders by the nursing team, or was there something more sinister going on?

Follow Detective Sergeant Mike Brugge, Detective Sergeant Paul Osman and Detective Constable Mel Brugge, as they delve deep into the underworld of Keeper's Lodge.

A Standalone Psychological Thriller

by Tracy Martin-Summers

Alice glanced at the property brochure resting on her lap and let out a sigh. She was on her way to Cedar Grove which, according to the brochure set out before her, was the answer to her prayers. The estate agent had promised that this was the one. The most perfect house, with everything she had asked for.

She smiled as she took in the sight of the pretty, quirky semi at the end of the road with its royal blue shutters and coordinating front door. There was something about this house that moved her. Something was drawing her to it.

So why was it that their world started to crumble around them bit by bit, as though they had been hit by a demolition project, destroying everything they held dear, especially one another?

Who was doing this to them and why had her neighbour, Sally, disappeared along with the rest of the neighbourhood? There was no one left. The vision, as described on the day of the viewing had vanished, fallen off the face of the earth and she was deemed psychotic. Was she losing her mind? She didn't think so…

Hello, Reader...

I hope you enjoyed *The Family Before Us.*

If you did, I would really appreciate it if you would leave a review for potential readers to see.

Please also take a look at my police procedural trilogy and my standalone psychological thriller, *101.*

Take Care and I hope to entertain you again soon!

Best Wishes

Tracy Martin-Summers

Available worldwide from Amazon

Michael Terence Publishing

www.mtp.agency

www.facebook.com/mtp.agency

@mtp_agency

Printed in Great Britain
by Amazon

62239613R00170